Schlüsselwerke der Medienwissenschaft

Ivo Ritzer
(Hrsg.)

Schlüsselwerke der Medienwissenschaft

 Springer VS

Hrsg.
Ivo Ritzer
Universität Bayreuth
Bayreuth, Bayern, Deutschland

Gefördert durch die Deutsche Forschungsgemeinschaft (DFG) im Rahmen der Exzellenzstrategie des Bundes und der Länder – EXC 2052/1 – 390713894

ISBN 978-3-658-29324-6   ISBN 978-3-658-29325-3   (eBook)
https://doi.org/10.1007/978-3-658-29325-3

Die Deutsche Nationalbibliothek verzeichnet diese Publikation in der Deutschen Nationalbibliografie; detaillierte bibliografische Daten sind im Internet über http://dnb.d-nb.de abrufbar.

Planung/Lektorat: Barbara Emig-Roller
Springer VS ist ein Imprint der eingetragenen Gesellschaft Springer Fachmedien Wiesbaden GmbH und ist ein Teil von Springer Nature.
Die Anschrift der Gesellschaft ist: Abraham-Lincoln-Str. 46, 65189 Wiesbaden, Germany

Vorwort

Der Band *Schlüsselwerke der Medienwissenschaft* stellt ausgewählte Positionen und zentrale Ideen im disziplinären Rahmen der Medienwissenschaft vor. Schwerpunkte liegen auf medienphilosophischen Ansätzen und einer kulturtheoretischen Perspektive, die sich vor einem dezidiert geisteswissenschaftlichen Horizont konturiert. In jedem Fall versteht der Band sich dabei nicht nur als Handbuch und Nachschlagewerk für Studierende wie Lehrende, er soll vielmehr auch einen eigenen Beitrag zur medienwissenschaftlichen Theoriebildung leisten.

Die im Band versammelten Beiträge grenzen sich alle vom Positivismus der empirischen Sozial- und Kommunikationswissenschaft ab, sind aber dennoch im weitesten Sinne auf einen Medienbegriff bezogen, der sich im Zeitalter massenmedialer Vergesellschaftung ausgebildet hat und auf technische Apparate referiert, unter denen Grammophon und Kinematograph historisch zentrale Rollen einnehmen. Dieser primär pragmatischen Fragen des Umfangs und der zielgruppenorientierten Ausrichtung eines Nachschlagewerkes geschuldete Fokus führt notwendigerweise zur insbesondere vom Herausgeber selbst bedauerten Limitierung, dass die impliziten Medientheorien der Philosophie – von Aristoteles' These der unhintergehbar durch ein Medium vermittelten Wahrnehmung über G.W.F. Hegels Konzeptualisierung des Begriffs als Medium des Denkens bis hin zu Martin Heideggers Fundamentalkritik der Stellung des Menschen durch technische Dispositive, nicht zu sprechen von Jacques Derridas Schrift-, Jean-Luc Nancys Körper-, Jacques Lacans Bild- oder Michel Serres' Botentheorie – nur am Rande thematisiert werden können. Gleiches gilt für spezifisch angelegte Einzelmedienontologien mit nur eingeschränkter Produktivität für eine allgemeine Medienwissenschaft (Rudolf Arnheims Radio- und Filmtheorie, Siegfried Kracauers Kinophilosophie, Günther Anders' Fernsehkritik etc.). Freilich ist die Medienwissenschaft eine nachgerade notorisch heterogene Disziplin, noch dazu häufig durch ein explizit anti-kanonisches Denken geprägt, das nicht zuletzt aus dem poststrukturalistischen Gestus ihrer Gründungsära resultiert. Im Zentrum des Bandes stehen dennoch zentrale Schlüsselwerke, die das Nachdenken über Massenmedien seit dem 20. Jahrhundert aus einer medienkulturwissenschaftlichen Tradition geprägt haben und entsprechend als Referenzgrößen für den Band ausgewählt worden sind.

Dabei sind vier Abschnitte eingezogen, durch welche jeweils einige Positionen zu affinen Paradigmen subsumiert werden. Zu Beginn stehen universalistische Ansätze zur Diskussion, mit denen generalisierende Aussagen über Eigenschaften und Struktur von Medien angestrebt werden. Während Ivo Ritzer und Erhard Schüttpelz anhand von Edgar Morin und Hortense Powdermaker darlegen, wie Medienanthropologie und Medienethnologie ihren Universalitätsanspruch vom Menschen aus formulieren, zeigen Oliver Fahle und Elisa Linseisen, wie in der Immanenz- und Prozessphilosophie bei Gilles Deleuze dagegen gerade ein auch dezidiert nicht-menschliches Werden von Materie in der Zeit privilegiert ist. Jens Schröters Neu-Lektüre von Marshall McLuhan als Denker der Automation schreibt sich ebenfalls in diese medienwissenschaftliche Perspektivierung transhumaner Vollzüge ein.

Schlüsselwerke der Medienwissenschaft mit einem explizit gesellschaftskritischen und emanzipatorischen Anspruch werden im folgenden Teil vorgestellt. Christoph Hesse widmet sich der Kritischen Theorie und Frankfurter Schule, insbesondere Walter Benjamin und seinen Differenzen mit Theodor W. Adorno. Malte Hagener rekonstruiert Denkmodelle der Neuen Linken und Screen Theory nach 1968, wie sie durch Werke von Stephen Heath, Laura Mulvey oder Paul Willemen vor allem in Großbritannien wirkmächtig werden und von dort aus bald auch die USA wie Deutschland erreichen. Spielen Psychoanalyse und Marxismus bereits für die Screen Theory eine zentrale Rolle, demonstriert Irina Gradinari, wie im Neo-Lacanismus bei Slavoj Žižek diese Schule ideologiekritischer Medientheorie gleichsam fort- wie umgeschrieben wird. Christiane Voss porträtiert mit Félix Guattari konträr dazu einen Philosophen, der sich psychoanalytischer Praxis gegenüber äußerst kritisch positioniert und dagegen seine Ansätze von Schizoanalyse und Ecosophie stark macht. Eine fundamentale Re-Lektüre der Psychoanalyse speziell vor der Matrix sexueller Differenz wird auch von Kathrin Peters vorgenommen, die Judith Butler und ihre wegweisenden Arbeiten für Gender und Queer Studies diskutiert. Maja Figge schließlich stellt die Postkolonialismus-Theoretikerin Rey Chow vor, für welche der emanzipatorische Anspruch europäischer Theorieansätze ein gleichsam problematisches wie produktives Erbe darstellt.

Mit transpolitischen Schlüsselwerken werden Arbeiten vorgestellt, die ihren Ausgang ebenfalls von den Ereignissen aus dem Jahr 1968 nehmen, dann jedoch zusehends Skepsis gegenüber deren Utopieversprechen artikulieren und schließlich alternative Modelle, bisweilen gar ein Ende der Kritik diagnostizieren, wenn nicht einfordern. Ivo Ritzer legt dar, wie die Grenzen zwischen Theorie und Fiktion, aber auch zwischen Text und Audiovision durch Akteure wie Roland Barthes, Jean Baudrillard oder Walter Hill erodiert werden. Kay Kirchmann stellt Paul Virilios Projekt der Dromologie vor, für das sich neue Konzepte von Zeitlichkeit als zentral erweisen. Jochen Koubek zeichnet Friedrich Kittlers Aneignung französischer Philosophie nach, um dann die genuin Kittler'sche Medientheorie des Computers zu diskutieren.

Der Band schließt mit einer Perspektive auf kommunikationstheoretische Schlüsselwerke, in denen Phänomene der Übertragung den Fokalisierungspunkt der Reflexion bilden. Katerina Krtilova widmet sich Konturierungen der Medienphänomenologie bei Vilém Flusser, während Thomas Weber das transdisziplinäre Projekt der Mediologie von Régis Debray analysiert. Niels Werber komplettiert den Band durch Vorstellung der Systemtheorie bei Niklas Luhmann, mit der sich letztlich nicht nur eine kulturwissenschaftliche und medienphilosophische, sondern ausdrücklich auch eine sozialwissenschaftliche Position formulieren lässt.

Ivo Ritzer

Inhaltsverzeichnis

Universalistische Schlüsselwerke

**Medienanthropologie und Medienethnologie
(Edgar Morin und Hortense Powdermaker)** 3
Ivo Ritzer und Erhard Schüttpelz

Immanenz- und Prozessphilosophie (Gilles Deleuze) 21
Oliver Fahle und Elisa Linseisen

Medientheorie der Automation (Marshall McLuhan) 39
Jens Schröter

Emanzipatorische Schlüsselwerke

**Kritische Theorie und Frankfurter Schule
(Walter Benjamin und Theodor W. Adorno)** 55
Christoph Hesse

**Neue Linke und Screen Theory (Stephen Heath,
Laura Mulvey, Paul Willemen u. a.)** 69
Malte Hagener

Psychoanalyse und Ideologiekritik (Slavoj Žižek) 87
Irina Gradinari

Schizoanalyse und Ecosophie (Félix Guattari) 103
Christiane Voss

Gender und Queer Studies (Judith Butler) 121
Kathrin Peters

Postkolonialismus (Rey Chow) 137
Maja Figge

Transpolitische Schlüsselwerke

**Theoriefiktion – Fiktionstheorie (Roland Barthes,
Jean Baudrillard, Walter Hill)** 159
Ivo Ritzer

Dromologie (Paul Virilio) 181
Kay Kirchmann

Medientheorie des Computers (Friedrich Kittler) 203
Jochen Koubek

Kommunikationstheoretische Schlüsselwerke

Medienphänomenologie (Vilém Flusser) 219
Katerina Krtilova

Mediologie (Régis Debray) 231
Thomas Weber

Systemtheorie (Niklas Luhmann) 247
Niels Werber

Herausgeber- und Autorenverzeichnis

Über den Herausgeber

Prof. Dr. Ivo Ritzer lehrt Medienwissenschaft an der Universität Bayreuth.

Autorenverzeichnis

Prof. Dr. Oliver Fahle lehrt Filmwissenschaft an der Ruhr-Universität Bochum.

Dr. Maja Figge ist Postdoktorandin an der Universität der Künste Berlin.

Prof. Dr. Irina Gradinari lehrt Gender Studies an der FernUniversität Hagen.

Prof. Dr. Malte Hagener lehrt Medienwissenschaft an der Philipps-Universität Marburg.

PD Dr. Christoph Hesse ist Mitarbeiter am Institut für Publizistik- und Kommunikationswissenschaft der FU Berlin.

Prof. Dr. Kay Kirchmann lehrt Medienwissenschaft an der Friedrich-Alexander-Universität Erlangen-Nürnberg.

Prof. Dr. Jochen Koubek lehrt angewandte Medienwissenschaft an der Universität Bayreuth.

Dr. Katerina Krtilova ist wissenschaftliche Mitarbeiterin am Institut für Theorie der Zürcher Hochschule der Künste.

Dr. Elisa Linseisen ist wissenschaftliche Mitarbeiterin am Institut für Medienwissenschaften der Universität Paderborn.

Prof. Dr. Kathrin Peters lehrt Geschichte und Theorie der visuellen Kultur an der Universität der Künste Berlin.

Prof. Dr. Ivo Ritzer lehrt Medienwissenschaft an der Universität Bayreuth.

Prof. Dr. Jens Schröter lehrt Medienkulturwissenschaft an der Universität Bonn.

Prof. Dr. Erhard Schüttpelz lehrt Medientheorie an der Universität Siegen.

Prof. Dr. Christiane Voss lehrt Medienphilosophie an der Bauhaus-Universität Weimar.

Prof. Dr. Thomas Weber lehrt Medienwissenschaft an der Universität Hamburg.

Prof. Dr. Niels Werber lehrt Neuere Deutsche Literatur an der Universität Siegen.

Universalistische Schlüsselwerke

Medienanthropologie und Medienethnologie (Edgar Morin und Hortense Powdermaker)

Ivo Ritzer und Erhard Schüttpelz

Medienanthropologie fragt nach menschlicher Existenz unter den Bedingungen medientechnischer Entwicklungen. Dabei steht sie weniger in der Tradition von positivistischen Ansätzen der empirischen Sozialwissenschaften oder behilft sich mit einer begriffslosen Empirie. Vielmehr hat es mit philosophischen, insbesondere ästhetischen und epistemologischen Aspekten zu tun, die in der Frage nach der Wechselwirkung von Medien und menschlichen Geschicklichkeiten medientheoretisch gewendet werden. Im internationalen Sprachgebrauch gehen „Anthropologie" und „anthropology" (Ethnologie) ineinander über. Die deutsche Trennung der beiden Begriffe bleibt meist unverstanden. Wie Tim Ingold zusammenfasste: „Anthropology is philosophy with the people in" (2018).

Edgar Morin: Verfasst von Ivo Ritzer. Hortense Powdermaker: Verfasst von Erhard Schüttpelz.

I. Ritzer (✉)
Universität Bayreuth, Bayreuth, Deutschland
E-Mail: ivo.ritzer@uni-bayreuth.de

E. Schüttpelz
Universität Siegen, Siegen, Deutschland
E-Mail: schuettpelz@medien-peb.uni-siegen.de

© Springer Fachmedien Wiesbaden GmbH, ein Teil von Springer Nature 2020
I. Ritzer (Hrsg.), *Schlüsselwerke der Medienwissenschaft,*
https://doi.org/10.1007/978-3-658-29325-3_1

3

1   Edgar Morins *Der Mensch und das Kino* (1956)

1.1   Cinephilie und Photogénie

Die philosophisch konturierte Perspektive einer Medienanthropologie des Kinos hat vor allem Edgar Morin eingebracht. Morins Blick auf das Kino ist dabei ausdrücklich der des Kultur- und Gesellschaftswissenschaftlers. Ihn interessiert sowohl das perzeptorische als auch das partizipatorische Moment. Er reflektiert deshalb Technologie und Bild, Rezeption und Sprache. Zum anderen aber stellt seine 1956 publizierte Monographie *Der Mensch und das Kino (Le cinéma ou l'homme imaginaire. Essai d'anthropologie sociologique)* keine streng akademische Auseinandersetzung dar. Die Studie ist vor allem auch der mitunter sehr poetische Versuch eines Cinephilen, sich auseinanderzusetzen mit dem, was das Kino ausmacht und der anthropoiden Faszination daran. Morin wäre wohl zu begreifen als teilnehmender Beobachter: ein Ethnologe des Kinos, der über den Selbstversuch zur Erkenntnis gelangen will. So übernimmt das Kino für Morin einerseits den Status eines heuristischen Objekts zur Kulturdiagnose, ist aber andererseits zugleich auch immer präsent als Ort einer persönlichen Leidenschaft – eines libidinösen Begehrens, das nie in Abrede gestellt wird. In *Le cinéma ou l'homme imaginaire* geht es nicht länger um die Fragen der klassischen Filmtheorie, nicht um Kunst oder Kommerz, sondern um die Lust am Kino.

Die cinephile Lust entsteht bei Morin durch magische Transformation. Er denkt das Kino als Verzauberung durch die Bilder. Der Film, so Morin,

> verfügt über den Zauber des Bildes, d. h. er erneuert oder überhöht den Anblick der banalen Alltagsdinge. Die verborgen mitwirkende Kraft des Doppelbildes, die Mächte des Schattens, eine gewisse Sensibilität für die Spukhaftigkeit der Dinge, vereinigen ihre […] Zauberkräfte im Innersten der photogenen Überhöhung und rufen imaginäre Projektionen/Identifikationen […] hervor (1958, S. 107).

Das bedeutet also, der Film schafft Sichtbares zweifacher Natur. Das Medium arbeitet immer reziprok: „Die Welt der Bilder verdoppelt unaufhörlich das Leben. Das Bild und das Double sind in gegenseitiger Entsprechung eines des anderen Modell. Das Double ist das uns entfremdete Erinnerungsbild. Das Erinnerungsbild ist eine Vorform des Doubles. […] Double und Bild müssen als die beiden Pole einer und derselben Realität betrachtet werden" (1958, S. 36). Das Bild, so impliziert Morin hier, trägt das Double in sich, und das Double wiederum schafft durch das Bild auf eine geisterhafte Weise affektive Qualitäten. Die Funktion der Verdoppelung wird von Morin dabei als magischer Akt apostrophiert. Sie aktualisiert älteste Traditionen, lässt das Zuschauer*innensubjekt also quasi regredieren, denn mit modernster Technik wird archaischstes Denken reanimiert. Morin sieht das Kino als anti-rationales Phänomen, und auch er selbst tendiert zu einer essayistischen, äußerst bildreichen Sprache, um den magischen Bildern des Kinos beizukommen. So betont er wieder und wieder die „universelle Magie des Spiegels" – für ihn nichts anderes als „die des Doppelgängers" (1958, S. 34). Morin elaboriert: „Das Bild besitzt den magischen Charakter des Doppelgängers, jedoch verinnerlicht im Keimzustand, subjektiviert. Das Double besitzt den psychischen, gefühlsmäßigen Charakter des Bildes, jedoch entfremdet und magisch" (1958, S. 36 f.). Morin bringt hier als einer der ersten Medientheoretiker die Wahrnehmung filmischer Bilder explizit mit Platons Höhlengleichnis in Verbindung. Der Kontext ergibt sich durch den Hinweis auf bewegte Bilder, die gleich Silhouetten auf der Leinwand tanzen. Morin begreift die Magie des Films als „Körperlichkeit aus den Schatten, die sich auf dem Bildschirm bewegen". Er betont das Schattenhafte der Bilder in ihrer onirischen Qualität. Sie verbindet das Reale und das Imaginäre:

> Die Fleischwerdung ist also unmittelbar an die Dichte oder vielmehr an die Nicht-Dichte des Nichtseins, des großen leeren Negativs aus Schatten, gebunden. Fügt man hinzu, daß die Voraussetzungen des dunklen Raumes nicht nur die Projektion an sich begünstigt, sondern zugleich auch eine gewisse traumähnliche Erschlaffung, so muß man festhalten, daß der Film sehr viel entschiedener als die Fotografie durch die eigentümliche Wirkung des Schattens bestimmt ist (Morin 1958, S. 44).

Wo für Platon die Schatten an der Wand immer mehr sind als ein bloßes Abbild und immer auch Ideen darstellen, die der Mensch in sich trägt, da hebt Morin die Kraft der schwarzen Silhouetten hervor, eben ihr Potenzial, einen mythischen Raum der Verzauberung zu schaffen.

Aus der frühen cinephilen Tradition bei Louis Delluc und Jean Epstein übernimmt Morin als Schlüsselbegriff die Kategorie des Photogénies: einen enigmatischen, nicht exakt definierbaren Terminus, der die Relation des Kinos zu seinem Referenten thematisiert. Morin lässt dabei einen Bruch zwischen Repräsentation und Referent bestehen, um ein affektives Potenzial zu fokussieren. Er glaubt, dass die Regungen des Zuschauer*innensubjekts sich auf das filmische Bild übertragen. Die Bewegung der Bilder potenziert die Lust an der Identifikation, schafft aber gleichzeitig dadurch auch neues Potenzial zur Projektion. Das heißt, einerseits verliert das Zuschauer*innensubjekt sich in den Bildern und wird objektifiziert; andererseits absorbiert es die Bilder, wird also in einer imaginären Subjektivität affirmiert. So wirkt das Kino zirkulär, und es übertragen sich Vorstellungen aus dem Imaginären auf das Bild, während das Bild wiederum zur Produktion von Vorstellungen auffordert. Morins Begriff des Photogénies geht es damit um die Verschmelzung von der Wirklichkeit des Bildes und seiner unwirklichen Verdopplung, die den kinematographischen Zauber schafft. Er bestimmt Photogénie als „jene zusammengesetzte und einmalige Wirkung von Schatten, Lichtreflex und Double, die es den Gefühlsgehalten des Vorstellungsbildes ermöglicht, sich auf das durch photographische Reproduktion geschaffene Abbild zu fixieren" (1958, S. 41). Photogénie situiert sich zwischen dem Aberglauben an das Übernatürliche und der Evidenz des Sichtbaren. Es ist zugleich ätherisch als auch alltäglich, zugleich okkult als auch omnipräsent.

1.2 Realismus und Bewegung

Morins zentrale These in *Der Mensch und das Kino* artikuliert die Annahme, das Kino schaffe für den Menschen einerseits „ursprünglich und wesentlich Verdoppelung", andererseits „ursprünglich und wesentlich Metamorphose" (1958, S. 65). Die Lumières hätten ihren Kinematographen als Chronophotographie begriffen. Zunächst einmal sahen sie ihn als quasi-wissenschaftliches Forschungswerkzeug, „um die Phänomene der Natur zu studieren" und dabei ähnliche Dienste zu leisten „wie für den Anatomen das Mikroskop" (1958, S. 10). Für Morin geht es bei den Lumières um „Bilder des Wirklichen", eine Wirklichkeit des Alltags. Ihre „unerhörte Begeisterung" für das Einfache habe „dem Anblick der bekannten Welt, und zwar […] der ganz alltäglichen" gegolten. Die Brüder Lumière filmten konsequent anthropoid, mithin „das prosaische Leben, die Passanten, die ihren Geschäften nachgehen". Sie „hatte[n] begriffen, daß eine ganz unmittelbare Neugier, dem Reflex der Realität galt. Daß die Menschen sich verwunderten, das wiederzusehen, was sie nicht verwundert: ihre Häuser, ihre Gesichter, die Kulisse ihres Familienlebens" (1958, S. 18). Morin zieht also durchaus das attraktive Potenzial bei den Lumières in Betracht. Auch dort geht es um Verwunderung, wenn gezeigt wird, dass Arbeiter aus der Fabrik kommen oder ein Zug in den Bahnhof einfährt, also: „hundertmal gesehene, abgenutzte und entwertete Dinge, lockten die ersten Menschen an. […] Nicht wegen des Wirklichen, sondern wegen des Bildes vom Wirklichen drängte man sich an den Türen des ‚indischen Salons'" (1958, S. 18 f.). Die Differenz der Wahrnehmungsweise ist hier zentral: Für Faszination sorgt weniger der Blick auf den Alltag, sondern vielmehr der Blick auf die Bilder des Alltags.

Eben daraus leitet Morin seine These zum Realismus im Kino ab. Realismus ist für ihn „nicht nur das Wirkliche, sondern das Bild des Wirklichen". Das

Bild des Wirklichen schafft eine Intensivierung der physischen Realität, hält
das Zuschauer*innensubjekt aber immer auch auf Distanz, weil es seinen Status
der Repräsentation nicht verleugnet. Der Kinematograph verstärkt für Morin
„den Realitätseindruck der Photographie, einerseits, indem er den Menschen
und den Dingen ihre natürliche Bewegung gibt, andererseits, indem er […]
sie auf eine Oberfläche projiziert, wo sie autonom erscheint" (1958, S. 17).
Bewegung markiert hier einen Schlüsselbegriff der Morin'schen Medientheorie. Bewegung ist bei Morin kein abstraktes Prinzip, sondern stets konkret
als Instanz genommen, die das Zuschauer*innensubjekt zur Immersion bringt.
Der Bewegung wohnen laut Morin zwei wesentliche Funktionen inne. Zum
einen sorgt sie für Objektivität in den Bildern: „Die Verbindung der Realität der Bewegung mit dem Augenschein der Formen bringt die Empfindung des
konkreten Lebens und die Erfahrung der objektiven Wirklichkeit hervor. Die
Formen liefern der Bewegung das objektive Gerüst, und die Bewegung gibt
den Formen Körper" (1958, S. 134). Es wird ein Eindruck der Faktizität in den
Bildern durch ihre raum-zeitliche Kontinuität geschaffen, die Unsichtbares sichtbar werden lässt. Das objektivierende Potenzial der Bewegung schafft einen
Fluss gegen die Statik einer Momentaufnahme: „Bewegung stellt die Körperlichkeit und Leben wieder her, die in der Photographie erstarrt waren. Sie bringt
ein unwiderstehliches Realitätserlebnis" (1958, S. 145). Morin muss hier nicht
zwischen filmischer und profilmischer Bewegung unterscheiden, nicht zwischen
Bewegung der Kamera und Bewegung vor der Kamera, weil ihn nur der Effekt
interessiert, der bei beiden Formen der Bewegung evoziert wird: der Anschein,
d. h. die Ansicht von Wirklichkeit. Im Zeitalter digitaler Reproduzierbarkeit ist
gerade diese Hybridität kinematographischer Visualität ein neues altes Thema,
das Morin bereits antizipiert, wenn er das illusorische Potenzial der Bewegungsbilder betont.

Bewegung hat für Morin zum anderen aber immer auch eine subjektivierende
Funktion inne, sowohl aus psychologischer Perspektive (als Aktivierung mentaler
Prozesse) wie auch aus kommunikativer Sicht (als Aufforderung zur Interaktion
mit dem Bild). Die Verdopplung der Welt geht ferner einher mit der Affordanz
von Affekten. Die Bewegung, sagt Morin, „ist die Seele des Kinos, sie ist seine
Subjektivität und seine Objektivität. Hinter der Kamera, die Zeit und Raum
durchschneidet, zieht sich ins Unendliche die doppelte Kielspur des Lebens und
des Traumes" (1958, S. 148). Und weiter: „Das Kino mobilisiert die Kamera
und fügt dadurch allen realen Bewegungen die unendliche Skala der künstlichen
Bewegungen hinzu: es steigert, erneuert und vermehrt […] die Verleiblichung und
Verselbständigung" (1958, S. 157). Zur Funktion des Objektivs selbst führt Morin
an, es sei „frei von Subjektivität", und kein Trugbild könne den Blick trüben, „den

es unmittelbar auf das Wirkliche heftet" (1958, S. 12). Außerdem betont Morin
wiederum, dass das Kino all jene anthropoiden Gewalten in sich berge, „welche
die Menschen seit jeher dem Bilde zugeschrieben haben. Sogar in dem bloßen
Widerschein gibt es etwas, das mehr ist als die Natur. Der Kinematograph macht
die Wirklichkeit bedeutender, er verklärt sie, ohne sie zu verwandeln" (1958,
S. 53). Alltägliche Wirklichkeit wird neu gezeigt, weil bewegte Bilder dieser Wirklichkeit entstehen. Sie wiederholen das dem Auge schon Bekannte und lassen es
doch als Unbekanntes erscheinen. Morin apostrophiert hier nicht das Zeichenhafte dieser Operation, sondern favorisiert stattdessen vielmehr einen Zugang
zum Kino, der zugleich prä- als auch post-semiotisch ist. Bei Morin erscheint die
Partizipation des Publikums als vorsprachlicher Prozess, als Erinnerung an Bilder:
die Repräsentation einer Repräsentation. Morin geht es nicht um die Inhalte von
Bildern, er begreift sie vielmehr – durchaus in Präfiguration der Prozessphilosophie des Kinos (Deleuze 1989) – als Ereignis, das heißt Bewegung in der Zeit.

1.3   Spiegel und Affekt

Morins *Der Mensch und das Kino* geht sowohl synchronisch als auch dia-
chronisch vor. Einerseits ist die Studie ein Versuch, synchronisch den Blick
auf das rezeptive Moment im Kino zu richten. Andererseits arbeitet sie dia-
chronisch an einer Mediengeschichtsschreibung. „Der Kinematograph", schreibt
Morin rückblickend auf die Lumières, „war die Maschine, die nötig und hin-
reichend war, um die schweifende Forschung auf ein Ziel zu fixieren und dann
seine eigene Umformung zum Kino zu vollziehen" (1958, S. 54). Daraus folgt
die Differenzierung: „Der Kinematograph gab den Dingen ihre ursprüngliche Bewegung zurück. Das Kino bringt andere Bewegungen hervor: Kamera-
bewegungen, Rhythmus der Handlung und des Schnitts, Beschleunigung der
Zeit, musikalische Dynamik" (1958, S. 113). Das Kino entfaltet für Morin eine
„Sturmflut der Einbildungskraft". Schon in den Jahren 1896/97, und hier weicht er
ganz entscheidend ab von konventionellen Filmgeschichtsschreibungen, zeigt sich
für Morin eine umfassende Fiktionalisierung, dringen doch „das Komische, die
Liebe, die Gewalttätigkeit, die romanhafte Historie von allen Seiten in den Film
ein. Das Bild des Kinematographen wird buchstäblich von einer Sturmflut der Einbildungskraft überschwemmt". Der Film bildet dadurch „geradezu ein Synonym
von Fiktion" (1958, S. 89). Das bedeutet, für Morin ist „die große Revolution"
der bewegten Bilder nicht nur das Festhalten der Figuren und Dinge im Bild, also
„das Auftreten des Doubles im magischen Spiegel des Bildschirms", sondern
der „Sprung durch den Spiegel hindurch" (1958, S. 65) – mithin: die Nutzung

der Wirklichkeitsspiegelung für magische Halluzination, für phantastische Imaginationen. Es entstehen neue Wirklichkeiten, Illusionen von Wirklichkeit durch die Wirklichkeit der Illusion. Sie zielen ab auf Suggestion, sie wollen den Blick verführen. Das Kino entsteht, so Morins Conclusio, „als Verquickung des Lumièreschen Kinematographen und Méliès' Zauberposse" (1958, S. 59). Dabei negiert Morin aber ein binäres Modell, wie es die naive Filmhistoriographie in ihrer starren Dichotomie von Lumière und Méliès bis dato postuliert. Stattdessen bedingen sich bei ihm Objektivität und Fiktion gegenseitig, sind untrennbar miteinander verschweißt:

> Der objektive Kinematograph und das fiktive Kino [sind] einander entgegengesetzt und doch miteinander verbunden [...] Das Bild ist der genaue Widerschein der Realität, seine Objektivität steht im Widerspruch zur Extravaganz der Einbildungskraft. Doch zugleich ist dieser Widerschein ein ‚Double'. Das Bild ist bereits von den subjektiven Gewalten durchdrungen, die es in der Folge entführen, entformen und in den Raum der Phantasie und des Traumes werfen (Morin 1958, S. 89).

Im Bild verschmelzen Objektivität und Einbildung, weil das Zuschauer*innensubjekt sich freiwillig in ihm auflösen lässt. Der sichtbare Mensch wird somit zum imaginären Menschen: „Die Kraft des Imaginären verhext das Bild, denn dieses ist bereits potentiell der Hexerei verschrieben. Das Imaginäre wuchert im Bilde wie dessen natürliches Krebsgeschwür. [...] Das Imaginäre ist der gemeinsame Ort des Bildes und der Einbildungskraft" (1958, S. 89). Neben dem Begriffspaar von Objektivem (die Profanität der Dinge im Bild) und Subjektivem (die Verzauberung der Dinge im Bild) führt Morin auch die Termini des Wirklichen und des Unwirklichen ein. Erneut stellen sie nicht Essenzen dar, sondern fluide Kategorien: gedacht als Prozesse, ständig mobil. Und wieder sieht Morin eine produktive Koexistenz: „Das Wirkliche wird umspült, umschmeichelt, durchquert, fortgerissen vom Unwirklichen. Das Unwirkliche wird geformt, bedingt, rationalisiert, verinnerlicht durch das Wirkliche" (1958, S. 177). Das Kino schafft einen imaginären Raum, der Affekte und Assoziationen des Publikums bündelt, also Intensitäten und Imaginationen ihren legitimen Ausdruck verleiht, indem er ihrer als Konstituens bedarf. Wenn „Sehnsüchte und Wünsche", so Morin, und „ihre negativen Entsprechungen, Ängste und Schrecken, das Bild mit sich fortreißen und umbilden und gemäß ihrer besonderen Logik Träume, Mythen, Religionen, Glaubensvorstellungen, Literaturen, kurz alle Arten von Fiktionen miteinander verbinden", dann betritt man „das Reich des Imaginären" (1958, S. 89). Dieses Reich geht für Morin unmittelbar hervor aus dem Dispositiv Kino. Es sorgt für eine Paralyse des Publikums, nachgerade für eine Auslieferung an das audiovisuelle Geschehen durch polymorphe Identifikation, nicht

nur mit Figuren in der Fiktion, sondern dem Dispositiv selbst: „Der Zuschauer
im dunklen Kinoraum ist […] ein passives Subjekt im reinsten Zustand. Er
kann nichts tun, hat nichts zu geben, nicht einmal Beifall. Geduldig erträgt er
alles. Überwältigt läßt er alles mit sich geschehen. Alles geht sehr fern vor sich,
außerhalb seiner Reichweite. Zu gleicher Zeit und in einem Augenblick geht
alles in ihm vor". Aus dieser Relation von Nähe und Distanz leitet Morin sein
berühmtes Credo ab: „Wenn die Zauberkräfte des Schattens und des Doubles
auf einem weißen Bildschirm in einem nächtlichen Saal zusammenwirken, […]
wenn die Ventile jeder eigenen Tat verstopft sind, dann öffnen sich für ihn die
Schleusen des Mythos, des Traumes, der Magie" (1958, S. 111). Diese Identifikation aber basiert nun nicht auf dem Spiegelhaften des Bildes, sondern eben-
jener Metamorphose, die das Photogénie durch seine magische Verformung
des Wirklichen ins Kino bringt. Das Spiegelbild und Double wiederum ist
die Projektion des Zuschauer*innensubjekts seiner selbst, in einer Vergegen-
ständlichung der Imagination. Anders gewendet: Das technisch produzierte
Bild aktualisiert das projektive Potenzial des Publikums als Double und macht
es manifest, sodass das Imaginäre wiederum Metamorphosen des Sichtbaren
produziert. Letztlich bringt sich nicht nur das Zuschauer*innensubjekt nach
außen, es nimmt das Außen auch in sein Inneres auf. Wie später die psychoanalytische Medientheorie (u. a. Metz 1975/2000) spricht hier auch schon
Morin dem Zuschauer*innensubjekt keine völlige Immobilität zu. Gerade seine
motorische Passivität hat eine psychische Aktivität zur Folge. Für ihn ist wichtig
zu betonen, dass das Kino sein Publikum immer auch aktiviert. So sorgen die
Bilder durch ihre suggestive Kraft für eine Partizipation des Publikums. Denn
durch die Suggestion der Bilder bindet das Zuschauer*innensubjekt sich so sehr
an sie, dass es letztlich seine eigenen Bilder produziert. Es bringt den Affekt
überhaupt erst in das Sichtbare. Das Kino stellt für Morin ein System dar, „dessen
Sinn es ist, den Zuschauer völlig in den Fluß des Films hineinzuziehen. Ein
System, dessen Sinn es ist, den Fluß des Films völlig in den psychischen Fluß
des Zuschauers hineinzuziehen" (1958, S. 117). So nimmt das Zuschauer*innensubjekt aktiv am Film teil und wird in das diegetische Geschehen eingesaugt.
Zwischen Subjekt und Objekt der Wahrnehmung entsteht durch das Moment des
Photogénies eine unseparierbare Einheit. Dadurch werden im Betrachter*innen-
subjekt spezifisch filmische Affekte freigesetzt, die dem jeweiligen Film seine
Wirkungskraft verleihen. Letztlich ist das Kino für Morin nichts anderes als die
Illustration der Affekte seines Publikums.

1.4 Stars und Industrie

Morins *Der Mensch und das Kino* apostrophiert das Kino als mediatisierende Kraft, die in der Moderne als wichtigster Generator neuer Mythen fungiert. Es löst für ihn die alten Medien Sprache und Schrift ab, indem es imaginäre Welten durch audiovisuelle Räume schafft. Auch das Hollywood-Kino wird bei Morin folglich kein Gegenstand der Ideologiekritik. Die Industrialisierung des Imaginären respektiert er, soweit es das Imaginäre zurückholt in den Alltag der Menschen und von ihnen neu angeeignet werden kann.

Besonders interessant ist hier freilich Morins Beschäftigung mit dem Phänomen der Stars, die schon ein Jahr nach der Publikation von *Le cinéma ou l'homme imaginaire* eine neue Studie hervorbringt. *Les Stars* erscheint 1957 im französischen Original – eine medienanthropologische Pionierarbeit: noch heute erstaunlich, besonders in ihrem interdisziplinären Ansatz zwischen Kulturgeschichtsschreibung, Sozialpsychologie, empirischer Rezeptionsforschung und politischer Philosophie. Morin fragt nach der Rolle der Stars in der kapitalistischen Kultur, anhand der medial produzierten Bilder von Marilyn Monroe und Ava Gardner, von James Dean und Charlie Chaplin. Er sieht dabei keine Kontradiktion zwischen Markt und Mythos, sondern konstatiert Prozesse der Projektion, basierend auf einem anthropologischen Bedürfnis, das den Menschen als *homo demens* und imaginatives Wesen ausmacht: „The movies, machines for doubling life, summon the heroic and amorous myths to incarnation on the screen, start again the old imaginary processes of identification and projection from which gods are born. The religion of the stars crystallizes the projection-identification inherent in all participation in the film" (Morin 1957/2005, S. 102). Es handelt sich um eine Projektion und Identifikation, die aber über das Bild antiker Götter durch ein Moment der Assimilation hinausgeht: Stars erlauben, dass der Mensch in einer scheinbar gänzlich entsakralisierten Welt den Göttern ähnlich werden und sich als einer der ihren verstehen kann. Morin begreift Stars demnach zum einen als Wiederkehrende ältester Archetypen, sieht sie zugleich aber auch in ihrer Dimension als soziale Berühmtheiten, „herausgehoben aus der Plattheit und dem Schmutz des Alltags" (Morin 1971, S. 439). Eben darin aber zeigt sich auch das Paradox des Stars: „Er bringt", so Morin, „mystische, affektive und imaginäre Züge ins Spiel und ist zugleich verblüffend gut, eine Industrie integriert in die Filmindustrie" (1971, S. 446). Die Stars, und mit ihnen letztlich auch das Kino per se, sind für Morin stets sowohl eine Kunstform als auch eine Industrie, sowohl Gegenstand von Individualisierung als auch von Standardisierung, sowohl Raum für Erneuerung als auch für Konvention. Dem Ziel der Effizienzsteigerung steht ein Imperativ der Innovation gegenüber. Das Kino besitzt also mythische Struktur und hat einen konstanten Kern, der sich an der Oberfläche aber ausdifferenziert in unendliche Variationen.

Mithin wird Kino verstanden als ein Spiel mit dem Seriellen, das feste Regeln kennt, mit diesen aber stets auch konfligiert, d. h. sie transzendiert, sie erweitert, sie erneuert. Serialität in diesem Sinne meint nicht bloßes Rekurrieren auf bereits geleistete Arbeit. Stattdessen bezieht sich der Begriff auf eine durchaus innovative Transformation von standardisierten Darstellungsformen des ästhetischen Ausdrucks. Weil gerade das Übliche das Unübliche ermöglicht und gerade Gemeinsamkeiten signifikante Differenzen schaffen, bewegt sich das Kino zwischen Konvention und Freiheit, zwischen Wiederkehr und Abweichung. Es ist durch eine Ästhetik der Verlagerungen, Reihung und Reibung des Konventionellen definiert. Mit dieser positiven Evaluation des Populären präfiguriert Morin einen kulturtheoretischen Paradigmenwechsel, in dem die generischen Formen des industriellen Kinos explizit gewürdigt werden als kollektive Bedürfnisse der Menschen: „Tarzan films are in reality strictly tied to the myths of a mechanist society about the natural state, and Westerns express the aspirations of this same society toward a free life of riding and adventure" (Morin, zit. n. Lowry 1985, S. 111). Es geht hier bereits um nichts weniger als eine neue Erlebnisweise des Kinos, die binäre Dichotomien von hoher und niederer Kultur aufzubrechen vermag.

2   Hortense Powdermakers *Hollywood, the Dream Factory: An Anthropologist Looks at the Movie-Makers* (1950)

Von heute aus gesehen ist Hortense Powdermakers *Hollywood, The Dream Factory* eine dreifache Pionierstudie und Gründungsurkunde einer ethnographisch fundierten Medienethnologie, der jahrzehntelang vernachlässigten „Production Studies" in der Medienforschung (Mayer 2009) und der Reflexivität ethnographischer Methoden (insbesondere durch die selbstkritische Darstellung ihrer Forschung in dem autobiographischen Rückblick von *Stranger and Friend* (Powdermaker 1966)).

Wenn man großzügig ist, liegen damit bereits in den frühen 1950er Jahren alle Elemente einer vollständigen Medienanthropologie vor: eine philosophische Filmanthropologie durch Edgar Morin in Frankreich (siehe oben), eine komparatistische Diskussionsgruppe zur Entwicklung der Medientheorie rund um den Ethnologen Edmund Carpenter und seine Zeitschrift *Explorations* in Toronto und eine vorbildliche ethnographische Pionierstudie durch Hortense

Powdermaker. Außerdem standen die nordamerikanischen Entwicklungen im Zeichen eines gemeinsamen Paradigmas, nämlich der seit den frühen 1930er Jahren tonangebenden „Culture and Personality"-Schule der nordamerikanischen Kulturanthropologie. Diese Forschungsrichtung hatte sich im Laufe des Zweiten Weltkriegs der Inlands-Analyse angenommen und sollte durch David Riesmans Charakterisierung der „Lonely Crowd" auch McLuhans Analyse der amerikanischen Populärkultur, *The Mechanical Bride,* mitbestimmen.

Allerdings standen die genannten Elemente damals trotz ihrer gemeinsamen Denkweise nur in einem losen Zusammenhang. Powdermakers zukunftsweisende Monographie erfuhr keine methodische und inhaltliche Fortsetzung in der Ethnologie, keine Rezeption in der Medientheorie oder in den neu entstehenden Communication Departments und Ablehnung in der Soziologie – und das trotz einer großzügig finanzierten, und von Powdermaker eigens organisierten, interdisziplinären Gesprächsrunde (Powdermaker 1953). Ethnographische Ansätze fehlten jahrzehntelang in der Medienforschung und blieben anschließend für die Medienproduktion weiterhin Mangelware. Die Medienethnologie musste sehr viel später, auf dem Umweg über die „Visuelle Anthropologie", noch einmal ganz neu erfunden werden. Dieser Tatbestand wirft drei wissenschaftshistorische Fragen auf: Was macht es plausibel, dass Powdermakers ethnographische Hollywood-Studie damals überhaupt entstanden ist oder sogar entstehen musste? Warum konnte sie sich nicht als Vorbild etablieren? Und wie lassen sich ihre Ergebnisse und Methoden heute beurteilen?

Alle drei Fragen führen in die Situation des Übergangs vom Zweiten Weltkrieg in die Nachkriegszeit zurück. Als Hortense Powdermaker die Forschung in Hollywood aufnahm, hatte sie sich bereits als experimentierfreudige und unerschrockene Feldforscherin bewiesen. Nach ihrer Ausbildung durch Bronislaw Malinowski und einer entsprechenden Inselforschung in der Südsee widmete sie sich bereits Anfang der 1930er Jahre dem heikelsten Thema der U.S.-Inlandsforschung: Rassismus oder „race relations" in den Südstaaten. Allerdings wurde das Manuskript ihrer Feldforschung vor der lange verzögerten Publikation durch einen befreundeten Ethnographen ausgewertet, der mit ihrer Hilfe die Sozialbeziehungen in den Südstaaten mit großem Erfolg als Widerspruch zwischen einer durch markante Verhaltenstabus zusammengehaltenen rassistischen Kastenordnung und der ökonomischen Mobilität der amerikanischen Klassengesellschaft kategorisierte (Adams und Gorton 2004). Powdermakers Analyse der Zusammenhänge zwischen „Kaste" und „Klasse" blieb im Schatten dieses Erfolgs, zumal sie diesen Widerspruch in eine multiperspektivische Analyse der Persönlichkeitsentwicklung einbettete (Powdermaker 1939). So führt etwa die ständige Abwehr einer rassistischen Erniedrigung in die Spaltung zwischen der Neutralität einer humoristisch-

beflissenen Fassade und einer verdeckten Aggressivität, die durch das Bewusstsein moralischer Überlegenheit geläutert werden kann (Powdermaker 1943).
Hingegen manifestiert sich das rassistische Ressentiment der weißen Unterschicht
mangels moralischer und sozialer Überlegenheit durch ein labiles Gemisch aus
erhöhter Aggressivität und schlechtem Gewissen, Statussorgen und Mimetismus
(etwa in der späteren Adoption des Rhythm'n'Blues als Rock'n'Roll). Diese
Analyse widersprüchlicher Persönlichkeitsmerkmale bildet im Prinzip auch das
Schwergewicht der Hollywood-Analyse und erreicht dort seinen perspektivischen
Höhepunkt im Kapitel über die von allen Seiten verachteten und zugleich
hofierten Mitglieder des Hollywood-Systems: die Schauspieler bzw. die „Stars"
(Powdermaker 1950, Kap. 13). Der Kontrast zu Edgar Morins mythenzentrierter
Analyse des Starkomplexes könnte kaum größer sein: In Hollywood wie anderswo
werden die Stars wie verwöhnte Kinder behandelt, deren Launen und Macken kein
Anlass zur Freude, sondern zur professionellen Sorge und Zurechtweisung sind
und für die oft ein halbes Dutzend spezialisierter Berater*- und Betreuer*innen
zur Verfügung steht. Aber nicht nur die Stars mit ihren exhibitionistischen Ticks,
sondern im Prinzip alle Personengruppen leiden in Hollywood unter einem Widerspruch zwischen künstlerischer Kreativität und einer übermächtigen Kommerzia-
lisierung, die jede Beziehung und jede Kompetenz in eine mögliche Ware und
Dienstleistung verwandelt.

Diese sozialpsychologische Darstellung, insbesondere ihre literarische
Typisierung durch „sprechende Namen", erscheint heute veraltet und irritierend,
wenn nicht sogar konventionell: der Kampf des Künstlers mit dem Kommerz.
In der Forschung wird der Grundkonflikt für das Kartellsystem in Hollywood
allerdings auch heute ganz analog benannt. Außerdem zeigt die Lektüre, dass die
Sozialpsychologie der inneren Widersprüche das Erkenntnisziel der Studie war,
und dass sie laut Powdermaker noch die kleinsten Details der Produktion, und
damit auch des schließlichen Produkts, beherrschte: die Entscheidungskämpfe
zwischen Produzenten und Regisseuren, die Entfremdung der Drehbuchschreiber,
denen ihr Job vom einen Tag auf den anderen weggenommen werden konnte; eine
daraus resultierende Inkonsistenz und immer mögliche Irrationalität der Film-
handlung und der Filmdialoge (die vermutlich einiges zum Reiz der klassischen
Hollywood-Filme beigetragen hat); und die Beziehungen zwischen den Geld-
gebern und Kinoketten-Eignern in New York und den Filmschaffenden in Hollywood (Powdermaker 1950, insb. Kap. 8). Der Widerspruch zwischen Kreativität
und Kommerzialität wird von Powdermaker nicht an einer privilegierten Stelle
verortet, sondern auf allen Ebenen, und die Zickigkeit der Stars – ihr bewusst
anökonomisches Verhalten, ihre Unberechenbarkeit – erweist sich als ein ver-
haltensauffälliges, aber wirksames Mittel der wechselseitigen Aufschaukelung

von Bezahlung und Selbstachtung unter schwierigen Umständen. „These then are the actors, glamorous stars and folk heroes to their admirers all over the world; inhuman pieces of property, scorned, hated and envied in Hollywood" (Powdermaker 1950, S. 280).

Powdermakers zum Teil bewusst neutrale und zum Teil kulturkritische bis satirische Darstellung der Reifizierung und Kommodifizierbarkeit von Personen und ihren Arbeitsvorgängen geschah genau in dem Moment, in dem das Kartellsystem aus zum Teil ganz analogen Erwägungen zerschlagen wurde. Man kann das Buch daher in zwei Richtungen lesen: als Darstellung der „Fließbandkette" des klassischen Hollywood-Systems, und als Momentaufnahme eines ganz besonders überhitzten Systems, das mit seiner panischen Spekulierwut bereits dem Untergang geweiht war (Gomery 2004). In beiden Perspektiven erscheint Powdermakers Buch als jene Empirisierung, die dem Begriff der „Kulturindustrie" bei Adorno und Horkheimer fehlte. Denn dieser Begriff war keineswegs nur metaphorisch: Die Filmfertigung war nach dem Vorbild der Automobilindustrie geformt, die Produktion verlief zwar nicht wie am Fließband, weil das Risiko einer Stockung immer gegeben war und in Kauf genommen wurde, aber sie orientierte sich an einem kollektiven und modularen Fertigungsprozess, der von Rechts wegen das Gegenteil einer „Auteur"-Theorie verdient hätte, nämlich eine Agenturtheorie des Filmschaffens, deren Begründung in Powdermakers Darstellung angelegt ist. Nicht von ungefähr wird das Hollywood-Buch dort besonders präzise, wo sie die Operationsketten der einzelnen Arbeitsschritte, insbesondere die Zusammensetzung der Karosserie des Fahrzeugs, sprich: der Arbeit am Drehbuch, in die sie Einsicht durch Prozessakten gewonnen hatte, darstellt.

Wie sie schreibt, war es insbesondere die Reduktion begabter Schriftsteller auf austauschbare Dialog-Lieferanten, die ihr in Hollywood gegen den Strich ging: „I was (and am) a writer. Writing is a way of life for me. The writers had let me down, because they had not come up to my expectations of professional integrity" (Powdermaker 1966, S. 229). Das Fließband-System hatte nach außen den glänzenden Erfolg maßgeschneiderter Filme, nach innen hingegen den Ruin von Sozialbeziehungen zur Folge: Amoralität, ungerechte Behandlung, emotionale und finanzielle Erpressung, Selbsthass und vor allem anderen Heuchelei und „phoniness" waren unvermeidlich. Alle diese scheinbar flüchtigen emotionalen Beziehungen ergeben sich aus der Natur der Agentur-Vertragsbeziehungen in Hollywood und haben sich seitdem prinzipiell nicht verändert.

Was in populären Medien als Herz der Filmproduktion gilt, wurde von Powdermaker nicht beobachtet: die Arbeit am Set. Powdermaker verwies später auf die Reportage „Picture" von Lilian Ross als mögliche Ergänzung ihres Buchs (Ross 1952). Und in der Tat schildert Ross, ganz im Sinne Powdermakers,

die Dreharbeiten eines Films von John Huston als einen ebenso subtilen wie
theatralischen Machtkampf zwischen Produzent und Regisseur und folgt damit
der von Powdermaker generalisierten Einsicht, dass jeder Teil der Operationskette als eine sehr ambivalente Prinzipal-Agenten-Beziehung zu betrachten ist,
in der das grundlegende Misstrauen des Prinzipals nur durch forcierte Freund-
schaften mit gemeinsamen Hobbys, Partys und Privateinladungen mitsamt ihren
unausweichlichen Enttäuschungen, dem Sprung auf die andere Seite und einseitigen Kündigungen ausgeglichen werden kann. Außerdem kommt der von
Ross beschriebene Fall in Powdermakers Kasuistik bereits vor, nämlich als die
von ihr skizzierte Option des Produzenten, einem begabten Nachwuchsregisseur
eine Lektion zu erteilen, indem er ihn einen künstlerisch anspruchsvollen Film
fertigen lässt, der sich als Flop erweisen wird – auch auf die alles in allem sehr
begrenzte Gefahr hin, dass er sich entgegen besten didaktischen Absichten als
Erfolg herausstellen sollte.

Powdermakers Einsicht in die „Fertigungskette" des Studiosystems hat mit
größter Klarheit einige der bis heute gültigen Schwierigkeiten der Erforschung
arbeitsteiliger Medienproduktion aufgeworfen und benannt. Wenn ein Kartell
wie die damaligen „Big Five" die gesamte Kette von der Produktion bis zum
Marketing und den Kinos in der Hand hat, wird die Produktion strikten Profit-
regeln unterworfen und kann daher nur als Funktion der Kette verstanden
werden. Aber das gilt für jeden Schritt in der Kette, und es gilt insbesondere
für die beobachtbaren professionellen Persönlichkeitsmerkmale: Sie sind
ebenfalls auf die gesamte Kette bezogen und bilden ihre Widersprüche auf
jeweils andere Weise ab. Weil jeder Schritt in der Operationskette durch andere
Prinzipal-Agenten-Verhältnisse organisiert wird, schützen sich die Agenten durch
Gewerkschaften, und die großen Firmen durch effizientes Marketing zulasten der
Freiheit und Vielfalt des Angebots. Soweit eine Analyse, die den Diagnosen entspricht, aus denen heraus das Kartellsystem schließlich zerschlagen wurde. Wie
Powdermaker überzeugend darstellt, sind aber nicht nur die Arbeitsbeziehungen
zwischen Agenten und Prinzipalen, sondern auch die persönlichen Beziehungen
ein Ausdruck der professionellen Verhaltensweise, welche schließlich in die
Inhalte der Filme einwandert. Powdermaker ist mit ihrer pointierten Darstellung aller arbeitsteilig involvierten Personengruppen sehr weit gegangen –
und geriet daher in Schwierigkeiten, die seitdem nicht besser bewältigt werden
können. Zentrale Akteure verbieten das „Studying Up" ihrer eigenen Person.
Die Hollywood-Operationskette ist vielleicht ihrer Anlage nach „totalitär",
aber sie wird von verschieden starken Akteuren betrieben. Somit ergeben sich
innerhalb kürzester Zeit nicht nur Probleme mit der faktischen Feststellung der
Machtkämpfe (dort oben), sondern auch mit der Datenerhebung insgesamt. Mit

diesen methodischen Problemen der Erforschung von Verkettungen steht und fällt allerdings die Medienethnographie jeder Inlands-Institution (Ortner 2010). Auch Powdermakers Forschungsdesign geriet angesichts dieser Anforderung in Schwierigkeiten. Die Quelle der wichtigsten Entscheidungen, die Eigner und Produzenten in New York, ließen sich nicht beobachten; und für einen Medienmacher ist jedes Interview Teil seines professionellen Medienschaffens, nämlich seines Marketings. Die Gefahr bleibt bestehen, dass die Medienethnographie allein aufgrund der Komplexität dieser Immunisierungen einen Standpunkt über allen anderen privilegiert und am Ende eine besonders konventionelle oder bereits popularisierte Position einnimmt. Dieser Gefahr ist auch Powdermaker nicht entgangen: Ihr Wunsch an die Entwicklung des Studiosystems ist die Herrschaft des „Auteur", des eigenverantwortlichen Regisseurs. Eventuell sollte man das Buch daher umgekehrt lesen: Es ist das eindrucksvolle Dokument eines Systems, das so totalitär auf Austauschbarkeit aller Personen hin organisiert war, dass es als Gegenwunsch den Mythos vom „Auteur" hervorbringen und honorieren musste.

Vielleicht gilt dies auf andere Weise auch für die Ethnologie, die ihrerseits auf Arbeitsteilung angewiesen ist und einen bestechenden Mythos vom „Auteur" hervorbringt. Zweifelsohne hatten sowohl Powdermaker als auch ihr Verlag mit einem populären Erfolg der ethnographischen Darstellung Hollywoods gerechnet. Im Nachhinein ärgerte sich Powdermaker, sie habe zu viele exotisierende „Gimmicks" eingebaut (die Rede von „Tabus", „Mana" und „Stammesältesten" und dergleichen). Diese Gimmicks waren ihr, genüsslich zitiert, in den soziologischen Rezensionen zum Verhängnis geworden (Bierstedt 1951). Aber auch aus anderen Gründen hatte das Buch damals keine Chance auf einen wissenschaftlichen Erfolg. Durch Rezensionen hatte sich Powdermaker mit dem dominanten Flügel der „Culture and Personality" um Margaret Mead angelegt, der ihrer Meinung nach keine empirische, sondern eine imaginäre Ethnographie auf literarischer Grundlage betrieb (Powdermaker 1948). Dadurch hatte sie sich nach dem Tod ihrer Mentoren Edward Sapir und Ralph Linton sozial isoliert, und zwar ausgerechnet in dem Moment, in dem „Culture and Personality" insgesamt unter methodischen Beschuss geriet und die Ethnologie durch Methodenkritik aus der Inlandsforschung vertrieben wurde. *Hollywood, The Dream Factory* war so etwas wie der Film THE BEST YEARS OF OUR LIVES für die Filmbranche: eine reflexive Gestaltung der Rückkehr vom heroischen Kriegseinsatz der G.I.s, der Regisseur*innen und Ethnolog*innen – mit dem Versprechen, die Errungenschaften der Kriegsjahre im Zivilleben zu nutzen und der Klage über die Vergeblichkeit dieses Vorhabens (Harris 2014; Silverman 2007). Aber Hortense Powdermaker stand mit ihrem Vorhaben nicht allein, sie war nur isoliert:

Im Krieg war die Fragestellung der „Culture and Personality" – das Postulat der „Basis-Persönlichkeit" einer „Kultur", die durch eine unorthodoxe Verbindung von Psychoanalyse und Verhaltensmuster-Charakterisierung darzustellen sei – ganz unverhohlen zur Völkerpsychologie mutiert, und zugleich aufgrund der Kriegssituation zur Medienanalyse übergegangen, der „study of culture at a distance", einer Wurzel der späteren Cultural Studies. Für einen vorübergehenden Moment der Nachkriegszeit schien es naheliegend, die Bedingungen des Sieges, für den die Ethnologie hart und selbstbewusst gekämpft hatte, auf Dauer zu stellen, also die Einheit von Inlands- und Auslandsforschungen anzustreben und auch die Kommunikationstechnologien selbst zu erforschen, demnach die Medien und ihre theoretischen Grundlagen. Vier der abenteuerlustigsten Personen aus der Ethnologie folgten diesem Weckruf: Gregory Bateson (aus der Clique um Margaret Mead), Claude Lévi-Strauss (am Rande der Gruppe und zwischen den Kontinenten), Hortense Powdermaker (in einem konkurrierenden Netzwerk) und Edmund Carpenter (aus dem Abseits in Toronto). Alle vier zielten auf das epistemologische Zentrum der Kommunikation: die Kybernetik „in statu nascendi" (Bateson), die Struktur der menschlichen Kommunikation (Lévi-Strauss) und die Grammatik der Medien (Carpenter). In diesem Rahmen erscheint Powdermakers Entscheidung mehr als folgerichtig, die imaginäre Ethnographie der amerikanischen Medien von Riesman und Gorer durch eine echte Ethnographie zu ersetzen und das Weltkriegsthema „Gefahr eines amerikanischen Totalitarismus" dort zu untersuchen, wo die wirkungsvollste Propaganda gemacht wurde, nämlich in Hollywood.

Wie so oft in der Weltgeschichte und der Wissenschaftsgeschichte war dieser Impuls richtig und sogar wissenschaftlich erfolgreich, aber er geriet anschließend in eine Situation, in der sich das Blatt vollständig gewendet hatte. Die Ethnologie wurde trotz oder vielmehr aufgrund ihrer Weltkriegserfolge von der Soziologie und Psychologie aus der Inlandsforschung vertrieben. Die Einheit von Psychoanalyse und Verhaltensmuster-Analyse verfiel den Verdikten des Behaviorismus und der orthodoxen Psychoanalyse. Am Ende stand Powdermaker vor leeren Rängen. Ihre Arbeit über Hollywood wurde allem Anschein nach weder von ihr noch von anderen jemals als Vorlage für die ethnologische Ausbildung herangezogen.

Dieser Misserfolg hat, wie wir wissen, ein ironisches Ende. Die Werke der Leute, die Powdermakers Hollywood-Studie verrissen, sind heute vergessen. Das Pionierbuch der Medienethnologie und Medienethnographie ist mitsamt seinen ehrgeizigen Methoden Teil der Gegenwart und durch die Fragestellung

der Agenturtheorie Teil der Zukunft. Eines nicht allzu fernen Tages wird Hollywood sie in einem „Biopic" als unerschrockene Reporterin und den Dandy
entdecken, der sie war, und ihre Heldengeschichte erzählen: Wie sie in den Südstaaten abwechselnd als Farbige und Weiße durchging; wie dies eines Tages fast
den Schlüsselmoment eines Lynchmords ausgelöst hätte, als sie im Auto mit
einem Nicht-Weißen in eine Gruppe von Weißen geriet; wie sie für die Gewerk-
schaft der Drehbuchschreiber in Hollywood einen höheren Tarif aushandelte
und einen Flirt mit Charlie Chaplin anfing; und wie sie auch die Erlebnisse von
Lilian Ross auf dem Set von John Huston protokollierte, um der Ethnologie als
„lebendes Instrument" zu dienen. Die meisten dieser Szenen werden fiktiv sein,
etwa die gerade genannten. Der Film wird den Titel „Malinowski's Flapper"
oder „Ms. Powdermaker Goes to Hollywood" tragen. In einer Szene sieht man
Powdermaker, wie sie mit einer alten Bekannten aus den Südstaaten im Cock-
pit einer B52 auf einem Flugzeugfriedhof sitzt und über die glücklichste Zeit
ihrer Feldforschung spricht, und dass sie als Jüdin und Frau anschließend an
einer Ivy-League-Universität von zwei männlichen WASPs (White Anglo-Saxon
Protestants) hereingelegt wurde, sodass ihre Forschung über „Race, Class und
Gender" in einer überraschenden Einlösung der teilnehmenden Beobachtung
endete und ihren Karriereweg blockierte. Die Gesprächspartnerin bringt
sie wieder zum Lachen mit dem Satz: „So what? War's over and you white
now, ain'cha?" Zwischendurch trifft sie einen deutschen Philosophen in der
Requisitenkammer eines Kostümfilms. Er erzählt, dass sein Vetter sich in den
Pyrenäen umgebracht hat, bevor er sich nach Amerika einschiffen konnte und
seine Ex-Frau die Geliebte eines Naziphilosophen war. Sie unterhalten sich
über den Erfolg des Existenzialismus, das neue Medium Fernsehen und über
die historischen Kostüme, die sie wechselseitig anprobieren. Als sie zu hören
bekommt, was der Philosoph zum Fernsehen als Möbel und Matrize zu sagen
hat, sagt sie: „It seems philosophy is a bit like anthropology without people." Der
Film beginnt und endet mit einer dem Film Noir DETOUR nachgestellten Autofahrt
und ihrer Stimme aus dem Off (Powdermaker 1966, S. 225):

> As I wandered through the Hollywood maze, I saw myself as an objective scientist,
> and took pride in a Jovian detachment. Now, with hindsight, I know the situation
> was quite different. As I left Hollywood after a year and drove past a sign marking
> the boundaries of Los Angeles, I broke into a song, as is my habit when feeling joy.
> But even that reaction did not make me realize how deeply I had hated the place.

Literatur

Adams, Jane, und D. Gorton. 2004. Southern trauma: Revisiting caste and class in the Mississippi Delta. *American Anthropologist* 106 (2): 334–345.

Bierstedt, Robert. 1951. Review: Hortense Powdermaker: Hollywood, the dream factory. *American Sociological Review* 17: 124–125.

Deleuze, Gilles. 1989. *Das Bewegungs-Bild: Kino 1*. Frankfurt a. M.: Suhrkamp.

Gomery, Douglas. 2004. The Hollywood studio system, 1930–49 (1986). In *Hollywood: Volume I: Historical dimensions: The development of the American film industry*, Hrsg. T. Schatz, 107–128. London: Routledge.

Harris, Mark. 2014. *Five came back: A story of Hollywood and the second world war*. New York: Penguin Press.

Ingold, Tim. 2018. Mündliche Bemerkung (Siegen, September 2018).

Lowry, Edward. 1985. *The filmology movement and film study in France*. Ann Arbor: UMI Research Press.

Mayer, Vicki. 2009. Bringing the ‚social‘ back in: Studies of production cultures and social theory. In *Production studies: Cultural studies of media industries*, Hrsg. dies., M. Banks und J. T. Caldwell, 1–13. New York: Routledge.

Metz, Christian. 2000. *Der imaginäre Signifikant: Psychoanalyse und Kino*. Münster: Nodus.

Morin, Edgar. 1958. *Der Mensch und das Kino: Eine anthropologische Untersuchung*. Stuttgart: Klett.

Morin, Edgar. 1971. Die Stars. In *Materialien zur Theorie des Films: Ästhetik-Soziologie-Politik*, Hrsg. D. Prokop, 439–446. München: Hanser.

Morin, Edgar. 2005. *The stars*. Minneapolis: University of Minnesota Press (Erstveröffentlichung: ders. 1957. *Les Stars*. Paris: Éditions du Seuil.).

Ortner, Sherry. 2010. Access: Reflections on studying up in Hollywood. *Ethnography* 11 (2): 211–233.

Powdermaker, Hortense. 1939. *After freedom: A cultural study of the deep south*. New York: Viking.

Powdermaker, Hortense. 1943. The channeling of Negro aggression by the cultural process. *American Journal of Sociology* 48 (6): 122–130.

Powdermaker, Hortense. 1948. Review: Geoffrey Gorer, the American people. *American Anthropologist* 50 (4): 666–669.

Powdermaker, Hortense. 1950. *Hollywood, the dream factory: An anthropologist looks at the movie-makers*. Boston: Little, Brown and Company.

Powdermaker, Hortense. Hrsg. 1953. *Mass communications seminar: Proceedings of an interdisciplinary seminar held under the auspices of the Wenner-Gren Foundation for Anthropological Research*. New York: Wenner.

Powdermaker, Hortense. 1966. *Stranger and friend: The way of an anthropologist*. New York: W.W. Norton.

Ross, Lillian. 1964. Picture (1952). In *Reporting*, Hrsg. dies., 223–442. New York: Simon and Schuster.

Silverman, Sydel. 2007. American anthropology in the middle decades: A view from Hollywood. *American Anthropologist* 109 (3): 519–528.

Immanenz- und Prozessphilosophie (Gilles Deleuze)

Oliver Fahle und Elisa Linseisen

1   Leben und Werk

Gilles Deleuze wurde 1925 in Paris geboren. Er studierte Philosophie an der Sorbonne, unterrichtete als Lehrer an Gymnasien und erhielt eine Professur für Philosophie an der Universität Lyon, die er von 1964 bis 1969 ausfüllte. Danach trat er eine Professur für Philosophie an der Universität Paris VIII an, die er bis 1987 innehatte. Deleuze hat sich neben seiner philosophischen Arbeit auch außerhalb der Universität engagiert, etwa Anfang der 1970er Jahre als Mitglied der politischen Aktionsgruppe Groupe d'informations sur les prisons (GIP), die sich für Gefängnisinsassen einsetzte und in der er gemeinsam mit Michel Foucault wirkte. Obwohl Deleuze selbst den Begriff des Mediums nicht bemüht hat, üben seine Werke doch einen nachhaltigen Einfluss auf die Medienwissenschaft aus, denn die von ihm geprägten Begriffe und Konzepte gehören in erheblichem Umfang zum Beschreibungspotenzial der gegenwärtigen Mediengesellschaft, insbesondere auch unter den Vorzeichen der Digitalisierung. Angesichts der zunehmenden und breiten Rezeption entlang verschiedener disziplinärer Richtungen der Medien-, aber auch der Kultur- und Kunstwissenschaft und Philosophie, hat sich die schon legendäre Aussage Michel Foucaults, das 21. Jahrhundert werde deleuzianisch sein (Foucault 1977, S. 21), zumindest hinsichtlich seines akademischen Einflusses, allemal eingelöst.

O. Fahle (✉)
Ruhr-Universität Bochum, Bochum, Deutschland
E-Mail: oliver.fahle@rub.de

E. Linseisen
Universität Paderborn, Paderborn, Deutschland
E-Mail: elisa.linseisen@uni-paderborn.de

© Springer Fachmedien Wiesbaden GmbH, ein Teil von Springer Nature 2020
I. Ritzer (Hrsg.), Schlüsselwerke der Medienwissenschaft,
https://doi.org/10.1007/978-3-658-29325-3_2

Deleuzes Arbeiten können in drei große Bereiche aufgeteilt werden. Am Beginn stehen verschiedene Auseinandersetzungen mit anderen Philosophen und Schriftstellern, wie Spinoza, Hume, Kant, Nietzsche, Bergson, Proust, Kafka und Melville. In den monographisch geprägten Kommentaren handelt es sich um Relektüren dieser ‚Klassiker‘, die jeweils unter bestimmten Blickwinkeln einzelne Begriffe ins Zentrum stellen, wie etwa den des Affekts (Spinoza), den der Zeit (Bergson) oder den des Zeichens (Proust). Dabei geht es Deleuze in keiner Weise um eine hagiographische Auslegung, sondern darum, so formuliert er es selbst, „einen Autor von hinten zu nehmen und ihm ein Kind zu machen" (Deleuze 1993b, S. 15). Diese *Bastarde* erlangen Eigenständigkeit und ziehen sich als transformierende Konzepte durch seine weiteren philosophischen Auseinandersetzungen. So manifestiert Deleuze schon in den frühen Schriften zu Nietzsche (Deleuze 2013), Spinoza (Deleuze 2002), Proust (Deleuze 1993a) und Bergson (Deleuze 1989a) ein hohes Interesse an der Idee des Anders-Werdens, an einer Aufwertung der Differenz (statt Identität) und an achronologischen Zeitauffassungen, die sich als Dauer und Werden artikulieren. Mit den Begriffen des Zeichens, des Affekts und der Zeit entwirft Deleuze, ausgehend von den Vorprägungen durch Proust, Spinoza und Bergson, medienwissenschaftlich hochrelevante Begriffe, die in den weniger monographisch geprägten Schriften der zweiten und dritten Werkgruppe wieder aufgerufen und vertieft werden.

Ein zweiter Schwerpunkt lässt sich über die Philosophie des Differenzbegriffs definieren, wie sie vor allem in *Differenz und Wiederholung* (Deleuze 1992a) und *Logik des Sinns* (1993c) entwickelt werden, sowie über die Bücher, die Deleuze gemeinsam mit dem Psychoanalytiker Félix Guattari verfasst hat. Hier sind die Werke *Anti-Ödipus. Kapitalismus und Schizophrenie I* (2008) und *Kafka. Für eine kleine Literatur* (1976) zu nennen, vor allem aber ist *Tausend Plateaus. Kapitalismus und Schizophrenie* (1992) hervorzuheben, das als Deleuzes und Guattaris Fortsetzungsprojekt des *Anti-Ödipus* verstanden werden muss und sicherlich den weitreichendsten Einfluss auf die Medienwissenschaft ausübt, da es bereits als Buchprojekt ganz anders aufgebaut ist als klassische philosophische Werke. Es gleicht eher einer vielstimmigen Komposition, in der Ordnungsmuster von Anfang, Mitte und Ende sowie eine lineare Gliederung zugunsten eines zirkulierenden und mannigfaltigen Denkens zurückgedrängt werden. Es entwirft vor allem aber eine Theorie des *agencement,* die alleine schon durch die verschiedenen Übersetzungen dieses Begriffs als Verkettung, Gefüge oder *assemblage* eine Produktivität und provozierte Unordnung der Auslegung und Anwendung bezogt.

Die Umcodierungen vorgegebener Ordnungen des Denkens lassen sich auch in den Auseinandersetzungen mit den Künsten erfahren, die als dritte Ebene des von Deleuze (und Guattari) erschlossenen Denkfeldes stehen können. Neben der Literatur sind hier die Malerei und auf herausragende Weise der Film zu nennen. Zeichen, Affekt und Zeit, aber auch die Begriffe des Werdens, der Differenz und des Ereignisses werden vom Film auf fundamentale Weise so modelliert, dass sie erst in der Auseinandersetzung mit diesem begrifflich scharf erfasst werden können. Film stellt für Deleuze daher nicht nur eine partikularisierende Ebene des Denkens dar, sondern verdeutlicht einen wichtigen Zug seines Ansatzes, der keinen Unterschied zwischen ästhetischen und theoretischen, zwischen kinematographischen und philosophischen Zugängen macht. Begriffe und Bilder gehören zwar unterschiedlichen Reflexionsebenen an, der Philosophie einerseits, der Kunst andererseits. Sie bewegen sich aber alle auf einer immanenten Ebene des *agencement,* die dem Denken der Repräsentation entsagt. Diese präsubjektive Wirklichkeit wird am ehesten durch die Affekträume und die Logiken der Kräfte beschreibbar, wie sie Filme, aber auch die Gemälde eines Francis Bacon entwerfen. Darüber hinaus werden die Affektstrukturen der digitalen Medienräume zunehmend mit von Deleuze ausgelegten begrifflichen Instrumentarien beschrieben.

Es gilt daher, die medienwissenschaftliche Bedeutung der durch Deleuze entscheidend geprägten Begriffe des Zeichens, der Zeit, des *agencement* und des Affekts herauszustellen und dabei den Fokus auf die Rolle bestimmter Einzelmedien wie Literatur, Film und Malerei im Blick zu behalten.

2   Zeichen und Denken

Die beschriebenen drei Phasen des Schaffens von Deleuze sind, neben ihrer Zurückweisung der Repräsentation, von einem Drang geprägt, dem philosophischen Denken, das sich auf einen stabilen Kanon bezieht, das Neue, Gewalttätige und Uferlose zu entlocken. Die transformative Relektüre von Texten, aber vor allem die Vorgehensweise, Phänomenen ein philosophisches Potenzial zu attestieren, die einer akademischen Philosophietradition zuwiderlaufen, bringt Deleuze zur Literatur, zum Film, zum Fernsehen und zur Malerei. Er möchte nicht nur philosophisch denken, sondern *im* Denken dasselbe befragen. Das heißt, dass ‚Denken' nicht einfach so existiert oder *a priori* vorhanden ist. Deleuze versucht sich damit einerseits gegen Gewohnheiten und einen ‚gesunden Menschenverstand' zu wehren, andererseits – viel radikaler – dem Denken jegliche (subjektbezogene) Ursprünglichkeit zu entziehen. Gedanken werden nicht einfach von einem denkenden Subjekt gefasst, das in der Philosophiegeschichte, zumal der französischen, als cartesianisches verstanden werden kann. Weil der

Mensch denkt, ist er, heißt es bei René Descartes *(cogito ergo sum)*. Bei Deleuze ist nichts ein Subjekt, nur weil es denkt. Umgekehrt entwickelt sich ein Gedanke nicht im Subjekt und wird dann erst nach außen getragen. Es muss vielmehr etwas von außen kommen, das sozusagen einen erkenntnisgeleiteten ‚Unterdruck‘ entstehen lässt und Kräfte freisetzt, die zum Denken anregen: „Das Denken ist nichts ohne irgendetwas, das es zu denken zwingt, das dem Denken Gewalt antut. Wichtiger als der Gedanke ist das, ‚was es zu denken gibt‘" (Deleuze 1993a, S. 79). Gerade hier kann sich ein medienwissenschaftlicher Fokus einstellen, denn mit seinem Ansatz begründet Deleuze Denken auf einer sinnlichen, materiellen, semantischen und strukturellen Basis und lässt es so zu einer *Medienphilosophie* werden. Ersichtlich ist dieser neuartige Ansatz in Deleuzes Veröffentlichung *Proust und die Zeichen* (1993a). Die Vorstellung eines – mit unserem Begriff: medialen – Denkens wird hier in einer Beschreibung deutlich, die Deleuzes Wirken in Zukunft prägen wird. Er spricht vom „Bild des Denkens" (Deleuze 1993a, S. 78), welches durch den französischen Schriftsteller Marcel Proust (1871–1922) und seinen epischen, siebenteiligen Roman *À la recherche du temps perdu* (1913–1927), ‚gezeichnet‘ wird. Dieses Bild des Denkens, das über literarische Zeichenbezüge entsteht, wiedersetzt sich der Philosophie und agiert gerade deswegen philosophisch: „Darin zeigt sich die ‚philosophische‘ Tragweite von Prousts Werk: es rivalisiert mit der Philosophie" (Deleuze 1993a, S. 78).

Nun könnte man sagen, dass sich hier eine ‚einfache‘ metaphysische Verschiebung nachvollziehen lässt: Nicht mehr ein Subjekt denkt eine Wirklichkeit und stellt diese auf ein *idealistisches* oder *konstruktivistisches* Gerüst. Vielmehr liegt eine Idee oder eine Wahrheit in der sinnlichen, semantischen, strukturellen, medialen – oder konkreter: *literarischen* – Wirklichkeit und ist damit *materialistisch* fundiert. Dem Gegensatz von Materialismus und Idealismus verschreibt sich ein dialektisches Denken nach G.W.F. Hegel, welches sich dadurch auszeichnet, dass die Differenz von idealistischem Denken und materieller Wirklichkeit am Ende auf eine monistische Vereinigung hinausläuft. Diese Fusion der Gegensätze, so macht es Hegels *Phänomenologie des Geistes* (2009) deutlich, ist wiederum nur durch die subjektbezogene Reflexionsgabe möglich: die Zusammenfügung durch das menschliche Denken.

Wie ein semantisches Feld der ‚Kraft‘ und des ‚Zwangs‘ schon andeutet, ist Denken bei Deleuze komplizierter und anstrengender. Und Deleuze hält mit seiner Kritik an einem cartesianischen und hegelianischen Denken nicht hinter dem Zaun: „Descartes und Hegel waren für mich verhasst" sagt er (zit. n. Dosse 2017, S. 186). Er spricht, im Gleichklang mit der Geschichte, die Proust in seiner *recherche* erzählt, von einer Konstellation des Denkens, die vielmehr vergleichbar ist mit einem „eifersüchtige[n] Liebhaber, der im Gesicht der Geliebten ein trügerisches Zeichen entdeckt" (Deleuze 1993a, S. 80). Dieses trügerische Zeichen ist es, welches zum Denken zwingt, die Bedeutung dann aber nicht einfach preisgibt. Der Eifersüchtige, „ein göttlicher Interpret", ist derjenige „der die Zeichen überwacht, in denen die Wahrheit *sich* [und es ließe sich hinzufügen: auch ihn, den Eifersüchtigen] *verrät*" (1993a, S. 81). Ein Zeichen bedeutet nicht die Sache, das Phänomen oder die Wahrheit selbst, sondern – wie der Begriff schon sagt – eine referenzielle Verschiebung: Ein Zeichen bezeichnet *etwas*. „Es gibt nur in den Zeichen implizierte Bedeutungen" schreibt Deleuze (1993a, S. 80) und diese sind wiederum nicht eindeutig oder fixiert – „[e]xplizite Bezeichnungen gibt es ebenso wenig wie klare Vorstellungen" –, sondern „in eingehülltem und zusammengerolltem Zustand, im dunklen Zustand dessen, was zu denken zwingt" (1993a, S. 80).

Eine Auseinandersetzung mit Zeichen ist nichts Ungewöhnliches im französisch-akademischen Umfeld der 1960er und 1970er Jahre. Der von Ferdinand de Saussure geprägte Strukturalismus ist eine hoch erfolgreiche Geisteshaltung zur Beschreibung von zunächst sprachlichen Relations- und Bedeutungsgefügen, die im sogenannten *Linguistic Turn* mediale Textgrenzen überwinden und schließlich die ganze Wirklichkeit als ein an die Sprache angelehntes Zeichensystem ‚lesbar' werden lassen. Dieses humanwissenschaftliche Forschungsprogramm kommt ab den 1950er Jahren zunächst in Frankreich und später dann v.a. auch in Europa und Nordamerika zum Einsatz, schmiegt sich an bestehende Disziplinen ausgehend von der Linguistik (Ferdinand de Saussure, Roman Jakobson) an die Psychoanalyse (Jacques Lacan), die Ethnographie (Claude Lévi-Strauss), die Epistemologie (Michel Foucault) und die Literatur(wissenschaft/-kritik) (Roland Barthes) an und verändert deren epistemische Grundzüge und zwar unter denselben Vorzeichen, die auch Deleuze antreiben: „Der Strukturalismus ist keine Methode, er ist das erwachte und unruhige Bewußtsein des modernen Wissens" (1974, S. 260). Der Strukturalismus geht mit Deleuzes Verlangen einher, sich von einer klassischen Philosophiegeschichte abzuwenden. Wie François Dosse deutlich macht, fungiert er als „unbewußte Strategie der Entgrenzung des herrschenden Akademismus" und wartet hierauf, in einer „Doppelfunktion als Protest und Gegenkultur" (S. 10).

Der Kampf der ‚Jungen' gegen die ‚Alten', gefochten über strukturalistische Prinzipien, zeigt sich in Deleuzes akademischer Laufbahn an einer Stelle sehr deutlich. Am 28. Januar 1967 hält Deleuze einen Vortrag mit dem Titel „Die Methode der Dramatisierung" (2003) vor den Mitgliedern der Französischen Gesellschaft für Philosophie. Ihnen stellt er sein philosophisches Programm vor, indem er auf eine neue Art der philosophischen Fragestellung verweist. Nicht mehr würde die metaphysische Frage „Was ist?" zu stellen sein, sondern vielmehr

„die Fragen des Typs *wer?, wieviel?, wie?, wo?, wann?*" (2003, S. 139, Herv. i. Orig.). Statt „Was ist das Wahre?" zu fragen, heißt es für Deleuze „wer will das Wahre, wann und wo, wie und wieviel?" (2003, S. 145). Dieser Perspektivenwechsel kann z. B. in Zusammenhang gebracht werden mit Michel Foucaults Diskursanalyse, die befragt, wie bestimmte Zeichengefüge, die in konkreten raumzeitlichen Kontexten existieren, dieselben ordnen und strukturieren. Als medienwissenschaftlich können sie identifiziert werden, da sie das Augenmerk einer Auseinandersetzung mit Wirklichkeit und der Frage nach Wahrheit wiederum auf textuelle, bildliche oder symbolische Zeichen und nicht abstrakt auf eine vermeintlich übergeordnete philosophische Vorstellung des Seins legen. Der Fragenkatalog kann sogar weitergedacht werden mit der sozialwissenschaftlich geprägten „Akteur-Netzwerk-Theorie", die gleichermaßen nicht einfach nach einem ganzheitlichen „Was ist?", sondern nach dessen lokalen Niederschlag, nach den Akteuren (Wer?), den Praktiken und den Dingen (Wie?) und den genauen Orten und Zeiten (Wo? und Wann?) fragt, um auf diese Weise Wirklichkeit zu begreifen (Latour 2014).

Dennoch ist Deleuzes Denken nicht kongruent mit dem Strukturalismus. Wie der Begriff schon sagt, geht es um Strukturen und häufig um bináristische Bedeutungsunterschiede und Klassifikationsraster, wie Saussures Analysemodell über *le signifiant/le signifié* offenlegt. In seinem kurzen Essay „Woran erkennt man den Strukturalismus?" (1992b) macht Deleuze deutlich, dass die Struktur beweglich und modifikationsoffen gedacht werden muss. Hier zeigt sich eine Auffassung, die vor allem in den Kinobüchern (1989b, 1991) von Belang sein wird: Deleuze erkennt ein Ordnungssystem und verlangt von demselben eine Entwicklungsbereitschaft – *er konfrontiert die Struktur mit der Zeit*. Die Modulationsfähigkeit und die Formen der Invarianz, die durch zeitliche Transformationsprozesse Potenziale der Veränderung andenken, nennt Deleuze „Virtualität".

Und genau hier, bei der Korrelation von Struktur und Zeit, setzt sein Buch *Proust und die Zeichen* ein. Mithilfe der Literatur kann Deleuze Zeichenbeziehungen als Transformationsbewegungen begreifen. In seiner Habilitationsschrift *Differenz und Wiederholung* (1992a) wird er diesen Aspekt im philosophischen Jargon systematisch durchexerzieren. *Proust und die Zeichen* stellt einen kleinen Vorspann der großen These dar, der für die Medienwissenschaft umso interessanter ist, weil er diese gegenstandsnah und textimmanent greifbar macht (Mauzi 1966, S. 161). Mit Hilfe von Prousts Roman will Deleuze deutlich machen, dass eine verlorene oder vergangene Zeit – das Gedächtnis oder die Erinnerung – nicht als abgeschlossene, verblassende Form von Wirklichkeit verstanden werden kann, nach der gesucht werden muss. Der berühmteste

Textausschnitt aus dem über tausend Seiten umfangreichen Werk – ein ‚Back-flash' des Protagonisten in seine Kindheit, ausgelöst durch den Geschmack eines Madeleines – wird von Deleuze im ersten Satz zurückgewiesen (1993a, S. 7). Das Gedächtnis hat eine Rolle, ja, aber nicht in seinem rückblickenden, linear-referenziellen (Madeleine-Geschmack = Kindheit), sondern vielmehr in seinem zukunftweisenden Potenzial.

Die Erinnerung bekommt so eine produktive Dimension, wie es Deleuze mit Hilfe von Henri Bergson und dem Film weiterdenken wird. Eine Recherche sondiert nicht retrospektiv etwas Abgeschlossenes, sondern muss als in die Zukunft gerichtete Wahrheitssuche verstanden werden und macht so für die Philosophie, wie Friedrich Balke schreibt, „Prousts Suche zu ihrer eigenen Sache" (1998, S. 18). Und diese, so Deleuze, verläuft über dynamisierende Zeichen, die der eifersüchtige Protagonist bei Proust im Gesicht der ver-schiedenen Geliebten sucht. Die Wahrheitssuche fragt nicht „Was ist Wahr-heit?", sie fragt „*Wer* sucht die Wahrheit" (Deleuze 1993a, S. 16). Durch den Eifersüchtigen im Roman kommt ein produktiver Zeicheninterpretationsprozess in Gang, der immer wieder von einer ‚wirklichen' Bedeutung abrutscht und so eine (Zeichen-)Differenz wiederholt und Zeichenreihen konstituiert. So ist ein Zeichenbegriff bei Deleuze einer, der nicht nur auf das Verhältnis von Signifikant und Signifikat (Madeleine – Kindheit) schaut, sondern auch die Bezugnahme von Zeichen aufeinander und ihr wechselseitiges Hervorbringen berücksichtigt. Das Verhältnis von Zeichen und Bedeutung wird immer intimer, umso mehr sich die Bedeutung entfaltet, transformiert und mit den Zeichen verwickelt.

3   Zeit und Ereignis

Zeit und Ereignis stehen in den beiden großen Einzelwerken *Differenz und Wiederholung* (1992a) und *Logik des Sinns* (1993c) im Mittelpunkt, die direkt aufeinander folgen und das Fundament von Deleuzes Philosophie der Differenz legen. Den Begriff des Ereignisses leitet Deleuze mit einer von den Stoikern eingeführten Unterscheidung zwischen Chronos und Äon ein. Während mit Chronos die Zeiterfahrung des Menschen gemeint ist, also die Unterteilung in Vergangenheit, Gegenwart und Zukunft, die linear und kommunizierbar ist, bezieht sich Äon auf die Zusammenziehung der Zeitebenen und bezeichnet das simultane Erleben der chronologischen Zeitschichten. Diese Unterscheidung ist ein Schlüsselkonzept bei Deleuze, die er in ähnlicher Weise bei Henri Bergson und darauf aufbauend im Film auffindet. Zeiterfahrung ist damit grundlegend paradoxal, wie Mirjam Schaub ausführt:

> Die *Spaltung* vollzieht sich also zwischen dem Bewußtsein, daß es einerseits keine ,Lücken' im Geschehensverlauf gibt, daß alles – sukzessiv, asinotrop – weiter-geht *(Zeit als Chronos)*, daß andererseits aber die Zäsur, die das Ereignis in das Kontinuum eingefügt hat, nicht nachvollziehbar an das Vorhergehende anschließt, sondern zwei Fluchtlinien ausbildet, die eine nie gewesene Zukunft und eine nie geschehene Vergangenheit zusammenführt *(Zeit als Äon)*. Das vor dem Eintritt des Ereignisses Erwartete, das Vorher-Zukünftige und nun – noch im Stadium der ,Möglichkeit' – Schon-Vergangene bildet mit sich selbst ein eigenes Kontinuum aus *(Vergangenheit-Zukunft)*, das unkörperlich bleibt, ausgeschlossen von jeglichem Verkörperungsgeschehen, ohne Chance, sinnlich-konkrete Gegenwart zu werden (Schaub 2003, S. 140, Herv. i. Orig.).

Im Anschluss an Deleuze wäre ein Medienereignis also der Bruch mit den linearen Zeitverhältnissen und die Möglichkeit anderer, virtueller Geschehens-verläufe. Dies kann sich, denkt man Deleuze weiter, in den achronologischen Ordnungen der Zeitachsenmanipulationen der Bewegtbilder manifestieren, etwa in irrationalen Schnitten im Film, in der eingeschlossenen Zeit in der Fotografie, im Zapping des Fernsehens oder in virtuellen Räumen in Videospielen. Für Deleuze treten diese nicht-linearen Strukturen nicht zufällig auch als Serialität in Erscheinung, da diese es ermöglicht, verschiedene Zeitverläufe nebeneinander zu organisieren. So wäre etwa auch an Fernsehserien zu denken, die einerseits ein vielfältiges Netz an parallelen Verknüpfungen etablieren, die sich mit- und neben-einander organisieren, andererseits aber auch eine Tendenz zur Entnetzung und Dekonnektierung aufweisen und damit den möglichen Kollaps der zunehmenden Vernetzung thematisieren (Fahle 2012, S. 179). Wie schon bei Proust und dem hier vorherrschenden Konzept von Gedächtnis ausgeführt, werden die Zeichen gewissermaßen frei von einer vorgegebenen Wirklichkeit und verketten sich auf neue, eigenartige Weise: „Das Ereignis ist nicht, was eintritt (Unfall), es ist in dem, was eintritt, das reine Ausgedrückte, das uns Zeichen gibt und auf uns wartet" (Deleuze 1993c, S. 187). Zeichen sind also immer verursacht, aber die Ursache erklärt nicht ihr Wirken, das sich als Durchdringung von Aktualität und Virtualität neu anordnet.

Zeit und Ereignis schließen sich aber auch über einen anderen zentralen Begriff von Deleuze auf, den er als Wiederholung bestimmt. In *Differenz und Wiederholung*, das unübersehbar an Nietzsches Kritik am Identitäts-gedanken ansetzt, wird dieser genutzt, um ein Differenzierungsgeschehen ein weiteres Mal zu entwickeln. Das im Begriff eingeschriebene ,wieder holen' bezeugt den Verschiebungsmoment, der in jede Repräsentation, Reproduktion, Wieder-Vergegenwärtigung, Rekognition, ja in jede Kopie eine zeitlich markierte, irreduzible Differenz einlagert. Wiederholung, eine prägende Figur auch der Serialität, setzt sogar erst die Verschiebungen, Mannigfaltigkeiten und produktiven Kräfte frei, die im mimetischen Verhältnis zur Welt scheinbar auf das Immergleiche oder die Identität zielen. Statt identifizierbare Zustände, etwa Figuren, Handlungen, Szenerien, Räume, Erzählungen wiederzufinden, steht am Ursprung – der philosophischen Geste Jacques Derrida sehr ähnlich – die Differenz: „Denn es sind nicht schon vermittelte und auf die Repräsentation bezogene Gestalten, sondern im Gegenteil freie oder wilde Zustände der Differenz an sich selbst, die die Vermögen an ihre jeweiligen Grenzen zu treiben vermögen" (Deleuze 1992a, S. 187). Man muss sich das so vorstellen, dass ein Geschehen immer wieder in gleichsam formlose Zustände übergeht, die als Differenzen neu identifiziert werden. In medienmaterialer Perspektive wäre etwa an die Auflösung visueller Zustände in Punkte (Fotografie), Zeilen (Video, Fernsehen) oder Pixel (HD) zu denken, die aber einen möglichen ‚Urzustand' des Bildes verfehlen müssten und erneut auf die Unterschiede zwischen ihnen zurückgeworfen werden würden (Linseisen 2020).

4   Agencement

Das Aufeinandertreffen mit dem Psychoanalytiker Félix Guattari im Jahr 1968 löst eine neue Phase im Denken Deleuzes aus, die mit epistemischen Verschiebungen einhergeht (Dosse 2017, S. 208). Das *Maschinistische* wird für Deleuze und Guattari in ihrem ersten gemeinsamen Werk zentral, dessen intellektuelle Schlagkraft von Dosse mit der eines Meteoriten verglichen wird (2017, S. 343). Folgt man Dosse weiter, kann der *Anti-Ödipus* (1972) als ein Kräfte- und Begehrenskatalysator der politisch-philosophischen Linken verstanden werden. Das Buch, so der radikale Vergleich Dosses, verhindert in Frankreich einen Terrorismus, wie er Deutschland und Italien im Nachgang an ein gescheitertes 1968 erschüttert (2017, S. 344).

Der *Anti-Ödipus* ist ein Gegenmodell zur Psychoanalyse nach Sigmund Freud (und auch Jacques Lacan). Wünsche und Begehren bekommen bei Deleuze und Guattari eine produktive Tendenz und werden nicht, wie in der Psychoanalyse vorherrschend, als Mangel, Verdrängung oder Negation verstanden. Wünsche sind nichts ‚Innerliches', die, genauso wenig wie Gedanken oder Ideen, nach außen treten. Wünsche besetzen von vornehrein eine Wirklichkeit und sind vielmehr Potenziale, die Veränderungen und Modifikationen heraufbeschwören und

nicht einer Normierung durch ein (Über-)Ich unterliegen. Das ‚Es', die psychoanalytische Kategorie des Unbewussten, die für die Wünsche einsteht, wird bei
Deleuze und Guattari ‚befreit': „Es funktioniert überall, bald rastlos, dann wieder
mit Unterbrechungen. Es atmet, wärmt, ißt. Es scheißt, es fickt. Das Es ... Überall sind es Maschinen im wahrsten Sinne des Wortes: Maschinen von Maschinen,
mit ihren Kupplungen und Schaltungen" (2008, S. 7).

Der Maschinenbegriff ruft eine produktive Verdopplung, Vervielfachung und
Modifikation auf den Plan, die sich explizit gegen strukturelle ‚Schließungen'
positioniert und zwar über das Denken einer Absolutheit des Mannigfaltigen und
Vielen: „Der Anti-Ödipus wird als eine regelrechte Kriegsmaschine gegen den
Strukturalismus entworfen […]. Er wird als Höllenmaschine funktionieren, die
das strukturalistische Paradigma von innen heraus sprengt" (Dosse 2017, S. 381).
Gesellschaftliche und individuelle Felder, ein ‚Außen' und ein ‚Innen', werden
vielmehr durch heterogene Wunschströme zusammengezogen, als ein Exzess an
Differenzierungen. Dieser platziert die Psyche und den Kapitalismus in ein Sinn-
modell, das keine Bedeutungsstabilität oder eindeutige Zuschreibungen, sondern
nur noch eine beschleunigende Alteration ständiger Bewegung und Veränderung
kennt, ohne in einer sinnstiftenden Einheit aufzugehen. Der *Anti-Ödipus* startet
den Versuch einen Subjektbegriff zu eliminieren, und das Konzept des Kapitalismus, das über eine rein ökonomische Lesart hinausgeht, wird hier zur Möglichkeit, dasselbe aus einer privilegierten, zentralen Position zu entheben – Deleuze
und Guattari sprechen von De- und Reterritorialisierung. Das Subjekt ist, wo es
ist und wo es nicht ist zur gleichen Zeit, es ist *schizophren*. Die Schizophrenie
wird als der zentrale Zustand der Psyche im Kontext kapitalistischer Wunsch-
produktion begriffen und tritt als nomadisches Kräfteverhältnis auf.

Das lässt sich auch für die Schreibpraxis der beiden Autoren sagen, die nicht
nur inhaltlich versuchen Mannigfaltigkeit zu denken. Zum Beispiel nimmt
mit dem zweiten Teil des Proust-Buches eine Auseinandersetzung mit einem
Phänomen noch einmal Fahrt auf und kodiert Vorhandenes und Gedachtes
weiter um. Diese Form der Selbstbefragung, Erweiterung und der Öffnung eines
bestehenden Textes stellt das eigene Werk unter die Prämisse der Negation eines
beschließenden Gestus und besteht darauf, einen philosophischen Gedanken nicht
als konkludierendes ‚Ganzes' zu verstehen. Am deutlichsten wird diese Praxis
der Entgrenzung des eigenen Denkens und Schreibens in den von Guattari und
Deleuze verfassten *Tausend Plateaus* (1992). Der Untertitel „Kapitalismus und
Schizophrenie" macht die ‚Fluchtlinie' des Denkens der beiden Autoren deutlich:
Tausend Plateaus ist der zweite Teil des *Anti-Ödipus.*

Das Buch bricht mit jeglicher linearen Gedankenführung, es hat keinen
richtigen Anfang und bestimmt kein Ende und proklamiert so allein auf der

medialen Ebene des Textes, ein „Denken aus der Mitte heraus" (Deleuze und Guattari 1992, S. 41). Schrift- und Gedankenverkettungen versuchen sich in einer Verräumlichung der im *Anti-Ödipus* beschriebenen Kräfteverhältnisse. *Tausend Plateaus* liefert eine Kartographie der Verbindungen zwischen Subjektivierungs- und Vergesellschaftungsprozessen. Verschiedene nicht-hierarchisch angeordnete epistemische Felder – die Ethologie, die Botanik, die Semiotik, die Historik – greifen ineinander und werden durch zeitliche Transversalien miteinander ver- bunden: Jedes Kapitel ist mit einem Datum überschrieben, das jedoch nicht chronologisch oder evolutionär einen fortlaufenden Zeitstrahl bildet. Die ‚zeit- liche' Unordnung im Buch macht auf die quer zu den Kapiteln laufenden Flucht- linien aufmerksam und will Gedanken eher in Schichten und Verschränkungen zueinander stehen lassen. Es bildet sich ein, von Deleuze und Guattari so bezeichnetes, rhizomatisches Wurzelgeflecht an Ideen und Stimmen, das im ersten programmatischen Kapitel des Buches als solches benannt ist. Hier heißt es:

> Ein Buch hat weder ein Objekt noch ein Subjekt, es besteht aus verschiedenen geformten Materien, aus den unterschiedlichsten Daten und Geschwindigkeiten. Wenn man das Buch einem Subjekt zuschreibt, läßt man diese Arbeit der Materien und die Äußerlichkeit ihrer Beziehungen außer acht. Man bastelt sich einen lieben Gott zurecht, um geologische Vorgänge zu erklären. Wie bei allen anderen Dingen gibt es auch in einem Buch gliedernde oder segmentierende Linien, Schichten und Territorien; aber auch Fluchtlinien, Bewegungen, die die Territorialisierung und Schichtung auflösen. Die auf diesen Linien zunehmenden Fließgeschwindigkeiten führen zu Phänomenen einer relativen Verlangsamung, zu einer Zähigkeit oder aber auch zu Phänomenen der Überstürzung oder Unterbrechung. Das alles, die Linien und die meßbaren Geschwindigkeiten, bilden ein *Gefüge* (Deleuze und Guattari 1992, S. 12, Herv. i. Orig.).

Das Buch selbst wird für Deleuze und Guattari zum Gefüge, auf Französisch: *agencement*. Die Übersetzer der deutschen Fassung von *Tausend Plateaus* machen auf die Schwierigkeit aufmerksam, eine Formulierung für den Bedeutungspluralismus zu finden, der bei Deleuze und Guattari anklingt: Es geht um Einrichtung, Anordnung, Aufstellung, um Verkettung, Verschränkung, eine Zusammensetzung, etwas Uneinheitliches, um das „Prinzip der Konnexion und Heterogenität" (Deleuze und Guattari 1992, S. 16).

Die Plateaus und *agencements* verweisen auf eine Form von Medialität, die nicht mehr klassifikatorisch auf die Spezifikationen von Einzelmedien, wie Radio, Film, Fernsehen, Video oder Internet abzielt. Medien werden zum Beispiel als Konvergenzphänomene beschreibbar, wie Henry Jenkins eine Kultur unter digitalen Vorzeichen betitelt (Jenkins 2008). Der Gefügebegriff bietet sich daher an, um eine digitale Medialität, ihre Verlinkungsstrukturen, ihren Dezentralismus, ihre Netzwerkhaftigkeit mannigfaltig beschreibbar zu machen. Als Gefüge nach Deleuze und Guattari erlaubt eine solche Medialität keine eindeutig referenziellen Sinnzuschreibungen mehr, wie es z. B. die Strukturen noch tun. Das Gefüge abstrahiert weiterhin von einer Ausrichtung auf die Psychoanalyse und einer Restinstanz des hier zu findenden Subjekts wie bei den (Wunsch)Maschinen: „[E]s gibt nur noch maschinelle Gefüge des Begehrens und kollektive Gefüge der Äußerung. Keine Signifikanz und keine Subjektivierung" (Deleuze und Guattari 1992, S. 38). *Agencements* enthierarchisieren Subjekt-Objekt-Beziehungen. Im Falle von Medien lassen sich so neuartige Konstellationen von Wahrnehmung oder Rezeption denken, wie sie z. B. Julia Bee über ihre *Gefüge des Zuschauens* (2018) skizziert. Hier wird nicht nur eine andere Perzeptionshaltung erarbeitet, sondern auch ein neues medienwissenschaftliches Forschungssetting möglich, das die medienwissenschaftliche Bearbeitung einer Thematik selbst als *agencement* wahrnimmt und forschendes Subjekt, philosophische Begriffsbildung und Erkenntnisinteresse ineinander verschränkt. Das forschende Subjekt denkt nicht *über* etwas nach, sondern *mit* den Phänomenen, die, wie schon bei Proust kennengelernt, zum Denken zwingen (Bee 2018).

Wie Deleuze und Guattari es vorgeben, kann eine Lektüre von *Tausend Plateaus* als das Affiziert-Werden mit den dort vorhandenen Gedanken gleichsam als *agencement* aufgefasst werden. Das oben genannte Postulat, dass Medien, zum Beispiel Bücher, als eine Materialisierungsform von Gedanken, *denkbar machen*, kommt hier wieder zum Einsatz. Es zielt auf ein ‚Denken mit', das in der offenen Konzeption des Buches, im gemeinsamen Schreiben der Autoren und in der Aufforderung, die in *Tausend Plateaus* angebotenen Konzepte als Denk-Werkzeuge zu benutzen, anklingt. Wie Deleuze und Guattari schreiben, gibt es keine „Dreiteilung mehr zwischen dem Bereich der Realität (der Welt), einem Bereich der Darstellung und Vorstellung (dem Buch) und einem Bereich der Subjektivität (dem Autor)" (1992, S. 38).

Die medienwissenschaftliche Auseinandersetzung mit der hier angelegten Philosophie unterliegt dem produktiven Wechsel von Wiederholung und Differenzbildung, der Deleuzes Schaffen auszeichnet. Ein scheinbar uferloses Angebot an Konzepten macht *Tausend Plateaus* zu einer „Werkzeugkiste" (Deleuze et al. 1977, S. 41), aus der man sich fürs eigene Denken bedienen kann: Ritornell, Diagramm, Haecceitas, Nomadologie, De/Reterritorialisierung, Fluchtlinien, Transsemiotik, glatter und gekerbter Raum, Intensitäten, molar/molekular, Rhizom, abstrakte Maschinen, Mikropolitik – der Ausschnitt aus dem Begriffsrepertoire scheint unerschöpflich. Und doch besteht gerade hier die Gefahr oder die Herausforderung einer medienwissenschaftlichen Auseinandersetzung mit dem Denkangebot von Deleuze und Guattari, die Denkgefüge nicht zu verstetigen, Begriffe nicht zu Theoriefloskeln verkommen zu lassen und das Bewegliche und Sperrige an den Konzepten beizubehalten, um Momente, die zum Denken zwingen, weiter zu ermöglichen.

In *agencements* denken, lässt Anordnungen der Wirklichkeit aus Lebewesen, Dingen, Medialität, Raum und Zeit jenseits herkömmlicher Methoden beschreibbar werden. Dies lässt sich politisch wenden, wie es Deleuze in seinem kurzen Text „Postskriptum über die Kontrollgesellschaften" getan hat (1993b). Mechanismen der Disziplinierung, die Foucault analysiert hatte, wandeln sich in solche der Kontrolle und Selbstkontrolle, in denen Zirkulationen des Wissens und nicht zuletzt die entstehenden Informationsgesellschaften neue Formen datenbasierter Steuerung übernehmen. Über *agencements* können darin und darüber hinaus, aufgrund der fehlenden Subjektinstanz, marginalisierte und emanzipative Begehrenskonstellationen im feministischen, queeren und post-kolonialen Sinne problematisiert werden (Nigro et al. 2011; Deuber-Mankowsky 2017). Es können exzessive Formen der Metamorphosen – „Intensiv-Werden, Tier-Werden, Unwahrnehmbar-Werden" – entstehen (Deleuze und Guattari 1992, S. 317–422). Sie führen aber auch zu konkreten Bezugnahmen, die Deleuze in seinen späten Schaffensphasen vor allem anhand von Film und Malerei vornimmt.

5   Bilder und Affekt

In den Kinobüchern (Deleuze 1989b, 1991) und seiner Studie zu Francis Bacon (Deleuze 2016) bündeln sich zum einen viele Argumente, die Deleuze zuvor entwickelt hatte, zum anderen erschließt er mit dem Fokus auf die (Bewegungs-) Bilder und Töne neues Terrain. Ähnlich wie die Literatur, sind Filme und Malerei keine ‚Anwendungen' philosophischer Konzepte, sondern etablieren und erweitern diese durch ihre eigene Medialität:

> Deleuze macht keinerlei Unterschied zwischen ästhetischen und theoretischen, zwischen kinematographischen und philosophischen Quellen. Er lässt nicht die einen über die anderen sprechen, sondern er lässt sie allesamt schlicht sprechen. Und dieses radikal immanente, beiordnende Verfahren behält er auch für die Betrachtung der Filme bei (Engell und Fahle 2008, S. 66).

Mit den Begriffen der Bewegung, des Zeichens, der Zeit und des Affekts stehen noch einmal vier Begriffe im Zentrum, die, anschließend an vorherige Ausarbeitungen, anhand konkreter Medien schärfer konturiert werden.

Erstens: Bewegung. Deleuze kommt zu einer verblüffenden philosophischen Einordnung des Films, die er mit Hilfe von Henri Bergsons Thesen zu Bewegung und Gedächtnis gewinnt. Bewegung, so behauptet Bergson, ist nicht auf den Raum reduzierbar und kann nur als unteilbar und kontinuierlich erfahren werden. Er wendet sich damit gegen die im frühen 20. Jahrhundert sich verstärkende Auffassung, Bewegung und Zeit könnten als messbare Größen vollumfänglich verstanden werden. Deleuze liest den Film daher als Medium, dem Bewegung direkt eingeschrieben ist. Die Einzelbilder des Films sind im Hinblick auf Bewegung aufgenommen und bringen diese daher als unteilbar zum Ausdruck. Bilder, so behauptet Bergson schließlich in den Eingangsthesen von *Materie und Gedächtnis* (1991), bildeten ein a-zentrisches, also mittelpunktloses Universum, in denen selbst der wahrnehmende Leib nur eines unter anderen Bildern sei. Dieser These spielen viele Filmemachende, besonders der klassischen Moderne der 1920er Jahre, zu, darunter Dziga Vertov, Jean Epstein und Walter Ruttmann, die den Film als miteinander interagierende Bewegungsbilder entwerfen. Diese lassen sich zwar in Ensembles und Sequenzen unterteilen, sind aber doch auf ein veränderliches Ganzes hin konzipiert. Den Film versteht Deleuze im Anschluss an Bergson als „Auge […] in den Dingen" (1989b, S. 89–90), als Vermittlung der Bewegung mit sich selbst. Damit unterläuft er eine Unterteilung zwischen Subjekten, also Zuschauenden, die wahrnehmen, und Objekten, also Dingen im Film, die gesehen werden. Die Bilder, die zwar durch leibgebundene Wahrnehmungen vermittelt sind, bleiben dennoch immer nur Bilder, also Wahrnehmungen, Affekte und Aktionen eines variierenden Ganzen. Die individuell Wahrnehmenden und Gedächtnisse, die man gemeinhin dem einzelnen Menschen und dem Subjekt zuschreibt, sind somit nur Ausschnitt und Teil umfassender Bildbewegungen und Raum-Zeit-Verschiebungen. Deleuze begreift den Film daher als Medium, das die zuvor entwickelten Anordnungen heterogener Ensembles als Bild/Ton-Gefüge hervorbringt.

Zweitens: Zeichen. Die Ausdifferenzierung der verschiedenen Bildtypen in Wahrnehmungs-, Trieb-, Affekt- und Aktionsbilder (Deleuze 1989b) legt Deleuze als filmische Entwicklung an und verbindet sie zudem mit der vom US-amerikanischen Pragmatiker Charles Sanders Peirce entwickelten Zeichentheorie (Peirce 2002). Ähnlich wie bei Proust fasziniert Deleuze auch bei Peirce die fortlaufende Semiose, also die auf Unabschließbarkeit angelegten Zeichenoperationen, die sich als Erstheit, Zweitheit und Drittheit bei Peirce zu komplexen semiotischen Ketten verbinden lassen. Die Verbindungen zwischen Affektbild (Erstheit), Aktionsbild (Zweitheit) und mentalem, reflexiv gewordenem Aktionsbild, das die Zuschauenden ins filmische Geschehen einbaut (Drittheit), stellen eine undogmatische, aber eben auch produktive theoretische Verbindung zwischen angelsächsischem Pragmatismus und französischem Vitalismus her und können zu den vielen theoretischen Bastarden gezählt werden, die Deleuze nicht nur den Philosophen, sondern, mittels des Films, gleich ganzen philosophischen Richtungen abgewinnt.

Drittens: Zeit. Es gilt als gesichert, dass Deleuze seit frühester Jugend ein begeisterter Kinogänger war und daher ist davon auszugehen, dass die philosophischen Ausführungen zur Zeit der 1960er und 1970er Jahre bereits cineastischen Einflüssen unterlagen. Deshalb definiert Deleuze das für ihn moderne Kino, das mit dem italienischen Neorealismus ab den 1940er Jahren beginnt, und sich zwischen 1950 und 1980 mit den neuen Wellen und der französischen *rive gauche* ausformuliert, als Zeitbild, in dem er viele (seiner) philosophischen Ideen aus den vorangegangenen Werken in filmischen Arrangements erkennt. Filme realisieren die von Bergson zunächst dargelegte Ur-Situation der Zeiterfahrung, die eben nicht in einer chronologischen Anordnung liegt, sondern in der Aufspaltung der Zeit in einen vorbeiziehenden und einen vorübergehenden Moment (Engell und Fahle 2002; Fahle 2002). In den sich überlappenden Vergangenheitsschichten und koexistierenden Gegenwartsspitzen, wie Deleuze zwei herausragende Zeitbilder benennt, existiert eine Simultaneität des Aktuellen und des Virtuellen, also verschiedener temporaler Schichten, die gleichzeitig erfahren werden, während unser Alltagsverständnis eigentlich nur lineare, sukzessiv angeordnete Zeiterfahrungen zulässt. Deleuze rekurriert in seiner Studie in Titeln auf seine zuvor ausgearbeiteten Konzepte. Der Film stand für ihn mit seinen medienspezifischen Wahrnehmungserfahrungen seit den 1960er Jahren wiederum Pate für genau diese philosophischen Inspirationen.

Neben der Bewegung, der Zeit und den Zeichen ragt besonders ein Begriff in die aktuelle Medientheorie hinein: der Affekt. Perzepte und Affekte werden von Deleuze nicht als menschliche Wahrnehmungen bzw. Emotionen oder gar Gefühlsregungen charakterisiert, sondern genau umgekehrt: *„Die Affekte sind genau das Nicht-Menschlich-Werden des Menschen, wie die Perzepte* (einschließlich der Stadt) *die nicht-menschlichen Eigenschaften der Natur sind"* (Deleuze und Guattari 1996, S. 199, Herv. i. Orig.). Der Film ist deshalb eine Erfahrung von Bewegung und Zeit, weil er sich nicht dem menschlichen Blick unterordnet, sondern eigenständige, jedoch nicht feststehende Charakterisierungen der Welt hervorbringt. So definiert Deleuze das Affektbild im Sinne der Erstheit bei Peirce als perzeptive Grenzerfahrung, in denen sich lediglich Qualitäten, Potenziale und beliebige Räume erfahren lassen. Die Großaufnahme des Gesichts gilt ihm als ein herausgehobenes Affektbild gerade nicht, weil darin wiedererkennbare emotive Ausdrücke wie Trauer, Wut, Staunen und Freude erkennbar sind, sondern weil sich das Gesicht von allen persönlichen, sozialen und kommunizierenden Regungen frei macht (Deleuze 1989b, S. 143).

Es ist damit bloße Virtualität, die sich jedoch nicht aktualisiert. Während das Zeit-
bild die Schichten des Aktuellen und Virtuellen in einen Austausch bringt, etwa
durch die Ununterscheidbarkeit von Gegenwart und Vergangenheit, verbleibt das
Affektbild im Stadium bloßer Potenzialität, die man als Unentscheidbarkeit oder
als „instantanes Bewusstsein" charakterisieren könnte. „Es sind Qualitäten oder
Potenziale als solche, ohne Bezug auf irgend etwas anderes, jeder Frage nach
ihrer Aktualisierung enthoben: etwas, was so beschaffen ist, daß es an und für
sich ist" (Deleuze 1989b, S. 137). Die Bezugnahme auf die Erstheit bei Peirce ist
wichtig, da der Affekt hier in eine dynamische Relation eingebunden ist. Er ist
also auf die Bewegungs- und Zeitbilder des Films bezogen und keine ein für alle
Mal definierbare Kategorie.

Affektbilder werden in den zunehmend digitalen und mobilen Medialisie-
rungsprozessen für eine Ästhetik der Zersetzung und Dekomponierung und damit
Verkörperung (Shaviro 2010; Marks 2002; Morsch 2011) fruchtbar gemacht. Beispielhaft kann etwa der Film LEVIATHAN (2012) herangezogen werden, der mit
seinen zersplitterten und desorientierenden Bildfragmenten aus dynamisch ein-
gesetzten GoPro-Kameras über eine Form operiert, die nicht mehr an der menschlichen Wahrnehmung ausgerichtet ist (Shaviro 2010; Marks 2002; Rothöhler
2013; Åkervall 2018; Bee 2018). Die Bestimmungen visueller Körper als Affekt-
oder Kraftzentren stehen im Zentrum der kleinen Studie zu Francis Bacon
(Deleuze 2016). In der Auseinandersetzung mit den Bildern des irischen Malers
erkennt Deleuze eine *Logik der Sensation*, die das Ausgedrückte des Körpers, die
Figur, darstellt. Das Fleisch, der Schrei, die Entformungen des Gesichts begreift
Deleuze als eigene, nur malerisch fassbare, Empfindungsbereiche – als subjekt-
losen Raum des Werdens, der nicht illustrativ und narrativ, aber auch nicht
abstrakt ist (Es ist eine Figur, aber kein identifizierbares Gesicht zu erkennen).
Das Abstrakte der modernen Kunst sieht Deleuze eher im Weg der Vergeistigung,
während die Sensation auf den Körper zielt – auf die auf diesen einwirkenden
Kräfte, die sich im Figuralen der Bilder Bacons äußern. Er definiert drei wesentliche Kräfte: die der Isolation, die das Verhältnis der Farbflächen zur Figur
thematisieren; die der Deformation, die das Freisetzen des Gesichts vom Körper
und des Körpers vom Organismus bezeichnet; sowie die der Auflösung, die das
Verblassen der Figur darstellt (Deleuze 2016, S. 58). Die Logik der Affekte zielt
daher auf die prä-subjektiven Kräfte, die ihrerseits in gegenwärtigen Medien eine
eigene Logik der medialen Affizierung bedingen.

Literatur

Åkervall, Lisa. 2018. *Kinematographische Affekte. Die Transformation der Kinoerfahrung*. Paderborn: Fink.

Balke, Friedrich. 1998. *Gilles Deleuze*. Frankfurt a. M.: Campus.

Bee, Julia. 2018. *Gefüge des Zuschauens. Begehren, Macht und Differenz in Film- und Fernsehwahrnehmung*. Bielefeld: transcript.

Bergson, Henri. 1991. *Materie und Gedächtnis. Eine Abhandlung über die Beziehung zwischen Körper und Geist*. Hamburg: Meiner.

Deleuze, Gilles. 1989a. *Henri Bergson zur Einführung*. Hamburg: Junius.

Deleuze, Gilles. 1989b. *Das Bewegungs-Bild. Kino 2*. Frankfurt a. M.: Suhrkamp.

Deleuze, Gilles. 1991. *Das Zeit-Bild. Kino 2*. Frankfurt a. M.: Suhrkamp.

Deleuze, Gilles. 1992a. *Differenz und Wiederholung*. München: Fink.

Deleuze, Gilles. 1992b. *Woran erkennt man den Strukturalismus?* Berlin: Merve.

Deleuze, Gilles. 1993a. *Proust und die Zeichen*. Berlin: Merve.

Deleuze, Gilles. 1993b. Postskriptum über die Kontrollgesellschaften. In *Unterhandlungen 1972–1990*, Hrsg. Gilles Deleuze, 254–362. Frankfurt a. M.: Suhrkamp.

Deleuze, Gilles. 1993c. *Logik des Sinns*. Frankfurt a. M.: Suhrkamp.

Deleuze, Gilles. 2002. *Spinoza und das Problem des Ausdrucks in der Philosophie*. Frankfurt a. M.: Suhrkamp.

Deleuze, Gilles. 2003. Die Methode der Dramatisierung. In *Die einsame Insel. Texte und Gespräche von 1953 bis 1974*, Hrsg. Gilles Deleuze, 139–170. Frankfurt a. M.: Suhrkamp.

Deleuze, Gilles. 2013. *Nietzsche und die Philosophie*. Hamburg: EVA.

Deleuze, Gilles. 2016. *Francis Bacon. Logik der Sensation*. München: Fink.

Deleuze, Gilles, und Félix Guattari. 1976. *Kafka. Für eine kleine Literatur*. Frankfurt a. M.: Suhrkamp.

Deleuze, Gilles, und Félix Guattari. 1992. *Tausend Plateaus. Kapitalismus und Schizophrenie*. Berlin: Merve.

Deleuze, Gilles, und Félix Guattari. 1996. *Was ist Philosophie?* Frankfurt a. M.: Suhrkamp.

Deleuze, Gilles, und Félix Guattari. 2008. *Anti-Ödipus*. Frankfurt a. M.: Suhrkamp.

Deleuze, Gilles, Félix Guattari, und Dagmar Berger. 1977. *Rhizom*. Berlin: Merve.

Deuber-Mankowsky, Astrid. 2017. *Queeres Post-Cinema. Yael Bartana, Su Friedrich, Todd Haynes, Sharon Hyes*. Berlin: August.

Dosse, François. 1998a. *Geschichte des Strukturalismus. Band 1: Das Feld des Zeichens, 1945–1966*. Hamburg: Junius.

Dosse, François. 1998b. *Geschichte des Strukturalismus. Band 2: Die Zeichen der Zeit, 1967–1991*. Hamburg: Junius.

Dosse, François. 2017. *Gilles Deleuze, Félix Guattari. Biographien*. Wien: Turia + Kant.

Engell, Lorenz, und Oliver Fahle. 2002. Film-Philosophie. In *Moderne Film Theorie*, Hrsg. J. Felix, 222–245. Mainz: Bender.

Engell, Lorenz, und Oliver Fahle. 2008. Gilles Deleuze. In *Philosophie in der Medientheorie. Von Adorno bis Zizek*, Hrsg. A. Roesler und B. Stiegler, 57–70. München: Fink.

Fahle, Oliver. 2002. Zeitspaltungen. Erinnerung und Gedächtnis bei Gilles Deleuze. *montage AV. Zeitschrift für Theorie und Geschichte audiovisueller Kommunikation* 11 (1): 97–112.

Fahle, Oliver. 2012. Im Diesseits der Narration. Zur Ästhetik der Fernsehserie. In *Populäre Serialität: Narration – Evolution – Distinktion. Zum seriellen Erzählen seit dem 19. Jahrhundert*, Hrsg. F. Kelleter, 169–181. Bielefeld: transcript.

Foucault, Michel. 1974. *Die Ordnung der Dinge. Eine Archäologie der Humanwissenschaften*. Frankfurt a. M.: Suhrkamp.

Foucault, Michel. 1977. Theatrum philosophicum. In *Der Faden der Ariadne ist gerissen*, Hrsg. G. Deleuze und Michel Foucault, 21–58. Berlin: Merve.

Hegel, Georg Wilhelm Friedrich. 2009. *Phänomenologie des Geistes*. Stuttgart: Reclam.

Jenkins, Henry. 2008. *Convergence culture. Where old and new media collide*. New York: New York University Press.

Latour, Bruno. 2014. *Eine neue Soziologie für eine neue Gesellschaft. Einführung in die Akteur-Netzwerk-Theorie*. Berlin: Suhrkamp.

Linseisen, Elisa. 2017. High Definition. Das Versprechen hochaufgelöster Bildoberflächen. In *ffk Journal 2. Film und Fernsehwissenschaftliches Kolloquium*. Hrsg. K. Rothemund et. al, 5–21. Hamburg: Avinus.

Linseisen, Elisa. 2020. *High Definition. Hochaufgelöste Digitalbildlichkeit/Medienphilosophisches Image Processing*. Lüneburg: meson press.

Marks, Laura U. 2002. *Touch. Sensuous theory and multisensory media*. Minneapolis: University of Minnesota Press.

Mauzi, Robert. 1966. Les complexes et les signes. *Critique* 225:155–171.

Morsch, Thomas. 2011. *Medienästhetik des Films. Verkörperte Wahrnehmung und ästhetische Erfahrung im Kino*. Paderborn: Fink.

Nigro, Roberto, Isabell Lorey, und Gerald Raunig. Hrsg. 2011. *Inventionen 1: Gemeinsam. Prekär. Potentia. Dis-/Konjunktion. Ereignis. Transversalität. Queere Assemblagen*. Zürich: Diaphanes.

Peirce, Charles S. 2002. *Semiotische Schriften*. Frankfurt a. M.: Suhrkamp.

Rothöhler, Simon. 2013. *High Definition. Digitale Filmästhetik*. Köln: August.

Schaub, Mirjam. 2003. *Gilles Deleuze im Wunderland. Zeit- als Ereignisphilosophie*. München: Fink.

Shaviro, Steven. 2010. *Post cinematic affect*. Winchester: Zero Books.

Filme

LEVIATHAN (USA 2012, Lucien Castaing-Taylor/Véréna Paravael)

Medientheorie der Automation (Marshall McLuhan)

Jens Schröter

1 Einleitung

Marshall McLuhans Studie *Understanding Media,* 1964 erstmals erschienen, ist eines der einflussreichsten Bücher in der Geschichte der Medienwissenschaft. Daher gibt es auch bereits eine Reihe von Würdigungen und kritischen Einordnungen, Kontextualisierungen und Lesarten, so im deutschsprachigen Raum jüngst Mangold und Sprenger (2014) und daraus insbesondere der Text von Till A. Heilmann zur Rezeption des Buchs bei dessen Erscheinen; zur aktuellen medientheoretischen Relevanz findet man verschiedene Perspektiven in Heilmann und Schröter (2017); zum Hintergrund in der Zeitschrift *Explorations* Schüttpelz (2014); zur Einordnung in die ‚Kanadische Schule' Cressman und Friesen (2014). Aktuelle Lektüren zu McLuhan finden sich in De Kerckhove et al. (2008), eine Einführung in McLuhan in Grampp (2011) und zur Schreibweise McLuhans in Mangold (2018).

Der folgende Essay soll dem keine weitere Einführung in die Struktur und die basalen Konzepte oder die inhaltlichen und stilistischen Probleme von *Understanding Media* hinzufügen – gerade die Kritik an McLuhan im Allgemeinen und an *Understanding Media* im Besonderen ist schon zur ermüdenden Routine geworden. Hier soll vielmehr einem wenig beachteten Kapitel aus dem Buch, nämlich bezeichnenderweise dem letzten, nachgegangen werden. Es dreht sich um die ‚Automation'. Auch wenn diese nicht leicht als *Medium* zu verstehen ist, handelt es sich um eine gegenwärtig – mit Blick auf Robotik und Künstliche Intelligenz – wieder stark diskutierte Problematik. Verschwinden mit

J. Schröter (✉)
Universität Bonn, Bonn, Deutschland
E-Mail: schroeter@uni-bonn.de

© Springer Fachmedien Wiesbaden GmbH, ein Teil von Springer Nature 2020
I. Ritzer (Hrsg.), *Schlüsselwerke der Medienwissenschaft,*
https://doi.org/10.1007/978-3-658-29325-3_3

der Digitalisierung die Grundlagen der Arbeitsgesellschaft oder nicht (Schröter 2019)? Kann uns McLuhan dazu noch etwas sagen – wenigstens vielleicht indirekt oder „zwischen den Zeilen"? Oder ist das Kapitel über *Automation* auch in dem Sinne das letzte Kapitel von McLuhans Diskurs, insofern es eine Grenze seines Arguments anzeigt? Oder ist es nicht vielmehr der wesentliche Kern seines Arguments, insofern hier eben das Verhältnis von menschlichem Körper und menschlicher Kognition und technischen Extensionen auf konfligierende Weise im Mittelpunkt steht?

2 McLuhans Automation

In der ersten Paperback-Edition von 1965 findet sich eine kleine zusätzliche Einleitung, die sofort mit der Unterscheidung von heiß und kalt, mit der Automation – und ihrer Beziehung zu ‚jobs' beginnt. McLuhan schreibt:

> But the slang term ‚cool' conveys a good deal besides the old idea of ‚hot'. It indicates a kind of commitment and participation in situations that involves all of one's faculties. In that sense, one can say that automation is cool, whereas the older mechanical kinds of specialist of fragmented ‚jobs' are ‚square' (1964/1965, S. v/vi).

Die Automation ist für McLuhan also ein kühles Medium, insofern sie Partizipation verlangt. McLuhan greift hier auf eine berühmt gewordene, in der späteren Medienwissenschaft aber kaum noch genutzte, Unterscheidung in ‚heiße' und ‚kalte' Medien zurück: „Ein ‚heißes' Medium ist eines, das nur einen der Sinne allein erweitert, und zwar bis etwas ‚detailreich' ist. Detailreichtum [High Definition] ist der Zustand, viele Daten oder Einzelheiten aufzuweisen" (1964/1994, S. 44; 1964/1965, S. 22).

Demgegenüber sind ‚kalte' oder ‚kühle' Medien detailarm und fordern das mediennutzende Subjekt dazu auf, die fehlenden Details zu ergänzen bzw. wie beim Telefon, selbst mitzumachen und sich – jedenfalls heißt es manchmal so bei McLuhan – mit allen Sinnen einzubringen. Noch einmal McLuhan:

> Heiße Medien verlangen daher nur in geringem Maße persönliche Beteiligung, aber kühle Medien in hohem Grade persönliche Beteiligung oder Vervollständigung durch das Publikum. Daher hat natürlich ein heißes Medium wie das Radio ganz andere Auswirkungen auf den, der es verwendet, als ein kühles Medium wie das Telefon (1964/1994, S. 45).

Er schreibt: „Mit der Automation werden [...] Berufe verschwinden und ganzheitliche Rollen wieder aufkommen" (1964/1994, S. 520). Offenbar spricht McLuhan über den zur Zeit der Abfassung von *Understanding Media* gerade erst am Anfang stehenden Prozess des Einsatzes digitaler Computer in der Arbeitswelt und die sich damit keimhaft abzeichnenden Prozesse der Wegrationalisierung von Arbeit[1]. In dem Kapitel über Automation wird mehrfach der „Elektronenrechner" (1964/1994, S. 528) erwähnt. Er spricht an zahlreichen Stellen von einem „Abziehen der gegenwärtigen Arbeitskräfte aus der Industrie" (1964/1994, S. 527), von „arbeitssparenden Apparaten" (S. 66) und ganz zu Beginn des Buches explizit davon, dass die „Abschaffung der Routinearbeit [...] negative[s] Ergebnis" (S. 21 und 423) der Automation sei. „Die Jobs verschwinden mit rasender Geschwindigkeit" (1973/2001a, S. 151).

Meine These ist: Im Kapitel über Automation findet das – wie Claus Pias genau bemerkt – „kybernetische Kollabieren der Ausweitungshypothese" (2002, S. 59) statt. Die Digitalität der programmierbaren Maschinen und die damit möglichen kybernetischen Steuerungstechnologien, die hinter der Automation stehen – McLuhan spricht gelegentlich von „Kybernation" (1964/1994, S. 524) –, brechen gewissermaßen traumatisch in McLuhans Diskurs ein. Sie heben nämlich die Frage auf, ob ein Medium nun in ‚geringem Maße' oder in ‚hohem Grade' ‚persönliche Beteiligung' fordert. Die auf Digitaltechnik basierenden elektronischen Industrieroboter und Verfahrenstechniken stoßen selbst, und gerade wenn man sie als Ausweitung des „Zentralnervensystems" (1964/1994, S. 523)[2] betrachtet, Menschen aus dem Produktionsprozess einfach aus (und was wäre die Künstliche Intelligenz anderes als eine Art ausgeweitetes zentrales Nervensystem, insbesondere in den heute vieldiskutierten neuronalen Netzwerken). Wozu braucht man noch die widerspenstigen und zudem kostenintensiven menschlichen Zentralnervensysteme, wenn man künstliche hat? Die

---

[1]Zur Geschichte der Automation in den USA vgl. Noble (1984) und Bix (2000). Bix beschreibt die Rolle von Diskussionen um technologische Arbeitslosigkeit in den USA nach 1945 und insbesondere in der amerikanischen Populärkultur. Diese dürfte eine der zentralen Quellen McLuhans sein. Woirol (1996, S. 93) bemerkt in seinem wichtigen Überblick über die Debatten zur technologischen und/oder strukturellen Arbeitslosigkeit in den USA: „The structural debates, however, did not disappear. In the fall of 1963 they began again at an unrivaled level of intensity. [...] [P]opular concerns about automation soared again in 1962-63. Dozens of popular articles kept the issue of the employment effects of new technology at the forefront of public awareness." D. h. zur Zeit der Entstehung von *Understanding Media* war die Automation ein heiß debattiertes Thema.

[2]Vgl. auch ebd., S. 264 zum „Elektronenrechner" als „Ausweitung [...] des Menschen".

Automation führt für viele keineswegs dazu, sich mit allen Fähigkeiten einzubringen, sondern dazu sich überhaupt nicht mehr einbringen zu können. Da mögen die alten mechanischen Jobs noch so spießig (‚square') sein – besser einen solchen haben, als gar keinen mehr.

Eine Bemerkung: Die Frage, welche Rolle Automation für die Vernichtung von Arbeit und welche Effekte diese wiederum auf um Arbeit und Geld zentrierte Gesellschaften hat, ist bis heute umstritten (Schröter 2019). Im Folgenden sei zur Schärfung des Arguments eine Art ‚Worst-Case-Szenario' zugrunde gelegt. Generell bleibt McLuhans Vorahnung des „Gespenst[s] der Arbeit- und Besitzlosigkeit im elektronischen Zeitalter" (1964/1994, S. 537) virulent. Das belegt die hier exemplarisch herangezogene bundesdeutsche Diskussion. 1965 etwa schreibt der damalige IGM-Vorsitzende Otto Brenner noch: „In der Bundesrepublik haben wir trotz Automatisierung und Technisierung seit Jahren Vollbeschäftigung [...]. Die Gewerkschaften gehören keineswegs zu jenen, die von Automatisierung und anderen Formen des technischen Fortschritts unvermeidbare Massenarbeitslosigkeit erwarten" (1965, S. 16 und 22). Allerdings gab es auch hier schon dunkle Ahnungen: „Das vergangene Jahr war für die deutsche Industrie besonders erfolgreich. Die Produktion stieg um 8,3 Prozent. Aber die Zahl der Beschäftigten erhöhte sich nur geringfügig." (S. 26). Mit der weiteren Verbilligung und Miniaturisierung der digitalen Computer stieg die Produktivität in der Tat immer mehr auf Kosten der Beschäftigung an, ein Prozess, der erst in den 1970er Jahren so richtig anlief:

> Die Automatisierung der metallverarbeitenden Industrie ist wegen der Komplexität und Unterschiedlichkeit der einzelnen Produktionsschritte erheblich schwieriger und beginnt massenhaft erst in der Mitte der siebziger Jahre nach der Einführung des Mikroprozessors als billigem Regel- und Steuerbaustein [...] (Coy 1985, S. 64).

So war es denn kein Wunder, dass sich die dunklen Ahnungen allmählich konkretisierten. 1983 veröffentlichte die IG Metall eine Untersuchung zur technologischen Massenarbeitslosigkeit mit dem bezeichnenden Titel *Maschinen wollen sie – uns Menschen nicht.* Darin wird betont, dass der „sichtbare Missbrauch neuer Technologien gegen Arbeitnehmer [...] unserer bisher eher positiven Einstellung gegenüber neuen Technologien jede Grundlage" entzogen habe. Und: „Die Risiken des Arbeitsplatzverlustes sind damit enorm gestiegen." (Industriegewerkschaft Metall 1983, S. 8 und 25; siehe auch Schröter 2019, der allerdings auch die Stimmen zu Wort kommen lässt, nach denen die Befürchtungen vor technologisch bedingter Arbeitslosigkeit unbegründet sind).

Die kybernetischen Technologien machen viele Menschen also keineswegs zu „Servomechanismen" (McLuhan 1964/1994, S. 73) einer ‚Extension of Man', oder doch wenigstens zum „Geschlechtsteil [sex organs] der Maschinenwelt" (McLuhan 1964/1994, S. 81; 1964/1965, S. 46; vgl. 1969/2001b), sondern *schlicht überflüssig.* McLuhans Satz: „Ein kühles Medium, ob es nun das gesprochene Wort, die Handschrift oder das Fernsehen ist, gibt dem Hörer oder Benutzer *viel mehr zu tun* als ein heißes Medium" (1964/1994, S. 483; Herv. J. S.) – gilt für das angeblich kühle Medium der digitalen Automation nicht mehr: Es gibt viel weniger zu tun. Jedenfalls ist das die Sorge.

Selbstverständlich beschwört McLuhan als Ausweg eher vage „dezentralisierte […] Formen der Arbeit" (1964/1994, S. 258) – daran hat sich bis heute nicht viel geändert. Gerne werden die ‚Dienstleistungsgesellschaft' oder die ‚Wissensgesellschaft' als angeblich neue Jobwunder an die Wand gemalt. Doch wer kauft heute sein Bahnticket noch bei einem mehr oder minder mürrischen Angestellten der *Deutschen Bahn* und nicht online? Wer verwendet kein Onlinebanking? Wer bestellt seine Bücher, CDs und DVDs, Downloads nicht bei *amazon.com?* Wer macht nicht Geschäfte bei *ebay.com?* Gerade die Ausbreitung kommerzieller Dienste im Internet rasiert Jobs im Dienstleistungsbereich ab. Die Stellen, die in der Computerindustrie selbst entstehen – auch McLuhan setzt Hoffnungen in die „Lernarbeit und in das Programmieren von elektronischen Rechnern" (1964/1994, S. 423) – können das nicht einmal zu einem Bruchteil kompensieren.[3] Wenn der Satz stimmt: „Ein heißes Medium schließt aus, ein kaltes Medium schließt ein" (McLuhan 1969/2001b, S. 192) – dann ist die Automation gar nicht kühl, sondern vielmehr brennend heiß: *Reversal of the undercooled medium.*

---

[3]Vgl. McLuhan (1964/1994, S. 401; Herv. J. S.), der auch weiß: „Beim Elektronenrechner im besonderen *konzentriert sich die Arbeitsleistung auf das Stadium des ‚Programmierens',* und das ist eine Leistung der Information und des Wissens." Eine einmal programmierte Software kann – vom Anbieter und sehr zum Leidwesen von diesem auch durch Dritte – einfach kopiert werden. Aber um zwei Autos herzustellen, war zumindest bis zum Beginn der Industrierobotik doppelte Arbeit notwendig – diese, ja nicht zufällig ‚fordistisch' genannten, Technologien trugen das längst verblichene – und bezeichnend sogenannte – ‚Wirtschaftswunder'. Vgl. auch Wiener (1985b, S. 757), der sich der Illusion hingibt, alle überflüssig gewordenen ‚einfachen Arbeiter' könnten „by some sort of upgrading" zu höheren Management- oder Programmiertätigkeiten aufsteigen – als ob die Zahl dieser Stellen nicht noch viel begrenzter wäre. Schon 1952 erschien der dystopische Roman *Player Piano* von Kurt Vonnegut, der eine zukünftige Gesellschaft beschreibt, in der durch Automation bis auf eine winzige Elite niemand mehr Arbeit hat (1952/1975).

So gesehen sind McLuhans bekannte Slogans, dass das Medium die Botschaft und der Inhalt eines Mediums immer ein anderes Medium sei, einfach treffend: Wenn man heute den Fernseher anschaltet, geht es auf den meisten Kanälen öfter um die angebliche oder tatsächliche Krise der Arbeitsgesellschaft in Folge von Künstlicher Intelligenz und Robotik: Das brennend heiße Medium *Automation,* oder besser: seine destabilisierenden Effekte, sind zum zentralen Inhalt des Fernsehens (und des Radios) geworden. McLuhans These: „In Zukunft besteht die Arbeit nicht mehr darin, seinen Lebensunterhalt zu verdienen, sondern darin im Zeitalter der Automation leben zu lernen" (1964/1994, S. 520) – bekommt einen abgründigen und unheimlichen Hintersinn.

3   Medien und die Form der Gesellschaft

Wenn man unsere Lage so beschreibt, kommt man schnell zu der Frage, warum sich eigentlich das „Pfingstwunder [Pentecostal condition]" (1964/1994, S. 127; 1964/1965, S. 80) McLuhans – in der „Endphase [final phase] der Ausweitung des Menschen" werde der „schöpferische Erkenntnisprozeß kollektiv und korporativ auf die ganze menschliche Gesellschaft ausgeweitet" (1964/1994, S. 15; 1964/1965, S. 3) – nicht so recht erfüllt hat. Nun: Im letzten Zitat tritt die ominöse ‚Gesellschaft' auf. Eine oder sogar *die* These könnte also sein, dass die potenziell großartigen Effekte eines „vollautomatisierte[n] Betrieb[s] [automated plant]" (1964/1994, S. 535; 1964/1965, S. 356) – nämlich, dass die Menschen einfach weniger arbeiten müssen und mithin mehr Muße und „Kräfte der Selbstbeschäftigung" (1964/1994, S. 538) zur Verfügung hätten – sich eben an jener ‚Gesellschaft', genauer: an der historisch spezifischen gesellschaftlichen *Form,* brechen. McLuhan bemerkt selbst in eher vager Weise, dass die „Automation zwingt […] eine gewisse Beziehung zu gesellschaftlichen Gegebenheiten [some relation to social facts]" (1964/1994, S. 531; 1964/1965, S. 353) herzustellen.

Eine dieser gesellschaftlichen Gegebenheiten ist die Existenz anderer Medien. Nach McLuhan hat „kein Medium Sinn oder Sein aus sich allein […], sondern nur aus der ständigen Wechselwirkung [constant interplay] mit andern Medien" (1964/1994, S. 50; 1964/1965, S. 26). Mithin hat auch die Automation keinen Sinn oder Sein aus sich allein, sondern muss insbesondere auf ein anderes Medium bezogen werden, dessen zentrale Rolle für alle modernen Gesellschaften in der friedlichen und gleichrangigen Aufreihung verschiedener Medien im Inhaltsverzeichnis von *Understanding Media* symptomatischer Weise untergeht. Dieses Medium ist natürlich das *Geld,* wozu es ein Kapitel gibt. Die von

McLuhan, wie erwähnt, auch „Kybernation" (1964/1994, S. 524) genannte Automation, entwickelt sich nur in Relation zu einer um das ‚Fetischmedium Geld'[4] zentrierten Gesellschaft. Schon 16 Jahre vor McLuhans *Understanding Media* wusste Norbert Wiener, dass die dritte (er nennt sie zweite) industrielle Revolution eine großflächige, durch die Kostensenkungskonkurrenz, die, wie McLuhan weiß, von „Konkurrenzwut [competitive fury]" (1964/1994, S. 518; 1964/1965, S. 344) angetriebene Wegrationalisierung von Arbeit zur Folge hat. Er schrieb in seinem 1948 erschienenen Buch zur Kybernetik über die kommenden Potenziale der „modernen, ultraschnellen Rechenmaschinen":

> Die automatische Fabrik und das Fließband ohne menschliche Bedienung sind nur so weit von uns entfernt, wie unser Wille fehlt, ein ebenso großes Maß von Anstrengung in ihre Konstruktion zu setzen wie z. B. in die Entwicklung der Radartechnik im Zweiten Weltkrieg. […] Es kann sehr wohl für die Menschheit gut sein, Maschinen zu besitzen, die sie von der Notwendigkeit niedriger und unangenehmer Aufgaben befreien, oder es kann auch nicht gut sein. […] Es kann nicht gut sein, diese neuen Kräfteverhältnisse in Begriffen des Marktes abzuschätzen. […] Es gibt keinen Stundenlohn eines US-Erdarbeiters, der niedrig genug wäre, mit der Arbeit eines Dampfschaufelradbaggers zu konkurrieren. Die moderne industrielle Revolution ist ähnlicher Weise dazu bestimmt, das menschliche Gehirn zu entwerten, wenigstens in seinen einfacheren und mehr routinemäßigen Entscheidungen. […] Wenn man sich […] die zweite [industrielle] Revolution abgeschlossen denkt, hat das durchschnittliche menschliche Wesen mit mittelmäßigen oder noch geringeren Kenntnissen nichts zu verkaufen, was für irgend jemanden das Geld wert wäre (Wiener 1963, S. 59 f.; vgl. Wiener 1985a, S. 678).

Diese Passage zeigt: Wiener weiß etwas, das McLuhan (in der Hochphase des Kalten Kriegs) nicht mehr so recht wissen will: dass nämlich die ‚automatische Fabrik' nicht an und für sich existiert, sondern nur in Beziehung auf die – wie Wiener sich ausdrückt – ‚Begriffe des Markts'. Oder anders ausgedrückt: Was

---

[4]Wie man mit Marx sagen müsste: „Dass dieser *Mittler* nun zum *wirklichen* Gott wird, ist klar, denn der Mittler ist die *wirkliche Macht* über das, womit er mich vermittelt. Sein Kultus wird zum Selbstzweck. Die Gegenstände, getrennt von diesem Mittler, haben ihren Wert verloren. Also nur, insofern sie ihn *repräsentieren,* haben sie Wert, während es ursprünglich schien, dass er nur Wert hätte, soweit *er sie* repräsentierte. Diese Umkehrung des ursprünglichen Verhältnisses ist notwendig" (Marx und Engels 1968, S. 446, Herv. i. Orig.). Insofern hier der Mittler zum Zweck wird, muss man Geld das Leitmedium auch noch unserer Zeit nennen (und nicht das Fernsehen oder den Computer). Vgl. auch Winkler (2004, S. 36) zum Geld als „gesellschaftliche[m] Universalsignifikanten".

bei Wiener 1948 noch durchschillerte, ist schlicht und einfach die *Differenz von Produktivkräften und Produktionsverhältnissen.* 100 Jahre vor McLuhan schrieb Karl Marx in den *Grundrissen:* Wenn sich der Mensch nur mehr als „Wächter und Regulator zum Produktionsprozeß" verhält – wie in der Automation –, hört (jedenfalls für die meisten) „die Arbeit […] [auf,] […] Quelle des Reichtums zu sein". Je weniger die Produktion „von der Arbeitszeit und dem Quantum angewandter Arbeit, als von der Macht der Agentien [und] […] vom Fortschritt der Technologie" abhängt, desto mehr „bricht die auf dem Tauschwert ruhnde [sic] Produktion zusammen" (Marx 1953, S. 592 f.).[5]

Es könnte mithin einen fundamentalen Konflikt zwischen den kybernetischen Produktivkräften der Automation und den *pekunizentrischen* Produktionsverhältnissen, in denen der einzige Zweck die Vermehrung des Wertes in Form des Geldes ist,[6] geben. Während die Einzelkapitalien in ihrem „bitteren Konkurrenzkampf" (McLuhan 1964/1994, S. 380) am Markt ständig Arbeit aus dem Produktionsprozess abziehen müssen, um kostengünstig und somit konkurrenzfähig zu bleiben, sägt dieser Prozess doch zugleich den Ast ab, auf dem geldzentrierte Gesellschaften sitzen.

Der Konflikt zwischen Produktivkräften und Produktionsverhältnissen[7] hat übrigens nichts mit der „Nachtwandlermentalität" (McLuhan 1964/1994, S. 27) eines instrumentellen Medienverständnisses zu tun. Marshall McLuhan unterscheidet selbst zwischen einerseits „Institutionen [als] Ausweitung des sozialen Menschen und der organisierten Gesellschaft [body politic]" und andererseits

---

[5]Die Differenz von Produktionsverhältnissen und Produktivkräften ist – neben der Fetischtheorie – der interessanteste und heute immer noch aktuelle Aspekt von Marx' Ansatz (wichtiger als der letztlich immanente Klassenkampf oder gar die Geschichtsteleologie). Vor allem ist interessant, dass ‚technische' und ‚soziale' Elemente als aufeinander irreduzibel gedacht werden. Keine der beiden Typen von Elementen existiert ohne die anderen, aber beide stehen auch in Spannung zueinander.

[6]Diese unaufhörliche Bewegung der Selbstvermehrung des Wertes in Form des Geldes ist Marx' Begriff des ‚Kapitals' als ‚automatisches Subjekt' – weit entfernt davon mit ‚Kapital' bloße Schatzbildung oder gar eine Personengruppe zu bezeichnen (vgl. dazu Kurz 2005).

[7]Dieser Konflikt zeigt sich auch in der Spannung zwischen der, oft als Charakteristikum digitaler Medien betonten, verlustfreien Kopie und der noch immer bestehenden Urheberrechtsgesetzgebung. Zunehmend wird durch technische Verfahren (Kopierschutz) und juristische Maßnahmen (Androhung von Haftstrafen) versucht, die Warenform digitaler Daten sicherzustellen (vgl. Meretz 2007). Vgl. McLuhan (1964/1994, S. 476) zu den „Zensoren", die versuchen sollten „die Medien selbst zu verbieten".

„Techniken [als] Ausweitungen des animalischen Organismus" (1964/1994, S. 357; 1964/1965, S. 235). Man muss es unterstreichen: Für ihn gibt es sowohl ‚Institutionen' als auch ‚Techniken': Produktionsverhältnisse und Produktivkräfte. Bei McLuhan taucht quasi durch die Hintertür wieder jene ökonomische Reproduktion der Gesellschaft auf, *die notwendig ist, um jene Körper zu erhalten, als deren Ausweitung Medien fungieren sollen.* Wieso sollten diese verschiedenen Ausweitungen, mithin Medien – an anderer Stelle spricht er vom „Gesellschaftsapparat [social machine]" (1964/1994, S. 361; 1964/1965, S. 238) bzw. von der „Gesellschaft [...] als eine[r] einzige[n] Maschine zur Schaffung von Werten [wealth]" (1964/1994, S. 532; 1964/1965, S. 354) –, nicht in Konflikt miteinander geraten können? Er widerspricht explizit der „archäologischen Arbeitshypothese, daß Dinge isoliert betrachtet werden müssen" (1964/1994, S. 275) und betont: „In Wirklichkeit ist die Wechselwirkung zwischen Medien nur ein anderer Name für diesen Bürgerkrieg, der in gleicher Weise in unserer Gesellschaft wie der Seele jedes einzelnen tobt" (1964/1994, S. 84).

Tatsächlich behauptet der Autor ja, mit dem Aufkommen der Elektrizität würden die alten, mechanischen, heißen Medien allmählich zugunsten kühlerer Medien zurückgedrängt. Geld ist laut McLuhan selbst ein heißes Medium.[8] In seinem Kapitel über das Geld setzt er dieses in Beziehung zum Zeitalter der elektrischen Automation und schreibt zwei sich scheinbar ausschließende Statements: Einmal heißt es: „Sogar im elektronischen Zeitalter hat [das Geld] nichts von seiner Macht verloren" (1964/1994, S. 206), während es einige Seiten später heißt: „Heute stellt die Technik der Elektrizität den Geldbegriff selbst in Frage" (1964/1994, S. 215). Dies ist keineswegs ein Widerspruch, sondern passt exakt zur hier vorgeschlagenen Lesart.

Insofern McLuhan einerseits Geld nämlich ganz in der Tradition der klassischen Ökonomie und auch von Marx „als Mittel zur Speicherung und zum Austausch von Arbeit" (1964/1994, S. 212) definiert,[9] stellt die Automation und die von ihr mehr und mehr vorgenommene Aufhebung von Arbeit in der Tat den Geldbegriff infrage. Der Autor betont selbst, dass Geld „immer weniger" als ein solcher Speicher dient: „Die Automation, die ihrem Wesen nach elektronisch

---

[8]Zumindest bezieht er es zweimal explizit auf den ebenfalls heißen Druck (1964/1994, S. 47 und 206).

[9]Die These, nach der der Wert auf Arbeit beruht, ist bekanntlich schon vor langer Zeit von der neoklassischen Volkswirtschaftslehre zurückgewiesen worden (Gernalzick 2006). Zur Kritik der neoklassischen Kritik vgl. Ortlieb (2004) und Büttner (2007).

ist, stellt nicht so sehr körperliche Arbeit als vielmehr programmiertes Wissen dar" (1964/1994, S. 212). McLuhan beschwört das „Leitbild [image] [...] einer Kreditkarte" (1964/1994, S. 212; 1964/1965, S. 137), welches Ausdruck der zunehmenden und mittlerweile alle Maße für immer übersteigenden Schuldenaufnahme von Privathaushalten (vorwiegend in den USA) und von Staaten ist, um die absinkende Realakkumulation auf ‚Pump' zu kompensieren. Nur ein sehr aktuelles Beispiel dafür: Die Reallöhne in den USA sind mittlerweile im Durchschnitt auf dem Niveau der mittleren 1970er Jahre angekommen – aber um das (kulturell) ‚normal' gewordene Konsumniveau aufrechtzuerhalten, verschulden sich die Haushalte (vgl. die anlässlich der im August 2007 aktuellen US-Immobilienkrise getätigte Interview-Äußerung von Robert Frank, der als US-Star-Ökonom nun wahrlich nicht marxistischer Irrwege verdächtig ist (Frank 2007)). Bei Staaten ist es ähnlich.[10] Die Abkoppelung irregulärer Wertschöpfung von der Arbeit kann man als eine Art Selbstaufhebung des Geldes beschreiben (Kurz 1995, 2005, S. 114–125). Andererseits bleiben wir alle Servomechanismen des Geldes, da sich an der grundlegenden Form, Güter nur als Waren gegen Geld erwerben zu können, nichts geändert hat. Das Geld behält als gesellschaftliche Form seine Macht, hebt sich aber zugleich selbst auf. Oder wie McLuhan schreibt: „Das gierige Verlangen der Menschheit, sich selbst zu prostituieren, lehnt sich gegen das Chaos der Revolution auf" (1964/1994, S. 289).[11]

Wenn McLuhan andernorts über die „zerstörerische Kraft einer heißen Technik, die eine kühle ablöst" (1964/1994, S. 47) spekuliert, mag man das auf die eben gerade nicht kühle, sondern ultraheiße Automation und das, ihr gegenüber, relativ kühle Geld beziehen. Es gibt Autor*innen – wie etwa Moishe Postone (2003) –, die in dem Konflikt zwischen der ‚Kybernation' und dem Geld den Anfang vom Ende geldzentrierter Gesellschaftsformen

---

[10]Vgl. auch Winkler (2004, S. 43): „Und drittens ist Kapital, so leicht man dies übersieht, Speicher vergangener Arbeit". Dazu sei nur ergänzt, dass die Arbeitsbezogenheit des zu Kapital akkumulierenden Werts heutzutage nicht *übersehen,* sondern schon seit längerer Zeit ganz vorsätzlich *verdrängt* wird. Sonst müsste man sich nämlich u. a. eingestehen, dass die riesigen Verschuldungen privater und staatlicher Haushalte *nie mehr* abgebaut werden können. Wenn Geld überhaupt keinen Bezug auf Arbeit hätte, dann könnte man einfach die Schulden aus immer neuen Krediten decken – ad infinitum in einer Art Baudrillard'scher Simulation. Dass dem offenbar nicht so ist, beweist z. B. die zerquälte Debatte darüber, wie die Staatsverschuldung der BRD verringert werden könnte.

[11]Vgl. auch McLuhan (1964/1994, S. 298): „Die Auffassung, daß das eigene Interesse den Blick für die Erkenntnis und Kontrolle von Veränderungen schärft, entbehrt jeder Grundlage, wie es das Beispiel der Autoindustrie beweist."

überhaupt sehen. Nicht, dass eine andere Welt einfach von selbst käme, nur diese hier und heute höre langsam aber sicher auf zu funktionieren. Der Untergang des sogenannten Sozialismus 1989/1990 war nach Postone mitnichten der Sieg eines (kapitalistischen) über ein anderes (sozialistisches) System, sondern nur der Anfang vom Ende aller pekunizentrischen, um den Kreislauf Arbeit-Geld-Konsum organisierten, Systeme – die schwächsten Varianten starben einfach zuerst.[12] Gibt es da keinen Ausweg? Wer weiß. Einer der wenigen, die fähig waren, über das Geldmedium hinauszudenken, war wieder Norbert Wiener. Er schrieb 1948: „Die Antwort ist natürlich, daß wir eine Gesellschaft haben müssen, die auf menschliche Werte gegründet ist und nicht auf Kaufen und Verkaufen" (Wiener 1963, S. 61). Wenn sich Automation und die Organisation der Gesellschaft in Form der Reproduktion des Wertes, welcher sich in Geld ausdrückt, nicht vertragen sollten, dann gäbe es nur zwei Lösungen: Entweder müsste man auf den technologischen Fortschritt verzichten – angesichts der Verfasstheit des Menschen als Mängelwesen eine Absurdität – oder man müsste die indirekte und selbstzweckhafte Reproduktion über die Form Arbeit-Geld-Warenkonsum aufheben, etwa zugunsten einer *direkt kommunikativ,* und insofern gerade nicht staatlich, vermittelten Planung der Produktion (vgl. Projekt Gesellschaft nach dem Geld 2019). Diese „radikale […] Alternative einer rein gebrauchswertbestimmten Planwirtschaft" (Heinz und Hörisch 2006, S. 9) mag für heutige Leser nur verrückt und skandalös erscheinen – nun denn: Auch bei McLuhan heißt es im Vorwort von *Understanding Media,* es ginge um die Erforschung der „Grenzen unserer in den Techniken ausgeweiteten Menschennatur", mit dem Ziel „Einsicht in diese Formen zu bekommen, um sie planmäßig einsetzen zu können [bring them into orderly service]" (1964/1994, S. 18; 1964/1965, S. 6).

---

[12]Kurz vor dem Realsozialismus verschwand im Westen die Dominanz tendenziell staatsregulativer keynesianischer Wirtschaftspolitik zugunsten neoliberaler und monetaristischer Modelle (Stichwort: Thatcherismus, Reaganomics) – ein guter Beleg dafür, dass es sich im Grunde um ähnliche Formationen handelte. Ihre politischen Sphären waren ziemlich verschieden (immerhin aber beriefen sich beide Systeme auf die ‚Demokratie') und die Distributionsmechanismen waren im westlichen Falle eher (aber keineswegs nur) marktförmig und im östlichen Falle eher (aber keineswegs nur) staatsplanförmig organisiert. Der zugrunde liegende Reproduktionsmechanismus *Arbeit-Geld-Konsum* war aber sehr ähnlich.

4   Fazit

Man kann an McLuhan im Allgemeinen und an *Understanding Media* im Besonderen noch so viel Kritik üben: Es bleibt ein großer Verdienst, Kapitel über „Geld" und „Automation" und die sich daraus (wenn auch eher implizit) ergebenden Spannungen überhaupt geschrieben zu haben – denn die Fragen, die damit aufgeworfen werden, sind keineswegs obsolet, sondern vielmehr wieder aktueller denn je. Auch deswegen bleibt *Understanding Media* ein Schlüsselwerk der Medienwissenschaft – und darüber hinaus: Wenn man das Kapitel zur Automation (zusammen mit jenem zum Geld) als den eigentlich aktuellen Kern seiner um das Verhältnis des Menschen zu seinen Extensionen zentrierten Theorie ansieht, dann trägt McLuhan sogar etwas zur Gesellschaftstheorie und zur Frage nach den politischen Optionen der Veränderbarkeit der Welt bei.

Literatur

Bix, Amy. 2000. *Inventing ourselves out of jobs? America's debate over technological unemployment 1929–1981*. Baltimore: John Hopkins.

Brenner, Otto. 1965. Automation und technischer Fortschritt in der Bundesrepublik. In *Automation. Risiko und Chance*, Hrsg. G. Friedrichs, 15–30. Frankfurt a. M.: IG Metall.

Büttner, Hans-Peter. 2007. Die Nutzlosigkeit der neoklassischen Nutzenlehre. Eine Kritik der Grundlagen der subjektiven Werttheorie. Trend 05. http://www.trend.infopartisan. net/trd0507/t140507.html. Zugegriffen: 15. Jan. 2019.

Coy, Wolfgang. 1985. *Industrieroboter. Zur Archäologie der zweiten Schöpfung*. Berlin: Rotbuch.

Cressmann, Darryl M., und Norm Friesen. 2014. Die Kanadische Schule. In *Handbuch Medienwissenschaft*, Hrsg. J. Schröter, 69–78. Stuttgart: J.B. Metzler'sche Verlagsbuchhandlung und Carl Ernst Poeschel.

De Kerckhove, Derrick, Martina Leeker, und Kerstin Schmidt. 2008. *McLuhan neu lesen: Kritische Analysen zu Medien und Kultur im 21. Jahrhundert*. Bielefeld: Transcript.

Frank, Robert. 2007. Die Mittelklasse leidet unter Konsumdruck. Spiegel Online. http:// www.spiegel.de/wirtschaft/0,1518,497810,00.html. Zugegriffen: 15. Jan. 2019.

Gernalzick, Nadja. 2006. Medium Geld. In *Media Marx. Ein Handbuch*, Hrsg. J. Schröter, G. Schwering, und U. Stäheli, 85–103. Bielefeld: Transcript.

Grampp, Sven. 2011. *Marshall McLuhan: Eine Einführung*. Konstanz: UVK.

Heilmann, Till A., und Jens Schröter. 2017. *Medien verstehen: Marshall McLuhans Understanding Media*. Lüneburg: meson press.

Heinz, Rudolf, und Jochen Hörisch. 2006. Einleitung. In *Geld und Geltung. Zu Alfred Sohn-Rethels soziologischer Erkenntnistheorie*, Hrsg. dies., 9–10. Würzburg: Königshausen und Neumann.

Industriegewerkschaft Metall, Hrsg. 1983. *Maschinen wollen sie – Uns Menschen nicht*. Frankfurt a. M.: IGM.

Kurz, Robert. 1995. Die Himmelfahrt des Geldes. Strukturelle Schranken der Kapital-verwertung, Kasinokapitalismus und globale Finanzkrise. Exit. Krise und Kritik der Warengesellschaft. http://www.exit-online.org/link.php?tabelle=schwerpunkte&po snr=7. Zugegriffen: 1. Juli 2007.

Kurz, Robert. 2005. *Das Weltkapital. Globalisierung und innere Schranken des modernen warenproduzierenden Systems.* Berlin: Tiamat.

Mangold, Jana. 2018. *McLuhans Tricksterrede. Archäologie einer Medientheorie.* Berlin: De Gruyter. https://www.degruyter.com/view/product/457509. Zugegriffen: 15. Jan. 2019.

Mangold, Jana, und Florian Sprenger. Hrsg. 2014. 50 Jahre Understanding Media. *Navigationen. Zeitschrift für Medien- und Kulturwissenschaften* 14 (2).

Marx, Karl. 1953. *Grundrisse der Kritik der politischen Ökonomie: (Rohentwurf) 1857–1858. Anhang 1850–1859.* Berlin: Dietz.

Marx, Karl, und Friedrich Engels. 1968. *Werke. Bd. 40: Ergänzungsband. Schriften Manuskripte Briefe bis 1844. Erster Teil.* Berlin: Dietz.

McLuhan, Marshall. 1965. *Understanding Media.* New York: McGraw Hill.

McLuhan, Marshall. 1994. *Die magischen Kanäle.* Dresden: Verlag der Kunst.

McLuhan, Marshall. 2001a. Nichts Altes unter der Sonne. In *Das Medium ist die Botschaft. The medium is the message*, Hrsg. M. Baltes, et al., 129–168. Dresden: Verlag der Kunst.

McLuhan, Marshall. 2001b. Geschlechtsorgan der Maschinen. In *Das Medium ist die Botschaft. The medium is the message*, Hrsg. M. Baltes, et al., 169–244. Dresden: Verlag der Kunst.

Meretz, Stefan. 2007. Der Kampf um die Warenform. Wie Knappheit bei Universalgütern hergestellt wird. Krisis. Kritik der Warengesellschaft. http://www.krisis.org/2007/der-kampf-um-die-warenform/. Zugegriffen: 15. Dez. 2018.

Noble, David F. 1984. *Forces of production. A social history of industrial automation.* New York: Alfred A. Knopf.

Ortlieb, Claus-Peter. 2004. Marktmärchen. Zur Kritik der neoklassischen Volkswirtschaftslehre und ihres Gebrauchs mathematischer Modelle. *Exit! Krise und Kritik der Warengesellschaft* 1: 166–183.

Pias, Claus. 2002. Die kybernetische Illusion. In *Medien in Medien,* Hrsg. C. Liebrand und I. Schneider, 51–66. Köln: Dumont.

Postone, Moishe. 2003. *Zeit, Arbeit und gesellschaftliche Herrschaft.* Freiburg: Ça ira.

Projektgruppe Die Gesellschaft nach dem Geld. 2019. *Postmonetär denken: Eröffnung eines Dialogs.* Wiesbaden: Springer Fachmedien.

Schröter, Jens. 2019. Digitale Medientechnologien und das Verschwinden der Arbeit. In *Die Maschine: Freund oder Feind? Mensch und Technologie im digitalen Zeitalter,* Hrsg. T. C. Bächle und C. Thimm, 183–210. Berlin: Springer.

Schüttpelz, Erhard. 2014. 60 Jahre Medientheorie: Die Black Box der „Explorations" wird geöffnet. *Zeitschrift für Medienwissenschaft* 11 (2): 139–142.

Vonnegut, Kurt. 1975. *Player Piano.* New York: Delacorte Press.

Wiener, Norbert. 1963. *Kybernetik. Regelung und Nachrichtenübertragung im Lebewesen und in der Maschine.* Düsseldorf: Econ.

Wiener, Norbert. 1985a. The machine as threat and promise. In *Collected works with commentaries (vol. IV),* Hrsg. P. R. Masani, 673–678. London: Cambridge.

Wiener, Norbert. 1985b. Moral reflections of a mathematician. In *Collected works with commentaries (vol. IV)*, Hrsg. P. R. Masani, 753–757. London: Cambridge.

Winkler, Hartmut. 2004. *Diskursökonomie. Versuch über die innere Ökonomie der Medien.* Frankfurt a. M.: Suhrkamp.

Woirol, Gregory R. 1996. *The technological unemployment and structural unemployment debates.* Westport: Greenwood Presss.

Emanzipatorische Schlüsselwerke

Kritische Theorie und Frankfurter Schule (Walter Benjamin und Theodor W. Adorno)

Christoph Hesse

1 Il était une fois…

Im Jahr 1936 erschien bei der Librairie Félix Alcan ein Aufsatz mit dem merkwürdigen Titel „L'œuvre d'art à l'époque de sa reproduction mécanisée". Publiziert wurde er in der ansonsten hauptsächlich deutschsprachigen *Zeitschrift für Sozialforschung,* die das bereits nach New York exilierte Frankfurter Institut für Sozialforschung weiterhin in Paris verlegen ließ. Ebendort lebte seit drei Jahren auch der aus Berlin geflohene Autor des Textes.

Im selben Jahr erschien in Hollywood – und das hieß damals schon: bald in der ganzen Welt – der letzte Stummfilm: Chaplins MODERN TIMES. So modern nämlich waren die Zeiten, dass der von ihren größten Geistern eben erst richtig wahrgenommene Film sich selbst schon gründlich überholt hatte. Der Slapstick war bald ebenso aus der Mode wie längst der sogenannte Russenfilm des vergangenen Jahrzehnts, die „Suche nach dem Filmalphabet" (Vertov 1973, S. 10) mit der Rückkehr zu den Nationalsprachen der Literatur und des Theaters einstweilen beendet. Chaplin, selbst noch ein sentimentaler Liebhaber des zum Schweigen verurteilten Films, konnte es sich erlauben, gegen die Zeit zu gehen, immerhin dieses eine Mal noch, und das mit abermals großem Erfolg.

Jenen Aufsatz, der dem Film, und zwar auch dem zu kommerziellen Zwecken produzierten, das Verdienst zuschreibt, „eine revolutionäre Kritik der überkommenen Vorstellungen von Kunst zu befördern" (Benjamin 1974a, S. 492), nahm unterdessen kaum jemand zur Kenntnis. Wenn nicht schlechthin unbeachtet, so blieb er unverstanden. „[A]lles mystik, bei einer haltung gegen

C. Hesse (✉)
FU Berlin, Berlin, Deutschland
E-Mail: chhesse@zedat.fu-berlin.de

mystik", notierte Brecht (1993, S. 14). Der mit diesem befreundete und von ihm auch sehr beeindruckte Autor nahm sich auf der Flucht vor den nach Frankreich einmarschierenden deutschen Truppen im September 1940 an der Grenze zu Spanien das Leben.

2 Klassiker der Nachwelt

Weltberühmt wurde der in Deutschland und Frankreich vormals als Literaturkritiker, Übersetzer und Schriftsteller bekannte Walter Benjamin erst viele Jahre nach seinem Tod. Die ominöse „Auslese vor der Apparatur, aus der der Star und der Diktator als Sieger hervorgehen" (Benjamin 1974a, S. 492), war nur eines der Rätsel, das er der Nachwelt aufgegeben hatte; wohl ohne zu ahnen, dass er selbst als Star aus dem „Trümmerhaufen" wiederauferstehen würde, der „vor ihm zum Himmel" wuchs (Benjamin 1974b, S. 698). Etwas rätselhaft mutet daher auch die Begeisterung an, mit der spätere Leser, vorweg die Studenten der Protestgeneration der 1960er Jahre, seine in den 1920er und 30er Jahren verfassten Werke aufnahmen, insbesondere die Schriften zu Rundfunk, Photographie und Film. Der Aufsatz über das „Kunstwerk im Zeitalter seiner technischen Reproduzierbarkeit", der im Exil einst nahezu unbemerkt erschienen war, avancierte binnen kurzer Zeit zu einem Klassiker sowohl der Neuen Linken, deren Protagonisten ihn als ein Dokument marxistischer Filmtheorie zitierten, als auch einer erst im Entstehen begriffenen Film- und Medienwissenschaft. Adorno, der ihn in einer 1955 veröffentlichten zweibändigen Ausgabe von Benjamins *Schriften* erstmals in deutscher Sprache zugänglich gemacht hatte – eine sehr viel weiter verbreitete Einzelausgabe erschien 1963 –, konnte sich bald schon von der „penetranten Beliebtheit" (1970, S. 89) gerade dieses Textes überzeugen.

Eine zur Publikation bestimmte deutschsprachige Fassung existiert nicht, stattdessen mehrere Varianten, die Benjamin in den Jahren 1935 und 1936 entwarf und die inzwischen allesamt ediert wurden (Benjamin 2013). Einschließlich der von Pierre Klossowski verfassten und von Benjamin autorisierten Übersetzung ins Französische gibt es fünf Fassungen. Die politisch expliziteste ist die dritte, vormals die zweite genannt (Benjamin 1989), die am sorgfältigsten ausgearbeitete die fünfte, vormals die dritte genannt (1974a), die heute als kanonisch gilt und auf die auch im Folgenden Bezug genommen wird. Auf die inzwischen zuhauf produzierte Forschungsliteratur, die sich allein mit diesem einen Aufsatz befasst, sei hier nur pauschal verwiesen.

3   Technik des Films – Politisierung der Kunst

An einer kulturgeschichtlich argumentierenden Theorie des Films versuchte sich 1924 bereits Béla Balázs. In seinem Buch *Der sichtbare Mensch,* von dem Benjamin einmal sagte, er habe es „sehr gern" (1997, S. 272), beschreibt Balázs die durch den Film in großem Stil „lesbar" gemachte „Gebärdensprache" als „die eigentliche Muttersprache der Menschheit" (2001, S. 18), die nun im Begriff sei, der jahrhundertelangen Vorherrschaft der Schriftkultur ein Ende zu bereiten. Was Benjamin daran gefiel, sagte er nicht. Nach einem persönlichen Gespräch mit Balázs über Literatur notierte er: „dieser Mann kann nur Falsches vorbringen" (1985, S. 418). Jedenfalls kam er auf dessen Theorie des Films nicht mehr zurück. Zwar erachtete auch Benjamin den Film als durchaus revolutionär, doch mehr als die von Balázs hervorgehobene „visuelle Kultur" (2001, S. 21) interessierten ihn die Produktionsverhältnisse, in technischer ebenso wie politischer Hinsicht. Vom „Dynamit der Zehntelsekunden" (Benjamin 1974a, S. 499) erhoffte er sich, dass damit die Gesellschaft in die Luft gejagt werde, die den Film bisher nur zu ihren beschränkten Zwecken auszubeuten versuche.

Was Benjamin thesenhaft, eher in Form eines Pamphlets als eines Essays, vortrug, war noch vom Geist einer Avantgarde beflügelt, die mit der Revolution unmittelbar rechnete; trotz allem, was im Jahr 1936 bereits dagegen sprach. Heute würde man, was da geschrieben wurde, wohl als ziemlich kühnen Entwurf einer mediengeschichtlichen Ortsbestimmung des Films umschreiben, und zwar des Films als der seinerzeit jüngsten und mächtigsten Reproduktionstechnik, die ein neues Verständnis nicht nur von Kunst und Werk verlangte, sondern auch der politischen Bedeutung der neuen Technik; Begriffe nämlich, die „für die Zwecke des Faschismus vollkommen unbrauchbar", hingegen „zur Formulierung revolutionärer Forderungen in der Kunstpolitik brauchbar" sein sollten (Benjamin 1974a, S. 473). Die kurze Vorrede, in der Benjamin dies erklärt, fehlt allerdings in der Publikation. Der an späterer Stelle noch einmal erwähnte Faschismus kommt dort nur als „la théorie totalitaire de l'état" vor (1936, S. 66).

Geplant als ein Teil des im Pariser Exil begonnenen und nie abgeschlossenen *Passagen-Werks,* einer „Urgeschichte des neunzehnten Jahrhunderts" (Benjamin 1982, S. 579), kann die „Reproduktionsarbeit", als welche Benjamin sie im Privaten bezeichnete, als durchaus eigenständiger Text gelesen werden. Im Exposé zu jenem großen Werk ist übrigens von Film noch gar nicht die Rede, lediglich von Photographie (1982, S. 49). In den umfangreichen Fragmenten des *Passagen-Werks* aber spricht Benjamin deutlich aus, „daß das Kino heute alle

Probleme der modernen Gestaltung als seine technischen Daseinsfragen auf die kürzeste, konkreteste, kritischste Weise formuliert" (1982, S. 658).

Weniger scharf als der von Benjamin selbst formulierte Anspruch erscheint zunächst der zentrale Begriff seiner Arbeit. Fraglich schon der Titel, in dem einmal von „reproduction mécanisée", ein andermal von „technischer Reproduzierbarkeit" die Rede ist; offenbar nicht nur ein Übersetzungsproblem. Reproduktion bezeichnet in der Kunst herkömmlich die manuelle Kopie respektive Vervielfältigung eines originalen Werks. Reproduziert wird also das Werk selbst in materialer Gestalt und virtuell somit auch der Gegenstand seiner Darstellung. Technische Reproduktion hingegen, wie Benjamin sie am Beispiel der Photographie vorstellt, bezieht sich auf kein originales Werk – bezogen auf den in der Kamera belichteten Film ergäbe ein solcher Begriff keinen Sinn –, sondern allein auf das abgelichtete Objekt, das man solcherart vervielfachen und an beliebigem Ort erscheinen lassen kann. „Die Kathedrale verläßt ihren Platz" (Benjamin 1974a, S. 477), wiewohl nur in Gestalt eines von ihr gemachten Abbilds, das sie selbst völlig unberührt lässt, während es nicht mehr als den optischen Eindruck eines Augenblicks von ihr davonträgt.

Im Unterschied zur Kathedrale, die in ihrer Einmaligkeit an ihrem Ort verharrt, ist eine Photographie leicht beweglich und prinzipiell zahllos, da beliebig viele Exemplare von gleicher Qualität hergestellt und verbreitet werden können. Zudem mag eine Photographie dem Betrachter Aspekte zu erkennen geben, die dieser dem leibhaftigen Objekt an Ort und Stelle mit bloßem Auge nicht hätte abgewinnen können. Was sie jedoch nicht wiedergibt, so Benjamin, ist die eigentümliche „Aura" des fotografierten Werks, die an dessen „Hier und Jetzt" (1974a, S. 475) gebunden bleibt. Über die Bedeutung der Aura, hier als „einmalige Erscheinung einer Ferne, so nah sie sein mag" (S. 479), vage genug bestimmt, ist ausgiebig spekuliert worden; so mancher mochte sich selbst von dem gleichsam auratischen Glanz dieses Begriffs verführen lassen. Benjamin spricht synonym auch von der „Echtheit" (S. 476) und „Einzigkeit des Kunstwerks" (S. 480) und dessen „einmalige[m] Dasein an dem Orte, an dem es sich befindet" (S. 475). Entscheidend aber ist, dass die technische Reproduktion die Aura, die ihr selbst nicht zukommt, in einem solchen Maße zerstört, dass ihrer tendenziell auch die „echten" Werke verlustig gehen, da der in der Wahrnehmung der massenweise reproduzierten Objekte geübte Betrachter sie nicht mehr wahrzunehmen vermag. In der „Zertrümmerung der Aura" erkennt Benjamin „die Signatur einer Wahrnehmung, deren ‚Sinn für das Gleichartige in der Welt' so gewachsen ist, daß sie es mittels der Reproduktion auch dem Einmaligen abgewinnt" (S. 479 f.).

„Die Bildung der 5 Sinne ist eine Arbeit der ganzen bisherigen Weltgeschichte", schrieb bald 100 Jahre zuvor schon Marx (1968, S. 541 f.). Wenn auch die physischen Voraussetzungen der Wahrnehmung gleichblieben, so verändere sich doch die „Art und Weise, in der die menschliche Sinneswahrnehmung sich organisiert", denn sie sei „nicht nur natürlich sondern auch geschichtlich bedingt" (Benjamin 1974a, S. 478). Demnach stehe zu erwarten, dass im Zeitalter technischer Reproduzierbarkeit auch jener „Traditionszusammenhang" (S. 480) sich bald auflöse, in dem noch der „Kultwert" eines Werks entscheidend war, nicht sein „Ausstellungswert" (S. 482). Dieser wiederum bestimme die Wahrnehmung ebenso wie die Produktion der nun von vornherein „auf Reproduzierbarkeit angelegten" Werke (S. 481).

Mit dem „Aufkommen des ersten wirklich revolutionären Reproduktionsmittels, der Photographie", die, wie Benjamin im Vorbeigehen bemerkt, „gleichzeitig mit dem Anbruch des Sozialismus" (Benjamin 1974a, S. 481) auftrat, sei „die Hand im Prozeß bildlicher Reproduktion zum ersten Mal von den wichtigsten künstlerischen Obliegenheiten entlastet [worden], welche nunmehr dem ins Objektiv blickenden Auge allein zufielen" (Benjamin 1974a, S. 474 f.). Bedeutsam erscheint ihm jedoch nicht so sehr „die technische Aufzeichnung von Realem" (Kittler 2003, S. 278) als vielmehr die Beschleunigung des Prozesses bildlicher Reproduktion, der bald „mit dem Sprechen Schritt halten konnte" (Benjamin 1974a, S. 475), sowie die von den gezeigten Photographien geforderte Art ihrer Rezeption: „Ihnen ist die freischwebende Kontemplation nicht mehr angemessen. Sie beunruhigen den Betrachter; er fühlt: zu ihnen muß er einen bestimmten Weg suchen" (Benjamin 1974a, S. 485).

Den Weg, den die Beschriftungen der Photographien in den illustrierten Zeitungen dem Betrachter noch von außen vorschreiben, wird diesem „präziser und gebieterischer" bald der Film weisen, „wo die Auffassung von jedem einzelnen Bild durch die Folge aller vorangegangenen vorgeschrieben erscheint" (Benjamin 1974a, S. 485). Die Montage der Filmeinstellungen betrachtet Benjamin als eine „Folge von Stellungnahmen" (S. 488). Eine merkwürdige Ironie, dass der Film, wie von alters her das Gemälde, auf einer Leinwand erscheint. Im Unterschied aber zum Gemälde, das den Betrachter zur Kontemplation einlädt, sodass er sich „seinem Assoziationsablauf überlassen" kann, bringen die fortlaufend wechselnden Stellungnahmen der Kamera in einem Film ihn in immer neue Positionen. Kaum hat er eine Filmaufnahme „ins Auge gefaßt, so hat sie sich schon verändert" (S. 502), sei es durch die Bewegung der Kamera oder des von ihr Aufgenommenen innerhalb einer einzelnen Einstellung, sei es durch Montage mehrerer Einstellungen. Auf diesen ständigen Veränderungen, die jedwede Assoziation sogleich wieder unterbrechen, „beruht die Chockwirkung des Films, die wie jede Chockwirkung durch gesteigerte Geistesgegenwart aufgefangen sein will" (S. 503).

Der im Film sichtbare, und zwar in seiner Leiblichkeit sichtbare Mensch, den Balázs beschrieben hat, ist zunächst keinem anderen Menschen sichtbar, betont Benjamin, sondern der Apparatur, die ihn aufnimmt und durch die Montage der Aufnahmen buchstäblich zerstückelt. Anders als die Leistung des Bühnenschauspielers, der sich dem Publikum direkt in eigener Person präsentiert, „wird die Kunstleistung des Filmdarstellers dem Publikum durch eine Apparatur präsentiert" (S. 487), und vor ihr muss er, wenngleich „mit seiner gesamten lebendigen Person", so doch „unter Verzicht auf deren Aura" (S. 489) wirken. Wiewohl er weiß, dass auch er „in letzter Instanz mit dem Publikum zu tun" bekommt (S. 492), hat er es praktisch mit einer Kamera zu tun. Seine Leistung wird darum nicht unmittelbar dem Urteil eines Publikums, sondern „einer Reihe von optischen Tests unterworfen" (S. 488).

Eine Filmkamera kann nicht nur getreu aufzeichnen, was ein unmittelbarer Beobachter des Geschehens an ihrer Stelle sähe; es mag ihr auch gelingen, „tiefer in die sichtbare Welt einzudringen […], um nicht zu vergessen, was geschieht und was man in Zukunft zu berücksichtigen hat" (Vertov 1973, S. 41). Diese Auffassung macht Benjamin, der das sowjetische Kino und dessen Autoren gut kannte, sich zu eigen. Die Art und Weise, wie der Film in die sichtbare Welt eindringt, vergleicht er mit den Methoden der Psychoanalyse. Der Film nämlich habe in Betracht der optischen Welt „eine ähnliche Vertiefung der Apperzeption zur Folge gehabt" (Benjamin 1974a, S. 498). Wie man durch die Psychoanalyse vom „Triebhaft-Unbewußten", habe man durch die Kamera und ihre technischen Hilfsmittel von einem „Optisch-Unbewußten erfahren" (S. 500). Der Mensch mit der Kamera ist nicht nur ein Zeuge der Wirklichkeit, sondern ihr Operateur. Die „filmische Darstellung der Realität" begreift Benjamin als eine durchaus technisch produzierte. Den vermeintlich „apparatfreien Aspekt der Wirklichkeit" gewährt der Film den Zuschauern erst „auf Grund ihrer intensivsten Durchdringung mit der Apparatur" (S. 496) – wohingegen „der Anblick der unmittelbaren Wirklichkeit zur blauen Blume im Land der Technik" (S. 495) wird, in dem womöglich bald niemand mehr eine Wirklichkeit unmittelbar betrachten kann, die er nicht im Film schon gesehen hat.

Die Apparatur bestimmt maßgeblich auch das Verhalten des Publikums, denn dieses „fühlt sich in den Darsteller nur ein, indem es sich in den Apparat einfühlt. Es übernimmt also dessen Haltung: es testet" (Benjamin 1974a, S. 488). Darum kommt es beim Film auch „viel weniger darauf an, daß der Darsteller dem Publikum einen anderen, als daß er der Apparatur sich selbst darstellt" (S. 488 f.). Was ein Film zeigt und wie genau er das tut, bleibt außer Acht. Benjamin argumentiert auf Grundlage der Technik des Films, nicht der konkreten Bilder, die auf der Leinwand zu sehen sein mögen. Und mit „der Technik des Films [hängt] genau wie mit der des Sports zusammen, daß jeder den Leistungen, die sie ausstellen, als halber Fachmann beiwohnt" (S. 492). Was einem traditionellen Kunstwerk gegenüber reaktionär erscheinen mag, erweist sich im Kino als ein „fortschrittliche[s] Verhalten", wo die „Lust am Schauen und am Erleben" in den Zuschauern „eine unmittelbare und innige Verbindung mit der Haltung des fachmännischen Beurteilers eingeht" (S. 496 f.). Mit einem Satz: „Im Kino fallen kritische und genießende Haltung des Publikums zusammen" (S. 497).

Eine solcherart kritische Haltung verdankt sich nicht mehr der seit Platon und Aristoteles gepriesenen Kontemplation, nicht mehr ruhigem Nachdenken aus gebotenem Abstand, sondern einer „Rezeption in der Zerstreuung, die sich mit wachsendem Nachdruck auf allen Gebieten der Kunst bemerkbar macht" und deren „eigentliches Übungsinstrument" der Film ist. Die „begutachtende Haltung", in die er sein Publikum versetzt, darf man nicht mit etwas wie Aufmerksamkeit alten Stils verwechseln, die sie vielmehr gerade ausschließt. „Das Publikum ist ein Examinator, doch ein zerstreuter" (Benjamin 1974a, S. 505).

In einem kurzen Nachwort erklärt Benjamin, der Faschismus betreibe eine „Ästhetisierung der Politik": „Der Kommunismus antwortet ihm mit der Politisierung der Kunst" (S. 508). Nach dem zuvor Gesagten kann Politisierung aber nicht bedeuten – oder sich nicht darin erschöpfen –, sogenannte politische Themen zum Gegenstand künstlerischer, in diesem Fall filmischer Darstellung zu erheben; nicht nur „politische Filme machen", wie es in einem Manifest der 1968 von Jean-Luc Godard gegründeten Groupe Dziga Vertov heißt, sondern „*politisch* Filme machen" (Godard 1971, S. 186, Herv. i. Orig.).

4　Dynamit der Zehntelsekunden

Einer Kritik des 1926 in Deutschland aufgeführten *Panzerkreuzer Potemkin* von Sergej Eisenstein antwortete Benjamin mit einer Replik, die zugleich sein erster filmtheoretischer Essay werden sollte. Mit dem Film, heißt es da, entstehe „eine neue Region des Bewußtseins"; er sei

> das einzige Prisma, in welchem dem Menschen die unmittelbare Umwelt, die Räume, in denen er lebt, seinen Geschäften nachgeht und sich vergnügt, sich faßlich, sinnvoll, passionierend auseinanderlegen. An sich selber sind diese Büros, möblierten Zimmer, Kneipen, Großstadtstraßen, Bahnhöfe und Fabriken häßlich, unfaßlich, hoffnungslos traurig. Vielmehr: sie waren und sie schienen so, bis der Film war. Er hat diese ganze Kerkerwelt mit dem Dynamit der Zehntelsekunden gesprengt, so daß nun zwischen ihren weitverstreuten Trümmern wir weite, abenteuerliche Reisen unternehmen (Benjamin 1977a, S. 752).

Diese wundervolle Formulierung übernahm Benjamin, nur geringfügig verändert, auch in den Aufsatz über das Kunstwerk (1974a, S. 499 f.). In jenem Jahr, 1927, als er sich erstmals genötigt sah, über Film zu schreiben, mochten solchermaßen hochfliegende Gedanken und Hoffnungen noch geradezu realistisch erscheinen, jedenfalls nicht vollkommen abwegig. Eisenstein drehte gerade einen Film über die Oktoberrevolution und hatte sogar vor, *Das Kapital* von Marx zu verfilmen. In der Sowjetunion gab es noch eine Opposition gegen Stalin, während hierzulande kaum jemand daran dachte, dass ein völkisch-antisemitischer Aufrührer in wenigen Jahren Kanzler und „Führer" des Deutschen Reichs werden würde. Im September 1935 aber, als Benjamin im Pariser Exil von Max Horkheimer den Auftrag erhielt, mit der angekündigten Arbeit zu beginnen, von der dieser sich „einen weiten Schritt über die bisherigen materialistischen Erklärungen ästhetischer Phänomene hinaus" (Horkheimer 1995, S. 379) versprach, wurde in Nürnberg das „Gesetz zum Schutze des deutschen Blutes und der deutschen Ehre" erlassen. Eine andere Revolution als die nationalsozialistische, die selbst noch lange nicht zu Ende war, stand nicht in Aussicht. Zudem war das Vertrauen vieler Emigranten in die Sowjetunion eher von der Verzweiflung über die Zurückhaltung der westlichen Großmächte als von zuversichtlicher Erwartung an den angeblich im Aufbau begriffenen Sozialismus diktiert. Kurzum, die politischen Forderungen, die Benjamin damals in seinem heute berühmtesten Text aufstellte, verhallten im Getöse weltpolitischer Auseinandersetzungen, in dem sie kaum einer mehr wahrnahm. Obsolet schien auch die Erwartung an die revolutionäre Technik des Films, als man in der Sowjetunion davon träumte, ein Hollywood am Schwarzen Meer zu errichten. Das erste Werk, das der aus Mexiko nach Moskau zurückgekehrte Eisenstein fertigstellen und vorführen durfte, war der patriotische Historienfilm ALEXANDER NEWSKI (1938).

Seine „neu in die Kunsttheorie eingeführten Begriffe" (Benjamin 1974a, S. 473) entlehnte Benjamin einerseits der Erfahrung einer da schon veraltenden Filmkunst, vor allem dem von ihm sogenannten „Groteskfilm" (S. 498) und dem russischen Revolutionsfilm der 1920er Jahre, andererseits der Konzeption des epischen Theaters von Brecht. Ausgerechnet der aber tat Benjamins Thesen als „ziemlich grauenhaft" ab (Brecht 1993, S. 14).

5   Dämonisch reproduzierte Aura

30 Jahre später wurde, was Benjamin in jenem Aufsatz geschrieben hatte, mit großem Enthusiasmus aufgenommen, zunächst in Westdeutschland (eine englische Übersetzung erschien 1968 in den *Illuminations,* einer von Hannah

Arendt herausgegebenen Auswahl von Schriften Benjamins). Eine neue Generation von Studenten, motiviert vor allem durch die Kritische Theorie des aus dem Exil zurückgekehrten Instituts für Sozialforschung, inzwischen als „Frankfurter Schule" bekannt, las nicht nur Marx und Freud, sondern begann sich auch für das Werk derer zu interessieren, die dieses Land 1933 hatten verlassen müssen. Insbesondere Benjamin mochte manchen wie der Geist aus einer Flasche erscheinen, die Adorno und Horkheimer tunlichst verkorkt hatten. Während rebellierende Studenten ihren aus dem amerikanischen Exil remigrierten Lehrern Resignation vorwarfen, entdeckten sie in Benjamin, der nicht überlebt hatte, einen unerschrockenen Kämpfer. Bei ihm endlich fanden sie – in einer Ferne, die aber plötzlich ganz nahe schien – die ersehnten Anweisungen an eine revolutionäre Praxis, und sei es nur eine des Films, nicht die unerbaulich unversöhnliche Kritik Adornos, dem man nun obendrein nachsagte, Benjamins geistige Hinterlassenschaft mutwillig entstellt zu haben.

Das Interesse an Benjamins Arbeiten über den Film mochte nicht zuletzt auch daher rühren, dass der Film selbst in den 1960er Jahren einen neuen künstlerischen und zugleich intellektuellen Höhepunkt erreichte. So ernst hatte ihn vielleicht seit den 1920er Jahren keiner mehr genommen. Zudem hatte die technische Entwicklung zunächst der 16 mm- und dann der Videokamera Benjamins Erwartung, dass auch auf dem Gebiet des Films bald alle Zuschauer „einen Zugang zur Autorschaft" (1974a, S. 493) gewönnen, beinahe schon erfüllt. Vor 50 Jahren glaubte man noch, dass einer Vergesellschaftung der Kommunikationsmittel auch die der Produktionsmittel folgen werde, weil „die Medien die massenhafte Teilnahme an einem gesellschaftlichen und produktiven Prozeß möglich [machen], dessen praktische Mittel sich in der Hand der Massen befinden" (Enzensberger 1970, S. 160).

Heute spätestens ist offenbar, dass die Erfüllung technologischer Sehnsüchte ganz ohne politisch revolutionäre Forderungen auskommt. Der jedem Menschen zugebilligte „Anspruch […], gefilmt zu werden" (Benjamin 1974a, S. 493), wurde zwar nicht wahrhaftig im Sinne Benjamins eingelöst, doch als Drohung allemal wahr gemacht. Weit entfernt davon, die Welt mit seinem Dynamit der Zehntelsekunden zu sprengen, wurde der Film seinerseits durch eine neuere Technologie komplett zerlegt, und zwar in Punkte und Zahlen. Mag man ihm selbst politische Sprengkraft kaum mehr zutrauen, so sieht man sich nun den Nachwirkungen einer Explosion gegenüber, die sich nahezu geräuschlos an seiner eigenen Basis ereignet hat. So können sich heute alle mit einer kleinen Kamera ausgerüsteten Zuschauer von ihrer Kerkerwelt selbst ein Bild machen, wenn auch vielleicht keine Vorstellung.

Was mit Benjamins Thesen und zumal mit dem *Work of Art in the Digital Age* (Gumbrecht und Marrinan 2003) anzufangen sei, wird weiterhin rege diskutiert. Die bis heute womöglich interessanteste Kontroverse fand allerdings im Verborgenen schon zu der Zeit statt, da Benjamin an seinen Thesen feilte und sie seinem Freund Adorno zur Beurteilung vorlegte. „Sie unterschätzen die Technizität der autonomen Kunst und überschätzen die der abhängigen", so fasste Adorno seinen „Haupteinwand" zusammen (Adorno und Benjamin 1994, S. 173). Denn noch ehe „die Technologie die traditionellen Verfahrungsweisen sprengte", empfingen Kunstwerke „ihre Authentizität vom Maß ihrer technischen Durchbildung" (Adorno 1970, S. 95). Im autonomen Kunstwerk, das Benjamin mit der heteronomen, tatsächlich noch auf kultische Zwecke gerichteten Kunst leichtfertig in eins gesetzt habe, finde sich „das Magische verschränkt mit dem Zeichen der Freiheit" (Adorno und Benjamin 1994, S. 169). Im Film hingegen, von dessen nur äußerlich fortschrittlichen Effekten Benjamin sich allzu bereitwillig habe blenden lassen, werde Aura keinesfalls abgeschafft, sondern im Gegenteil „dämonisch reproduziert" (Adorno 2003, S. 131). Den unausweichlichen Triumph neuer Medientechniken mochte Adorno als Fortschritt nicht akzeptieren. Auch Benjamin selbst formulierte in seiner letzten Arbeit eine Kritik des Fortschritts als Idee einer „unendlichen Perfektibilität" (1974b, S. 700), von der etwas wie Erlösung nicht zu erwarten sei.

Die Haltung, die der Film den Zuschauern abverlangt, indem er ihn der Möglichkeit der Kontemplation beraubt, beurteilte Adorno sehr viel skeptischer als Benjamin, denn die Filme seien so angelegt, „daß ihre adäquate Auffassung zwar Promptheit, Beobachtungsgabe, Versiertheit erheischt, daß sie aber die denkende Aktivität des Betrachters geradezu verbieten, wenn er nicht die vorbeihuschenden Fakten versäumen will" (Horkheimer und Adorno 1987, S. 151). Die Vorstellung des Filmzuschauers als eines begutachtenden Fachmanns, die Benjamin der brechtschen Konzeption des epischen Theaters erborgt hatte, hielt Adorno für eine trügerische Fiktion, ebenso wie die der „Masse", die Benjamin als „matrix" bezeichnete, „aus der gegenwärtig alles gewohnte Verhalten Kunstwerken gegenüber neugeboren hervorgeht" (1974a, S. 503). Von der Zerstreuung und insbesondere vom kollektiven Gelächter im Kino versprach sich Benjamin einen „heilsamen Ausbruch" (1989, S. 377) aus der Enge der bürgerlichen Existenz. „Das Lachen der Kinobesucher", entgegnete ihm Adorno, sei jedoch

nichts weniger als gut und revolutionär sondern des schlechtesten bürgerlichen Sadismus voll; [...] und vollends die Theorie der Zerstreuung will mich, trotz ihrer chockhaften Verführung, nicht überzeugen. Wäre es auch nur aus dem simplen Grunde, daß in der kommunistischen Gesellschaft die Arbeit so organisiert sein wird, daß die Menschen nicht mehr so müde und nicht mehr so verdummt sein werden, um der Zerstreuung zu bedürfen (Adorno und Benjamin 1994, S. 171 f.).

Benjamin, so vertraute Adorno Horkheimer an, sei

> im Grunde über das mir gewiß sehr vertraute Stadium der Angst des bürgerlichen Künstlers vor der ‚Kunstfeindschaft' der Revolution nicht hinausgekommen. Er weiß aber zugleich, daß diese Haltung reaktionär ist. Und er hilft sich damit, daß er die Augen zukneift, sich Watte in die Ohren steckt und dazu mit Emphase alle die Dinge schreit, vor denen er sich fürchtet. Es ist eine inverse Tabuierung: er mythisiert die Entmythologisierung, weil er sie anders nicht tragen kann (Adorno 2003, S. 131).

Dass die Filmtechnik allein es bewerkstelligen würde, die vielberufenen Massen dem Zugriff des Faschismus zu entziehen, wusste oder ahnte freilich auch Benjamin. Zumindest räumte er ein, dass „die politische Auswertung […] so lange auf sich wird warten lassen, bis sich der Film aus den Fesseln seiner kapitalistischen Ausbeutung befreit haben wird" (1989, S. 370). Diese Hoffnung, so scheint es, gab er selbst bald auf – und damit zugleich zu verstehen, dass seine erklärtermaßen fortschrittliche Konzeption des Films an einer Vergangenheit orientiert war, die ihre revolutionäre Chance versäumt hatte. Die „Lancierung des Tonfilms", erklärte er Adorno, müsse „als eine Aktion der Industrie betrachtet werden […], welche bestimmt war, das revolutionäre Primat des stummen Films, der schwer kontrollierbare und politisch gefährliche Reaktionen begünstigte, zu durchbrechen. Eine Analyse des Tonfilms würde eine Ihre und meine Ansicht im dialektischen Sinne vermittelnde Kritik der heutigen Kunst abgeben" (Adorno und Benjamin 1994, S. 385). Dazu sollte es nicht mehr kommen.

Wer noch andere Schriften Benjamins kennt als die von ihm selbst so genannte „Reproduktionsarbeit", mag bei der Lektüre dieses Textes zuweilen aufschrecken, etwa dort, wo von „fernlenkbaren Flugzeuge[n], die keine Bemannung brauchen" (1989, S. 359), die Rede ist. In der letzten Fassung hat Benjamin solche allzu futuristisch anmutenden Formulierungen getilgt. In einem kurz zuvor verfassten Aufsatz über den Erzähler heißt es: „[D]ie Erfahrung ist im Kurse gefallen" (1977b, S. 439). Der Film, könnte man meinen, soll diesen unwiederbringlichen Verlust mit der Macht der ihm zu Gebote stehenden Technik wettmachen: desperate Hoffnung einer „Generation, die noch mit der Pferdebahn zur Schule gefahren war" und die nun „unter freiem Himmel in einer Landschaft [stand], in der nichts unverändert geblieben war als die Wolken und unter ihnen, in einem Kraftfeld zerstörender Ströme und Explosionen, der winzige, gebrechliche Menschenkörper" (1977b, S. 439).

Literatur

Adorno, Theodor W. 1970. *Ästhetische Theorie,* Hrsg. R. Tiedemann. Frankfurt a. M.: Suhrkamp.

Adorno, Theodor W. 2003. Brief an Max Horkheimer, 21. März 1936. In *T.W. Adorno & M. Horkheimer, Briefwechsel,* Bd. 1, Hrsg. C. Gödde und H. Lonitz, 128–133. Frankfurt a. M.: Suhrkamp.

Adorno, Theodor W. und Walter Benjamin. 1994. *Briefwechsel 1928–1940,* Hrsg. H. Lonitz. Frankfurt a. M.: Suhrkamp.

Balázs, Béla. 2001. *Der sichtbare Mensch oder die Kultur des Films,* Hrsg. H. H. Diederichs. Frankfurt a. M.: Suhrkamp.

Benjamin, Walter. 1936. L'œuvre d'art à l'époque de sa reproduction mécanisée. *Zeitschrift für Sozialforschung* 5 (1): 40–68.

Benjamin, Walter. 1974a. Das Kunstwerk im Zeitalter seiner technischen Reproduzierbarkeit [Dritte Fassung]. In *Gesammelte Schriften,* Bd. I, Hrsg. R. Tiedemann und H. Schweppenhäuser, 471–508. Frankfurt a. M.: Suhrkamp.

Benjamin, Walter. 1974b. Über den Begriff der Geschichte. In *Gesammelte Schriften,* Bd. I, Hrsg. R. Tiedemann und H. Schweppenhäuser, 691–704. Frankfurt a. M.: Suhrkamp.

Benjamin, Walter. 1977a. Erwiderung an Oscar A. H. Schmitz. In *Gesammelte Schriften,* Bd. II, Hrsg. R. Tiedemann und H. Schweppenhäuser, 751–755. Frankfurt a. M.: Suhrkamp.

Benjamin, Walter. 1977b. Der Erzähler. In *Gesammelte Schriften,* Bd. II, Hrsg. R. Tiedemann und H. Schweppenhäuser, 438–465. Frankfurt a. M.: Suhrkamp.

Benjamin, Walter. 1982. *Das Passagen-Werk (= Gesammelte Schriften).* Bd. V, Hrsg. R. Tiedemann und H. Schweppenhäuser. Frankfurt a. M.: Suhrkamp.

Benjamin, Walter. 1985. Notiz über ein Gespräch mit Ballazs (Ende 1929). In *Gesammelte Schriften,* Bd. VI, Hrsg. R. Tiedemann und H. Schweppenhäuser, 418. Frankfurt a. M.: Suhrkamp.

Benjamin, Walter. 1989. Das Kunstwerk im Zeitalter seiner technischen Reproduzierbarkeit [Zweite Fassung]. In *Gesammelte Schriften,* Bd. VII, Hrsg. R. Tiedemann und H. Schweppenhäuser, 350–384. Frankfurt a. M.: Suhrkamp.

Benjamin, Walter. 1997. Brief an Siegfried Kracauer, 16. Juli 1927. In *Gesammelte Briefe,* Bd. III, Hrsg. C. Gödde und H. Lonitz, 272. Frankfurt a. M.: Suhrkamp.

Benjamin, Walter. 2013. *Das Kunstwerk im Zeitalter seiner technischen Reproduzierbarkeit (= Werke und Nachlaß. Kritische Gesamtausgabe,* Bd. 16), Hrsg. B. Lindner. Berlin: Suhrkamp.

Brecht, Bertolt. 1993. *Arbeitsjournal,* Hrsg. W. Hecht. Frankfurt a. M.: Suhrkamp.

Enzensberger, Hans Magnus. 1970. Baukasten zu einer Theorie der Medien. *Kursbuch* 20: 159–186.

Godard, Jean Luc. 1971. *Godard/Kritiker. Ausgewählte Kritiken und Aufsätze über Film (1950–1970),* Hrsg. F. Grafe. München: Hanser.

Gumbrecht, Hans Ulrich, und Michael Marrinan, Hrsg. 2003. *Mapping Benjamin. The work of art in the digital age.* Stanford: Stanford University Press.

Horkheimer, Max. 1995. Brief an Walter Benjamin, 18. September 1935. In *Gesammelte Schriften,* Bd. 15, Hrsg. G. Schmid Noerr, 378–380. Frankfurt a. M.: Fischer.

Horkheimer, Max und Theodor W. Adorno. 1987. *Dialektik der Aufklärung. Philosophische Fragmente*. In *M. Horkheimer, Gesammelte Schriften*, Bd. 5, Hrsg. G. Schmid Noerr, 11–290. Frankfurt a. M.: Fischer.

Kittler, Friedrich A. 2003. *Aufschreibesysteme 1800–1900*. München: Fink.

Marx, Karl. 1968. [Ökonomisch-philosophische Manuskripte aus dem Jahre 1844]. In *K. Marx/F. Engels, Werke, Ergänzungsband (Erster Teil)*, Hrsg. Institut für Marxismus-Leninismus beim ZK der SED, 465–588. Berlin: Dietz.

Vertov, Dziga. 1973. *Schriften zum Film*, Hrsg. W. Beilenhoff. München: Hanser.

Filme

MODERN TIMES (USA 1936, Charlie Chaplin)

ALEXANDER NEWSKI (RU 1938, Sergei Michailowitsch Eisenstein/Dmitri Wassiljew)

Neue Linke und Screen Theory (Stephen Heath, Laura Mulvey, Paul Willemen u. a.)

Malte Hagener

Screen Theory, im Deutschen: Screen-Theorie, beschreibt die auf semiotischen, ideologiekritischen und psychoanalytischen Grundlagen aufbauende Filmtheorie, die sich seit den späten 1960er Jahren im Umfeld der britischen Filmzeitschrift *Screen* herausbildete. Zu ihren Protagonistinnen und Protagonisten zählen unter anderem Ben Brewster, Stephen Heath, Colin MacCabe, Laura Mulvey und Paul Willemen. Von den frühen 1970er Jahren bis in die 1980er Jahre hinein entspannten sich auf Grundlage des französischen Strukturalismus und einer marxistischen Perspektive weitreichende Theorie-Debatten, die zwar keine monolithische Theorie generierten, aber doch geteilte Interessen und Leitlinien erkennen ließen. Ausgehend von einer stark lokalen Verwurzelung rund um das British Film Institute in London entwickelte dieses intellektuelle Feld in der Anverwandlung französischer (im geringeren Ausmaß auch deutscher und russischer) Ideen wiederum starke transnationale Ausstrahlung.

So etwas wie Screen-Theorie gibt es also nicht, jedenfalls nicht als festes Theoriegebäude im Sinne einer traditionellen Philosophie, allenfalls als ein Cluster von Interessen und Ansätzen. Diese haben sich in einer bestimmten historischen Situation geformt, aber nie eine feste Gestalt angenommen, sondern blieben immer diffus, offen und dynamisch. Schon der Begriff selbst ist apokryph und von den vermeintlichen Protagonisten zumindest nicht offensiv ins Feld geführt worden. Erst im Laufe der 1980er Jahre wurde der *terminus technicus* zunehmend gebräuchlich in der einschlägigen Literatur, die sich affirmativ darauf bezog (Paech et al. 1985) oder kritisch davon abgrenzte (Jancovich 1995). Jedoch wurde bereits 1978 *Screen* von Philip Rosen als Projekt definiert, dem

M. Hagener (✉)
Philipps-Universität Marburg, Marburg, Deutschland
E-Mail: hagener@uni-marburg.de

© Springer Fachmedien Wiesbaden GmbH, ein Teil von Springer Nature 2020   69
I. Ritzer (Hrsg.), *Schlüsselwerke der Medienwissenschaft*,
https://doi.org/10.1007/978-3-658-29325-3_5

er eine so große Wirkmacht zubilligte, dass man sich ihr nicht entziehen könne: „A powerful synthesis dominates thought about film today. Even those who violently disagree with the fundamental premises […] are remiss if they do not take account […]. In Anglo-American film thought it is presented as its most sophisticated level by the British journal *Screen*" (Rosen 1977, S. 273). Es war dann auch Rosens Textsammlung *Apparatus – Ideology – Narrative* (1986a), deren Auswahl prägend werden sollte und durch die breite Adoption in der universitären Filmwissenschaft eine ganze Generation von Studierenden beeinflusste.

1   Zum Begriff der Screen Theory/Screen-Theorie – institutionelle Grundlagen

Die Zeitschrift *Screen* hat eine lange Vorgeschichte, die hier nicht im Detail nacherzählt werden kann (vgl. dazu Bolas 2009; Kuhn 2009). 1969 entstand das Publikationsorgan aus dem Vorläufer *Screen Education,* der wiederum 1960 aus der seit 1952 existierenden Zeitschrift *The Film Teacher* hervorgegangen war.[1] Die Ursprünge der Initiative liegen also im didaktischen Bereich und kreisen um die methodische Frage, wie Film zu unterrichten sei, wobei sich dieses edukative Problem gleichermaßen auf die künstlerische Wertschätzung, die analytische Auseinandersetzung und die praktische Gestaltung beziehen lässt. Partiell mit der Änderung des Namens 1969, inhaltlich aber eigentlich erst 1971 mit dem Wechsel der Chefredaktion zu Sam Rohdie und Ed Buscombe, vollzog sich der Wandel von einem Ratgeber für Lehrkräfte zu einer politisch ausgerichteten und theoretisch ambitionierten Zeitschrift. So gibt der Chairman der *Society for Education in Film and Television,* die gemeinsam mit dem British Film Institute die Zeitschrift zu jener Zeit trugen, die Ziele zu Protokoll als „going beyond the simple unreflective reporting of classroom practice and attempting an analysis of aims and methods in teaching film and television. […] What is the essential discipline and content of our subject? It is in response to questions like these that educational theory and practice must go hand in hand with criticism" (Watkins 1971, S. 7). Der Weg führte also von didaktischen Berichten und den praktischen Problemen von Lehrkräften zu einer theoretischen Fundierung und der Frage

---

[1]Diese etwas holprige Geschichte zeigt sich auch darin, dass der erste Jahrgang der umbenannten Zeitschrift als „vol. 10" annonciert wurde, die Zählung der Jahrgänge also (bis heute) auf das Jahr 1960 als Ursprung rekurriert, wiewohl bis 1969 (beziehungsweise 1971) wenig von der späteren Richtung sichtbar sein sollte.

nach den Gesetzmäßigkeiten, die den unterschiedlichen Formen des Kinos zugrunde liegen.

Dass dabei *Screen* sehr direkt in die Debatten und Auseinandersetzungen seiner Zeit verstrickt war, zeigt sich von diesen Anfängen an durchgängig. So begründet die Übersetzung von Jean-Luc Comollis und Paul Narbonis Manifest „Cinema/Ideology/Criticism" (1971) in eben dieser ersten von Rohdie und Buscombe verantworteten Ausgabe die Tradition des Theorietransfers aus dem ambitionierten französischen Milieu. Dieser Text aus dem Zentralorgan der Cinephilie, den *Cahiers du cinéma,* war als Reaktion auf die Vorwürfe anderer französischer Filmzeitschriften (vor allem *Cinéthique,* aber auch *Positif*) entstanden, die *Cahiers* wären, selbst im politisierten Milieu der 1970er Jahre in Paris, unpolitisch und bourgeois. Es ging also darum, die eigene Position zu bestimmen und dabei zugleich nach außen die (richtige) politische Gesinnung zu markieren.

Neben dieser wegweisenden Übersetzung illustriert ein weiterer Artikel in dieser ersten Ausgabe der „neuen" *Screen* den veränderten Kurs wahrscheinlich am deutlichsten: Ben Brewsters offiziell als Buchkritik annoncierte Überblicksdarstellung zu „Structuralism in Film Criticism" (Brewster 1971). Brewster, selbst englischer Übersetzer der Werke von Louis Althusser, diskutiert darin die Ergebnisse der legendären Konferenz 1966 an der Johns Hopkins University (Birns 2014), bei der die französischen Protagonisten des (Post-)Strukturalismus (unter anderem waren Todorov, Barthes, Lacan und Derrida zu Gast) auf eine interessierte bis kritische US-amerikanische Fachöffentlichkeit trafen. Brewster interessiert sich aber weniger für das intellektuelle Gipfeltreffen oder die Publikation, sondern nutzt beides eher als Anlass, die Chancen und Möglichkeiten dieses sich neu eröffnenden Feldes zu erörtern. Von einer Debatte zwischen Roland Barthes und Paul de Man (der rezensierte Band druckt auch die den Vorträgen folgenden Diskussionen ab) kommt Brewster über die *Cahiers du Cinéma* auf das Problem der Übertragbarkeit linguistischer Konzepte auf den Film zu sprechen. Die dabei angesprochenen Fragen – Indexikalität, Erzählperspektive, Enunziation gehören zentral dazu – werden über das nächste Jahrzehnt prägend für die Zeitschrift sein. Die darauffolgende Ausgabe (Sommer 1971) widmet sich schwerpunktmäßig Douglas Sirk, einem zentralen Filmautor der 1970er Jahre, und enthält unter anderem Beiträge von Jon Halliday, Thomas Elsaesser und Paul Willemen. Die weiteren Ausgaben dieses ersten Jahres konzentrieren sich auf die Krise des British Film Institute und auf die Debatten um den Film in der Sowjetunion der 1920er Jahre.

Es wird gelegentlich behauptet, dass die Screen-Theorie so etwas wie die poststrukturalistische Wende der Filmtheorie bedeute. Während diese Positionierung sicher angesichts der Referenzen nicht ganz unangemessen ist, geht es doch an der versetzten Zeitlichkeit und Eigendynamik dieser Entwicklung vorbei. Tatsächlich bediente sich die Screen-Theorie bei der Linguistik Saussure'scher Prägung, bei der Psychoanalyse von Jacques Lacan, der marxistischen Ideologiekritik von Louis Althusser und der Kulturtheorie von Roland Barthes, um nur einige wichtige Einflüsse zu nennen. In seiner Polemik gegen diese Theorieschule hat David Bordwell (1996) diesen Ansatz als „grand theory" bezeichnet und nach den Anfangsbuchstaben der französischen Kronzeugen als SLAB (Saussure, Lacan, Althusser, Barthes) geschmäht. Was dagegen zumindest in den 1970er Jahren im Feld der Filmtheorie weniger stark rezipiert wurde, waren Denker wie Michel Foucault, Gérard Genette, Claude Lévi-Strauss, Jacques Derrida, Gilles Deleuze oder Julia Kristeva, von denen einige später erheblich an Relevanz, auch in Bezug auf die Film- und Medientheorie, gewannen. Insofern ist der Satz an Referenzen der Screen-Theorie durchaus idiosynkratisch zu nennen, weil er sich vor allem auf die Linguistik und die Psychoanalyse konzentriert, sowohl klassisch strukturalistische wie poststrukturalistische Positionen umfasst und darüber hinaus viele Autoren (und wenige Autorinnen) nur ausschnitthaft rezipiert.

Tatsächlich ist die Screen-Theorie nur als kollektive Hervorbringung zu verstehen. Sie ist nicht fest umrissen, was ihre Grenzen angeht – so kann man ihr durchaus eine Reihe von Texten zuordnen, die in anderen Organen wie *Framework* oder *Camera Obscura* erschienen sind – und ist eine Konstruktion *post festum*. Die Beiträge variieren zum Teil erheblich, artikulieren und instrumentalisieren Differenz und es existieren zahlreiche Auseinandersetzungen innerhalb der Zeitschrift, am deutlichsten sichtbar beim Rücktritt eines Teils der Herausgeber 1976, in dem es um die Bedeutung der edukativen Grundlagen und in letzter Konsequenz um die Selbst-Positionierung der Zeitschrift ging (Buscombe et al. 1976; Brewster et al. 1976). Deutlich wird daraus, dass *Screen* immer ein diskursives und offenes Projekt war und die sogenannte Screen-Theorie kein ausgeprägtes Selbstverständnis als einheitliches Theoriegebäude besessen hat.

2   Textualität und der Weg zur strukturalen Analyse der Erzählung

Anfang der 1970er Jahre war der Strukturalismus die wissenschaftlich stärkste Strömung im Bereich der ambitionierten Geisteswissenschaften, die sich weniger als Sachwalter von Traditionen denn als gesellschaftlich progressive Kraft sahen (als Überblick vgl. Dosse 1999). Die Linguistik Saussure'scher Prägung war dann auch der zunächst zentrale Referenzpunkt für die frühen *Screen*-Texte. Vor allem zwei Problemfelder wurden dabei bearbeitet: Zum einen ging es um die Frage der Repräsentation und der filmischen Darstellung, also um den Zeichencharakter des filmischen Werks. In diesem Zusammenhang wurden auch Fragen nach der medialen Natur und der Transformation von Darstellungsformen in der Analyse (etwa durch Beschreibungen oder Grafiken) diskutiert. Zum anderen wurde die strukturale Analyse der Erzählung erforscht, wobei beides in engem Zusammenhang stand. Indem man davon ausging, dass Bedeutung, also Signifikation, stets durch Differenz generiert wird, sich also innerhalb eines großen Systems in Binnenbeziehungen ergibt, nahm man an, dass das Verständnis des komplexen Gesamtsystems über zahlreiche Einzelunterscheidungen entsteht. Somit ergaben sich zwei zusammengehörige Untersuchungsfelder: „first, that signification in cinema is indeed systematizable as a network of structural repetitions and differences; and, second, that a number of conceptualizations from theories of narrative rooted in Saussure can be centrally useful in the semiotics of cinema" (Rosen 1986b, S. 9). Die Differenz und Ähnlichkeit zwischen filmischen und sprachlichen Signifikationen, oft verstanden in Bezug auf die sprachwissenschaftliche Unterscheidung von *langue* (Sprachsystem) und *parole* (Einzeläußerung), wurde vielfach diskutiert, aber nie abschließend geklärt.

Als zentral prägend erwies sich die Vorstellung einer „Textualität", die jeden Film auszeichnet, wobei hier in erster Linie Christian Metz' Theorie der Signifikation zur Anwendung kam (vgl. Heath 1973a) – nicht zufällig widmete sich die einzige Doppelausgabe, die *Screen* in den 1970er Jahren vorlegte, dem französischen Filmtheoretiker (Ausgabe 14 (1–2), 1973). Bedeutung wurde dabei als etwas verstanden, das sich nicht formallogisch aus den Zeichenketten eines Films erschließt, sondern als etwas, das sich aus den Verstrickungen eines Subjekts in das dynamische und wandelbare Netz von Signifikanten, aus dem sich jeder Film zusammensetzt, generiert. Die unterschiedlichen Codes sind in diesem Prozess keine vorgegebenen Kategorien, sondern „machines constructed in analysis in order to render account of a particular area of (the process of) signification in a set of messages" (Heath 1973b, S. 218). Textuelle Analyse ist damit ein prinzipiell offener und unabschließbarer Prozess, der immer wieder andere Ergebnisse hervorbringen kann. Derartige textuelle Analysen entwickelten sich in den 1970er Jahren zu einer der Kernaufgaben der Zeitschrift – Philip Rosen zählt nicht weniger als 18 entsprechende Texte aus dem zentralen Jahrfünft (1973–1978) auf (2008, S. 294 f.).

Grundlegend für diesen Ansatz der textuellen Analyse erwies sich ein kurzer Essay von Raymond Bellour (1975), der eine der medialen Grundlagen der Filmanalyse in den Blick nahm, nämlich die Schwierigkeit des Textes eines Films habhaft zu werden.[2] Neben den kontextuellen Faktoren wie den Schwierigkeiten der Kopienbeschaffung und dem nicht immer einfachen Zugang zum Schneidetisch – wir befinden uns hier in der Epoche vor Video und DVD, vor digitalen Files und Streams, in der derartige Probleme an der Tagesordnung waren – liegt das Problem der Analyse für Bellour vor allem darin, dass der Text seiner grundlegenden Eigenschaft, nämlich der dynamischen Bewegung, beraubt wird, wenn man ihn zitiert: „the text of the film is unattainable because it is an unquotable text" (Bellour 1975, S. 20). Jede Übertragung eines filmischen Textes in ein anderes Format, jede Form der Beschreibung, der tabellarischen Zusammenfassung oder der Visualisierung ist zwangsläufig eine Reduktion und der (vergebliche) Versuch, sich den Film anzueignen, der sich immer wieder einer sprachlichen Beschreibung entzieht:

> in a kind of principled despair it can but try frantically to compete with the object it is attempting to understand. By dint of seeking to capture it and recapture it, it ends up always occupying a point at which its object is perpetually out of reach. That is why filmic analyses, once they begin to be precise, and while, for the reasons I have just suggested, they remain strangely incomplete, are always so long, according to the extent of their coverage, even if analysis is, as we know, always in a sense interminable (Bellour 1975, S. 26).

Dies erklärt auch, weshalb diese Analysen in den meisten Fällen eher theoretischen Traktaten als ästhetischen Wertschätzungen ähnelten; die Texte versuchen dabei tendenziell die komplexen und prozessualen Bewegungen der Sichtung von Filmen nachzuvollziehen statt Sinn in stillgestellter Form darzustellen. Die textuellen Codes bilden innerhalb eines Films ein Gesamtsystem aus, sodass notwendigerweise der Film insgesamt zu untersuchen ist, um ein Verständnis für die Wechselwirkung der Codes zu gewinnen. Insofern tendieren die derartigen Analysen in ihrem Hang zur Vollständigkeit dazu, die narrative Entwicklung – wie sich diese in der Interdependenz der spezifischen Codes äußert – zu fokussieren. Selbst wenn nur eine einzelne Sequenz in den Blick gerät, wie etwa in Raymond Bellours Analyse (1974) einer extrem unauffälligen Sequenz aus THE BIG SLEEP (1942), so bleibt doch der Fokus auf der Artikulation einer narrativen Handlung durch ästhetische Mittel (und vice versa) bestehen. Tatsächlich läuft Bellours Analyse darauf hinaus, dass sich formale Struktur und

---

[2]Interessanterweise folgt dieser Text, der sicher zu den meistzitierten aus *Screen* in den 1970er Jahren gehört, direkt auf Laura Mulveys epochemachendes Essay „Visual Pleasure and Narrative Cinema" (siehe dazu Teil 4 dieses Textes).

inhaltliche Entwicklung kongruent verhalten: „The arrangement shown by the work of the codes is the same one that shapes the meaning of the fiction" (Bellour 1974, S. 14). Das ultimative Ziel der Analysen in *Screen* – auch wenn das nicht immer so deutlich gesagt wurde – bestand gemeinhin darin, den Beitrag der Filme zur Aufrechterhaltung der herrschenden Ideologie zu verstehen. Dafür galt es nicht einfach einen politischen Gehalt der Filme auf der Inhaltsebene zu rekonstruieren, sondern die komplexe Wechselwirkung von formalen Mitteln und narrativen Entwicklungen stand im Zentrum der Analysearbeit.

3   Ideologiekritik, Politik und Methode

In dem bereits erwähnten Artikel von Comolli und Narboni (1969/1971) betonen diese, dass Film an sich politisch ist, weil keine Position außerhalb des wirtschaftlichen Systems eingenommen werden kann: „Because every film is part of the economic system, it is also a part of the ideological system, for ‚cinema' and ‚art' are branches of ideology" (Comolli und Narboni 1971, S. 29 f.). Deshalb, so die beiden weiter, kann man Film nicht unpolitisch verstehen: „*Every film is political,* inasmuch as it is determined by the ideology which determines it" (S. 29, Herv. i. Orig.). Sie teilen daraufhin die Filmproduktion insgesamt in sieben Kategorien auf, von denen jene Filme, die „a noticeable gap, a dislocation, between the starting point and the finished product" (S. 32) aufweisen, zur folgenreichsten geworden ist – die sogenannte Kategorie E. Die Werke dieser Kategorie positionieren sich keineswegs offen gegen das herrschende System, sondern sie stützen es auf den ersten Blick zunächst. Auf den zweiten Blick fallen aber die Widersprüche und internen Risse auf, die dadurch auf die Brüchigkeit von herrschender Ideologie insgesamt aufmerksam machen. Tatsächlich ist der Erfolg der Kategorie E darauf zurückzuführen, dass man damit – vermeintlich – auf zwei Hochzeiten tanzen konnte: Die geliebten Analyseobjekte, also der auteuristische Kanon, der Filme von Ford, Hawks, Hitchcock und anderen umfasste, konnte weiterhin analysiert werden, aber man immunisierte sich gegen die Kritik, dass man damit reaktionäre Filme goutierte, beziehungsweise dass man ein repressives System noch stützte, indem man auf die Widersprüchlichkeit der Filme verwies. Die derart vorgeschlagene Lesart gegen den Strich von vermeintlich „bürgerlichen" Filmen wurde so zu einem Akt des revolutionären Widerstands, der Besuch einer John Ford- oder Alfred Hitchcock-Retrospektive war nicht nur politisch unverdächtig, sondern diente sogar der politischen Schulung auf dem Weg zu einer progressiven Gesellschaftsordnung.

Ideologie ist in der marxistischen Denkweise ein gedanklicher Überbau, der zur Aufrechterhaltung und Reproduktion des Status quo dient und die tatsächlichen Ungerechtigkeiten maskiert. Der Kultur kommt hierbei eine Schlüsselrolle zu, denn sie erzeugt die Geschichten – also die individuellen und kollektiven Mythen, Legenden und Herkunftserzählungen, die die Logik des Systems untermauern sollen. In diesem Sinne dient eben auch die strukturale Analyse der Erzählung der Demaskierung der Ideologie, weil man dadurch die Willkür und Arbitrarität dieser Elemente aufdecken könne. Ideologie tarnt sich stets als natürlich und gegeben, während sie tatsächlich stets kontingent und kulturspezifisch ist. Die Blaupause für diese Art von Analyse findet sich in Roland Barthes' *Mythen des Alltags* (2010/1957), in dem bezeichnenderweise solche Phänomene wie die Tour de France, das Gesicht von Greta Garbo oder *Steak-frites* in den Blick geraten. Die gesamte Kultur kann also einer strukturalen Analyse unterzogen werden, wobei diese weniger die endgültige Dechiffrierung von Bedeutung zum Ziel hat, sondern eher ein endloses Spiel der Signifikanten in Gang setzt und fortführt. Der Zweck derartiger Analysen besteht darin, die scheinbare Selbstevidenz gesellschaftlicher Ordnung infrage zu stellen, sie als eine maskierende Fassade zu entlarven. Hierin zeigt sich schon, welche Rolle der strukturalen Analyse der Erzählung in der Screen-Theorie zukommt, nämlich die einer kritischen Waffe gegen ein hegemoniales ideologisches System.

Auffällig an diesen Analysen war der dezidiert wissenschaftliche Anspruch auf Exaktheit: „It must be a rigidly factual analysis of what governs the production of a film (economic circumstances, ideology, demand and response) and the meanings and forms appearing in it, which are equally tangible" (Comolli und Narboni 1971, S. 34). Derartige Analysen wurden rasch zu einem Markenzeichen der Zeitschrift. Sie waren ausgreifend und zum Teil exzessiv, was Umfang wie Vorgehen angeht. Eine erste exemplarische Analyse leistete das Herausgeberkollektiv der *Cahiers du Cinéma* (1972/1970) zu Young Mr. Lincoln (1939), der wahrscheinlich wegweisende Text zur Kategorie E, der darüber hinaus auch die Psychoanalyse Lacan'scher Prägung erstmals nachhaltig in *Screen* einbrachte. Daneben erwiesen sich folgende Analysen als einflussreich, was den Prozess der Analyse betrifft: Thierry Kuntzel (1973) zu M (1931), Raymond Bellour (1974) zu The Big Sleep (1942), Stephen Heath (1975a, b) zu Touch of Evil (1958) sowie Philip Drummond (1977) zu Un chien andalou (1929).

Während retrospektiv die Screen-Theorie meist mit psychoanalytischen und semiotischen Ansätzen französischsprachiger Provenienz in Verbindung gebracht wird (Jancovich 1995), so zeigt sich bei einer Durchsicht der Ausgaben, dass sich gerade in den frühen 1970er Jahren eine erhebliche Menge an Texten anderen politischen Strömungen widmete. Das Blickfeld der Zeitschrift war sehr breit und beschränkte sich keineswegs nur auf einen engen Ausschnitt der Subjekttheorie, wie dies retrospektiv gelegentlich insinuiert wird. Insbesondere fällt auf, dass der Theorietransfer nicht nur aus Frankreich kam, sondern dass auch Bertolt Brecht (vgl. Ausgabe 15 (2), 1974 und 20 (3–4), 1979) und Walter Benjamin (1972), Texte zum europäischen Kino der Volksfront (Fofi 1972; Fortini 1974) sowie sowjetische Theorie und Praxis der 1920er Jahre einen erheblichen Raum einnahmen[3], sowohl in Übersetzungen wie auch in Forschungsartikeln, die sich um die Anwendung auf aktuelle Fragestellungen bemühten. Auch die vergessene politische Dimension des britischen Kinos kam in Interviews mit Ivor Montagu, Alberto Cavalcanti oder Gavin Lambert zum Ausdruck (Wollen et al. 1972; Lovell et al. 1972). Schließlich sei erwähnt, dass spätere Opponenten wie David Bordwell oder Edward Branigan in der Zeitschrift publizierten – das vermeintliche Sektierertum entspricht also keineswegs den Tatsachen, sondern es liegt eine dezidierte Debattenfreudigkeit und Offenheit der Zeitschrift statt einer argumentativen Schließung vor.

4 Feminismus und Film

Zu Beginn, das macht schon ein kurzer Blick in die Inhaltsverzeichnisse von *Screen* deutlich, spielte eine feministische Perspektive in der Zeitschrift nur eine sehr untergeordnete Rolle, wenn überhaupt. Das manifestiert sich nicht nur auf der Ebene der Autorinnen, sondern auch bei der Wahl der Themen. Dass sich dies in der Rückschau gänzlich anders darstellt, liegt eigentlich nur an einem einzigen Artikel, der nicht nur der am häufigsten referenzierte Text aus *Screen* ist, sondern zu den meistzitierten der Filmtheorie überhaupt gehört. Laura Mulveys „Visual Pleasure and Narrative Cinema" erschien in der Oktober-Ausgabe 1975 und enthält alle wesentlichen Zutaten der Screen-Theorie, gibt diesen aber einen besonderen Dreh in Bezug auf die binäre Geschlechterordnung. In ihrem recht kurzen Text (vor allem für die Standards der Zeitschrift) postuliert Mulvey, dass das Kino insgesamt von einer voyeuristischen Struktur gekennzeichnet ist, die die bestehende Ordnung aus zwei Geschlechtern nicht nur reproduziert, sondern

---

[3]Siehe etwa die Ausgabe 12 (4) vom Winter 1971, die Übersetzungen aus den Zeitschriften *Lef* und *Novy Lef,* jeweils mit substanziellen Einleitungen und ebenfalls kommentierte Übersetzungen von Texten von Kuleshov und Mayakovsky enthielt. Eine weitere Ausgabe, 15 (3), mit Übersetzungen aus dem Russischen erscheint im Herbst 1974 mit Texten von Boris Eikhenbaum und (vor allem) Osip Brik.

sogar fortschreibt und zementiert. Mulvey grenzt sich von vorigen Positionen ab, indem sie diese ungleiche und ungerechte Geschlechterordnung nicht nur in den Filminhalten verwirklicht sieht, also auf der Ebene der Repräsentationen (wie dies etwa in Rosen 1973; Haskell 1974 und Mellen 1974 der Fall ist), sondern vor allem auf der Ebene der filmischen Gestaltung.

Grundlegend für Mulveys Ansatz ist eine Theoretisierung von Blickstrukturen. Dabei sieht sie im Kino drei Blickarten am Werk: jene der Figuren im Film untereinander, jene der Kamera auf die Figuren und jene der Zuschauenden auf die Leinwand. Die beiden Letzteren sind dabei den intradiegetischen Blicken untergeordnet – es herrscht also das Primat der diegetischen Raumgestaltung über Blicke, dem die anderen beiden Blicke, die der Produktion und Rezeption zugeordnet werden können, untergeordnet werden. Damit ist das Ideal der unsichtbaren Betrachtungsposition aufgerufen, demzufolge die filmische Gestaltung in Form von extradiegetischen Eingriffen möglichst unbemerkt bleiben soll. Der unsichtbare Schnitt, das „Verbot" für Schauspieler, direkt in die Kamera zu blicken, und weitere Regeln des klassischen Hollywoodstils tragen dazu bei, dass ein Film den Anschein erweckt, man sei ein zufällig Zuschauender, dem sich immer wieder ideale Blicke auf eine sich unabhängig von ihm entfaltende Handlung eröffnen. Diese filmischen Gestaltungsmerkmale – wie auch die Situation im Kinosaal (dunkle Umgebung, Demobilisierung des Körpers, helle Leinwand als Ort der Aufmerksamkeit) – fördern einerseits den narzisstischen Prozess der Identifikation mit einem „Ich-Ideal" auf der Leinwand (in der Regel handelt es sich dabei um einen männlichen Protagonisten) und andererseits die Objektifikation der weiblichen Figuren auf der Leinwand: „the position of the spectators in the cinema is blatantly one of repression of their exhibitionism and projection of the repressed desire on to the performer" (Mulvey 1975, S. 9). Dadurch operiert vor allem das klassische Kino mit einer Tendenz zur Verdeckung der eigenen Herstellungsmechanismen innerhalb einer bestimmten Geschlechterordnung.

Diese Geschlechterordnung ist binär kodiert. Der Mann nimmt dabei die Rolle des Handelnden ein, der die Narration vorantreibt – die Frau steht für das Spektakel und wird als passiver Empfänger des Blicks auf ein Bild reduziert:

> the split between spectacle and narrative supports the man's role as the active one of forwarding the story, making things happen. The man controls the film phantasy and also emerges as the representative of power in a further sense: as the bearer of the look of the spectator, transferring it behind the screen to neutralise the extradiegetic tendencies represented by woman as spectacle (Mulvey 1975, S. 12).

Das Zuschauersubjekt, egal welchen Geschlechts oder welcher sexueller Orientierung, nimmt in dieser Theorieschule fast zwangsläufig die männliche Blickposition ein. Gerade diese Grundannahme wird in den folgenden Jahren oft debattiert und zum Ausgangspunkt einer Reihe von Revisionen, die sowohl von Mulvey selbst wie von anderen ausgehen (Mulvey 1981; Doane 1987; Studlar 1988; Rodowick 1991).

Ausgangspunkt für Mulveys Projekt ist eine Gedankenfigur, die sie als „Paradox des Phallozentrismus" bezeichnet, nämlich das Bild der kastrierten Frau, das der patriarchalen Ordnung zugrunde liegt: „it depends on the image of the castrated woman to give order and meaning to the world" (Mulvey 1975, S. 6). Die Abwesenheit des Phallus bei der Frau schafft symbolische Bedeutung, indem sie auf den Phallus als Machtinsigne hinweist. Zugleich erzeugt der Film, der die Frau als nicht-handelndes Spektakel, als passives Bild, ausstellt, ein Problem auf einer tieferliegenden Ebene, weil so die Kastration evoziert wird: „Ultimately, the meaning of woman is sexual difference, the absence of the penis as visually ascertainable, the material evidence on which is based the castration complex essential for the organisation of entrance to the symbolic order and the law of the father" (Mulvey 1975, S. 13). Es gibt laut Mulvey zwei strukturelle Wege, die aus diesem Dilemma herausführen: Sadismus oder Fetischismus. Der eine besteht in der Wiederaufführung des originären Traumas, also in der Untersuchung und Demystifizierung der Frau, die schließlich zur Bestrafung oder Rettung des schuldigen Objekts führt. Dies sieht Mulvey vor allem im Film Noir verwirklicht. Der andere Ausweg baut auf einer kompletten Verleugnung auf, wenn entweder ein Fetischobjekt an die Stelle des Phallus tritt oder sogar die dargestellte Figur selbst fetischisiert wird, wie im weiblichen Starkult, in dem ein entferntes und ungreifbares Objekt aufgebaut wird. Beide äußern sich in gegenläufigen Tendenzen, weil Sadismus nach einer narrativen Umsetzung verlangt, Fetischismus hingegen in der Arretierung eines Körpers als Objekt zur Ausstellung: „Sadism demands a story, depends on making something happen, forcing a change in another person, a battle of will and strength, victory/defeat, all occuring in a linear time with a beginning and an end. Fetishistic scopophilia, on the other hand, can exist outside linear time as the erotic instinct is focussed on the look alone" (Mulvey 1975, S. 14). Prototypisch verwirklicht werden diese beiden Tendenzen in Filmen von Josef von Sternberg und Alfred Hitchcock respektive – so zeichnen sich Erstere (insbesondere der Zyklus mit Marlene Dietrich) durch eine lose narrative Struktur und eine fast schon utopische Entrücktheit aus, während Hitchcocks Filme kausal determiniert und streng durchkomponiert sind.

5 Realismus und Wirklichkeitseindruck

Instruktiv ist ein Blick in Peter Wollens einflussreichen Band *Signs and Meaning in the Cinema,* der 1969 in erster Auflage in der Reihe des British Film Institute erschien. Wollen kann ohne Zweifel als einer der Protagonisten der Zeitschrift gelten und die Titel der drei Hauptkapitel des Buchs verdeutlichen anschaulich die paradoxen Vorlieben der Screen-Theorie: „Eisenstein's aesthetics" (S. 19–73), „The auteur theory" (S. 74–115) und „The semiology of the cinema" (S. 116–154). Neben dem Interesse an der politischen Dimension des Kinos, die sich hier über Eisensteins Werk äußert, zeigt sich der Rückbezug auf den auteuristischen Kanon, der sich in *Cahiers du Cinéma* (und später in Deleuzes Kino-Büchern) ebenso findet wie bei Andrew Sarris (1968), und der Bezugspunkt der semiotisch-strukturalistischen Theoriebildung. Das dritte Kapitel aus Wollens Buch, das wohl am klarsten einige Argumente der Screen-Theorie vorwegnimmt, bemüht sich die von André Bazin übernommenen Fragen, die um die Beziehung des Films zur Wirklichkeit kreisen, zusammenzufassen, zu aktualisieren und an aktuelle Theorieentwicklungen jener Zeit anschlussfähig zu machen. Es ging also darum, Fragen des filmischen Realismus mit neueren Theorieentwicklungen zusammenzubringen – so werden Peirce und Metz ebenso ausführlich wie Bazin diskutiert. Bei André Bazin fungiert der Realismus noch als eine Ontologie des Films, der in seiner medial-technisch bedingten Struktur des indexikalischen Abdrucks verortet ist (Bazin 2004). Gerade die wirkmächtige Ähnlichkeit der Filmbilder mit der Wirklichkeit (die auf jenem Abdruck beruht hatte) wurde nun aber nicht länger als ein positives Vermögen des Mediums verstanden, sondern als ein politisches Problem, weil damit eine gewisse Natürlichkeit des Dargestellten vorgegaukelt würde.

Eine der zentralen Grundannahmen von *Screen* war die (marxistisch geprägte) Haltung, dass Realismus eine Konstruktion ist – und zwar eine, die als zutiefst ideologisch (also: bürgerlich und kapitalistisch) verstanden werden muss: „It is one of the strategies of the practice of realism in the cinema to make what appears on the screen self-evident and natural, a ‚truth'" (Herausgeber der *Screen* 1972, S. 3). Von daher wurden als traditionell angesehene Positionen des Realismus – etwa jene von André Bazin oder von Siegfried Kracauer – scharf attackiert. Stattdessen standen anti-realistische Formen des Kinos im Zentrum des Interesses, so etwa in den Schwerpunktausgaben zu Brecht (Ausgabe 16 (4), 1975; 20 (3–4), 1979), aber auch in den kritischen Bemerkungen zum Realismus (Ausgabe 13 (1), 1972). Grundlage dieser Position war die Überzeugung, dass die Ähnlichkeit des Filmbilds mit der Realität in fotografischen Darstellungen eine

Form der Kritiklosigkeit beim Publikum induzierte, die sich vom Bild auf andere Diskurse der filmischen Narration übertrug (etwa Macht- oder Geschlechterverhältnisse). Insofern stand die Aufdeckung eines willkürlichen Verhältnisses zwischen Realität und Darstellungskonventionen im Zentrum des Interesses.

Paul Willemen hat den Grund für den Realismus-Eindruck darin gesehen, dass die Form der Darstellung mit der Form der Gesellschaftsordnung übereinstimmt (Willemen 1972). Und da der technologische Apparat des Kinos gemäß den Wahrnehmungscodes des 19. Jahrhunderts funktionierte (aus dieser Zeit stammen die grundlegenden Mechanismen des Kinos), wirkte der Isomorphismus als ein Verstärkungsmechanismus für eine bestimmte Form der bürgerlichen Familie und der kapitalistischen Marktordnung.

6   Theorie des Subjekts: Psychoanalyse und Apparatus

Aus diesen unterschiedlichen Elementen (Textualität, Semiotik, Lacan'sche Psychoanalyse, Althussers Marx-Lektüre) entstand ein synkretistischer Theoriemix, der insofern eine erkennbare (wenn auch nicht einheitliche) Form annahm, weil er sich in gewisser Weise doch auf ein gemeinsames Ziel ausrichtete, nämlich die Formulierung dessen, was sich als Betrachtungsposition beschreiben lässt. Diese Position wurde durchaus unterschiedlich benannt, so beispielsweise als Subjekttheorie (und eben nicht Rezeptionstheorie), als Theorie der Zuschauerschaft (*spectatorship* ist hier der üblicherweise verwendete Begriff; vgl. Mayne 1993; Williams 1994) oder als Apparatus-Theorie. Wie auch immer man also diese Anstrengungen bezeichnete, sie fanden wohl am ehesten einen gemeinsamen Nenner im Versuch, die Entität des zuschauenden und verstehenden, aber auch politisierten und sexualisierten Subjekts im Kinosaal theoretisch zu fassen. Dabei ging es dezidiert nie um empirische Subjekte, die man mit qualitativen oder (Gott bewahre!) quantitativen Methoden beforschen könnte, sondern um die Konstruktion eines idealtypischen Betrachters, der eher als Position denn als tatsächliche Person existierte. Es ging also darum, wie ästhetische und textuelle Strategien aufseiten des Films so mit den Bedürfnissen, (oft unbewussten) Wünschen und Fähigkeiten auf Seiten der Zuschauenden verklammert wurden, dass daraus eine übermächtige Synthese entstand, die zur Aufrechterhaltung gesellschaftlicher Macht beitrug.

Während der größere Teil der Beiträge in *Screen* der 1970er Jahre sich Fragen der Organisation von filmischen Texten widmete, so verschoben gerade einige einflussreiche Essays den Fokus der Argumentation auf die Rahmenbedingungen

der Filmprojektion. Diese im Nachhinein oft als „apparatus theory" bezeichneten
Ansätze bezogen sich in der Regel auf Jean-Louis Baudrys Text „Ideological
Effects of the Basic Cinematographic Apparatus", der 1974 in *Film Quarterly*
erschienen war (Baudry 1974). Auch wenn dieser eben nicht in *Screen* erschienen
ist, so wird er doch häufig dieser Theorieschule zugerechnet, gerade weil sich darin
die Wende von der strukturalen Linguistik zur Psychoanalyse Lacan'scher Prägung
am deutlichsten manifestiert (Stam 2000, S. 158 ff.). Der Begriff des Apparatus
steht dabei nicht nur für die physische und räumliche Grundordnung des Kinos
(Leinwand, Projektor, Ausrichtung des Publikums, Dunkelheit etc.), sondern auch
für die psychische Disposition der Subjekte und die gesellschaftlich-symbolische
Dimension der Anlage. Die Verbindung von Linguistik und Psychoanalyse, die im
Laufe der 1970er Jahre ihren Schwerpunkt von der Textanalyse zur Adressierung
des Subjekts verschob, ergab sich dabei fast zwangsläufig aus der Verklammerung
der textuellen Dimension in Bezug auf den projizierten Film mit der psychischen
Dimension in Hinblick auf das wahrnehmende Subjekt.

Tatsächlich ist laut Lacan, so eine seiner bekanntesten Sentenzen, das
Unbewusste wie eine Sprache strukturiert. Die Verbindung der beiden Felder
ist also keineswegs willkürlich und folgt auch nicht einfach modischen Trends,
sondern das Verständnis dieser wechselseitigen Durchdringung bedeutet für das
Kino die Erarbeitung einer gemeinsamen Grundlage. Dabei verursacht das Kino
deswegen so starke Emotionen, weil es direkt an psychische Tendenzen anknüpft,
die im Subjekt angelegt sind – etwa Skopophilie und die Orientierung an einem
Ich-Ideal. Beides wird von Laura Mulvey (1975) in ihrem epochemachenden Text
ausdrücklich, wenn auch ohne Hinweis auf Baudry, genannt. Das Kino erfüllt
damit eine bestimmte Rolle in der psychischen Ökonomie des Individuums, ja
es trägt sogar aktiv zur Regression in eine frühere Phase der Entwicklung bei.
Für Baudry – und einige andere Anhänger der poststrukturalistischen Weiterentwicklung der Freud'schen Analyse – erlebt das Subjekt im Kino noch einmal
momenthaft die „jouissance" der trughaften Vollständigkeit und Beherrschbar-
keit der Welt aus dem Spiegelstadium, das Lacan etwa im Alter von ein bis zwei
Jahren ansetzt. Dabei erkennt sich das Subjekt selbst im Spiegel (beziehungsweise in den Figuren auf der Leinwand), täuscht sich aber grundlegend in
der eigenen Handlungsfähigkeit und Kontrolle über die visuell zugängliche
Welt. Diese Verkennung ist bei Lacan grundlegend für die Ich-Entwicklung
des Menschen und wird im Kino durch die gesamte Anordnung evoziert. Die
Faszination des Kinos ist damit eng an die Ontogenese und psychische Disposition des Menschen gebunden – diese Homologie weist dem Kino einen
besonderen Ort in Bezug auf die psychische Disposition und Entwicklung zu.

7 Fazit

Was bleibt also von der Screen-Theorie rund 40 Jahre nach ihrem Höhepunkt? Auf der einen Seite lässt sich argumentieren, dass einige der stärkeren Ausprägungen (manche würden von Exzessen sprechen) heutzutage höchstens noch belächelt werden. So gehört die monolithische Vorstellung von der Wirkmacht des Kinos und seiner ideologischen Rolle sicher der Vergangenheit an –, zu ausdifferenziert in vielerlei Hinsicht zeigt sich der Film in der postkinematografischen Epoche (Casetti 2015; Hagener et al. 2016). Kaum jemand würde heutzutage noch mit einem solchem Nachdruck, wie einige Texte aus *Screen* der 1970er Jahre behaupten, das Dispositiv des Kinos stelle eine so wirksame Angelegenheit dar, dass alle Filme eigentlich den gleichen Subjekteffekt ins Werk setzen. Auf der anderen Seite bewies die Screen-Theorie in ihrer Langzeit-Wirkung eine erstaunliche Latenz und großen Einfluss. Die Vorstellung, dass die medialen Rahmenbedingungen (und eben nicht die Inhalte) entscheidend für die induzierten Wirkungen sind, wurde zwar nicht von *Screen* erfunden (schon bei Marshall McLuhan findet sich diese Gedankenfigur vorgeprägt), aber sicher in der spezifischen Form wegweisend umgesetzt. So gehören die Erarbeitung einer komplexen Konzeption des Dispositiv-Begriffs wie auch die Auseinandersetzung mit der Subjektpositionierung zu den bleibenden Verdiensten der Zeitschrift.

Im Grunde gilt auch heute noch das ambivalente Fazit, das Annette Kuhn angesichts des 50-jährigen Jubiläums der Zeitschrift im Jahr 2009 zog:

> Central to *Screen*'s history, then, is a love of cinema and an investment in promoting greater appreciation and understanding of films, combined with a desire, as part of that understanding, to encourage critical approaches to them. Some might regard this as a rather contradictory combination of objectives – and indeed the contradictions begin to become more evident in the moment of what later came to be known as ,1970s Screen Theory' (S. 3).

Diese Kombination aus cinephilem Hintergrund und einem wissenschaftlich geprägten Zugriff ist die eigentliche Erbschaft von *Screen,* weniger die Einführung und Durchsetzung der Lacan'schen Spiegelphase oder die Argumentation für einen „male gaze" in der Filmtheorie. Die Disposition des Subjekts als psychisches Wesen, die detaillierte Aufmerksamkeit für textuelle Operationen und die Bezugnahme auf die Schauanordnung sind wichtige mediale Faktoren, die es zu beachten gilt, wenn man das Kino verstehen will, ohne methodologische Verkürzungen vorzunehmen. Dies lässt sich kaum in verallgemeinerten Untersuchungs-Designs formalisieren, sondern erfordert eine genaue Hingabe an die vielschichtigen Faktoren, die dabei eine Rolle spielen. Mit dem Begriff der Hingabe ist auch das libidinöse Element aufgerufen, das sich in der Screen-Theorie ebenso in der Wirkmacht des Kinos wie in den Obsessionen des Forschenden findet. Dass man das Kino also zugleich lieben kann und seine systematische und strenge Erforschung dem keinen Abbruch tut, das hat *Screen* eindrücklich bewiesen und damit nachhaltig bis heute wissenschaftlich ambitionierte Projekte inspiriert.

Literatur

Barthes, Roland. 2010. *Mythen des Alltags*. Berlin: Suhrkamp.

Baudry, Jean-Louis. 1974. Ideological effects of the basic cinematographic apparatus. *Film Quarterly* 28 (2): 39–47.

Bazin, André. 2004. *Was ist Film?*, Hrsg. R. Fischer. Berlin: Alexander.

Bellour, Raymond. 1974. The obvious and the code. *Screen* 15 (4): 7–17.

Bellour, Raymond. 1975. The unattainable text. *Screen* 16 (3): 19–27.

Benjamin, Walter. 1972. A short history of photography. *Screen* 13 (1): 5–26.

Birns, Nicholas. 2014. The system cannot withstand close scrutiny: 1966, the Hopkins conference, and the anomalous rise of theory. *Modern Language Quarterly* 75 (3): 327–354.

Bolas, Terry. 2009. *Screen education: From film appreciation to media studies*. Bristol: Intellect.

Bordwell, David. 1996. Contemporary film studies and the vicissitudes of grand theory. In *Post-theory. Reconstructing film studies*, Hrsg. D. Bordwell und N. Carroll, 3–36. Madison: University of Wisconsin Press.

Brewster, Ben. 1971. Structuralism in film criticism. *Screen* 12 (1): 49–58.

Brewster, Ben, et al. 1976. The editorial board: Reply. *Screen* 17 (2): 110–116.

Buscombe, Edward, et al. 1976. Why we have resigned from the board of *screen*. *Screen* 17 (2): 106–109.

Casetti, Francesco. 2015. *The Lumière-Galaxy. Seven key words for the cinema to come.* New York: Columbia University Press.

Comolli, Jean-Luc, und Paul Narboni. 1971. Cinema/ideology/criticism. *Screen* 12 (1): 27–38.

Doane, Mary Ann. 1987. *The desire to desire. The woman's film of the 1940s.* Bloomington: Indiana University Press.

Dosse, François. 1999. *Geschichte des Strukturalismus*. Frankfurt a. M.: Fischer.

Drummond, Philip. 1977. Textual space in 'Un chien andalou'. *Screen* 18 (3): 55–120.

Fofi, Goffredo. 1972. The cinema of the popular front in France (1934–38). *Screen* 13 (4): 5–57.

Fortini, Franco. 1974. The writer's mandate and the end of anti-fascism. *Screen* 15 (1): 33–72.

Hagener, Malte, Vinzenz Hediger, und Alena Strohmaier, Hrsg. 2016. *The state of post-cinema. Tracing the moving image in the age of digital dissemination*. London: Palgrave Macmillan.

Haskell, Molly. 1974. *From reverence to rape. The treatment of women in the movies*. New York: Holt, Rinehart and Winston.

Heath, Stephen. 1973a. Film/cinetext/text. *Screen* 14 (1–2): 102–128.

Heath, Stephen. 1973b. Metz' semiology: A short glossary. *Screen* 14 (1–2): 214–226.

Heath, Stephen. 1975a. Film and system: Terms of analysis. Part I. *Screen* 16 (1): 7–77.

Heath, Stephen. 1975b. Film and system: Terms of analysis. Part II. *Screen* 16 (2): 91–113.

Herausgeber der *Screen*. 1972. Editorial. *Screen* 13 (1): 2–4.

Herausgeber der *Cahiers du Cinéma*. 1972. John Ford's Young Mr. Lincoln: A collective text by the Editors of Cahiers du Cinéma. *Screen* 13 (1): 5–44.

Jancovich, Mark. 1995. Screen theory. In *Approaches to popular film*, Hrsg. J. Hollows und M. Jancovich, 123–150. Manchester: Manchester University Press.

Kuhn, Annette. 2009. *Screen* and screen theorizing today. *Screen* 50 (1): 1–12.

Kuntzel, Thierry. 1973. The treatment of ideology in the textual analysis of film. *Screen* 14 (3): 44–54.

Lovell, Alan, et al. 1972. Interviews: Alberto Cavalcanti and Gavin Lambert. *Screen* 13 (2): 33–78.

Mayne, Judith. 1993. *Cinema and spectatorship*. London: Routledge.

Mellen, Joan. 1974. *Women and their sexuality in the new film*. New York: Horizon.

Mulvey, Laura. 1975. Visual pleasure and narrative cinema. *Screen* 16 (3): 6–18.

Mulvey, Laura. 1981. Afterthoughts on ,Visual Pleasure and Narrative Cinema' inspired by King Vidor's Duel in the Sun (1946). *Framework* 15 (17): 12–15.

Paech, Joachim, et al., Hrsg. 1985. *Screen-theory. Zehn Jahre Filmtheorie in England von 1971–1981*. Osnabrück: Selbstverlag.

Rodowick, David. 1991. *The difficulty of difference. Psychoanalysis, sexual difference and film theory*. London: Routledge.

Rosen, Marjorie. 1973. *Popcorn venus. Women, movies & the American dream*. New York: Coward, McCann & Geoghegan.

Rosen, Philip. 1977. Screen and the Marxist project in film criticism. *Quarterly Review of Film Studies* 2 (3): 273–287.

Rosen, Philip, Hrsg. 1986a. *Narrative, apparatus, ideology. A film theory reader*. New York: Columbia University Press.

Rosen, Philip. 1986b. Introduction to part one: Structures of filmic narrative. In *Narrative, apparatus, ideology. A film theory reader*, Hrsg. ders., 3–16. New York: Columbia University Press.

Rosen, Philip. 2008. Screen and 1970s film theory. In *Inventing film studies*, Hrsg. L. Grieveson und H. Wasson, 264–297. Durham: Duke University Press.

Sarris, Andrew. 1968. *The American cinema: Directors and directions 1929–1968*. New York: E.P. Dutton.

Stam, Robert. 2000. *Film theory: An introduction*. Malden: Blackwell.

Studlar, Gaylin. 1988. *In the realm of pleasure. Von Sternberg, Dietrich, and the Masochistic Aesthetic*. New York: Columbia University Press.

Watkins, Roger. 1971. Chairman's foreword. *Screen* 12 (1): 7–9.

Williams, Linda, Hrsg. 1994. *Viewing positions. Ways of seeing film.* New Brunswick: Rutgers University Press.

Willemen, Paul. 1972. On realism in the cinema. *Screen* 13 (1): 37–44.

Wollen, Peter, Alan Lovell, und Sam Rohdie. 1972. Interview with Ivor Montagu. *Screen* 13 (3): 71–113.

Filme

M (D 1931, Fritz Lang).

THE BIG SLEEP (USA 1942, Howard Hawks, deutsch: TOTE SCHLAFEN FEST).

TOUCH OF EVIL (USA 1958, Orson Welles, deutsch: IM ZEICHEN DES BÖSEN).

UN CHIEN ANDALOU (FR 1929, Luis Buñuel/Salvador Dali).

YOUNG MR. LINCOLN (USA 1939, John Ford).

Psychoanalyse und Ideologiekritik (Slavoj Žižek)

Irina Gradinari

1 Theoretischer Hintergrund und Stil

Slavoj Žižek (*1949) gilt heute als einer der berühmtesten Philosophen weltweit. Er ist Mitglied der *Slowenischen Akademie der Wissenschaft und der Künste,* Präsident der *Society for Theoretical Psychoanalysis* in seiner Heimatstadt Ljubljana, Professor an der *European Graduate School* in Saas-Fee (Schweiz) und Direktor des *Birkbeck Institute for the Humanities* an der Universität London (Vogt 2012, S. 95). Gemeinsam mit dem Philosophen Mladen Dollar und dem Soziologen Rastko Močnik ist er ein Mitbegründer der *Ljubljana Lacanian School,* in deren Rahmen psychoanalytische Ansätze in verschiedenen anderen Fächern auf ihre Anschlussfähigkeit erprobt wurden. Žižek veröffentlichte bereits über 50 Monografien, die in zahlreiche Sprachen übersetzt wurden, und ist zudem Herausgeber der Zeitschriften *Analecta, Wo es war, SIC* und *Short Circuits* (Vogt 2012, S. 95). Das *International Journal of Slavoj Žižek* setzt sich eingehend mit seinem Werk auseinander.

Žižek ist vor allem dafür bekannt, zu den wenigen Intellektuellen der Gegenwart zu gehören, die sich öffentlich zum Kommunismus bekennen und den Kapitalismus radikal ablehnen (Žižek 2008a). Indem er ein „linkes, antikapitalistisches Projekt neu" zu formulieren versucht (Žižek 2001, S. 10), geht es dem slowenischen Philosophen um eine radikal-emanzipatorische Politik (Vogt 2012, S. 94). So analysiert er vor allem Formen moderner Ideologien, zum Beispiel den Multikulturalismus (Žižek 2001), und sucht nach Handlungsformen, die dem Kapitalismus als Rahmenbedingung moderner Gesellschaften ein Ende zu

I. Gradinari (✉)
FernUniversität in Hagen, Hagen, Deutschland
E-Mail: irina.gradinari@fernuni-hagen.de

© Springer Fachmedien Wiesbaden GmbH, ein Teil von Springer Nature 2020   87
I. Ritzer (Hrsg.), *Schlüsselwerke der Medienwissenschaft,*
https://doi.org/10.1007/978-3-658-29325-3_6

setzen vermögen (Žižek 1993, vgl. auch Butler 2008) – eine durchaus marxistische Herangehensweise, im Rahmen derer das ‚falsche' Bewusstsein aufgedeckt und radikale soziale Änderungen angestrebt werden. Zu seiner Auseinandersetzung mit Ideologien zählen seine Analysen der Phantasmen,[1] die er bereits seit 1988 verfolgt. Auf theoretischer Ebene führt er dabei den Deutschen Idealismus mit der strukturalistischen Psychoanalyse von Jacques Lacan zusammen (Heil 2010). Die daraus gewonnene analytische Perspektive setzt er wiederum für die Analyse medialer Bilder ein, um die darin sichtbar werdenden ideologischen Implikationen moderner westlicher Gesellschaften zu entlarven. Die Psychoanalyse ist laut Slavoj Žižek das verdrängte Wissen der Philosophie (vgl. den Film LIEBE DEIN SYMPTOM WIE DICH SELBST). Mit ihrer Hilfe liest Žižek philosophische Ansätze neu, die er dabei dekontextualisiert, von Buch zu Buch wiederholt und zugleich verschiebt. Nach Reinhard Heil besteht seine Methode gerade darin, die alten Denker „falsch" zu lesen (Heil 2010, S. 11), um ihnen neue Erkenntnisse zu entlocken, aber auch, um sie aus ihrem historischen Kontext zu befreien und damit für uns zu aktualisieren. Auch die Psychoanalyse erfährt umgekehrt eine Neuinterpretation und wird vor allem zu einem politischen Analyseinstrumentarium aufgewertet, mit dem mediale Produkte und Phänomene populärer Kultur, aber auch politische Ereignisse in ein neues Licht gerückt werden können.

Slavoj Žižek stellt zugleich selbst ein „Medienphänomen" (Heil 2010, S. 7), eine öffentliche Figur mit einem charismatisch-neurotischen Auftritt und rhetorischer Schlagfertigkeit, dar: Er meldet sich regelmäßig in Interviews in Fernsehen und Zeitungen zum aktuellen politischen Geschehen zu Wort, hält weltweit öffentliche Vorlesungen und nimmt immer wieder Gastprofessuren an. 1990 kandidierte er für das vierfach zu besetzende Präsidentenamt der Partei Liberaldemokratie Sloweniens (LDS). Trotz seines Misserfolgs bei den Wahlen berät er bis heute die slowenische Regierung (Myers 2004, S. 6 ff.). Außerdem war er bei der Produktion verschiedener Filme als Drehbuchautor, (Psycho-)Analytiker und zugleich als Hauptfigur aktiv. Das berühmteste Werk ist mit Sicherheit der Dreiteiler THE PERVERT'S GUIDE TO CINEMA, in dem Žižek nachgebaute Mise-en-Scènes bekannter Hollywood-Klassiker begeht und diese psychoanalytisch erklärt, um ihre Ideologieanfälligkeit zu entlarven. Seine brillanten dialektischen Analysen zeigen vor allem deutlich, dass Medien, Politik und Verlangen westlicher Subjekte konstitutiv zusammengedacht werden müssen, weil

---

[1]Zur Analyse wurde die deutsche, etwas gekürzte Ausgabe verwendet. Vgl. auch die englische Ausgabe (Žižek 2008c).

die Medien das kollektive Unbewusste, Subjektstrukturen und Begehrensformen gestalten.

Mit seinen Schriften und öffentlichen Auftritten verfolgt Slavoj Žižek politische Ziele. Allem voran geht es ihm um die Deelitarisierung von Wissen und in diesem Zusammenhang darum, Hierarchien und diskursive Machtstrukturen der Wissenschaft wenn nicht zu zerstören, so doch zumindest zu destabilisieren. Zu diesem Zweck mischt er Anekdoten mit Theorien, das Obszöne mit der politischen Praxis, alltägliche Lebenserfahrungen mit Filmbeispielen. Durchaus bewundernswert erscheint, wie Slavoj Žižek Wissen aus verschiedenen Bereichen miteinander in Beziehung setzt, zum Beispiel die Werbung für eine Sonnenlotion mit der Subjektstruktur oder die Beschaffenheit von Toiletten mit nationalen Mentalitäten.

Zoten, Witze und Anekdoten sind für Žižek – ganz im Sinne Sigmund Freuds – Manifestationen des kollektiven Unbewussten, dessen er sich bedient und das er anspricht, denn Žižek will zweitens die aktuelle kapitalistische und neoliberale (Subjekt-)Ideologie durch seine wissenschaftliche Erklärung zerstören, was wiederum psychoanalytisch zu deuten ist: Indem die Patient*innen ihre ideologische Vereinnahmung erkennen, werden sie geheilt bzw. unterstützen sie diese Ideologie nicht mehr, was vor allem dadurch geschieht, dass sie nicht mehr handeln (Žižek 2002, 2008b). Daher sind seine Studien eher fragmentarisch und zugleich dicht; sie bestehen aus einer Vielzahl analytischer Beobachtungen. Eine solche Aufbaustrategie strebt an, möglichen ideologischen Vereinnahmungen entgegenzuwirken, die durch eine kontinuierliche Narration und kausal-logische Argumentationsführung entstehen könnten (Heil 2010, S. 16). Mit seiner Ideologiekritik schließt Žižek dabei vor allem an Frederic Jamesons Kritik der Postmoderne an, mit der dieser zeigt, dass die Postmoderne gerade eine totalisierende Verbreitung und Verfestigung des Kapitalismus möglich machte (Jameson 2009).

Drittens sind Filme, Anekdoten, Literatur und eigene Lebenserfahrung als konstitutive Bestandteile von Žižeks analytischer Herangehensweise zu verstehen: Sie sind nicht einfach Beispiele, sondern fungieren als epistemologische Einheiten, die die ideologische Reichweite medialer und somit politischer Implikationen deutlich machen und zugleich den konstitutiven Bestandteil jenes multimodalen und -medialen Wissenssystems darstellen, das durch das Banale, Verworfene oder Obszöne konstituiert wird: Gerade für die Psychoanalyse ist jedes scheinbar unwichtige Detail von Bedeutung. So nimmt Žižek für die Wissenschaft ansonsten kaum bedeutsame Objekte oder Phänomene auf, um zu zeigen, dass es keine ideologiefreien Elemente im gesellschaftlichen Zusammenleben gibt. Diese Elemente zusammen bringen die Ideologien mehr oder weniger zum Ausdruck und tragen so zu ihrer Akzeptanz bei. Dadurch produziert Žižek eine andere Form des Wissens, das er wie Puzzles aus verschiedenen Wissensbereichen, vor allem aber aus den Resten verschiedener Diskurse, zusammenträgt und diese Bereiche dabei zugleich dialektisch umdeutet. Zum Beispiel vermag er an den Grimassen einer Pornodarstellerin während des Sexualaktes jene vier Machtdiskurse abzulesen, die Lacan in *Encore* (1991) ausgearbeitet hat: Am gelangweilten Gesichtsausdruck sieht Žižek die Haltung des Herrn und am angestrengten, bemühten den Diskurs der Universität. Wenn die Pornodarstellerin einen provozierenden Blick zum Partner in der Szene wirft, bedeutet dies eine hysterische Provokation des Herrn (Diskurs der Hysterie). Zuletzt steht die ekstatische Verzückung der Schauspielerin nach Žižek für die Lacan'sche Destitution des Subjektes (Identifikation des Subjektes mit der Objekt-Ursache des Begehrens) und mithin für die Position des Analytikers (Žižek 1997, S. 168). Eine solche Deutung der Herrschaftsdiskurse anhand eines Sexualaktes hat eine weitreichende Implikation, zeigt ihre Ambivalenz im Machtgefüge und verkehrt sie zugleich ins Obszöne.

Generell ist Slavoj Žižek nicht nur ein wissenschaftlicher Grenzgänger zwischen Philosophie, Psychoanalyse und politischer Theorie, sondern jener intellektuelle Doppelgänger, der als das Andere, ja als unheimliches Symptom des Westens erscheint, indem er das zusammenführt und repräsentiert, was der Westen ‚verdrängt‘, um zu bestehen – die Formen und Quellen seines eigenen Begehrens. Aus einem konfliktbeladenen Staat mitten in Europa stammend, durch den die politische Grenze zwischen Westen und Osten verläuft, bringt Žižek als Angehöriger einer kleinen, slawischen Ethnie gerade die westliche Philosophie (Descartes, Kant, Hegel, Kierkegaard, Bergson, Marx, Althusser, Deleuze u. a.) und die westliche Psychoanalyse (Freud, Lacan, Miller) zusammen, appliziert sie an Witzen und Filmbeispielen und spiegelt so dem Westen sein eigenes Wissen und Begehren in Form einer radikalen linken Ideologiekritik zurück. Indem er also auf die Funktionsweise der westlichen Ideologien hinweist, die Rassismus, Sexismus, Xenophobie und vor allem die Ausbeutung durch den Kapitalismus verschleiern und naturalisieren, fungiert Žižek gegenüber dem Westen als eine Antwort des Realen, die den Westen mit seinem eigenen Wissen, nun dialektisch umgedeutet und auf das Banale verschoben, konfrontiert.

2 Lacans Subjektkonstitution: Das Reale, das Imaginäre und das Symbolische

Slavoj Žižek baut seine Argumentation auf der strukturalistischen Psychoanalyse Jacques Lacans auf. Lacan hat drei Dimensionen der Wirklichkeit eingeführt, die das Subjekt in seiner Konstituierung von Geburt an bis zum Spracherwerb durchläuft, wobei sie alle danach weiterhin mit verschiedener Intensität präsent bleiben. Der Säugling befindet sich noch weitgehend im Realen – in einer Wirklichkeit, die nicht repräsentierbar ist. Hier fällt das Signifikat (Bedeutung) noch mit dem Signifikanten (Zeichen) zusammen. Mit dem Bewusstseinswachstum geht das Kind in eine imaginäre Phase über, auch als Spiegelstadium bekannt, wobei es sich im Spiegel jubilatorisch erkennt und zugleich als Ganzheit, ja als Einheit mit dem Bild bzw. mit einem Signifikanten, verkennt (Lacan 1973a). Die imaginäre Dimension ist konstitutiv für das Begehren des Subjektes, als Begehren zum Objekt klein *a* (die erste Bezugsperson), von dem sich das Kind trennt und das eine Leere in ihm hinterlässt. Diese Leere verleiht jedoch dem Begehren des Subjektes als erstem Referenzpunkt eine gewisse Konsistenz. Es ist eine Art phantasmatischer Platzhalter, der einerseits die Wahl der Liebesobjekte vorstrukturiert und an das sich andererseits jedoch keines der Liebesobjekte annähern kann (Žižek 1996). Indem das Individuum die Sprache erlernt, tritt es in die symbolische Ordnung ein und wird infolgedessen vom Realen und somit von der Jouissance (dem Genießen jenseits des Gesetzes) abgeschnitten, wobei das Reale und das Unbewusste als Produkte einer nie vollständig realisierbaren Symbolisierung erst mit dem Spracherwerb als eigene Bereiche konstituiert werden. Durch diese Prozedur entstehen (männliche) Subjekte (Lacan 1973b, c). Obwohl Lacan das Subjekt bei diesen drei Dimensionen geschlechtlich nicht differenziert – alle müssen die Sprache erwerben und in die symbolische Ordnung eintreten –, schreibt er an einer anderen Stelle, dass die Frauen die Position des Phallus, also der Differenz einnehmen und somit nicht, oder zumindest nicht immer, als Subjekte fungieren (Lacan 1973d), was Žižek jedoch nie thematisiert, obwohl er jegliche Art von Sexismus oder Misogynie stark kritisiert. Die symbolische Ordnung inkludiert alle Vorstellungen von sozialer Gemeinschaftlichkeit: die (patriarchale) Sprache, das Gesetz und den (symbolischen) Vater, die manchmal in verschiedenen Figuren des großen Anderen, zum Beispiel als Gott, personifiziert werden (Žižek 2008b, S. 19). Der Eintritt in die symbolische Ordnung ist trotzdem eine Art der symbolischen Kastration (vgl. Lacan 1973b), da die Symbolisierung eine notwendige Differenz – bei Lacan der Phallus als erster Signifikant – einführt, der überhaupt erst Bedeutung ermöglicht, allerdings auch eine Spaltung von Signifikat und Signifikant mit sich bringt, wie etwa die Geschlechterdifferenz, aber auch die Spaltung im Subjekt selbst (Subjekt in der Aussage und Subjekt der Aussage) produziert. Die Sprache ermöglicht es dem Individuum, ein Subjekt zu sein, spaltet und unterläuft es aber zugleich.

Das Reale und das Imaginäre bleiben jedoch in der symbolischen Ordnung erhalten, da diese nicht umfassend und kontinuierlich ist. Zusammen gestalten sie Begehren und produzieren (psychische) Spannungen. Žižek erklärt dies anhand verschiedener Formen der Bildlichkeit bei der Darstellung des Sexualaktes im Kino (1997, S. 164 f.). Er interessiert sich dafür, weil die Sexualität einen wichtigen Bestandteil identitärer Prozesse und daher auch einen zentralen Gegenstand der Psychoanalyse darstellt. Der Sexualakt ist jedoch für ihn keinesfalls das Reale oder das Instinktive, sondern eine kulturell-mediale Inszenierung, die jedes Individuum erlernen muss, um dem Realen zu entkommen. Deswegen gibt gerade das Kino über bestehende Ausdrucksformen des Begehrens Auskunft, das sich immer schon im Äußeren – in der Interaktion mit den Anderen und mit der Kultur – herausbildet. Allerdings kann der Sexualakt durchaus das Reale erfahrbar machen, sonst würde die Sexualität nicht so stark von der Kultur zensiert und reguliert werden. So ist die sexuelle Ekstase nach Žižek wenn nicht undarstellbar, so doch zumindest eine bildlich-mediale Herausforderung, die die Pornografie nicht einzulösen vermag. Die Bilder versuchen der kulturellen Zensur gerecht zu werden und gerade dort kann der Umgang mit dem Realen im Symbolischen nachvollzogen werden. Sexuellen Bildern nachzugehen bedeutet also, dem Begehren auf die Spur zu kommen, das die medialen Repräsentationen strapaziert.

Die Jouissance, der unermüdliche (Todes-)Trieb und das Genießen des Realen (Lacan 1975, S. 177; Lacan 1996), nach Žižek vor allem der Wiederholungszwang selbst und die Fixierung auf die konstitutive Leere (Žižek 2006, S. 61 ff.), wird an Spannungsstellen bzw. Diskontinuitäten zwischen dem Realen, dem Imaginären und dem Symbolischen sichtbar, indem sie verschiedene Ausdrucksmodi initiiert (Žižek 1997, S. 164). Die Schnittstelle zwischen dem Symbolischen und dem Imaginären entspricht dem Komischen im Sexualakt. Der Sexualakt droht in der Wirklichkeit immer ins Lächerliche zu kippen, und so bemüht sich das Kino, diese Brüchigkeit durch eine zwanghafte Distanz zum Sexualakt zu verschleiern, wenn der Sex zum Beispiel an einer entscheidenden Stelle, an der er erwartet wird, ganz ausgelassen wird. Ein weiterer Ausdruck der Jouissance an der Spannungsachse zwischen dem Symbolischen und dem Realen ist die Perversion als Vorherrschaft des verlorenen Objekts a, das zugleich nach Žižek auch ein Partialobjekt ist. In der Repräsentation des Sexualaktes finde eine metonymische Verschiebung auf ein Ding statt, wobei es dann nur schlimmer wird – ein Beispiel bildet hier die Verschiebung vom Sexualakt zum Mord. Ein nächster Modus des Bildes von Jouissance an der Schnittstelle zwischen dem Imaginären und dem Realen ist das große Phi (Φ) als faszinierendes Bild, das eine pathetische Ekstase, zum Beispiel in der Figur der Femme Fatale des Film Noir, zum Ausdruck bringt. Der Sexualakt wird als „romantisches" Pathos dargestellt, indem er durch Symbole die Erregungszustände des Körpers signalisiert oder zum Beispiel durch Musik angedeutet wird (Žižek 1997, S. 164 ff.).

3 Phantasie und Ideologie

Vor diesem Hintergrund bildet sich also die Phantasie heraus, die das Verhältnis zwischen dem Subjekt und den verschiedenen Dimensionen der Wirklichkeit reguliert, da die symbolische Ordnung wie das Subjekt selbst lückenhaft ist und instabil bleibt. Nach Heil dient die Phantasie als Abwehr. Zugleich erzeugt sie gerade das, was sie abwehrt, jedoch stets in gedämmter und verschobener Form (Heil 2010, S. 70). So benötigt das Subjekt die Phantasie zum Beispiel dafür, um sich vor den Auswirkungen der Jouissance im Symbolischen zu schützen und die Positivität der Objekte zu ertragen. Phantasie dient in diesem Fall als Schutzschirm, erschafft zugleich einen „‚verdrängten' Referenzpunkt von dem, was sie zu verbergen vorgibt, z. B. Horror- oder Katastrophenbilder, die vom Schreck des Realen ahnen lassen" (Žižek 1997, S. 20). Außerdem kreist die Phantasie um das Begehren des Anderen, das für das Begehren des Subjektes konstitutiv ist. Zugleich ist die Phantasie für die Wirklichkeit unabdingbar – ohne die Phantasie erleidet das Subjekt „einen ‚Wirklichkeitsverlust' und beginnt, die Wirklichkeit als ein ‚irreales', alptraumartiges Universum ohne ontologische Begründung wahrzunehmen, (…) *was von der Wirklichkeit übrigbleibt, nachdem diese ihrer Stützung durch die Phantasie beraubt worden ist*" (Žižek 1997, S. 79, Herv. i. Orig.). Phantasie verleiht der Realität somit einen Sinn und kann mithin als ein Prozess begriffen werden, der in vergleichbarer Form auch in den Funktionsbereich der Medien fällt. So kann Phantasie mit verschiedenen Ideologien besetzt werden, etwa Neoliberalismus, Sexismus, Faschismus, Stalinismus oder Rassismus. Die feministische Kritik würde eher auf den strukturellen Charakter der Geschlechterasymmetrie oder der Xenophobie hinweisen. Žižek verortet diese Ordnungen hingegen in der Phantasie, die als Puffer der Realität notwendig, jedoch flexibel und von seiner Struktur her offener und deswegen auch ideologieanfällig ist. Phantasie und Ideologie können also zusammenfallen, weil sie sich beide im Äußerlichen, im sozialen Ritual oder auf der medialen ‚Oberfläche' herausbilden. Phantasie zu untersuchen bedeutet daher, sich der Analyse der Medien zuzuwenden und diese auf ihre ideologische Wirkung hin zu überprüfen.

Wenn Phantasie und Ideologie zusammenfallen, bilden sie ein (mediales) Phantasma. Žižek unterscheidet dabei sieben Schleier der Phantasie.

Erstens zeichnet sich Phantasie durch ihren *transzendentalen Schematismus* aus, der dem individuellen Begehren eine Form gibt. Das Schema erschafft so etwas wie einen Rahmen, der das Begehren des Subjektes strukturiert und ausgewählte Objekte der Realität als Objekte des Begehrens aufwertet, die jedoch jene leeren Plätze füllen, die das Symbolische aufgemacht hat. Dieses Phantasieschema ist zugleich eine Enteignung des Subjektes, da es ihm nie vollständig gehört und daher nicht abschließend subjektivierbar ist. In THE PERVERT'S GUIDE TO CINEMA verweist Žižek explizit auf das Kino, das das Subjekt lehrt, wie es begehren kann – das Schema besteht also aus Genreelementen, narrativen und ästhetischen Strukturen und tradierten Motiven. Filme zu analysieren bedeutet somit, den Rahmen des Begehrens zu untersuchen.

Zweitens ist die Phantasie *intersubjektiv,* wobei es hier nicht um das Andere oder seine Anerkennung geht, sondern um das Objekt *a,* das im Subjekt das unergründliche Begehren des Anderen hinterlassen hat: „Die ursprüngliche Frage des Begehrens ist nicht geradeheraus ‚Was will ich?‘, sondern ‚Was wollen *andere* von mir? Was sehen sie in mir? Was bin ich für die anderen?‘" (Žižek 1997, S. 23, Herv. i. Orig.). So ist das Subjekt von Anfang an dezentriert, weil das Objekt *a* als phantasmatische Spur des Begehrens des Anderen „im Subjekt mehr als das Subjekt selbst" ist (Žižek 1997, S. 24). Das Subjekt muss darüber phantasieren, was das Andere in ihm wertvoll findet, um jene Lücke aufzufüllen, die dann entsteht, wenn das Subjekt, um Subjekt zu sein, von anderen abgeschnitten wird.

Der dritte Schleier der Phantasie ist *der narrative Einschluss der Antagonismen.* Die Narration, und dazu gehören auch Oralität, literarische und filmische Erzählweisen – denn Erzählen ist grundsätzlich ein kollektiver und kommunikativer Akt –, versöhnt Widersprüche und produziert mit Hegel jene Synchronizität, die jede Epoche auszeichnet. Dies ist deshalb möglich, weil Narrationen die widersprüchliche Synchronizität in eine zeitliche, sukzessive Anordnung umstrukturieren.

Der nächste Schleier der Phantasie *Nach dem Fall* beschäftigt sich mit der „unmöglichen" Szene der Kastration (Žižek 1997, S. 31), also mit der Ursprungserzählung der Subjektivität, die bei Lacan eine Bedingung dafür darstellt, dass das Subjekt in die symbolische Ordnung eintritt – durch den Verlust (bzw. die Konstituierung) des Realen und eine Unterwerfung unter die Norm (der Sprache, des Gesetzes, des Vaters usw.). Žižek arbeitet vor allem die phantasmatische Dimension der Kastration aus. So findet sie zum einen immer in der Vergangenheit statt. Sie stellt somit ein uneinholbares Ereignis dar: „Adam entdeckt seine Wahl, anstatt sie zu treffen" (Žižek 1997, S. 33). Zum anderen ist die symbolische

Kastration insofern ein Phantasma – an dieser Stelle deutet Žižek Lacan um –, als dass sie der „Verlust von Etwas [ist], was das Subjekt vorher nie besessen hat" (Žižek 1997, S. 34). Der Phallus als Signifikant des Mangels hinterlässt eine solche phantasmatische Wirkung bzw. fügt den Mangel hinzu, der jegliche Art der Realisierung von Bedeutungen und daher der Erfüllung von Wünschen als unbefriedigend ausstellt. Die Kastration markiert somit einen phantasmatischen, da niemals stattgefundenen, Verlust; zugleich aber ist dieser Verlust unabdingbar, weil er nicht nur das Subjekt der symbolischen Ordnung unterwirft, sondern auch das Begehren des Subjektes durch die Trennung vom Genießen des Realen konstituiert. Die nachgetragene Szene der Kastration suggeriert eine ursprüngliche, verlorene Fülle, die das Begehren in Gang setzt.

Der fünfte Schleier der Phantasie ist *der unmögliche Blick,* der die phantasmatische Narration auszeichnet, die Position eines neutralen Beobachters, der angeblich außerhalb des Geschehens stehen kann und somit von „seiner historischen Existenz *befreit*" ist (Žižek 1997, S. 39, Herv. i. Orig.), wodurch seine ideologische Involviertheit geleugnet wird. An dieser Stelle könnte man eine Nähe Žižeks zur feministischen Objektivitätskritik vermuten, die für die Situiertheit des Wissens und der Perspektiven plädiert (vgl. z. B. Haraway 2001). Žižek kritisiert die Gender Studies allerdings grundsätzlich, da sie in seiner Perspektive der neoliberalen Ideologie zuarbeiten (vgl. z. B. Butler et al. 2013). Den Begriff der Wahrheit behält er aus strategischen Gründen für das politische Handeln bei, plädiert aber für eine Wahrheit der Position, „von der aus man spricht" (Žižek 2008a, S. 27).

Der sechste Schleier ist die *inhärente Überschreitung* der Phantasie, die es dieser ermöglicht, implizit zu bleiben und gegenüber der symbolischen Ordnung eine Distanz aufrechtzuerhalten. Die Distanznahme setzt das Subjekt in einer bestimmten Situation in die Lage, den jeweiligen Kontext zu reflektieren und so zu überschreiten. Diese Überschreitung ist jedoch genau genommen keine, weil „*nur die Referenz auf einen trans-ideologischen Kern eine Ideologie ‚arbeitsfähig' macht'*" (Žižek 1997, S. 45, Herv. i. Orig.) Zum Beispiel gehört eine solche inhärente Überschreitung zum Wesen der Macht, die sich erst in der Überschreitung manifestieren kann. Eine völlige Identifizierung mit der Ideologie würde gerade deren gewaltsames Wesen freilegen und sie somit entkräften, wie sich an der Figur des Private Paula aus FULL METAL JACKET zeigen ließe, jenem vielfach erniedrigten Soldaten, der letztendlich Amok läuft und somit das grausame Wesen der Armee sichtbar macht (Žižek 2011). Die „Erotisierung der disziplinatorischen Prozedur" in diesem Film ist nach Žižek keine sekundäre, sondern „das konstitutive obszöne Supplement dieser Prozedur", das die Militärsubjekte überhaupt erst erschafft (Žižek 1997, S. 54). Die inhärente Überschreitung ist somit eine strukturelle Bedingung phantasmatischer Ordnung.

Der siebte Schleier findet sich in *der leeren Geste*. Es handelt sich hierbei um symbolische Angebote, die eigentlich keine sind, weil sie zurückgewiesen werden müssen. Um zu funktionieren, braucht das gesellschaftliche System phantasmatische Unterstützung durch ungeschriebene Regeln, um seine Verwundbarkeit und Einschränkung zu verschleiern. Das drückt sich in dem Angebot frei und freiwillig zu wählen aus, ist jedoch eine leere Geste, ein „symbolischer Tausch in Reinform" (Žižek 1997, S. 56) – eine Geste, die gemacht werden muss, um zurückgewiesen zu werden. Es erscheint als eine freie Wahl, die aber keine ist. Die ungeschriebenen Regeln wirken daher zerstörend gegenüber dem Recht, das die Wahlmöglichkeit nicht einfach erlaubt, sondern garantiert (Žižek 1997, S. 57). Die Phantasie legt fest, wie das öffentliche Recht zu verstehen ist, reduziert dabei jedoch „*die tatsächliche Spanne der Wahlmöglichkeiten*", wodurch zugleich „*die falsche Öffnung*" behauptet wird (Žižek 1997, S. 59, Herv. i. Orig.). Diese ungeschriebenen Regeln werden vor allem in narrativen Medien wie Literatur und Film tradiert und eingeübt.

4   Virtuelle Realität

Die virtuelle Realität gestaltet unsere Wirklichkeit um, indem sie das Subjektsein, seine Phantasien und somit die Begehrensstrukturen verändert. Das Eingebettetsein der Subjekte in die Gemeinschaft verschiebt sich in die virtuelle Welt, also an einen Ort außerhalb der materiellen Welt, und produziert so ein Verlangen nach einer anderen Szene, „die jedoch für immer ‚virtuell' bleibt, ein Versprechen ihrer selbst, ein flüchtiger anamorpher Schimmer, zugänglich nur einer Seitenansicht" (Žižek 1997, S. 90). Deswegen muss sich auch die analytische Vorgehensweise, die dieses Phänomen erschließen soll, verändern. Früher bestand die ideologiekritische Analyse nach Žižek darin, abstrakte Implikationen in die konkrete soziale Wirklichkeit zurückzuverfolgen. Heute ist es hingegen notwendig, sich analytisch den pseudokonkreten medialen Bildern anzunähern, um zur Abstraktion der Digitalisierung und der Globalisierung, die unsere Gesellschaft strukturiert, durchzudringen.

Virtuelle Realität stellt nach Žižek eine reine Erscheinung im Sinne von Gilles Deleuze dar, der hierbei von einem Sinn-Ereignis spricht, bei dem Sinneffekte zwar aus der körperlichen Materialität produziert werden, jedoch nicht mehr auf die Materialität zurückzuführen sind. Diese „unkörperlichen" Ereignisse (Žižek 1997, S. 91) kommen deswegen zustande, weil die virtuelle Realität keine Imitation, sondern eine Simulation von etwas Nicht-Existierendem darstellt (Žižek 1997, S. 92). Rückwirkend verändert die Simulation jedoch die

Realität; das Internet befindet sich in einem ontologischen Wettstreit mit ihr: Virtuelle Realität produziert vor allem ein eigenes Reales – eine „reine subjektlose (‚acephalitische') Kalkulation" (Žižek 1997, S. 93) –, das sich vom früheren Realen unterscheidet, denn die digitale Kalkulation ist weder mit den Signifikanten der symbolischen Ordnung vergleichbar, noch existiert sie innerhalb der materiellen Welt. Den Bedeutungen und Narrativierungen entsprechen damit keine Referenzen mehr – deswegen verändern sich auch die Ideologien. Als Referenz fungiert die reine, subjektlose Kalkulation (die digitalen Serien von Bytes).

Die Realität nimmt dadurch eine neue Form an. Die Grenzen zwischen dem ‚wahren' Leben und der mechanischen Simulation sowie zwischen objektiver Realität und illusorischer Wahrnehmung, die früher keine Medien überschreiten konnten, sind nun bedroht. Realität und Virtualität bezeichnet Slavoj Žižek dabei als RL und VR, sodass der Status der Realität gegenüber der Virtualität nicht mehr als privilegierter oder ‚echter' Ort der Lebenserfahrung markiert wird. Zugleich wird deren Modus durch die Abkürzung deutlich: Beiden fehlt die ‚Realität' selbst. Überall herrschen die Bilder. Da in der VR das Imaginäre und das Reale einander angeglichen werden, werden vor allem pathetische, skandalisierende Bilder produziert. Durch die Überflutung durch Bilder wird keine Realität, sondern ein „Hyperrealismus" (Žižek 1997, S. 99) produziert, der die Sicht verflacht, indem zum Beispiel Farben, Kontraste und Konturen eine größere Rolle spielen als eine narrative ‚Tiefe'.

Auch die Grenze zwischen Innen und Außen verschiebt sich. Die Körper werden im Inneren durch Technologien ermessen; das Außen ist zugleich das Innen. Das Interface funktioniert wie ein Spiegelbild des Imaginären (Žižek 1997, S. 117). Das Verhältnis zum Computer ist somit narzisstisch: VR-Identitäten fungieren als alte Egos der Individuen, werden jedoch nach der Regel und Form des neuen Mediums gestaltet. In der VR verlieren die User den Kontakt zur RL und anderen Körpern: „Elektrowellen umgehen die Interaktion externer Körper und attackieren direkt unsere Sinne" (Žižek 1997, S. 101). Durch diese Reduktion der RL auf das technologisch und elektromechanisch erzeugte Interface fällt die totale Subjektivierung mit der totalen Objektivierung, welche die Körper den Rhythmen und Arbeitsweisen des Computers unterwirft, zusammen (Žižek 1997, S. 102).

Mit der Verwischung der Grenzen zwischen Objekt und Subjekt sowie dem Innen und Außen kann die notwendige Dialektik des Begehrens, ihr Ursprung aus dem (ödipalen) Verbot und somit aus dem Mangel umgangen werden. Im Internet wird ein körperloses Begehren möglich, das eine „Vision eines Zustandes ohne Mangel und Behinderung, eines Zustandes des freien Flottierens im virtuellen Raum" initiiert, was eigentlich ein Zustand ist, der das Begehren zu eliminieren droht (Žižek 1997, S. 98). Die Multiple User Domain (MUD) setzt scheinbar die poststrukturalistische Subjektkritik um – es gibt demnach kein einheitliches Selbst, sondern dieses zerfällt in eine Vielfalt von Bildern und Agenten ohne koordiniertes Zentrum und erschafft so eine Art „kollektives Bewusstsein", das vom (Kastrations-)Trauma losgelöst ist (Žižek 1997, S. 100). Deswegen kann man im virtuellen Selbst das ausleben oder äußern, was in der RL nicht möglich ist. Außerdem ermöglicht die VR die Verleugnung der RL, wodurch die RL-Regeln suspendiert werden: „Ich weiß – es ist bloß ein VR-Spiel" (Žižek 1997, S. 108). Das Internet stellt daher zum größten Teil einen Ort des Unbewussten, eine freie Externalisierung libidinöser Potenziale dar, die in der RL nicht ausgelebt werden können (Žižek 1997, S. 106). Die Phantasien werden so zunehmend in den öffentlichen Raum entäußert, deren Gehalt jedoch das Medium formt. Im Zuge der Angleichung zwischen dem Imaginären und dem Realen werden vor allem pathetische, Faszination erweckende Bilder bevorzugt, wodurch Scham und Hemmung verlorengehen. Mit Verweis auf Sherry Turkle spricht Žižek vom „elektronischen Es" (1995, S. 205), das nun unbekannte Züge unserer Persönlichkeiten nach außen in soziale Medien oder Chats verlagert. Deswegen können Phantasien nicht mehr als Schutzschirm dienen. User sind ihrem phantasmatischen Kern entäußert und somit vollkommen verletzbar und manipulierbar. Die VR verspricht also einer neuen Gemeinschaft eine durch Vernetzung und Partizipation am politischen System konstituierte Gesellschaft. Zugleich reduziert die Maschine die Individuen auf „isolierte Monaden", die sich im Internet nie sicher sein können, ob sie mit realen Menschen, Agenten oder Computerprogrammen kommunizieren (Žižek 1997, S. 109).

Welche Ordnung herrscht in der VR, die einerseits wie ein „als ob-Spiel" funktioniert, also die Distanz zur RL aufrechterhält, durch welche zugleich jedoch eine Erregung oder Verletzung, zum Beispiel durch einen Shitstorm, herbeigeführt werden kann? Die „mittlere-vermittelnde Ebene" des Interfaces, die zwischen dem Leben und den Imaginationen liegt, ist nach Žižek die symbolische Ordnung selbst (1997, S. 111), die nun vollkommen externalisiert und technisiert wird. Das große Andere im Computer fungiert als perfekte Buchführung, in der alles gespeichert, transkribiert, digitalisiert und redupliziert wird (Žižek 1997, S. 155). Zugleich ist es von den Apparaturen abhängig, kann zum Beispiel durch einen Virus ausgelöscht werden.

Das verändert auch die Position der Subjekte im Symbolischen. Dem Subjektsein liegt grundsätzlich eine Spaltung zugrunde, ein konstitutiver Riss, der im Imaginären stattfindet und den Žižek als eine Lücke zwischen dem Etwas (verschiedene Masken, Selbste, Identifikationen) und dem Nichts, dem gebarrten

Subjekt ($), beschreibt, das immer eine Leere, eine Negativität darstellt. Das Subjektsein im Netz droht jedoch ganz auf diese Leere ($) reduziert zu werden – nach Žižek eine radikale „Proletarisierung" (1997, S. 115) zu erfahren –, wobei der Körper zum Rest verkrümmen, zum Schrecken des Realen werden kann, weil er keine eigene Erfahrung mehr macht. Identitäten gehen nicht mehr unmittelbar auf die Erfahrung des Subjektes zurück, sondern werden medialisiert, und können somit auch durch das „maschinistische Andere manipuliert und gestohlen werden" (Žižek 1997, S. 115). Durch die Akzeptanz der Verleugnung der VR (als ob) und das narzisstische Verhältnis zum Interface wird also das Internet zum Ort des Unbewussten; zugleich ist dieser Ort ein Programm, das nicht das unsere ist und das von einer Maschine kontrolliert, dirigiert und manipuliert werden kann. Kapitalisierung und Überwachung sind hier die Schlüsselbegriffe.

Was ist jetzt jedoch neu, wenn die symbolische Ordnung selbst immer schon virtuell war? Vor allem ist nach Žižek der Verlust des konstitutiven Mangels zu verzeichnen. Die Überflutung durch Texte und Bilder weist das Internet als Fülle aus. Die VR schließt jene Lücken, die zwischen verschiedenen Dimensionen des Symbolischen und des Subjektes bestanden und die durch die Phantasie ausgefüllt wurden. Sie tendiert also dazu, die Phantasie nicht nur an die Oberfläche zu bringen, sondern sie auch zu realisieren. User werden mit Informationen und möglichen, schon durch das Programm festgelegten Entscheidungen gesättigt. Dadurch geht auch der Herrensignifikant verloren, zum Beispiel im interaktiven Erzählen, bei dem die Signifikation nicht mehr festgelegt wird, im Schreiben am Computer, das eine unendliche Bearbeitung des Textes ermöglicht, oder im entkörperlichten Cybersex, in dem es scheinbar keine Beschränkungen mehr gibt. Diese Phänomene der VR werden teilweise als demokratisch und als Mittel einer antiautoritären Partizipation gedeutet, was Žižek skeptisch einschätzt, denn der Herrensignifikant hatte eine ambivalente Position in der Struktur des sprachlichen Symbolischen inne: Er ermöglichte durch die Einschränkung des Signifikantenflusses einen Sinn. Zugleich stellte er wiederum jene Leere dar, die der symbolischen Ordnung inhärent ist – Ambivalenzen und Ambiguitäten, die jeder Erzählung implizit sind. Das sind sowohl das Feld des ‚Verdrängten', das für das Begehren des Subjektes konstitutiv ist, als auch jene Lücken, in der das Andere erscheinen sowie erfahren werden kann (Žižek 1997, S. 136). Durch diese Lücke konnte das Andere durch das Objekt *a*, das die Lücke hinterlassen hat, an unser Begehren angeschlossen werden, wobei Žižek hier einer zweifelhaften Begehrensstruktur nachtrauert, in der allein der weiße bürgerliche Mann als Subjekt erscheinen konnte, während Frauen, Migrant*innen, Jüd*innen oder People of Color immer in die Position des Anderen gedrängt wurden. So verfällt Žižek einer bürgerlichen Ideologie, die beispielsweise Isabell Lorey (2015) aufgrund der inhärenten Individualisierungsprozesse als neoliberal identifiziert – und die Žižek an anderen Stellen selbst scharf kritisiert. Ist dann die Lücke geschlossen, so scheint dem Subjekt nichts mehr zu fehlen. Hinter der Fülle des Symbolischen der VR verstecken sich gespenstische Computerapparaturen, die allen eine gleiche Form verleihen und zugleich die Realpräsenz der Anderen in das traumatische und sinnlose Reale verbannen. Sie sind nun nur noch Störfaktoren.

Die neuen Medientechnologien der Fülle stoßen also auch eine Veränderung des Politischen an. Angeblich sind wir in ein ‚post-ideologisches' Zeitalter gelangt, in dem man sich vor allem des Pragmatismus bedient und der Lösung wirklicher Probleme (Ökologie, ökonomisches Wachstum) widmet (Žižek 1997, S. 150). Da die Narration und Signifikation zunehmend an Bedeutung verliert, ist die Ideologie scheinbar aus der Welt verschwunden, wodurch jedoch Antagonismen ins Reale verbannt werden bzw. „das verworfene Politische *im Realen wiederkehrt,* das heißt in der Gestalt des Rassismus, der politische Differenzen im (biologischen oder sozialen) Realen der Rasse begründet" (Žižek 1997, S. 150, Herv. i. Orig.). Das heißt, dass die Antagonismen nur noch in der Gewalt und durch die Traumatisierung Ausdruck finden. Das ändert ebenfalls die Epistemologie – wir haben nicht mehr jene Vorstellung von der Tiefe, in die eingedrungen werden soll, um die Wahrheit zu verstehen (wie z. B. bei der Psychoanalyse). Die Oberfläche und somit das Interface sind Zeichen der Verflachung der Wissensformen und zugleich selbst Elemente der Wissensproduktion.

Literatur

Butler, Rex. 2008. *Slavoj Žižek zur Einführung*. Hamburg: Junius.
Butler, Judith, Ernesto Laclau und Slavoj Žižek. 2013. *Kontingenz, Hegemonie, Universalität. Aktuelle Dialoge zur Linken*. Wien: Turia + Kant.
Haraway, Donna. 2001. Situiertes Wissen. Die Wissenschaftsfrage im Feminismus und das Privileg der partialen Perspektive. In *Dis/Kontinuitäten: Feministische Theorie*, Hrsg. S. Hark, 281–298. Opladen: Leske + Budrich.
Heil, Reinhard. 2010. *Zur Aktualität von Slavoj Žižek. Einleitung in sein Werk*. Wiesbaden: Springer VS.
Jameson, Fredric. 2009. *Postmodernism, or, the cultural logic of late capitalism*. London: Verso.
Lacan, Jaques. 1973a. Das Spiegelstudium als Bildner der Ichfunktion. In *Schriften I*, Hrsg. N. Haas, 63–70. Olten: Walter.
Lacan, Jaques. 1973b. Funktion und Feld des Sprechens und der Sprache in der Psychoanalyse. In *Schriften I*, Hrsg. N. Haas, 71–169. Olten: Walter.

Lacan, Jacques. 1973c. Das Drängen des Buchstabens im Unbewussten oder die Vernunft seit Freud. In *Schriften II*, Hrsg. N. Haas, 15–55. Olten: Walter.

Lacan, Jaques. 1973d. Die Bedeutung des Phallus. In *Schriften II*, Hrsg. N. Haas, 119–132. Olten: Walter.

Lacan, Jacques. 1975. Subversion des Subjekts und Dialektik des Begehrens im freudschen Unbewußten. In *Schriften II*, Hrsg. N. Haas, 165–204. Olten: Walter.

Lacan, Jaques. 1991. *Encore. Das Seminar: Buch XX*. Weinheim: Quadriga.

Lacan, Jacques. 1996. *Die vier Grundbegriffe der Psychoanalyse. Das Seminar von Jacques Lacan. Buch XI*. Weinheim: Quadriga.

Lorey, Isabell. 2015. *Die Regierung der Prekären. Mit einem Vorwort von Judith Butler*. Wien: Turia + Kant.

Myers, Tony. 2004. *Slavoj Žižek*. London: Routledge.

Turkle, Sherry. 1995. *Life on screen. Identity in the age of the internet*. New York: Simon and Schuster.

Vogt, Erik. 2012. Slavoj Žižeks neo-leninistische Politik. In *Linke Philosophie heute. Eine Einführung zu Judith Butler, Antonio Negri und Slavoj Žižek*, Hrsg. B. van der Stehen, J. Lukkezen, und L. van Hoogenhuijze, 93–134. Stuttgart: Schmetterling.

Žižek, Slavoj. 1988. The seven veils of fantasy. In *Key concepts of Lacanian psychoanalysis*, Hrsg. D. Nobus, 190–218. London: Rebus Press.

Žižek, Slavoj. 1993. *Grimassen des Realen. Jacques Lacan und die Monstrosität des Aktes*. Köln: Kiepenheuer & Witsch.

Žižek, Slavoj. 1996. *Metastasen des Genießens*. Wien: Passagen.

Žižek, Slavoj. 1997. *Die Pest der Phantasmen. Die Effizienz des Phantasmatischen in den neuen Medien*. Wien: Passagen.

Žižek, Slavoj. 2001. *Die Tücke des Subjekts*. Frankfurt a. M.: Suhrkamp.

Žižek, Slavoj. 2002. *Die Revolution steht bevor. Dreizehn Versuche über Lenin*. Frankfurt a. M.: Suhrkamp.

Žižek, Slavoj. 2006. *Parallaxe*. Frankfurt a. M.: Suhrkamp.

Žižek, Slavoj. 2008a. *Auf verlorenem Posten*. Frankfurt a. M.: Suhrkamp.

Žižek, Slavoj. 2008b. *Lacan – Eine Einführung*. Frankfurt a. M.: Fischer.

Žižek, Slavoj. 2008c. *The plague of fantasies*. London: Verso.

Žižek, Slavoj. 2011. *Gewalt: Sechs abseitige Reflexionen*. Hamburg: Laika.

Filme

Full Metal Jacket (UK/USA 1987, Stanley Kubrick)
Liebe dein Symptom wie dich selbst (D 1996, Katharina Höcker/Claudia Wilke)
The Pervert's Guide to Cinema (UK/NLD/AUT 2006, Sophie Fiennes)
The Pervert's Guide to Ideology (UK/IRL 2011, Sophie Fiennes)

Schizoanalyse und Ecosophie (Félix Guattari)

Christiane Voss

Der Name und Autor Félix Guattari (französischer Psychiater und Analytiker, 1930–1992) steht für ein experimentelles und anarchisches Denken, das trotz seiner historischen Rahmungen in keiner Zeitgenossenschaft und Disziplin ganz aufgeht. Stilistisch arbeitet Guattari in seinen Texten viel mit additiven Nebensätzen und Aufzählungen, mit Listen und Wiederholungen sowie mit Erfindungen und Variationen von Neologismen, Metaphern und Metonymien. Diese scheinen einmal eher einer rhythmisch-assoziativen, dann wieder einer phonetischen und schließlich einer logisch-argumentativen Anordnungslogik zu folgen, ohne dass sich zwischen diesen Tendenzen der schriftstellerischen Textorganisation eindeutige Hierarchien ausmachen ließen. Das Gros seiner Texte bezieht sich motivisch auf politische und ökologische Probleme der Gegenwart, der gesellschaftlichen Institutionen, der Sprache und herrschenden Meinungen in Psychologie, Wissenschaft, Philosophie und Kunst. Von daher fehlt ihnen von vornehrein das, was konventionell den streng verteidigten Objektivitätsanspruch wissenschaftlicher Abhandlungen ausmacht: Distanz. Beim Lesen von Guattaris Texten kann man daher den Eindruck gewinnen, einem Selbstgespräch beizuwohnen, das selbst nicht immer genau weiß, wo es hinführt und es mag kein Zufall sein, dass er seit 1969 mit Gilles Deleuze ein Autorenduo bildet, in dem sich dieses dialogische Prinzip nochmals steigert und neu verkörpert. Insofern seine Texte in diesem Sinne offen sind und darin irritieren, wirken sie zugleich affektiv: Sie regen an und auf. Nicht zuletzt aufgrund ihres affektiven, pathischen Stils gewinnen sie einen interventionistischen bis appellativen Charakter. Sie führen dergestalt performativ auf theatrale Weise

C. Voss (✉)
Bauhaus-Universität Weimar, Weimar, Deutschland
E-Mail: christiane.voss@uni-weimar.de

© Springer Fachmedien Wiesbaden GmbH, ein Teil von Springer Nature 2020
I. Ritzer (Hrsg.), *Schlüsselwerke der Medienwissenschaft*,
https://doi.org/10.1007/978-3-658-29325-3_7

auf, wovon sie inhaltlich handeln: von einem grundlegenden Umdenken nämlich, das insbesondere psychoanalytische, strukturalistische und kapitalistische
Denkgewohnheiten überwinden will, ohne zu glauben, diese einfach über-
springen oder gänzlich vermeiden zu können. Insofern arbeitet sich Guattaris
Denken immer schon an Widersprüchen ab, in die es selbst eingelassen ist und
eben das auch von sich weiß. Da seine Texte aus dem Kanon traditioneller philosophischer Schriften herausfallen und in ihrem innovativ-revolutionären Ton
noch am ehesten an Erneuerer wie Nietzsche und Kierkegaard erinnern, spalten
sie – ebenso wie die genannten Autoren – bis heute ein Lesepublikum, das sie
wahlweise als kryptisch oder inspirierend wahrnimmt. Wie kann man sich einem
solch hybriden Gebilde aus persönlichen, politischen, psychoanalytischen, philosophischen und ästhetischen Reflexionen und Bezügen theoretisch annähern,
ohne es unrechtmäßig zu vereindeutigen und zu verkürzen?

Eingedenk der Heterogenität der für Guattari maßgeblichen intellektuellen
und politischen Quellen und Einflüsse sowie der thematisch unterschiedlichen
Schwerpunktsetzungen seiner Engagements wird im Weiteren vom Versuch einer
chronologischen und inhaltlichen Zusammenfassung seines Werkes abgesehen
(Schmidgen 1997; Krause und Rölli 2010; Roudinesco und Plon 2004). Stattdessen wird eine repräsentative und begrenzte Textauswahl von ihm unter
einem bestimmten Gesichtspunkt stichprobenartig beleuchtet, den sie selbst vorgibt: dem ästhetischen. Guattari unter dem Gesichtspunkt des Ästhetischen zu
betrachten, ist erläuterungsbedürftig. Es bedeutet weder seinem Denken eine
ästhetisierende Richtung ablesen zu wollen, noch zu unterstellen, dass es sich
nur dort finden würde, wo Guattari explizit über Werke der Kunst, des Kinos
oder der Architektur spricht (Guattari 2018). Noch weniger soll damit suggeriert
werden, dass Guattari einem (neuro-)physiologischen Reduktionismus im
Sinne empirischer Ästhetiken das Wort gesprochen hätte (Deleuze und Guattari
1996). Ästhetisch ist Guattaris Denken grundlegend in der philosophischen
Aufwertung des Perzeptiven, Affektiven und Empfindungshaften, die eine
Erweiterung des Erkenntnisbegriffs um die Dimensionen des Körperlichen mit
sich führt. Für eine im weiten Sinne aisthetische Grundierung von Wissens-
und Verstehensprozessen zu argumentieren, wie er es tut, bedeutet zugleich die
hierarchischen Körper-Geist-Dualismen der platonischen und neuzeitlichen
Philosophietraditionen zu unterlaufen. Wenn er zusammen mit Gilles Deleuze
auf die Frage, was Philosophie sei, antwortet, es bedeute Begriffe als Schnitt-
punkte intensiver Mannigfaltigkeiten zu verstehen und solche zu schaffen, um der
Erfahrung Form und Konsistenz zu verleihen, so geht es dabei auch darum, neue
Ausdrucksmaterialien und mediale Formate der philosophischen Artikulation und

Reflexion in Stellung zu bringen. Der Einbeziehung des Körpers als Medium der Wissensformierung und -prozessierung entspricht eine polymorphe Adressierbarkeit. Dem Autorenduo zufolge ist es deshalb an der Zeit, die Monopolstellung von Sprache und Logik als vermeintlich allein wahrheitsfähige Medien und Methoden der Philosophie aufzubrechen und letztere gegenüber anderen Medienformaten zu öffnen. Anders gesagt: Aus der einseitig sprachfixierten Philosophie soll eine multimediale Ästhetik bzw. Medienphilosophie werden (Hartmann 2000). Begriffsarbeit soll demnach innovativ sein, sodass sie nicht vermeintlich Gegebenes nachzubilden versucht, sondern neue Denkmöglichkeiten schafft und so auch neuen Wirklichkeiten Türen öffnet. Eine produktiv-ästhetisch gewendete Philosophie sollte sodann im Zwischenraum und in der Überlagerung von Wissenschaften, Kunst und Philosophie stattfinden. Ein so verstandenes ästhetisches Denken, das formal materielle und immaterielle, körperliche und zeichenhafte Dimensionen in sich zusammenführt, steht durchaus im Einklang mit dem, was Theodor Adorno allerdings ausschließlich für die Sphäre des Kunstästhetischen konstatiert (Adorno 1970). Ästhetik ist für ihn eine Angelegenheit der kreativen Konstellierung von heterogenem Material, die aus sich heraus etwas emergieren lässt, was als semiotischer Gegenpol in ein antinomisches Verhältnis zur eigenen Materialität und zu sich selbst tritt (Adorno 1970). Wo Adorno allerdings die sich allen epistemischen Zugriffen entziehende Negativität des antinomisch strukturierten Ästhetischen hervorhebt, geht es Guattari im Gegensatz dazu um die positive Möglichkeit, Erkennen und Realität ineinander zu überführen und den Weltenlauf durch ein integratives, existenzielles Philosophieren praktisch zu verändern.

Der folgende Text gliedert sich in drei Schritte: In einem ersten Schritt werden kursorisch einige biografische Aspekte von Guattaris Leben in Erinnerung gerufen (in Anlehnung an Dosse 2017). In einem zweiten Schritt werden allgemeinere Aspekte seines Denkansatzes soweit skizziert, wie es nötig ist, um zumindest einen groben Eindruck von Guattaris Denkbewegungen zu bekommen. Im Anschluss daran wird in einem dritten Schritt eine ästhetische Fokussierung beispielhaft ausgewählter Texte von Guattari vorgenommen, die zueinander quergelesen werden (Guattari 1973, 1975, 1976, 1991, 1995, 2014, 2016; Guattari 2018). Da Guattaris Schriften in gewisser Weise als *ein* durchgehender Text bis zu *Chaosmose* (Guattari 1992) gelesen werden können, fungiert dieser letzte Text als asymptotischer Fluchtpunkt dieser Lektüre. Auf die mit Gilles Deleuze gemeinsam verfassten Schriften, die oft genug Thema der wissenschaftlichen Betrachtung sind, wird hier ausnahmsweise nicht eingegangen.

1   Biografisches

Epistemisch geprägt von der Psychoanalyse Lacans, dessen Analysand er
jahrelang war, sowie von Marxismus (u. a. Althusser, Negri), Biologie (u. a.
Maturana, Varela), Ethnologie (u. a. Leroi-Gourhan), Existenz- und Lebens-
philosophie (Sartre, Bergson), Literatur (u. a. Kafka, Malarmé) und Kunst (u. a.
van Gogh, Klee) verdichten sich seine Publikationen zu Chronotopoi eines
ebenso utopischen wie unruhigen Zeitgeistes, der im Zeichen umfassender
Emanzipationsbestrebungen steht. Ein solch kritischer Zeitgeist lag auch der
Studentenbewegung der 68er Jahre zugrunde, der sich Félix Guattari anschloss
sowie den feministischen, ökopolitischen und künstlerischen Emanzipations-
bewegungen des 20. Jahrhunderts, denen er biografisch verbunden war. Er
arbeitete seit den 1950er Jahren als leitender Psychiater in der französischen
Psychiatrie La Bode, die eine anti-psychiatrisch und kommunistisch orientierte
Organisation mit flachen Hierarchien, Mitbestimmungsrecht für Patient*innen
und zudem kreativer Treffpunkt der links-intellektuellen Elite Frank-
reichs war. Als Aktivist unterstützte er zudem auch radikalere Gruppen wie
Pro-Tito-Arbeitsbrigaden oder die italienische Autonomiebewegung um Antonio
Negri und engagierte sich u. a. als Vietnam- und Algerienpolitikgegner. 1969
lernte er an der Universität Paris VIII in Vincennes Gilles Deleuze kennen, was
zur Produktion ihrer gemeinsamen Bücher führte: *Anti-Ödipus* (Deleuze und
Guattari 1972; dt. 1977), *Kafka. Für eine kleine Literatur* (Deleuze und Guattari
1975; dt. 1976), *Tausend Plateaus* (Deleuze und Guattari 1980; dt. 1992) und
Was ist Philosophie (Deleuze und Guattari 1991; dt. 1996). Über die zuletzt
genannte Publikation kann man in der Biografie über Félix Guattari und Gilles
Deleuze nachlesen, dass Deleuze sie alleine verfasst hätte, aber aufgrund der
Überzeugung, dass das dort von ihm Ausformulierte gleichermaßen geistiges
Eigentum von Guattari sei, die doppelte Autorschaft wählte. Ebenfalls mit
Deleuze gründete er 1987 die Zeitschrift *Chimères. Revue des schizoanalyses,*
die, ähnlich wie schon Guattaris Zeitschrift *Recherches,* nicht nur Themen der
Philosophie und der Psychiatrie behandelte, sondern auch solche der Ethnologie,
der Mathematik, der Architektur, der Erziehung, der Literatur und weitere.

2   Denkmotive

Der Hinweis auf Guattaris vielseitige institutionelle und politische Engagements ist auch in Bezug auf seine theoretischen Arbeiten instruktiv, weil sie seinem Denken nicht äußerlich waren. Vielmehr versteht Guattari alle möglichen Formen von Praktiken und Lebensvollzügen als ihrerseits diskursgesättigte und -prägende konstellative Gefüge (frz. *agencements*) unterschiedlicher Elemente (z. B. Materialien, Körper, Diskurse, Räume, Institutionen, Habitus, etc.). Theorien begreift er, komplementär dazu, als prozesshaft-reversible und inter-medial sich verdichtende Perspektivierungen solcher Gefüge. Konzeptionelle Perspektivierungen oder Rahmungen ersetzt er oft durch das Wort des ‚Schnitts‘ oder des ‚Schneidens‘. Damit wird aus der unendlichen Vielfalt der Welt eine endliche Bedeutung oder Erfahrung gewonnen. Das chaotische Treiben aller ineinandergreifenden und auch nebeneinander unverbunden herlaufenden Prozesse des Werdens – so konzediert er u. a. in *Chaosmose* – würden durch Schnitte erst wahrnehmbar, subjektiviert und angeeignet – gleichgültig, ob es sich dabei nun um künstlerische, konzeptionelle, lebenspraktische oder institutionelle Maßnahmen handelt. Aus dieser quasi-pragmatischen Sicht auf die Verhältnis-bestimmung von Theorie und Praxis, die deren reziproke Durchlässigkeit und aktbasierte Kopplung betont (wofür der Begriff ‚Chaosmose‘ steht), gilt ihm die etablierte Abgrenzung der Bereiche Wissenschaft, Philosophie, Alltagsleben und Kunst als chimärenhaft. Es ist diese Abtrennung von Zuständigkeiten, Methoden und Themensetzungen der Wissenschaften, Philosophie und des Lebens, die später auch Bruno Latour dazu veranlasst, darin ein fatales Signum einer sich selbst missverstehenden Moderne zu sehen (Latour 2008).

Beeinflusst ist Guattari zudem in seiner integrativen, ökosophischen Orientierung u. a. von dem Kybernetiker, Biologen und Philosophen Gregory Bateson und dessen anti-reduktionistischem Programm einer Ökologisierung des Geistes (Bateson 1982). Dieses zeichnet aus, sozialwissenschaftliche, bio-logische, anthropologische und informationstheoretische Perspektiven und Konzepte als notwendig ineinandergreifend auszuweisen. Für Bates stellen Evolution und Denken gleichermaßen stochastisch ablaufende Prozesse dar, wobei auch die sogenannten ‚geistigen Prozesse‘ aus Wahrnehmungen von Unterschieden, von Informationen, bestehen. Dabei beziehen Lebens- und Denkprozesse auch den vielgestaltigen Austausch von Informationen ein, der auf interkultureller wie biologisch-evolutionärer Ebene gleichermaßen ablaufe und dergestalt eine auch nicht-sprachliche Kommunikation unter-schiedlicher Existenzfelder ermögliche. Die Wahrnehmung und Verarbeitung von Unterschieden spielen hier – wie später in der ebenfalls davon beeinflussten Systemtheorie Niklas Luhmanns – eine entscheidende Rolle. Nach Guattari korrespondieren die differenzierenden Verarbeitungen von Informationen mit den leiblichen Transformationen in skalierbarem Ausmaß. Unterschiede wahrzunehmen heißt demnach also nicht nur sie symbolisch oder sprachlich zu repräsentieren. Verstehen und Verständigung sind für Bateson wie für Guattari stets handfeste, materielle Zustands- und Seinsveränderungen. Umgekehrt sind materielle Zustands- und Seinsveränderungen ebenfalls Weisen der Semiotisierung, der Verarbeitung von Welt, des Verstehens. Für die auch prä- und außersprachlichen Dimensionen der Verstehensprozesse, die neben intentionalen auch kausale, räumliche und andere Beziehungen implizieren, verwendet Guattari häufig Begriffe aus der Musik wie Resonanz, Rhythmus oder auch Ritornell. Auch psychotische Verhaltensweisen können Schnitte durch die Zeit sein und Konsistenz herstellen. Sie können Guattari zufolge adäquate Formen der Resonanz sein, der Abwehr oder Affirmation von Informationen, die sich den Körpern aufdrängen und das Unbewusste durchqueren. Nicht nur ein abstrakt rationalistisches Verständnis von Wahrheit und Kritik Habermas'scher Prägung wird von Guattari einer Revision unterzogen, sondern auch das Verständnis von Wertvorstellungen. Einerseits treten neben die philosophisch privilegierten Werte des Wahren, Guten, Schönen andere Wertigkeiten wie die des Ängstlichen, Erwünschten, Perversen, Erträumten, die heterogen sind. Auf einer anderen Ebene kommen zu Gebrauchs- und Tauschwert existenzielle Werte wie Liebe, Schmerz, Hoffnung, Tod hinzu, die sowohl kapitalistisch verwertet und vermarktet werden, als auch Ansatzpunkte für eine mögliche emanzipative Resingularisierung bieten.

Von seinem chaosmotischen Standpunkt aus sind Denken und Sein zwei immanent verkoppelte Aspekte eines dauernd sich ausdifferenzierenden Lebensstroms. An diesen Strom immer wieder Akte der existenziellen und semiotisierenden Singularisierung kreativ und affirmativ zurückzubinden, gilt ihm als emanzipatorische Geste, die dem Kleinen (Molekularen) gegenüber dem Großen (Molaren) Selbstbehauptungskraft verleiht. Sein in einigen Zügen deutlich neovitalistisch anmutendes Denken der Differenz räumt zudem saumlosen und hybridisierenden Übergängigkeiten zwischen Dingen und Zeichen ein Existenzrecht ein. Im Anschluss an Bateson und parallel zu dem norwegischen Philosophen Arne Naess hat Guattari schließlich den Begriff der ‚Ökosophie' geprägt (Guattari 1994). Mit diesem terminus technicus, der auf den intrinsischen Zusammenhang der Bereiche Umwelt, soziale Beziehungen, Technik und Subjektivierung zielt und in dieser Kompossibilität eine anti-technokratische Position bezieht, hat Guattari grundlegende Reflexionen vorweggenommen, die heute unter der Sammelbezeichnung einer ‚politischen Ökologie' fortgesetzt werden

(Hörl und Burton 2017). Unter anderem in Motiven der Akteur-Netzwerktheorie und symmetrischen Anthropologie (Latour und Stengers 2008), des Postfeminismus (Haraway 1991), in der Evolutionstheorie (Margulis 1999) und Affekttheorie (Massumi 2010), um nur einige zu nennen, findet die ökosophische Denkweise ihren verzweigten Nach- und Widerhall.

Eine Besonderheit der Ökosophie Guattaris besteht nicht zuletzt darin, makro- und mikropolitische Dimensionen des Lebens und Denkens gemeinsam einer ethischen Reflexion zu unterziehen. Diese zeichnet sich dadurch aus, dass sie in ihre Normativität die endlichen und unendlichen Bewegungen des Wünschens, der Singularitäten und Idiosynkrasien explizit einbezieht (Lévy 1995, S. 95–114). Guattari spricht daher auch von „molekularer Revolution" (2018, S. 74). Gegenüber Tugend- und Regelethiken von Aristoteles über Kant bis Rawls erweitert Guattari mithin das Verständnis von Ethik und Subjektivität: Er weist die Kontrastierung von Individuum und Gesellschaft zurück und hebt alternativ dazu die interne Heterogenität für alle möglichen Subjektivierungsprozesse im Singular und Plural hervor. Individualitäten und Kollektivitäten bleiben zwar unterscheidbare Größen, aber sie bilden nur mehr semiotische Differenzierungen in der Zuschreibung und Verhandlung von in sich nicht unbedingt einheitlichen Existenzvollzügen. Wünsche fungieren dabei sowohl als zu berücksichtigende Instanzen wie als Antriebskräfte, die auf der Schwelle zwischen Lust und Verbot agieren. Von daher werden sie sowohl vonseiten sozialer Disziplinarmaßnahmen als auch vonseiten idiosynkratischer und unbewusster Fluchtbewegungen in Spannung gehalten. Die von ihm so genannte ‚Wunschökonomie' steht quer zu allen Bereichen der Existenz und bildet auch in den Texten, die dem Kino thematisch gewidmet sind, wichtige Bezugsgrößen (siehe Punkt 3).

In den *Drei Ökologien* (1985) nimmt Guattari, wenn auch als begeisterter Marxleser, eine wegweisende postmarxistische Position ein, von der er auf die historischen Lageverschiebungen des zwanzigsten gegenüber dem neunzehnten Jahrhundert verweist (Guattari 1993). Die Probleme des Klassenkampfes der Industriegesellschaft, des Ost-West-Konflikts und der klaren Unterscheidung zwischen sogenannten ersten und dritten Welten seien zwar nicht erledigt, würden aber im Medienzeitalter des weltweit integrierten Kapitalismus des zwanzigsten Jahrhunderts hinter neue Probleme und Polaritäten zurücktreten, die neue Lösungen und Beschreibungsvokabulare erforderten. Dazu zählen ökonomisch-ökologische Effekte technisch-wissenschaftlicher Entwicklungen wie die globale Informatisierung/Digitalisierung und Kapitalisierung, die sämtliche Lebensbereiche umfassen sowie verstärkt religiöse und nationalistische Fundamentalismen (inklusive Rassismen und große Flüchtlingsbewegungen), ein neues Nord-Süd-Gefälle und nicht zuletzt die Entstehung tolerierter neuer

Armutszonen inmitten globaler Kapitalzentren. Die Gleichschaltung des kulturellen Begehrens durch Massenmedien, die Vernichtung von Umwelten (auch technischen und diskursiven) sowie die Fragen von Gleichberechtigung und Diversity bedeuteten zusätzliche Herausforderungen, die quer zu denen des Klassenkampfes stünden, die noch im Zentrum der traditionellen marxistischen Ideologiekritik standen. All dies zusammengenommen, so führt es Guattari auch in seiner Monografie *Planetarischer Kapitalismus* weiter aus, lasse keine regionalisierbaren Lösungen mehr zu (Guattari 2018). Eine neue Ethik müsse eine umfassende, ökosophische Existenzphilosophie sein, die sich gegen strukturalistisch und freudianisch verhärtete Subjekt- und Gesellschaftsauffassungen wendet und verdrängte Werte wie Schmerz, Tod, Endlichkeit, Armut etc. wieder integriere. Den weiterführenden Gedanken, dass Körper, Unbewusstes und Subjektivierungsprozesse nicht, wie Freud meinte, von familialen, ödipalen, sondern vielmehr von völlig heterogenen gesellschaftlich-ökonomischen und massenmedientechnischen Faktoren (autoritär) formiert werden, hat Guattari zusammen mit Gilles Deleuze im *Anti-Ödipus* pointiert ausformuliert (Deleuze und Guattari 1972). Während sie dort ‚Kapitalismus‘ als eine historische Transzendentalität ausweisen, die sich im zwanzigsten Jahrhundert auf sämtliche Ebenen, Ausdrucksweisen und Medialitäten der Existenz ausgedehnt hätte, fungiert ‚Schizophrenie‘ für sie als Denkbild für ein Verhalten einer paradoxen Anpassung an diese neue Rahmung, die zugleich Platz lassen soll für Dissidenz. Mit dem ebenfalls dort von ihnen eingeführten Begriff der ‚Schizoanalyse‘ schließlich, wenden sie sich gegen die topische Konstruktion des psychischen Apparates durch Freud und setzen an die Stelle, die im Freud'schen System die Neurose besetzt hielt, die Psychose bzw. die Schizophrenie. Letztere gilt ihnen als modellhafter Idealtypus des Unbewussten. Mit der Psychose verliere die Welt des standardisierten Daseins seine Konsistenz und ermögliche so Alteritäten, Wucherungen, transversale Erweiterungen sowie rhizomatische Verzweigungen von Subjektivierungsprozessen zu denken. Diese folgten keiner eindeutigen Logik mehr, die dem Satz vom ausgeschlossenen Dritten und vom zureichenden Grund unterstehe. Zudem würden sich auch technologische, institutionelle sowie atmosphärische und viele andere Einflüsse der mannigfaltigen Umwelten mehr in (schizophrene) Subjektivierungsprozesse eintragen, denen es in der *Schizoanalyse* zu folgen und zuzuhören gälte. *Schizoanalyse* zu betreiben, bedeutet auch Dimensionen des Nicht-Sinns und des Asignifikativen gleichermaßen als Produktionsherde für Subjektivierungen ernst zu nehmen. Die neue Logik ist daher für Guattari eine pathische, eine Logik der Intensitäten (1993, S. 38).

3 Ästhetisches Paradigma

Die ästhetische Ausrichtung von Guattaris Denken umfasst mehrere zusammenhängende Aspekte:

1. die aisthetische Grundierung von Denken und Sein in ihrem Immanenzzusammenhang,
2. ein Interesse an Subjektivierungsprozessen, die neben menschlichen auch nicht-menschliche Singularitäten umfassen, wie z. B. Kunstwerke, Filme, Musiken, Städte, Techniken;
3. die Fokussierung auf schöpferische und innovative Produktions- und Transformationsprozesse, wie sie in den Künsten paradigmatisch zu beobachten sind (z. B. Re- und Deterritorialisierungen von Semiotiken und Entitäten);
4. die in sich differenzielle Integration signifikanter und asignifikanter Elemente in der materiellen Konfiguration von heterogenem Material, wie sie ebenfalls in den Künsten paradigmatisch beobachtbar ist.

Der erste Aspekt der aisthetischen Grundierung wurde weiter oben schon behandelt. Der zweite Aspekt seines Interesses an Subjektivierungen im weiteren Sinne durchzieht neben seinen politischen Texten ebenfalls seine Äußerungen über Filme und die Künste in unterschiedlichen Texten. Dabei fungieren ‚Subjektivierungen' für ihn generell als Katalysatoren und Schnittflächen menschlicher und nicht-menschlicher Einflussgrößen. Nicht selten lassen sie sich daher auf wahrnehmbare Weise als emergente Effekte konkreter Verbindungen von Medien-Techniken und menschlichen Körpern beobachten, wie sie sich nicht nur an diversen Arbeitsplätzen, sondern auch vor dem TV-Bildschirm, dem Radiogerät, dem Computer, der Kinoleinwand u. ä. einstellen. Dienstleister*innen, Arbeiter*innen, User*innen, Zuhörer*innen, Zuschauer*innen sind allesamt Beispiele für maschinische Subjektivierungseffekte, die in sich relationale und hybride Gefüge von technisch kofabrizierten Phantasien und Affekten darstellen. Aus einer heutigen medienanthropologischen Perspektive könnte man solche Mensch-Maschine-Hybridisierungen auch als *Anthropomedialitäten* bezeichnen, was den Vorteil hätte, eine anthropo- und subjektzentrische Lesart solcher Gefüge zu vermeiden (Voss 2011). Die Entgrenzung seiner neologistischen Konzepte wie „Wunschmaschine", „Agencements", „Rhizom", „Singularisierung", „Semiotisierung" über empirisch abgrenzbare Subjekte, Personen und Kollektive hinaus auf völlig heterogene Elemente und Entitäten hin entspricht diesem Gedanken noch und integriert den dritten und vierten Aspekt seiner Ästhetik – also

den der innovativen Transformation und den der semiotisch-dinglichen Integration
ästhetischer Produktionen.

In Guattaris Schriften stellt es ein in politischer und ästhetischer Hinsicht wiederkehrendes Motiv dar, die unbewussten Bedingungen von medialen
Ausdrucksformen zur Sprache zu bringen, die in ihren Semiotisierungen den
Klischees des von ihm so bezeichneten „weltweit integrierten Kapitalismus"
folgen. Da die ‚Semiologien der Bedeutung' für Guattari existenzbildende
und repressive Machtfaktoren sind, die sich im neoliberalen Kapitalismus
maximal verbreitet hätten, gehe es weiterhin darum, diese auszuhebeln und über
Bewegungen nachzudenken, die Freiheit ermöglichen. In *Chaosmose* schreibt er:

> In unserer Zeit bieten uns die ästhetischen Maschinen, die, relativ gesehen, aus-
> gereiftesten Modelle dieser Empfindungsblöcke, die dazu fähig sind, vollen Sinn aus
> all diesen leeren Signifikanten zu extrahieren, die uns von allen Seiten umzingeln.
> Im Dickicht der Kunst befinden sich die mitunter konsequentesten Widerstands-
> gruppen gegen die Dampfwalze der kapitalistischen Subjektivität, derjenigen der
> Eindimensionalität, des verallgemeinerten Äquivalent-Seins, der Segregation, der
> Taubheit gegenüber der wahren Alterität (1992, S. 116).

Er geht in diesem Text davon aus, dass die Künste speziell in ihren performativen
Modalitäten eine Produktivität aufweisen würden, die eine eigene Ökologie
hervorbringe, eine von ihm sogenannte „Ökologie des Virtuellen" (Guattari 1992,
S. 117). Ein Merkmal dieser Ökologie sei, dass ihre zirkulierenden Virtualitäten
nicht repräsentational, sondern über affektive Ansteckung zugänglich seien.
Insofern seien sie auf der Kartographie präetablierter Schemata nicht identi-
fizierbar, da sie jeweils neu performativ und ereignisförmig hergestellt werden
müssten. Man werde etwa in ein Blues- oder Jazz-Universum hineingezogen
durch Musikstücke, körperlich und imaginär von ihren Rhythmen und Ton-
folgen besetzt oder von den Farben eines Van Gogh-Bildes oder der Spannung
eines Thrillers mitgerissen. In all solchen Formen von ästhetischer Immersion
und Affizierung sind Veränderungen im Spiel: Veränderungen der Wahrnehmung,
der Erinnerung, der Antizipation, der Abstoßung oder Begeisterung, des Wissens,
der Selbstverortung, der Fiktionalisierung und Selbstüberschreitung. Aufgrund derartiger transformatorischer Wirkmöglichkeiten von Kunstwerken sei
ein Anderswerden mit ihnen verbunden, das eine existenzielle Dimension hat.
Diese Anderswerdungen angesichts von Kunstwerken seien nicht determiniert
und in ihren prozesshaften Entwicklungen offen. Auch darin sind sie virtuell,
weil nie vorhersehbar ist, wohin ästhetische Erfahrungen führen oder ob und

woran sie wie anschließen. Zudem wendet er sich gegen die Denkfigur eines aristotelischen Hylemorphismus, die von der Unterscheidung zwischen einer passiven, gegebenen Materie und einer aktiven Formierungskraft ausgeht, wobei erst die Bewegung der einseitigen Formierung von amorpher Materie Wirklichkeiten hervorbringe. Vielmehr begreift Guattari das Verhältnis zwischen den aufeinandertreffenden Facetten (Affekte, Materialien etc.) ästhetischer Erfahrung als ereignisförmige, wechselseitige Veränderung, die ihrerseits unterschiedliche – auch ephemere und fiktionale – Existenzweisen generiere (Voss 2013). Die de- und rekonfigurierende Verschränkung von Mensch und Maschine oder von Maschine und Maschine (in Guattaris erweiterter Vorstellung), jeweils in Modi von Affekten und Perzepten, bleibt bei alldem die grundlegende ästhetische Operation. Erst die affektive und imaginäre Durchdringung eines Kunstwerks verlebendigt dieses und stattet es mit Facetten, Assoziationsräumen und imaginären sowie erinnerten Nachbarschaften aus, die mit jeder singulären ästhetischen Erfahrung variieren. Umgekehrt tragen sich die ästhetischen Qualitäten des Kunstwerks in die Perzeptionen und Affekte ein, verleihen ihnen Intensität, neue Qualitäten und Modifikation. Strenggenommen können so zwei Personen nie dieselbe ästhetische Erfahrung machen und auch ein und dieselbe Person kann mit einem Kunstwerk keine Erfahrung wiederholen, da jede situative Begegnung von den heterogenen Einflussströmen mitcodiert wird, die in sie einfließen. Um jedenfalls diese produktive Verknüpfung von Produktion und Rezeption in Räumen ästhetischer Erfahrung zu beschreiben, führt Guattari eben den Begriff der ‚Maschine' ein. „Es handelt sich um etwas Dynamisches, das ich gerne in das Register der Maschine einordnen würde, das ich hier demjenigen der Mechanik gegenüberstelle" (Guattari 1992, S. 119). In explizitem Rückbezug auf die Biologen Humberto Maturana und Francisco Varela fasziniert ihn deren kybernetisches Konzept einer autopoetischen Maschine, die sich selbst antreiben und hervorbringen könne und eben nicht, wie mechanische Maschinen, auf externe Kräfte angewiesen sei. Er überträgt diesen Gedanken einer autopoetischen Dynamik auf die ‚Maschine der Sprache', die ‚Maschine des Ökosystems', auf ‚soziale Maschinen' und eben auf die Theorie ästhetischen Schaffens und auf das Kino (Guattari 1992, S. 120). Eine Ethik der Zukunft, so argumentiert er in *Chaosmose*, könne nach dem Vorbild der Maschinerie von Kunstproduktionen verfahren (Guattari 1992). Diese würde dort, wo sie nicht marktförmig korrumpiert sei, mit jedem singulären Kunstwerk stets neu verhandeln, ob es und was daran zur Matrix der Künste gehört und wo die verschiebbaren Grenzen zur Nicht-Kunst zu ziehen sind. Die bewegliche und transversale

Virtualität der Kunstwerke inklusive ihrer implizierten Affizierungen ermöglichen ihnen eine Art Resistenz gegen eine kolonialisierende Vereinnahmung. Die ästhetische Existenz ist Guattari zufolge in ihrer Virtualität stets prekär und fragil und muss auch immer wieder neu verlebendigt werden, sofern sie nicht erstarren will. So werden etwa Filmgenres oder Musikrichtungen wie z. B. der Western oder Jazz entweder variiert und weiterentwickelt, indem sie neuen Konstellationen unterzogen werden oder sie werden steril und sterben aus. Hier scheint Guattari Motive des Internationalen Situationismus eines Guy Debords weiterzudenken und als ästhetische Strategie des Widerstands zu nobilitieren. Zugleich grenzt er sich mit seiner Betonung der koproduzierenden, proaktiven Rezeptionsfunktion von solchen Ideologiekritiken ab, für die Guy Debords Spektakelkritik ebenso repräsentativ ist, wie Horkheimers und Adornos Kulturindustriekritik, Jean Baudrillards Simulationskritik, die Apparatustheorie und Günther Anders' Massenmedienkritik (Debord 1996; Horkheimer und Adorno 1969; Baudrillard 1978; Anders 1956).

In seinem Essay „Die Couch des Armen" (1975) vergleicht Guattari das Setting der Psychoanalyse mit dem des Kinos unter dem Gesichtspunkt, wie dort wahlweise korrupte oder emanzipatorische Subjektivierungen produziert werden. Dabei unterscheidet er im Sinne der Sprechakttheorie von John Austin zwischen den Ebenen von Semantik und Performanz jeweiliger Artikulationsakte (Austin 1986). Während für ihn auf semantischer Ebene das Psychoanalyse- und Kinosetting tendenziell darin konvergieren, reaktionäre und kleinfamiliale, ödipale Bedeutungen durchzustellen, spricht er zumindest dem Kinofilm aufgrund seiner irreduziblen Multimedialität eine darauf aufruhende Performativität zu, die offene Spielräume generiere. Gegenüber dem Kino bleibe das psychoanalytische Setting auf allen Ebenen einseitig dem ideologischen Primat von Sprache und strukturalistischen Annahmen verpflichtet, die sämtliche problematischen Dualismen und Reduktionismen mit sich führen, wie: Mann/Frau, Signifikat/Signifikant, Sprecher/Hörer, Über-Ich/Es, Phallus, Ödipalität, Kastration. Guattari schreibt:

> Mag sich auch heute die Psychoanalyse mit Linguistik und Mathematik aufblasen, so käut sie deshalb doch nicht weniger dieselben Allgemeinheiten über das Individuum und die Familie wieder, während das Kino an der Gesamtheit des gesellschaftlichen Feldes und an der Geschichte hängt. Auf Seiten des Kinos geht etwas Wichtiges vor, es ist Ort der Besetzung mit phantasmatischen libidinösen Aufladungen, der Aufladungen beispielsweise, die sich um Komplexarten herum verästeln, die der rassistische Western, der Nazismus und die Résistance, der American Way of Life etc. bilden (1975, S. 8).

Selbst wenn Filme reaktionäre Handlungen (engl. *plots*) konstruieren würden, bleibe es dabei, so Guattari, dass sie nicht auf diese Dimensionen und überhaupt auf Texte reduzierbar seien. Filme seien technisch komplexe, bewegtbildliche Ausdrucksmaterien. Einen Kinobesuch zu unternehmen, bedeute immer eine Unterbrechung üblicher Kommunikationsweisen. Wie stark ‚entfremdend' der Inhalt eines Films auch immer sein mag, so formuliert er es in marxistischer Manier, ziele die filmische Ausdrucksmaterie doch stets auf einen Verhaltenstypus ab, den man als ‚kinematografische Performanz' bezeichnen könne. Diese medienspezifische Performanz definiert er nicht direkt positiv, sondern verleiht ihr eine phänomenale Kontur über die Kontrastierung der beiden Settings Psychoanalyse und Kino. Während die psychoanalytische Performanz der freien Ideenassoziation stets unter dem Regime ihrer repressiven Deutung stehe und in der Re-Schematisierung durch den Analytiker depotenziert bleibe, verfüge das Kino über eine Form von Virtualität, die sich derartigen semiotisierenden Kontrollen und damit verbundenen Anästhesierungen entziehen könne. So würde schon deshalb die Sprache im Kino nicht auf dieselbe Weise funktionieren wie in der Psychoanalyse, weil sie dort nur ein Mittel unter anderen in der semiotischen Orchestrierung darstelle und nicht Gesetzgeberin sei.

Dimensionen der Ausstattung und Maske, des Schauspiels, des Tons, der Musik, des Lichts sowie weitere technische Faktoren wie Kameraeinstellungen, Montage, Schnitt, Mischung, Projektion würden in jeden Film eine immanente Heterogenität und Intermedialität eintragen, die zudem mit entsprechend haptischen, affektiven, perzeptiven und synästhetischen Adressierungs- und Wahrnehmungsmodi einhergingen. Die filmmediale Komplexität und Diversität lässt sich daher nach Guattari nicht in einer homogenisierenden Syntheseleistung aufheben. Sie wirke vielmehr schon auf subliminaler Ebene deterritorialisierend und desubjektivierend auf die Sinne und Imaginationen ein. Dies gelte auch dann, wenn man bewusst einem vermeintlich einheitlich narrativen dramaturgischen Aufbau einer Geschichte im Kino zu folgen meint. Diesen Sachverhalt kommentiert Guattari so:

> Die Kodes verflechten sich, ohne dass ein einziger je dazu kommt, vor den anderen den Vorrang einzunehmen, ohne eine signifikante Substanz zu bilden; in einem dauernden Hin und Her geht man von perzeptiven Kodes über zu denotativen, musikalischen, konnotativen, rhetorischen, technologischen, ökonomischen, soziologischen etc. (1975, S. 16).

Das Kino adressiere seine Rezipient*innen bereits *als Maschinen* und ziehe diese in seine eigene Maschinenhaftigkeit dergestalt immersiv hinein, dass sich

eine Art Auflösungstaumel einstelle. Was dabei aufgelöst wird, ist vor allem die
Fixierung auf ein ‚eigenes' Subjektzentrum, d. h. eine kapitalismusgerechte Fest-
legung auf eine vermeintliche Subjektivität, die an Besitz und Disziplin gekoppelt
ist und so als internalisierter Machteffekt wirkt. Im Kino hat man sich so wenig
wie man eine Welt hat. Im Kino herrsche vielmehr ein dynamischer Zeitfluss
der wechselnden Intensitäten, die um Virtualitäten herum kristallisiert und verschoben werden.

In diesen frühen Ausführungen zum Kino, das er primär als ein Entgrenzungs-
medium begreift, nimmt Guattari durchaus den *performative turn* vorweg, der
dann erst in den 1990er Jahren für die Geistes-, Sozial- und Kulturwissenschaften
insgesamt wichtig wird (Butler 1997; Lyotard 1986). Zudem legt er hier einen
Grundstein für den später in *Chaosmose* formulierten Gedanken, dass es um die
Konstitution eines neuen ‚ästhetischen Paradigmas' gehe. Dieses ästhetische
Paradigma könne die Macht der Wissenschaften und der daran hängenden Staats-
macht dadurch zurückdrängen, dass es die Künste, verstanden als Existenzherde
autopoetischer Schaffensprozesse und ‚autopoetischer Maschinerien', modell-
haft für andere kreative gesellschaftliche Prozesse in Stellung bringe (Guattari
1992, S. 134). Da die westlichen Systeme angesichts ihrer selbstverursachten
sozialen, ökologischen und ökonomischen Probleme im globalen Maßstab ver-
sagten, sei eine neue gesellschaftliche Kreativität gefragt. Eben dafür stünden
Kunst und Film Pate. Obwohl Guattari insgesamt mehr über Musik, Malerei,
Architektur und Literatur geschrieben hat als über das Kino, denkt er das Kino
als ein schöpferisches Medium par excellence. Die Multimedialität und daran
hängende Virtualität des Films nehmen dabei nicht zuletzt auch deshalb bei
Guattari, wie dargelegt, eine Sonderstellung ein, weil sie kein einheitliches
Subjekt der Aussage mehr installieren. Vielmehr würden sie in eine Vielheit von
enunziativen Polen auseinanderspringen, die transsubjektiv sind. Was von diesen
überpersönlichen Polen aus filmisch gesendet wird, seien dann eben keine Aussagen mehr, sondern „Intensitäten aller Art, Konstellationen von Gesichtszügen,
Kristallisationen von Affekten" (Guattari 1992, S. 18).

Man kann an diesem Punkt die Frage aufwerfen, ob die utopische Aufladung des Kinodispositivs durch Guattari heute noch trägt, wo wir es längst
mit globalen Bilderwanderungen, dezentralen Produktions-, Rezeptions- und
Distributionspraktiken und einem postkinematografischen Filmverständnis zu
tun haben. Eine frühe Form der Bilderwanderung und Remediatisierung einer
anderen Art hatte er immerhin selbst im Blick. So beschreibt er, dass das zunächst
dem Kino Konkurrenz gemacht habende Fernsehen später selbst kinematografiert
worden sei, insofern es sich der Präsentation von Filmen mit verschrieben habe,
was wiederum den Kinofilm gestärkt hätte (Guattari 1992, S. 16). Darin wird

der Medienspezifik von Kino und Fernsehen zwar weniger Rechnung getragen und auch für die technischen Verschiebungen des Bildes (zwischen Zelluloid und Kathodenstrahl) und der sich ebenfalls damit veränderten Rezeptionsweisen (Konzentration vs. Couch-Potato) zeigt Guattari keinerlei Interesse. Seinen Text *Die Kinowunschmaschinen* (1973) eröffnet er hingegen mit einer anderen überraschenden Idee: Dort geht er nämlich zunächst von der alltagssprachlichen Redeweise aus, in der „Kino" in Sätzen wie: „Das ist aber ein kleines/großes Kino" eine Beschreibung für dramatisierte Lebenserfahrungen oder fiktionale Überspitzungen ist. Er entgrenzt die Bedeutung des Kinobegriffs dann aber noch weiter in Richtung ganzer historischer Diskurs- und Wunschformationen, die nun auch ‚Kinos' genannt werden könnten. Würde man nämlich je eine Geschichte des Wunsches schreiben wollen, so müsse man von den ‚Kinos der Wunschformation' im Plural schreiben. Diese Kinos würden mit Platons Höhle einsetzen und über die monopolistische Stellung der katholischen Kirche mit ihren Asketepraktiken über die ‚Farbfilme' der Bleiglasfenster im zehnten Jahrhundert bis zum Genre der höfischen Liebe und zur Psychoanalyse mit ihren Fiktionen, Mythen und Rollenerfindungen reichen (Guattari 1992). Das Kino als Institution in der herkömmlichen Bedeutung des Wortes reihe sich ebenfalls in die Institutionen der Wunschformatierung ein. Es ist so gesehen ein Kino unter anderen. Allerdings genießt es für Guattari im Verhältnis zu den anderen aufgrund seiner dezentrierenden Wirkkräfte und offenen Subjektivierungsmöglichkeiten eine privilegierte Position. Das Kino könne die ‚Semiologie der Bedeutung' überschreiten, so Guattari, weil es aufgrund seiner Multimedialität prinzipiell semiotisch und semantisch unbestimmt sei. Mit Christian Metz führt er hier die aus seiner Sicht wichtigsten medialen Ebenen des Films in ihrer Differenz an: Zum Film gehört 1) das phonische Gewebe des Ausdrucks, das auf die gesprochene Sprache verweise; 2) das tonale Gewebe des Ausdrucks, das auf die Instrumentalmusik verweise; 3) das farbige und visuelle Gewebe, das auf die Malerei verweise; 4) das visuelle, nicht-farbige Gewebe, das auf die Photographie verweise und 5) die Gesten und Bewegungen des menschlichen Körpers. Der Film wird so, vermittelt über seine Gewebeschichtungen (Faltungen), zu einem beweglichen Zwischenmedium, das zwischen vielen anderen Medien situiert ist, insofern es materielle Anleihen bei Malerei, Musik, Photographie und Performance macht. Film zieht diese Medialitäten in sich zusammen, so der Gedanke, ohne per se zu hierarchisieren oder selbst als bewegtbildliches Medium in der bloßen Addition seiner Gewebeschichten aufzugehen. Als emergentes Phänomen ist Kino für den Autor vielmehr eine an sich selbst überschüssige Form der Subjektivierung und Wucherung, die nicht letztlich fixierbar ist und in ihrer Beweglichkeit unberechenbar bleibt. Es ist diese Argumentation Guattaris, die es meines Erachtens erlaubt, die Extension des Kinos auch mit ihm heute weiterzudenken. Dass heutzutage über das Netz, auf Youtube, Webseiten, Plattformen und über Smartphones zerstückelte Filme laufen und massenhafte Remakes, Veralberungen, Zitate und Serien das Kino aus seiner schwarzen Box herausgeholt und vervielfältigt haben, wäre demnach als eine durchaus in der Natur des Mediums enthaltene Entwicklungslogik zu verstehen und nicht als das ganz Andere zu ihr. Der Satz Guattaris „Das Kino ist politisch, was auch immer sein Gegenstand ist" (Guattari 1973, S. 144) ist dann zu ergänzen um die Formulierung: „Das Kino (im weiten post-kinematographischen Sinn) ist politisch, was immer seine medientechnische Formatierung ist". Das verbindende Glied der ansonsten produktions-, distributions- und rezeptionstechnisch unterscheidbaren Formate der digital zirkulierenden Bilder und Filme wäre eben genau in dem zu finden, was Guattari vorschlägt: in der immanenten Verbindung mit den Wünschen und der sozialen Existenz. Damit allerdings ist auch klar, dass eine reine Autonomieästhetik, wie sie die Moderne auszeichnete, mit Guattari nicht denkbar ist. Allerdings bringt er doch autonomieästhetische Überlegungen in seine Texte produktiv ein, wo er eben dem schöpferischen Eigensinn des Medientechnischen Rechnung trägt und darin sogar eine medienkritische und politische Kraft zu sehen vermag. Eine symmetrische Ästhetik, in der Politik und Ästhetik in diesem technikästhetischen Sinn zusammengedacht werden, wäre die von dorther weiter ausbaubare Perspektive.

Literatur

Adorno, Theodor. 1970. *Ästhetische Theorie*. Frankfurt a. M.: Suhrkamp.
Adorno, Theodor, und Max Horkheimer. 1969. *Dialektik der Aufklärung*. Frankfurt a. M.: Fischer.
Anders, Günther. 1956. *Die Antiquiertheit des Menschen*. München: Beck.
Austin, John L. 1986. *Zur Theorie der Sprechakte*. Stuttgart: Reclam.
Bateson, Gregory. 1982. *Geist und Natur. Eine notwendige Einheit*. Frankfurt a. M.: Suhrkamp.
Baudrillard, Jean. 1978. *Agonie des Realen*. Berlin: Merve.
Butler, Judith. 1997. *Excitable speech, a politics of the performative*. New York: Routledge.
Debord, Guy. 1996. *Die Gesellschaft des Spektakels*. Berlin: Edition Tiamat.
Deleuze, Gilles, und Félix Guattari. 1975/dt. 1976. *Kafka. Für eine kleine Literatur*. Frankfurt a. M.: Suhrkamp.
Deleuze, Gilles, und Félix Guattari. 1972/dt. 1977. *Anti-Ödipus. Kapitalismus und Schizophrenie*. Frankfurt a. M.: Suhrkamp.
Deleuze, Gilles, und Félix Guattari. 1980/dt. 1992. *Tausend Plateaus. Kapitalismus und Schizophrenie*. Berlin: Merve.

Deleuze, Gilles, und Félix Guattari. 1996. *Was ist Philosophie?* Frankfurt a. M.: Suhrkamp.

Dosse, Francois. 2017. *Gilles Deleuze, Félix Guattari. Biographien.* Wien: Turia und Kant.

Guattari, Félix. 1973/dt. 2011. Die Kinowunschmaschinen. In *Die Couch des Armen. Die Kinotexte in der Diskussion,* Hrsg. A. Weskott et al., 131–144. Berlin: b_books.

Guattari, Félix. 1975/dt. 2011. Die Couch des Armen. In *Die Couch des Armen. Die Kinotexte in der Diskussion,* Hrsg. A. Weskott et al., 7–22. Berlin: b_books.

Guattari, Félix. 1976/dt. 2011. Kino, eine ‚kleine' Kunst. In *Die Couch des Armen. Die Kinotexte in der Diskussion,* Hrsg. A. Weskott et al., 147–152. Berlin: b_books.

Guattari, Félix. 1985/dt. 1994. *Die drei Ökologien.* Wien: Passagen.

Guattari, Félix. 1992. *Chaosmose.* Wien: Turia und Kant.

Guattari, Félix. 1995. Über Maschinen. In *Ästhetik und Maschinismus. Texte zu und von Félix Guattari,* Hrsg. H. Schmidgen, 115–132. Berlin: Merve.

Guattari, Félix. 2016. *Schriften zur Kunst,* Hrsg. H. Schmidgen. Berlin: Merve.

Guattari, Félix. 2018. *Planetarischer Kapitalismus,* Hrsg. H. Schmidgen. Berlin: Merve.

Haraway, Donna J. 1991. *Simians, cyborgs, and women. The reinvention of nature.* London: Free Association Books.

Hartmann, Frank. 2000. *Medienphilosophie.* Wien: UTB.

Hörl, Erich, und James Burton. 2017. *General ecology. The new ecological paradigm.* London: Bloomsbury.

Krause, Ralf, und Marc Rölli, Hrsg. 2010. *Mikropolitik. Eine Einführung in die politische Philosophie von Gilles Deleuze und Félix Guattari.* Wien: Turia + Kant.

Latour, Bruno. 2008. *Wir sind nie modern gewesen.* Frankfurt a. M.: Suhrkamp.

Latour, Bruno, und Isabelle Stengers. 2008. *Spekulativer Konstruktivismus.* Berlin: Merve.

Lévy, Pierre. 1995. Fraktale Faltung oder wie Guattaris Maschinen uns helfen können, heute das Transzendentale zu denken. In *Ästhetik und Maschinismus. Texte zu und von Félix Guattari,* Hrsg. H. Schmidgen, 95–114. Berlin: Merve.

Lyotard, Jean-Francois. 1986. *The postmodern condition: A report on knowledge.* Minneapolis: Minneapolis University Press.

Margulis, Lynn. 1999. *Die andere Evolution.* Heidelberg: Spektrum Akademischer Verlag.

Massumi. Brian. 2010. *Ontomacht. Kunst. Affekt und das Ereignis des Politischen.* Berlin: Merve.

Roudinesco, Élisabeth, und Michel Plon. 2004. Guattari, Félix. In *Wörterbuch der Psychoanalyse. Namen, Länder, Werke, Begriffe*, Hrsg. E. Roudinesco und M. Plon, 383. Wien: Springer.

Schmidgen, Henning. 1997. *Das Unbewusste der Maschinen. Konzeptionen des Psychischen bei Guattari, Deleuze und Lacan.* München: Fink.

Voss, Christiane. 2011. Kinematische Subjektkritik und ästhetische Transformation. In *Die Couch des Armen. Die Kinotexte in der Diskussion,* Hrsg. A. Weskott et al., 53–63. Berlin: b_books.

Voss, Christiane. 2013. *Der Leihkörper. Erkenntnis und Ästhetik der Illusion.* München: Fink.

Gender und Queer Studies (Judith Butler)

Kathrin Peters

1 Kritik und Dissens

Wie sehr Judith Butler als *public intellectual* gelten kann, lässt sich an der Intensität bemessen, mit der ihre Thesen seit mittlerweile fast 30 Jahren diskutiert und auch bestritten werden. Seit 1990 *Gender Trouble* (*Das Unbehagen der Geschlechter,* Butler 1991) erschien, ist die Auseinandersetzung über Gendertheorie nicht abgerissen, weder bei Butler noch bei ihren Leser*innen und auch nicht bei jenen ihrer Nicht-Leser*innen, die dennoch starke Gegenreden führen. Judith Butler, die 1984 mit einer Arbeit über Hegel an der Yale University promoviert wurde, ist seit 1993 Professorin im Department für Vergleichende Literaturwissenschaft an der University of California, Berkeley, wo sie das *Critical Theory Program* begründete. In ihren bisher über 15 Monografien hat sie die Frage nach Gender immer wieder neu und anders gestellt und sich darüber hinaus mit weit mehr Themen befasst. So beschäftigt sich *Excitable Speech* (1997) mit *hate speech* und verletzender Rede und führt das Konzept einer Politik des Performativen weiter, das für die Neufassung des Genderbegriffs durch Butler maßgeblich war (Butler 2006).

Auch spielt psychoanalytische Theorie in Butlers Denken durchgehend eine wichtige Rolle. So sehr sie dem Konzept des Unbewussten verbunden ist, so sehr gilt es auch, die Psychoanalyse gegen ihren heteronormativen Strich zu lesen. Butlers Beiträge zu Melancholie und Geschlecht in *The Psychic Life of Power* (1997) und zur Figur der Antigone, in der sie ein nicht-ödipales Verwandtschaftssystem begründet sieht (*Politics and Kinship,* Butler 2001b), eröffnen eine

K. Peters (✉)
Universität der Künste Berlin, Berlin, Deutschland
E-Mail: k-peters@medienhaus.udk-berlin.de

© Springer Fachmedien Wiesbaden GmbH, ein Teil von Springer Nature 2020
I. Ritzer (Hrsg.), *Schlüsselwerke der Medienwissenschaft,*
https://doi.org/10.1007/978-3-658-29325-3_8

machtkritische Lektüre der Psychoanalyse, ebenso wie sie psychoanalytische Kategorien für die Gender und Queer Theory erschließen (Butler 2001a, b).

Mit den Büchern *Precarious Life* (2004) (*Gefährdetes Leben* 2005a) und *Frames of War* (2009) (*Raster des Krieges* 2010), beide unter dem Eindruck des US-amerikanischen *war on terror* und dessen Folgen geschrieben, sind Überlegungen zu „gefährdetem Leben" und „unbetrauerbarem Leben" in den Vordergrund getreten. Das jüngste Buch, *Notes Toward a Performative Theory of Assembly* (2015) (*Anmerkungen zu einer performativen Theorie der Versammlung* 2015) entwirft eine Theorie des Körpers ausgehend von politischen Protestbewegungen und Demonstrationen. Der Begriff Vulnerabilität, verstanden als Verwundbarkeit und Abhängigkeit von anderen, ist in den aktuelleren Publikationen besonders wichtig geworden.

Judith Butler erweist sich immer wieder als eine politische Philosophin im Doppelsinn, denn ihr Schreiben beschäftigt sich nicht nur mit dem Verhältnis von Politik, Körper und Subjektivität, sondern nimmt auch von konkreten politischen und sozialen Ereignissen seinen Ausgang. Sie positioniert sich, ergreift Partei und geht damit immer auch das Risiko ein, selbst angegriffen und verletzt zu werden. Als sie 2012 den Theodor-W.-Adorno-Preis der Stadt Frankfurt am Main für ihre Verdienste in feministischer und Moralphilosophie zugesprochen bekam, hatte sie bereits über „Juden, Israel und die Risiken öffentlicher Kritik" geschrieben. Prompt war ihr ihre Kritik an nationalstaatlicher Gewalt Israels als Antisemitismus ausgelegt worden (Butler 2005a, S. 121–153, vgl. auch innerhalb einer unnachgiebig geführten Debatte Butler 2013). Ein paar Jahre zuvor hatte sie einen anderen ihr zugedachten Preis, der auf dem Christopher Street Day in Berlin verliehen werden sollte, den Zivilcourage-Preis 2010, wegen Rassismus und Islamfeindlichkeit innerhalb der queeren Community kurzfristig abgelehnt, nachdem sie bereits nach Berlin gereist war und mit diversen Gruppen gesprochen hatte.

„Na ja, ich hätte auch Anwältin werden können", antwortet Butler auf die Frage einer Interviewerin, die wissen möchte, ob sie heute, im Angesicht einer unternehmerisch werdenden Universität, noch einmal Professorin werden würde. „Aber das hätte meine schlimmste Eigenschaft befeuert, meine Streitlust" (Butler 2017). Selbstredend hat sich Butler auch zur Institution Universität geäußert, die sie als Ort der Kritik versteht, an dem es möglich sein und bleiben müsse, die Bedingungen des Denkbaren und Sagbaren zu befragen (Butler 2009a). Die Streitlust allerdings, von der sie hier spricht, lässt sich zwar in ihren politischen Positionierungen auffinden, ihr Schreiben hingegen ist von einem durchweg dialogischen, fragenden und offenen Ton gekennzeichnet. Es sind Texte, die immer im Austausch mit anderen Texten stehen, zuweilen in Ko-Autor*innenschaft entstehen, *close readings,* die sich in rhetorischen Fragen vorwärtsbewegen, eher Antworten nahelegen und kaum je in einen konstatierenden Ton verfallen. Butler zeigt sich damit der Dekonstruktion nach Jacques Derrida verbunden sowie als psychoanalytisch denkende Theoretikerin, die jeden Satz umdreht und befragt, die dem Widerhall der Sätze und Fragen nachhorcht. Dass Butlers Texte als schwierig gelten, hat sicherlich auch in dieser suchenden, vorantastenden Schreibbewegung einen Grund. Von philosophischen Texten zu erwarten, sie seien leicht verständlich, ist ohnehin ein kaum zu erfüllender Anspruch. Ihn überhaupt zu erheben, hat mit einem Verstehen-Wollen zu tun, das die große Bedeutung von Butlers Texten über einen akademischen Diskurs hinaus unterstreicht. Liest man die Bücher chronologisch, wird ein Schreiben erkennbar, das in fortwährenden Reformulierungen, Verschiebungen und Erweiterungen verfährt. Der eine Text versucht die Missverständnisse eines vorherigen aufzulösen oder Schwierigkeiten, die sich in der Rezeption gezeigt haben, zu klären und auf Kritik, die erhoben wurde, zu antworten. Gegenstände werden an Begriffen geprüft und produzieren neue Begriffe, die sich allmählich herausschälen. Theoriebildung ist bei Butler selbst eine performative Praxis (Posselt 2018, S. 68).

Performativität ist sicher das entscheidende theoretische Konzept, das sich von den frühen geschlechtertheoretischen Arbeiten bis zur politischen Theorie der Versammlung durchzieht, und dessen Umformulierung die Originalität Butlers ausmacht. In der deutschsprachigen Medientheorie ist punktuell darauf Bezug genommen worden. So würdigt Sybille Krämer Butlers Aneignung der Sprechakttheorie (2001, S. 238–260). Im Zuge der Institutionalisierung des Fachs Medienwissenschaft in den 1990er-Jahren mit einem weitgehend männlichen Kanon haben Butlers Texte keine Berücksichtigung gefunden, umso intensiver war ihre Rezeption in der feministischen Film- und Medienwissenschaft (Angerer 1999; Seier und Warth 2002). Allmählich rückt Butler mehr in den Blick, nicht unbedingt, weil gendertheoretische Perspektiven kanonisiert würden, sondern eher, weil die jüngeren Texte Butlers allgemeinere Anknüpfungspunkte für die Medienwissenschaft bieten. Ich möchte im Folgenden den Gewinn, den die Beschäftigung mit den Texten Butlers für medienwissenschaftliche Fragen darstellt, skizzieren. Dabei konzentriere ich mich auf das Verhältnis von Gender und Materialisierung einerseits und Vulnerabilität und Versammlung andererseits, womit bei aller Kontinuität der Theoriefiguren zwei zeitliche Schnitte im Werk Butlers gesetzt sind.

2 Gender und Materialisierung

Für Gender-Debatten steht der Name Judith Butler inzwischen beinahe monolithisch ein. Selbst die Durchsetzung des englischsprachigen Begriffs hat mit der konstruktivistischen Wende zu tun, die die Texte eingeläutet haben. Die diskursbegründende Kraft, die Butlers Schriften entfaltet haben, hat auch deren Autorin überrascht (Butler 2009, S. 329). Um ihre Thesen angesichts der enormen und unerwarteten Resonanz zu präzisieren, folgte auf *Gender Trouble* bereits zwei Jahre später, 1993, *Bodies That Matter* (*Körper von Gewicht* 1995) – mit einem Vorwort eigens zur deutschen Ausgabe. Darin reagiert Butler auf die Kritik, die ihr insbesondere vonseiten der Frauen- und Körpergeschichtsschreibung entgegengebracht worden war, sie würde mit ihrer These, der Körper sei diskursiv verfasst, dem Feminismus den Boden entziehen (Butler 1995, S. 9–12). Damit ist der Einsatz und auch der Gegenstand der Auseinandersetzung benannt: Zur Debatte steht das Verhältnis von „Diskurs", oft verstanden als Sprache, und „Körper", oft verstanden als Materialität. Meine Rekonstruktion dieser Debatte hat das Privileg des Rückblicks und kann verschiedene Fäden zusammenführen.

Anders als die frühen Kritiker*innen nahelegen, knüpft Butler mit ihrer Gendertheorie positiv an feministische Konzepte von Weiblichkeit an, wie die gendertheoretischen Texte überhaupt im Kontext zeitgenössischer philosophischer, literatur-, film- und kunstwissenschaftlicher Auseinandersetzungen zu lesen sind. Butlers Lektüredurchgänge gelten den Arbeiten Luce Irigarays und Julia Kristevas. Sie bezieht sich auf Gayle Rubin und Monique Wittig sowie Michel Foucault. Infrage gestellt wird allerdings eine Unterscheidung, die in der Frauen- und Geschlechterforschung der Nachkriegszeit so etwas wie *common sense* geworden ist: die Unterscheidung zwischen Sex als Körpergeschlecht und Gender als sozialem Geschlecht – „Geschlechterrolle", wie es in den 1980er-Jahren hieß – samt der darin eingelagerten Dichotomie von Natur und Kultur. Butlers Intervention gegen das, was sie einen Essenzialismus des Geschlechts oder eine Metaphysik der Substanz nennt, speist sich aus der nicht zuletzt auch persönlichen Erfahrung von Ausgrenzungen und Ausschlüssen innerhalb des Feminismus, dessen Tendenz, immer etwas zu genau zu wissen, was Frauen und Männer jeweils ausmacht, Gefahr läuft, einen heteronormativen Rahmen zu bestätigen, in den Lesben und Schwule, Inter- und Transsexuelle nicht passen. Das Sex/Gender-System ist normierend, weil es einem Substanzdenken aufruht. Mit der Kritik an Normativität nimmt auch Queer Theory Fahrt auf: 1991 hat die Filmwissenschaftlerin Teresa de Lauretis in einem Schwerpunkt der Zeitschrift *Differences* Queer Theory als widerständige Theorie umrissen, die ein dominantes (hetero-)sexuelles Subjektverständnis dekonstruiert und dafür nichtnormative kulturelle Formen und Imaginationen entwirft. Butler hat immer betont, dass sie eine scharfe Grenzziehung zwischen queerer Politik und Feminismus für unproduktiv hält, aber auch darauf bestanden, dass der (weiße) Feminismus sich jener Kritik aussetzen müsse, die er selbst ins Spiel gebracht habe (Butler 1995, S. 53). Gemeint sind Praktiken der Marginalisierung und Politiken der Identität, die in einer anti-essenzialistischen Wende eben Gegenstand von Kritik sein müssen.

Dass der Körper als Ausgangspunkt für Gender nicht taugt, arbeitet Butler über den Begriff der Materialisierung und im Rekurs auf Aristoteles heraus. Materie tauche bei Aristoteles, der ihre Vorgängigkeit vor der Form postuliert, immer schon als Gestalt auf; Materialität und Intelligibilität seien, wie Butler argumentiert, daher gar nicht zu trennen. Vielmehr ist Materie immer nur innerhalb kultureller Bedeutungssysteme überhaupt erkenn- und lesbar ("intelligibel"). Selbst die Behauptung von Außerdiskursivität erfolge diskursiv (Butler 1995, S. 49–94). Wie, fragt Butler, sollte ein affirmativer Bezug auf den Körper als weibliche Essenz gelingen, ohne in Fallstricke zu geraten, die Weiblichkeit über die Begriffsreihe *materia, mater* und *matrix* mit Naturhaftigkeit und Reproduktion kurzschließen?

Es ist und bleibt angesichts der vielen Missverständnisse, zu denen Butlers Texte sicher auch beigetragen haben, wichtig zu betonen, dass es nicht darum geht und gehen kann, Materialität zu leugnen; auch Butler ist klar, dass Körper leben und sterben. Wenn in diesen frühen Texten Fragen der Körpererfahrung und Affektivität tatsächlich ausgespart bleiben, so hat Butlers entscheidendes Argument doch nicht an Überzeugungskraft eingebüßt: Es geht ihr nämlich darum, Körper als von machtvollen, normativen Formierungen durchdrungen zu verstehen und eben nicht als Refugium von Authentizität, zudem sie nicht taugen. Als gründliche Leserin Foucaults, der in seiner Diskursanalyse der Sexualität Körper als von Macht durchzogen begreift (Foucault 1978), betrachtet Butler den geschlechtlichen Körper von historischen Interpretationen geradezu konstituiert: "'Materialität' bezeichnet eine bestimmte Wirkung der Macht oder *ist* vielmehr Macht in ihren formativen oder konstitutiven Effekten" (1995, S. 58). Körper werden in einem Prozess der Materialisierung sozial sicht- und lesbar, insofern haben sie Gewicht *(matter).*

Das Konzept, das es Butler ermöglicht "Sex", also den geschlechtlichen Körper, als Fundament des Sozialen zu dekonstruieren, ist das der Performativität, das sie in ihren Texten immer deutlicher herausarbeitet. Wenn Geschlecht als vorgängige, natürliche Gegebenheit erscheint, die jenseits jeder Geschichte oder Kultur liegt, dann ist das ein Resultat von Sprache: "Der Status der Sprache ist […] *performativ,* insoweit dieser signifizierende Akt den Körper abgrenzt und konstituiert, von dem er dann behauptet, er fände ihn vor aller und jeder Signifikation vor" (Butler 1995, S. 54, Herv. i. Orig.). Die „signifizierenden Akte", um die es hier geht und die ständig wiederholt und in verschiedensten Zusammenhängen aufgerufen werden – Butler nennt das im Anschluss an Derrida „Zitation" –, können wir bei unzähligen Gelegenheiten auffinden, z. B. in Anreden, in der Kleidung und Kleidermaßeinheiten, in familiären Verwandt-schaftsmythen, im *locker room talk* und auf Toilettenschildern, in medizinischen Registern, im Sport, als Personenstandsbezeichnung oder in geschlechtsspezi-fischer Grammatik.

Butlers bekanntes Beispiel für Gender-Performativität ist die Drag-Performance. So eindringlich dieses Beispiel ist, so sehr hat es Verengungen in der Rezeption nach sich gezogen. Denn erstens hat es zu dem Missverständnis geführt, Gender-Performativität sei generell ein willentlicher Akt, so, als ob man sich an einem Tag dieses, am anderen jenes Kleid aussucht. Ein solches Crossdressing hat allerdings nichts zu tun mit der existenziellen Subjektivität, die es bedeutet, ein geschlecht-liches Wesen zu sein – worauf es Butler aber ankommt. Zweitens suggeriert das Drag-Beispiel, dass Performativität mit Performance einherginge, dass also das Inkraftsetzen von Gender-Bedeutungen an eine theatrale Vor- oder Aufführung geknüpft sei, die, um subversiv zu wirken, möglichst parodistisch angelegt sein sollte. Eve Sedgwick hat diese Verkürzung früh kritisiert und angemahnt, Per-formativität allgemeiner zu fassen (2003). Drag ist, wie Butler im Rückblick erläutert, eine Allegorie, die vorführt, wie Normen reproduziert, aber im selben Moment auch angefochten werden können (2006, S. 346). Es ist wert, sich das kurz vor Augen zu führen, weil ein weiteres zentrales Argument an diese Über-legung geknüpft ist, das der Transformation: Wenn wir meinen, einen Mann, der als Frau gekleidet ist, zu sehen oder eine Frau, die als Mann gekleidet ist, dann nehmen wir an, diese Person habe jeweils ein eigentliches und ein uneigentliches Geschlecht – ‚in Wirklichkeit' handele es sich um einen Mann bzw. um eine Frau. Aber was gibt uns eigentlich, fragt Butler, die Gewissheit, es gäbe ein wahres oder echtes Geschlecht? Liegt es an der Art, wie die Kleider getragen werden, wie die Haare gemacht sind? Liegt es an der Anatomie des Körpers, schließen wir auf Genitalien, von denen wir nicht wissen, was und ob sie etwas beweisen? Warum überhaupt das Entweder-oder? Für Butler werden an Drag die Kategorien, in denen wir Geschlecht wahrnehmen, offenbar und zugleich werden die Ambigui-tät und die Unzuverlässigkeit von binären Gender-Kategorien kenntlich.

An dieser Stelle eröffnet sich die Möglichkeit der Transformation von Normen. Diese Möglichkeit ist an die Konzepte Wiederholung und Zitation gebunden, und stellt gewissermaßen deren Kehrseite dar, auf der das Nichtgelingen, die Abweichungen und Fehler, die sich in den Wiederholungen einstellen, produktive Kraft entfalten. Denn in der zitathaften Wiederholung (Reiteration) von Normen, denen ja kein Subjekt völlig entsprechen kann, ereignen sich unvermeidlich Verschiebungen und Veränderungen. Während also einerseits Konventionen oder Normen kaum bewusst immer wieder in Kraft gesetzt werden, können sich andererseits – gleichfalls mehr oder weniger absichtsvoll – Kontextverschiebungen ereignen, Spielräume der Resignifikation eröffnen oder fehlerhafte Aneignungen ergeben. Eine solche transformierende Kraft der Umdeutung ist schließlich auch mit dem Begriff „queer" erfolgt, der es vom abwertenden Schimpfwort zur Selbstbeschreibung und zu einer Theorie ‚geschafft' hat. Die Macht der verletzenden Rede ist „fehlangeeignet" worden (Butler 2006, S. 70). Etwas allgemeiner, d. h. auch losgelöster von dem Fokus auf Sprache und Sprechakte, der die früheren Texte kennzeichnet, formuliert es Butler später so:

> Wenn Gender performativ ist, dann folgt daraus, dass die Realität der Geschlechter selbst als ein Effekt der Darstellung produziert wird. Obwohl es Normen gibt, die bestimmen, was real zu sein hat und was nicht, was intelligibel zu sein hat und was nicht, werden diese Normen in dem Moment in Frage gestellt und wiederholt, in dem die Performativität mit ihrer Zitierpraxis beginnt. Man zitiert nämlich Normen, die bereits existieren, aber diese Normen können durch das Zitieren erheblich an Selbstverständlichkeit verlieren. Sie können außerdem als nicht natürlich und nicht notwendig entlarvt werden, sobald sie in einem Zusammenhang und in einer Verkörperungsform auftreten, die den normativen Erwartungen widerspricht. Und das bedeutet, dass wir durch die Praxis der Genderdarstellungen nicht nur erkennen, wie die Normen, die unsere Realität beherrschen, zitiert werden, sondern dass wir einen der Mechanismen begreifen, mit denen die Realität reproduziert *und* im Zuge der Reproduktion geändert wird (Butler 2009, S. 346).

Butlers sowohl performative als auch diskursiv-materialistische Argumentation erscheint in einer medienwissenschaftlichen Perspektive so nachvollziehbar wie anschlussfähig. Denn auch eine kulturwissenschaftliche Medienwissenschaft geht kaum mehr von einem begrenzten Arsenal gegebener Medien aus, mittels derer sich mal diese oder mal jene Botschaft vermitteln lässt. Dass Medien Ereignisse mit hervorbringen, indem sie sie konturieren, verzeitlichen, verräumlichen und narrativieren, und dass diese Medienereignisse unhintergehbar sind, ist beinahe eine medientheoretische Selbstverständlichkeit und ließe sich als eine Medientheorie des Performativen beschreiben (Derrida 2003; Krämer 2004). Auch in der Folge der Diskursanalyse Foucaults gilt weniger eine mediale Substanz – eine Kamera z. B. oder der digitale Code – als ausschlaggebend dafür, welche Wirklichkeitseffekte, sozialen Gebrauchsweisen oder kulturellen Sicht- und

Lesbarkeiten sich in einer historischen Situation jeweils einstellen. Das wäre deterministisch. Vielmehr geht es um Konstellationen von Apparaten, Codes, Techniken, Repräsentationsweisen, Institutionen, Körpern etc., die erst in ihren jeweiligen historischen Gefügen ‚Sinn ergeben‘, d. h. zu hören, zu sehen und zu wissen geben. Ein solches „Medien-Werden" (Vogl 2001) ist ein historischer, diskontinuierlicher Prozess. Auch was Butler zunächst Denaturalisierung, dann Materialisierung von Gender nennt, lässt sich durchaus als historischer Prozess verstehen. Selbst wenn Butler nicht explizit historisch und nie empirisch argumentiert (vgl. Kritik bei Villa 2012, S. 143–163), lassen sich von ihren Argumenten ausgehend medien- und wissensgeschichtlichen Studien unternehmen (Bergermann et al. 2002; Peters 2010). Inwiefern das Sicht- und Lesbarwerden von Körpern immer unter medialen Bedingungen steht und erfolgt, ist ein weiteres Untersuchungsfeld (vgl. hierzu Seier 2007).

3 Vulnerabilität und Versammlung

Nicht weiter aufschieben lässt sich, auf den Begriff des Subjekts und der Subjektivation einzugehen, der für die Frage nach Handlungsfähigkeit bzw. Agency ungemein wichtig ist und zwar sowohl im Hinblick auf Gendertheorie als auch für die Überlegungen zu gefährdetem Leben und politischem Widerstand. Da Butler nicht von einem souveränen Subjekt ausgeht, das leicht durch Empowerment zu Handlungsmacht zu befähigen wäre, bedarf es, wie wir gesehen haben, einer gründlichen Argumentation, um Veränderung als Lücke oder Fehler im Prozess einer nie abgeschlossenen Aneignung von Normen zu konzipieren. Der Prozess der Aneignung stellt sich als einer der Subjektwerdung dar und er umfasst ein Paradox: „Subjektivation", wie Butler an Foucault anschließend schreibt, meint einerseits das Unterworfenwerden in eine grundlegende „Abhängigkeit von einem Diskurs, den wir uns nicht ausgesucht haben" (2001a, S. 8). Andererseits ist es genau diese Abhängigkeit vom Diskurs bzw. von Normen (der Begriff der Normen wird bei Butler zunehmend zentral), die überhaupt ein Subjekt konstituiert. Erst dieses Im-Diskurs-Sein oder Den-Normen-Entsprechen erzeugt ein intelligibles Subjekt, also ein Subjekt, das als solches erkannt und anerkannt wird. Um es zuzuspitzen: Subjektivation heißt, dass nur das Unterworfenwerden eine Anerkennung als Subjekt gewährleistet und Agency ermöglicht. Umgekehrt bedeutet es, dass sich an den Rändern der Normen zu bewegen mit der Gefahr einhergeht einen Subjektstatus oder überhaupt den Status eines Lebens nicht zugesprochen zu bekommen. Butler interessiert daher, wie von einer Position an den Rändern normativer

Anerkennung aus Widerstand zu leisten ist. Wie sich also in einer gewissen Distanz von Normen bewegen, ohne sich aufzugeben und immer noch hörbar zu sein? So ließe sich eine der zutiefst politischen Fragen fassen, die Butler in den letzten 15 Jahren beschäftigt hat.

Als Leben wahrgenommen zu werden, hängt an Normen, wie Butler in „Frames of War" ausführt. Daraus folgt,

> dass spezifische Leben nur dann als beschädigt oder zerstört wahrgenommen werden können, wenn sie zuvor überhaupt als lebendig wahrgenommen worden sind. Wenn bestimmte Leben gar nicht als Leben gelten oder von Anfang an aus gewissen epistemologischen Rastern [*frames*] herausfallen, dann werden diese Leben im vollen Wortsinn niemals gelebt und auch niemals ausgelöscht (2010, S. 9).

Nicht alle Kriegstoten, Opfer von Terroranschlägen oder Migrant*innen werden auf die gleiche Weise betrauert – manche tauchen nur in Zahlen auf oder nicht mal das; es sind „unbetrauerbare Leben".

Aufschlussreich ist gerade aus medienwissenschaftlicher Perspektive das Konzept des *frame,* des Rasters oder Rahmens, der diese Unbetrauerbarkeit hervorruft. *Frames* strukturieren visuelle Wahrnehmungen und, indem sie dies tun, verteilen und versagen sie Anerkennbarkeit (Butler greift damit einen Begriff Hegels auf). Dabei sind mit dem Begriff *frame* sowohl konkrete Anwendungen bezeichnet – ein Bild machen, ein Bild rahmen, in eine Rasterfahndung geraten – als auch epistemische Dimensionen aufgerufen. Butler macht das Funktionieren von aufeinander verweisenden Rahmen am Beispiel der Fotografien aus Abu Ghraib deutlich. Zunächst haben Fotografien im sehr konkreten Sinn Rahmen, nämlich indem sie einen begrenzten Ausschnitt einer Szene zu sehen geben, der wiederum durch eine Kameraeinstellung bedingt ist. Die Fotografien sind zudem gerahmt oder ge*framed* durch eine bestimmte Eingebundenheit derjenigen, die die Bilder aufgenommen haben. Das ist der Rahmen, von dem Butler sagt, dass er „uns gewissermaßen zum Sehen blendet" (2010, S. 97). Während Susan Sontag in *Das Leiden anderer betrachten* (2003) Fotografien, die Gewalt- oder Gräueltaten zeigen, für vor allem affektiv wirksam, aber mangels Kontext für politisch wenig aussagekräftig (trotzdem dafür plädiert, sich von ihnen ‚heimsuchen' zu lassen) hält, argumentiert Butler an den Thesen Susan Sontags entlang, um sie schließlich in eine andere Richtung zu verschieben: Erstens müsse sich, so Butler, Kritik der Aufgabe stellen, diejenigen epistemischen Rahmen in den Blick zu rücken, die das Sehen so strukturieren, dass etwas gar nicht erst wahrnehmbar ist. Im Fall der Fotografien aus Abu Ghraib sind das bereits mindestens zwei *frames:* der der ursprünglichen Aufnahmen im Foltergefängnis durch Täter*innen

und der der Veröffentlichung und Zirkulation der Bilder. Zweitens schlägt Butler
ausgehend von Sontag in einer höchst eindringlichen Volte vor, in den affektiven
Reaktionen, die die Bilder hervorrufen – Trauer und Wut –, bereits ein Verstehen dieses nichtsichtbaren Rahmens zu erkennen. Das heißt, wir erregen
uns nicht bloß über das konkret Abgebildete, sondern es ist vor allem der mit-
kommunizierte Kontext, der affektiv wirkt. Medienwissenschaftlich ungemein
fruchtbare Fragerichtungen ergeben sich aus diesen Überlegungen: Welche Leben
auf welchen Bildern betrauern wir *nicht*? Welche *frames* sind wirksam, wenn
sich Affektivität nicht einstellt? Wie lassen sich *frames* besprechen, analysieren,
ihrerseits rahmen, auf die scharf zu stellen kaum möglich ist? Sicher ist deutlich
geworden, dass Butler auch das Konzept *frames* performativ denkt. Da Rahmen
eine Szene nie restlos begrenzen, nie vollständig unsere Wahrnehmung einhegen
können, ergibt sich aus dem, was in den jeweiligen nicht wahrnehmbar ist, ein
Überschuss, der Möglichkeiten der Veränderung eröffnet. *Frames* lassen sich
als visuell-mediales Analogon zu Gendernormen verstehen: „Wie die ‚Materie'
des Körpers sich ohne Form nicht zeigen kann, so kann auch die ‚Materie' des
Krieges ohne die Erfüllung bestimmter Bedingungen der Form oder des Rahmens
nicht sichtbar werden" (Butler 2010, S. 34).

Butler führt mit der Frage des Rahmens ihre Überlegungen zu gefährdetem
Leben und Prekarität fort (Butler 2005a), demnach es kein Leben ohne ein
Bedürfnis nach Zuflucht und Nahrung, kein Leben jenseits von Verletzlichkeit und Sterblichkeit geben kann. Es mag auffallen, dass mit „Körperlichkeit",
„Verletzlichkeit" und „Verwundbarkeit" Begriffe ins Spiel kommen, in denen
phänomenologische Dimensionen der Körpererfahrung anklingen, während Kategorien wie Entnaturalisierung und Materialisierung vor allem auf Diskursivi-
tät bezogen waren. Das bedeutet aber keineswegs, dass mit Vulnerabilität eine
unmittelbare leibliche Erlebniskategorie aufgerufen wäre. Zwar ist Vulnerabilität
eine durchaus prinzipielle Kategorie, weil Leben bedeutet, wie Butler nachdrück-
lich argumentiert, von anderen abhängig zu sein. Als Subjekte sind wir prinzipiell
berührbar und affizierbar und das nicht bloß unter widrigen Umständen. Vielmehr sind wir schon immer angegriffen und affiziert (Butler entwickelt diesen
Gedanken u. a. in Auseinandersetzung mit psychoanalytischer Theorie, 2005b).
Zugleich sind Leben aber auch unterschiedlich und höchst singulär von
Vulnerabilität betroffen – nicht alle sind gleichermaßen Verwundbarkeit ausgesetzt. Bei der Aufteilung und Zuweisung von Vulnerabilität sind Gender-, *race*-
und Klassenkategorien ebenso wirksam wie Armut oder Prekarität (vgl. Butler
2018b).

In ihrer performativen Theorie der Versammlung, einem Buch, das auf demo-
kratische Protestbewegungen von Occupy bis zu den Demonstrationen auf dem

Taksim-Platz in Istanbul und auf dem Tahrir-Platz in Kairo reagiert, tritt Butler für eine Verknüpfung von Vulnerabilität und Agency ein (Butler 2018a, S. 183). Körper, so ihre These, seien nicht *entweder* verwundbar *oder* handlungsfähig. Verwundbarkeit sei vielmehr ein Element von Widerstand, wohingegen eine sich unverwundbar wähnende (maskuline) Position als eine verstanden werden kann, die ihre prinzipielle Abhängigkeit verleugnet und eine Offenheit gegenüber anderen kappt. Die Versammlungen, auf die es hier ankommt, während derer im Namen demokratischer Interessen Widerstand geleistet wird, versteht Butler insofern als performativ, als die Forderungen, die erhoben werden – z. B. das Recht auf Mobilität, politische und soziale Teilhabe sowie gleichberechtigte Anerkennung –, nicht nur ausgesprochen, sondern im Protestieren immer auch körperlich in Szene gesetzt werden. Wenn Straße und Platz als bewohnbare, offene Räume der Versammlung, der Veranstaltungen und des Campierens in Anspruch genommen werden, dann wird das, was gefordert wird, in einem performativen Akt bereits praktiziert. „Forderungen im Namen des Körpers (nach Schutz, Obdach, Ernährung, Mobilität, Meinungsfreiheit) [werden] mit dem und durch den Körper und dessen technischen und infrastrukturellen Dimensionen geäußert" (Butler 2018a, S. 170). Tatsächlich hat Butler das relationale Beziehungsnetz, in das Körper unabdingbar eingewoben sind, auch auf nichtmenschliche Aktanten erweitert. So kann der städtische Raum oder ein bestimmter Platz eine gewichtige Rolle für den Protest einnehmen, insofern eine politische Öffentlichkeit – wie räumlich und zeitlich beschränkt auch immer – dort realisiert wird, wo ein Ort nicht öffentlich ist, aber sein könnte. Ein weiteres Element innerhalb des relationalen Beziehungsnetzes sind Medientechnologien. Körper brauchen infrastrukturelle Unterstützung und sie sind auf Technologien angewiesen. Butler hat diese Medialität von Protest deutlich hervorgehoben und auch die These, dass digitale Technologien zu einer „Entkörperlichung der öffentlichen Sphäre" führten, zurückgewiesen (Butler 2018a, S. 126). Körper und Medien seien vielmehr aufs Engste miteinander verbunden, einerseits, weil es Körper sind, die die Bilder produzieren, andererseits, weil die in Umlauf gebrachten Bilder, die Körper in ihrem Erscheinen legitimieren (zur Auseinandersetzung mit Hannah Arendts Begriff des Erscheinens und Butlers Kritik an der Trennung von politischer Öffentlichkeit und Privatheit vgl. Butler 2017). Die Präsenz eines Aufzeichnungsgeräts verändert die Szene vor Ort, löst gewaltförmige Aktionen aus, eben weil die Möglichkeit einer digitalen Distribution der Aufzeichnung besteht. So stellen die Apparate, die verborgen am Körper getragen werden, dabei permanent senden und empfangen können, auch eine Gefahr dar – für diejenigen, die aufgezeichnet werden, und daher auch für diejenigen, die die Geräte mit sich führen. Aufzeichnungsapparate sind daher nicht nur berichtend, sondern sie werden zu einem Teil der Szene, da sie die Verbreitung jenseits des lokalen Raums ermöglichen können. Auf diese Zirkulation von Bildern und Worten wird von den Akteur*innen spekuliert und stellt bereits eines jener Grundrechte dar, für die eingetreten wird (Peters 2016). Die Bedingungen, unter denen die Aufnahmen hergestellt werden, sind ihr *frame*.

4 Performanz und Wiederholung

Die Rezeption von Judith Butlers in mehr als 20 Sprachen übersetzten Büchern ist schlichtweg nicht zu überblicken. Angesichts der Produktivität Butlers, ihrer philosophischen Kohärenz und der Bedeutung, die die Schriften in und außerhalb akademischer Debatten erlangt haben, lässt sich bei aller Vorsicht gegenüber Superlativen behaupten, dass wir es mit einer der bedeutendsten Theoretiker*innen der Gegenwart zu tun haben. Die Texte haben Diskussionen angeschoben und Anschlüsse ermöglicht, die alle jüngst angestimmten Abgesänge auf Theorie verstummen lassen könnten. Abschließend möchte ich einige Stränge, die mein Text ausgelegt hat, noch einmal aufgreifen und Anschlussdiskussionen skizzieren.

Zu den nach wie vor intensiv geführten Diskussionen sind sicher die zu Materialität und Materialisierung zu zählen. Im Zuge der Neuen Materialismen haben sie Nachdruck erhalten, insbesondere hat Karen Barad vor einem wissenschaftstheoretischen und -historischen Hintergrund noch einmal die These vertreten, „Butlers Darstellung verabsäum[e] eine Analyse dessen, wie Materie (ge)wichtig wird" (Barad 2016, S. 517). Bleibt Butler nicht in einem Diskurs-Materialitäts-Dualismus verhaftet, in dem Materialität auf der Seite der Passivität steht? Am Beispiel der Ultraschalldiagnostik stellt Barad heraus, wie ein Fötus als materiell-diskursives Phänomen hervorgebracht wird, das den schwangeren Frauenkörper sowie die Messinstrumente einschließt. Wie auch in anderen ihrer Beiträge schärft Barad hier die Aufmerksamkeit für die Relationen zwischen verschiedenen Materialitäten und konzipiert eine nichtmenschliche Agency, die intraaktiv, also in den Relationen, entsteht. Im Hinblick auf die vorgeschlagene Verschränkung von Diskursen und Materialität stellt Barads Wissenschaftsforschung vor allem eine Ergänzung zu Butlers Argumentation dar. Die aktuelle Frage nach einer Relationalität, die menschliche und nichtmenschliche Aktanten umfasst, wird aus verschiedenen Richtungen der Medienwissenschaft formuliert (siehe hierzu Bath et al. 2013). Virulent bleibt auch das Verhältnis von

Geschlecht, Lebenswissen und Medialität (vgl. Deuber-Mankowsky 2009). Das zeigt sich auch in Paul B. Preciados Selbstexperiment und Selbsttheoretisierung *Testo Junkie* (2016), das schon der Textperformanz und Schreibweise nach ein materiell-diskursives Traktat ist. Preciado, deren*dessen Buch der Bericht eines Testosteron-Selbstexperiments, ein Postporno und eine Kulturtheorie der Hormone ist, läuft auf die Gegenwartsdiagnose eines pharmakopornografischen Regimes hinaus, in dem die Affekte zwischen Erregung und Frustration hin- und herschnellen. Materialisierung lässt sich hier, so meine vorläufige Vermutung, als immer brüchige Verfestigung sozialer Ordnung im und am Körper verstehen. Zugleich ist die Agentialität von Stoffen im Sinne Barads auch ein entscheidendes Kalkül Preciados.

Ein zunehmendes Interesse für affektive Körperlichkeit ist bei Butler deutlich zu vernehmen, ohne dass sie auf eine subjektive Leib- oder Erfahrungsperspektive einschwenken würde. Entsprechend arbeiten die Queer Studies an einer poststrukturalistisch informierten Affekttheorie. Neben der bereits erwähnten Eve Sedgewick kümmern sich Laurent Berlant (2011) und Sara Ahmed (2006) je unterschiedlich um eine Politik der Gefühle, in der es um die Depathologisierung von *feeling bad* geht. Mit Berlant teilt Butler zudem ein Interesse an einer queeren Lektüre der Psychoanalyse und dem Prekär- bzw. Gefährdetsein (vgl. hierzu Angerer 2007; von Bose et al. 2015).

Zuletzt möchte ich auf eine Verschiebung hinweisen, die sich in den letzten Jahren im kritischen medienwissenschaftlichen Schreiben feststellen lässt und die, wie ich meine, mit Butlers Performativitätstheorie in Zusammenhang steht. Ein springender Punkt dabei ist, die Reichweite des Konzepts Repräsentation zu begrenzen, denn eine performative Perspektive fordert dazu auf, die Akte der Hervorbringung und Verschiebung von Bedeutung zu untersuchen, und das heißt, Film-, Bild-, Text- oder Soundanalysen nicht lediglich über das Dargestellte zu entwickeln, sondern auch über materiale Performativität, Bedeutungsüberschüsse und Ambivalenzen. Das kann darauf hinauslaufen, die Medienwissenschaft selbst auf ihre Gendergeschichte hin zu befragen (Bergermann 2013). Und es hat zu veränderten medienwissenschaftlichen Forschungsfragen geführt, die sich mit Materialität des Kolonialismus, mit Prekarität und Medien, mit queeren Production Studies oder mit *entangled histories* des Films befassen (vgl. z. B. www.genderqueermedien.org der AG Gender/Queer Studies und Medienwissenschaft). Diese Studien eingehender vorzustellen wird zukünftigen Handbuchartikeln vorbehalten sein.

Literatur

Ahmed, Sara. 2006. *Queer phenomenology. Orientations, objects, others.* Durham: Duke University Press.

Angerer, Marie-Luise. 1999. *Body Options: Körper, Spuren, Medien, Bilder.* Wien: Turia + Kant.

Angerer, Marie-Luise. 2007. *Vom Begehren nach dem Affekt.* Zürich: Diaphanes.

Barad, Karen. 2016. Real werden. Technowissenschaftliche Praktiken und die Materialisierung der Realität. In *Gender & Medien-Reader*, Hrsg. K. Peters und A. Seier, 515–540. Zürich: Diaphanes.

Bath, Corinna, Hanna Meißner, Stephan Trinkaus, und Susanne Völker, Hrsg. 2013. *Geschlechter-Interferenzen: Wissensformen – Subjektivierungsweisen – Materialisierungen.* Münster: Lit.

Bergermann, Ulrike, Claudia Breger, und Tanja Nusser, Hrsg. 2002. *Techniken der Reproduktion. Medien – Leben – Diskurse.* Königstein: Helmer.

Bergermann, Ulrike. 2013. Kittler und Gender. Zum Asyndeton. *Tumult. Zeitschrift für Verkehrswissenschaft* 40: 83–90.

Berlant, Lauren. 2011. *Cruel optimism.* Durham: Duke University Press.

von Bose, Käthe et al. 2015. *I is for Impasse. Affektive Queerverbindungen in Theorie_ Aktivismus_Kunst.* Berlin: b_books.

Butler, Judith. 1991. *Das Unbehagen der Geschlechter.* Frankfurt a. M.: Suhrkamp (Original: dies. 1990. *Gender trouble: Feminism and the subversion of identity.* New York: Routledge).

Butler, Judith. 1995. *Körper von Gewicht. Die diskursiven Grenzen des Geschlechts.* Frankfurt a. M.: Suhrkamp (Original: dies. 1993. *Bodies that matter: On the discursive limits of „sex".* New York: Routledge).

Butler, Judith. 2001a. *Psyche der Macht. Das Subjekt der Unterwerfung.* Frankfurt a. M.: Suhrkamp (Original: dies. 1997. *The psychic life of power. Theories of subjection.* Stanford: Stanford University Press).

Butler, Judith. 2001b. *Antigones Verlangen. Verwandtschaft zwischen Leben und Tod.* Frankfurt a. M.: Suhrkamp (Original: dies. 2000. *Antigone's claim. Kinship between life and death.* New York: Columbia University Press).

Butler, Judith. 2005a. *Gefährdetes Leben. Politische Essays.* Frankfurt a. M.: Suhrkamp (Original: dies. 2004. *Precarious life: The powers of mourning and violence.* London New York: Verso).

Butler, Judith. 2005b. *Giving an account of oneself.* New York: Fordham Press.

Butler, Judith. 2006. *Haß spricht. Zur Politik des Performativen.* Frankfurt a. M.: Suhrkamp (Original: dies. 1997. *Excitable speech. A politics of the performative.* New York: Routledge).

Butler, Judith. 2009a. *Die Macht der Geschlechternormen und die Grenzen des Menschlichen.* Frankfurt a. M.: Suhrkamp.

Butler, Judith. 2009b. *Kritik, Dissens, Disziplinarität.* Zürich: Diaphanes (Original: dies. 2009. Critique, dissent, disciplinarity. *Critical Inquiry* 35 (4): 773–795).

Butler, Judith. 2010. *Raster des Krieges. Warum wir nicht jedes Leid beklagen.* Frankfurt a. M.: Campus (Original: dies. 2009. *Frames of war. When is life grievable?* London: Verso).

Butler, Judith. 2013. *Am Scheideweg. Judentum und die Kritik des Zionismus.* Frankfurt a. M.: Campus (Original: dies. 2012. *Parting ways. Jewishness and the critique of zionism.* New York: Columbia University Press).

Butler, Judith im Gespräch mit Anna-Lena Scholz. 2017. „Ich kann nicht alles kontrollieren". *Die Zeit*, Nr. 34/2017. https://www.zeit.de/2017/34/judith-butler-philosophin-kontrolle-feminismus-interview.

Butler, Judith. 2018a. *Anmerkungen zu einer performativen Theorie der Versammlung.* Berlin: Suhrkamp (Original: dies. 2015. *Notes toward a performative theory of assembly.* Cambridge: Harvard University Press).

Butler, Judith. 2018b. Politik, Körper, Vulnerabilität. Ein Gespräch mit Judith Butler. In *Judith Butlers Philosophien des Politischen. Kritische Lektüren*, Hrsg. G. Posselt, T. Schönwälder-Kuntze und S. Seitz, 299–321. Bielefeld: Transcript.

Derrida, Jacques. 2003. *Eine gewisse unmögliche Möglichkeit, vom Ereignis zu sprechen.* Berlin: Merve.

Deuber-Mankowsky, Astrid, Christoph Holzhey und Anja Michaelsen, Hrsg. 2009. *Der Einsatz des Lebens. Lebenswissen, Medialisierung, Geschlecht.* Berlin: b_books.

de Lauretis, Teresa. 1991. Queer theory. Lesbian and gay sexualities: An introduction. *Differences. A Journal of Feminist Cultural Studies* 3 (2): iii–xviii.

Foucault, Michel. 1978. *Dispositive der Macht. Über Sexualität, Wissen und Wahrheit.* Berlin: Merve.

Krämer, Sybille. 2001. *Sprache, Sprechakt, Kommunikation. Sprachtheoretische Positionen des 20. Jahrhunderts.* Frankfurt a. M.: Suhrkamp.

Krämer, Sybille, Hrsg. 2004. *Performativität und Medialität.* Paderborn: Fink.

Peters, Kathrin. 2010. *Rätselbilder des Geschlechts. Körperwissen und Medialität um 1900.* Zürich: Diaphanes.

Peters, Kathrin. 2016. Bilder des Protests. Über die „Woman in the Blu Bra" und relationale Zeugenschaft. In *Periphere Visionen. Wissen an den Rändern von Fotografie und Film*, Hrsg. H. Barrenechea, M. Finke, und M. Schumm, 205–221. Paderborn: Fink.

Posselt, Gerald. 2018. Politiken des Performativen. In *Judith Butlers Philosophien des Politischen. Kritische Lektüren*, Hrsg. G. Posselt, T. Schönwäder-Kuntze, und S. Seitz, 45–70. Bielefeld: Transcript.

Preciado, Paul B. 2016. *Testo Junkie. Sex, Drogen und Biopolitik in der Ära der Pharmapornographie.* Berlin: b_books.

Sedgwick, Eve. 2003. Queere Performativität: Henry James' *The Art of the Novel*. In *Outside. Die Politik queerer Räume*, Hrsg. M. Haase, M. Siegel, und M. Wünsch, 15–38. Berlin: b_books.

Seier, Andrea. 2007. *Remediatisierung. Die performative Konstitution von Gender und Medien.* Berlin: Lit.

Seier, Andrea und Eva Warth. 2002. Perspektivverschiebungen: Zur Geschlechterdifferenz in Film- und Medienwissenschaft. In *Genus. Geschlechterforschung/ Gender Studies in den Kultur- und Sozialwissenschaften*, Hrsg. H. Bußmann und R. Hof, 83–111. Stuttgart: Kröner.

Sontag, Susan. 2003. *Das Leiden anderer betrachten.* München: Carl Hanser.

Villa, Paula-Irene. 2012. *Judith Butler zur Einführung.* Frankfurt a. M.: Campus.

Vogl, Joseph. 2001. Medien-Werden: Galileis Fernrohr. In *Archiv für Mediengeschichte – Mediale Historiographien*, Hrsg. J. Vogl und L. Engell, 115–124. Weimar: Universitätsverlag.

Postkolonialismus (Rey Chow)

Maja Figge

Der Beitrag führt in die Arbeiten der Literaturwissenschaftlerin Rey Chow ein, mit denen sie seit den späten 1980er Jahren in die Felder der Literatur- und Regional- aber auch der Film- und Medienwissenschaften interveniert. Mit ihren Befragungen des Schreibens und Lesens, des Sehens, des Hörens in den diskursiven Begegnungen von Moderne, Ethnizität, Sexualität und Postkolonialität ist sie eine der profiliertesten Vertreter*innen postkolonialer Medientheorie. Was ihre Arbeit singulär macht, ist das konsequente Zusammendenken der Materialität und Medialität von Wissensproduktion und ihren Gegenständen, das stets eine Ent-Objektivierung zum Ziel hat. Der Aufsatz verfolgt ihr Denken ausgehend von ihrem theoretischen Anliegen, über ihre Vorgehensweise hin zu zentralen Gegenständen ihrer Arbeit und fokussiert dabei Chows anhaltende Auseinandersetzung mit Sichtbarkeit, Ethnizität und Postkolonialität.

1 Fliehende Objekte: Chows Anliegen

Rey Chow ist Anne Firor Scott Professor of Literature an der Duke University in Durham, North Carolina (USA) und Autorin von neun Monographien sowie Herausgeberin mehrerer Anthologien, die sich zwischen (vergleichenden) Literaturwissenschaften, Cultural Studies, Gender Studies, Postkolonialer Kritik und kritischer Rassismustheorie, Film- und Medienwissenschaft bewegen. Der Fokus dieses Aufsatzes liegt auf ihren Arbeiten zu Visualität und Sichtbarkeit, also ihren Auseinandersetzungen mit (post)filmischen Formaten. In den letzten

M. Figge (✉)
Universität der Künste Berlin, Berlin, Deutschland
E-Mail: m.figge@udk-berlin.de

© Springer Fachmedien Wiesbaden GmbH, ein Teil von Springer Nature 2020
I. Ritzer (Hrsg.), *Schlüsselwerke der Medienwissenschaft*,
https://doi.org/10.1007/978-3-658-29325-3_9

Jahren hat sich Chow außerdem der Frage des Hörens und der Akusmatik –
und damit den Sound Studies – zugewendet: zunächst in Bezug auf den Einsatz
akusmatischen Tons in dokumentarischen Filmen (Chow 2013b, c, 2014b) und im
Radio (Chow 2014a), zunehmend beschäftigt sie sich auch mit der Alltäglichkeit
von Akusmatik unter digitalen Bedingungen (Chow 2019).[1]

Aufgewachsen im damals britischen Hong Kong der 1960er und 1970er
Jahre ist sie eine der wenigen postkolonialen Theoretiker*innen in der
US-amerikanischen Akademie, die von sich behaupten können, eine klassische
koloniale Erziehung erfahren zu haben. Diese beeinflusste ihren Entschluss, sich
noch auf der Schule für einen Schwerpunkt in englischer Sprach- und Literaturwissenschaft zu entscheiden (Chow 2010a, S. 21).[2] Chow bezeichnet sich deshalb selbst von ihrer akademischen Ausbildung her als „literary reader" (2010b,
S. 303). Der Grundstein dafür wurde bereits vor dem Eintritt in die Universität
von Hong Kong gelegt, wo sie neben vergleichender und englischer Literaturwissenschaft auch mit Strukturalismus und vor allem poststrukturalistischer
Theorie in Berührung kam. Motiviert durch den Wunsch, sich eingehender mit
dem Poststrukturalismus auseinanderzusetzen, entschied sie sich, den Master in
den USA an der Stanford University zu machen:

> If I was working with a theoretical commitment in my early graduate student years,
> it was a commitment to the possibility of radicalising the concept of literature (and
> by implication, the concept of the literary „work" per se), a possibility that I had
> learned by way of poststructuralism's problematisation of the sign. Politically,
> this also meant the exciting possibility of historicising the methods of reading –
> specifically, those of New Criticism – in which I had been trained since secondary
> school, and of calling into question the Anglo-Americanness of such methods
> (Chow 2010a, S. 21).

Dieses Vorhaben durchzieht ihre Arbeiten: 1986 promovierte sie an der Stanford
University in Modern Thought and Literature. Teile ihrer Dissertation flossen in
ihr erstes Buch *Women and Chinese Modernity. The Politics of Reading between
West and East* (1991) ein, in dem sie, angesichts der Notwendigkeit den Westen

---

[1]Diese Arbeiten sind eingebunden in eine andauernde Zusammenarbeit mit James
Steintrager, mit dem sie neben der Ausgabe „The Sense of Sound" der Zeitschrift
differences (Chow und Steintrager 2011) auch die Anthologie *Sound Objects* (Chow und
Steintrager 2019) herausgegeben hat.
[2]Vertiefend zur kolonialen Erfahrung englischer (Sprach-)Erziehung im Hong Kong der
1970er Jahre siehe Chows letzte Monografie *Not like a Native Speaker. On Languaging as
a Postcolonial Experience* (2014a, insb. S. 43 ff.).

zu kritisieren, der Frage nachgeht, welchen Platz diese Kritik ethnisierten Menschen und Gesellschaften zuweist, die durch die Geschichte des westlichen Imperialismus verwestlicht sind. Thema ist also nicht die chinesische Literatur, sondern die so aufgeworfene Frage der Ethnizität und damit ethnischer Subjektivität, die verknüpft wird mit dem doppelten Anliegen, sowohl die Hegemonie westlicher Theorie als auch die damit verbundenen Modi der Deutung im Feld chinesischer Literaturwissenschaft zu hinterfragen (Chow 1991, S. xi f.).

Während der Fokus des ersten Buches auf der Praxis des Lesens liegt, rückt im zweiten das Schreiben in den Vordergrund. Mit *Writing Diaspora. Tactics of Intervention in Contemporary Cultural Studies* (1993) situiert sich Chow nicht nur im postkolonialen Diskurs, sondern sucht vor allem nach *Taktiken* (mit Bezug auf Michel de Certeau, der diese von *Strategien* unterscheidet) der Intervention, die, wie sie betont, als Wissenschaftlerin immer eine der Worte bzw. des Schreibens ist – im Bereich der Chinastudien und weiterer kulturwissenschaftlicher Regionalstudien, in denen sie eine „orientalistische Melancholie" (2010a, S. 33) ausmacht, die nicht erträgt, dass das traditionelle China durch eine Verwestlichung verloren ist. Komplementär zur und zugleich verwandt mit der Orientalist*in[3] tauche, wie Chow mit Verweis auf Arif Dirlik betont, ab den 1960er Jahren im Westen – in der politischen Linken wie in der Akademie – eine neue Figur auf, die Maoist*in, die üblicherweise eine antikapitalistische Kulturkritiker*in ist, die in einem kapitalistischen Land lebt:

> What she wants is always located in the other, resulting in an identification with and valorization of that which she is not/ does not have. Since what is valorized is often the other's deprivation – ‚having' poverty or ‚having' nothing – the Maoist's strategy becomes in the main a rhetorical renunciation of the material power that enables her rhetoric (2010a, S. 38).

Während also die Orientalist*in den lebenden „Dritte Welt"-Bewohner*innen den Verlust der uralten, nicht-westlichen Zivilisation vorwirft, bejubelt die Maoist*in die gleichen Menschen dafür, dass sie als Subalterne ihre Ideale zugleich personifizieren und erfüllen (S. 39 f.). Das Problem besteht für Chow darin, dass in dieser Mischung aus Bewunderung und Moralismus die kritische und widerständige

---

[3]Chow verwendet in ihren Schriften durchgehend das Femininum.

Bedeutung des Begriffs der Unterdrückung entwendet wird.[4] Damit würden die Unterdrückten doppelt beraubt: zum einen ihrer ökonomischen Chancen, zum anderen ihrer Sprache, die nun von denjenigen, die zu politischem Bewusstsein gelangt sind, besetzt werde. Die ökonomischen Voraussetzungen (etwa das Gehalt als entfristete Professor*in an einer westlichen Universität), die es der Maoist*in erlauben, Kapital aus den Entbehrungen anderer zu schlagen ohne die eigene Position zu reflektieren, würden verunklart. Gegen diese akademische Vereinnahmung von widerständigen Diskursen, wendet sich Chows Intervention (S. 40 ff.).

Zugleich problematisiert sie immer wieder die Position der ethnisierten, nicht-westlichen Wissens- oder Kulturproduzent*in, die dem Vorwurf der fehlenden Authentizität oder des Verrats der eigenen Kultur und Tradition ausgesetzt ist (Chow 1991). In *The Protestant Ethnic and the Spirit of Capitalism* (2002) rückt Chow die Politiken der Ethnizität im Kontext des spätkapitalistischen Liberalismus in den Fokus; als wichtigen Austragungspunkt dieser Politiken macht sie die Frage transkultureller Repräsentation aus. Im Aufsatz „Keeping Them in Their Place: Coercive Mimeticism and Cross-Ethnic Representation" geht es um die Blickverhältnisse, in denen Ethnisierte in der Moderne gefangen sind, und die Chow als ‚erzwungene Mimesis' analysiert. Mimesis meint hier, im Unterschied etwa zu Homi K. Bhabhas Konzept der postkolonialen Mimikry (Bhabha 1994), dass von einer ethnisierten Person erwartet wird, dem zu ähneln, was erkennbar ethnisch ist (Chow 2002, S. 107). Damit beschreibt sie eine Zwickmühle, die sie als Form der Beichte beschreibt, in der die Ethnisierten, um intelligibel zu sein, so wahrgenommen werden müssen *als ob* sie ihre Ethnizität besitzen und wiederholt ausstellen würden (S. 111). Zugleich führe die Selbstreferentialität[5] schnell zu Äußerungen in kriminologischer oder erkennungsdienstlicher Hinsicht, die dann als sozial anerkannter „coercive mimeticism" erkennbar werden (S. 115). Übertragen in den Bereich akademischer

---

[4]*Ethics after Idealism* (1998) ist der Problematik der moralisierenden Idealisierung in Zeiten des Multikulturalismus gewidmet. Darin betont Chow, dass es nicht um einen Bruch mit dem Idealismus, den sie als in Gewalt verankert versteht (Chow 1998, S. xxii), gehe, sondern darum, dessen Spuren mit einer taktischen Lektüre zu folgen, die versucht sowohl die poststrukturalistischen Anteile an den Cultural Studies als auch die impliziten kulturellen Vorannahmen in den theoretischen Ausführungen auf der anderen Seite aufzudecken (S. xxi), da sie die Idealisierung von Anderheit als eine Begleiterscheinung der poststrukturalistischen Abwertung universalistischer/ethnozentrischer Werte versteht.

[5]In *Ethics after Idealism* (1998) und *The Age as World Target* (2006) finden sich ausführliche Auseinandersetzungen mit Selbstreferenzialität im Spannungsfeld von Poststrukturalismus und Identitätspolitiken (vgl. Chow 1998, 2006).

Wissensproduktion und -vermittlung, etwa die *Chinese Studies,* werden diese nun als „ethnicity management apparatus" erkennbar (S. 122), der dazu gestaltet ist, Ethnisierte ‚auf ihrem Platz zu halten', wie sie in Anlehnung an Etienne Balibar argumentiert.

Deutlich wird hier die grundlegende Wichtigkeit der Befragung der Bedingungen und Voraussetzungen von Wissensproduktion für Chows Arbeiten, in denen sie nicht nur die Disziplinen, in denen sie sich bewegt, sondern auch deren theoretische Setzungen kritisiert. Diese Hinterfragung der Organisation von Wissen betrifft auch die Medienwissenschaften auf fundamentale Weise (Bergermann 2014b, S. 172). So betrachtet Chow die Art und Weise, in der die moderne chinesische Geschichte in die westlichen theoretischen wie politischen Diskurse eingeschrieben ist und kommt zu dem Schluss, dass – ob wir uns dessen bewusst sind oder nicht – China als Basis der Cultural Studies gelten könne. Der Einsatz dieser These ist,

> to show how the „fate" of an ancient civilization turned modern epitomizes and anticipates many problems we are now facing in the West, which in many ways is condemned to a kind of belated consciousness of what its forces set in motion in its others, which usually experience the traumas much earlier (Chow 2010a, S. 46).

Als Begründung führt Chow das Interesse poststrukturalistischer Theoretiker*innen an China an, allen voran Jacques Derridas Kritik am westlichen phonetischen Logozentrismus,[6] in der er in den angeblich ideografischen Eigenschaften chinesischer Schrift ein anderes fand, oder eben das maoistische Interesse an sozial Enteigneten, insbesondere Subalternen (S. 44). So kritisiert Chow auch postkoloniale Ansätze, etwa Bhabhas Konzept der Hybridität, dafür, dass dieser auf Ambivalenz pochend, behauptet, die Äußerungen der Subalternen – deren Unmöglichkeit der Repräsentation im Sinne von Darstellung *und* Vertretung Gayatri Chakravorty Spivak in ihrem grundlegenden Aufsatz „Can the Subaltern Speak?" (Spivak 1988; auf Deutsch: Spivak 2007) problematisiert hat – seien in den „gaps of language"

---

[6]Ausführlicher zu Derrida siehe Chow (2002), sowie die gekürzte deutsche Fassung des Aufsatzes, in dem sie sich u. a. für das Paradox interessiert, dass Derridas bahnbrechendes Werk nicht nur auf Unkenntnis, sondern auch auf Stigmatisierung einer Sprache, auf Stereotypisierung, gründet. Das Beispiel Derridas dient Chow dazu, zu zeigen, dass Stereotype im Rahmen transethnischer Repräsentation als technologischer wie kommerzieller Prozess nicht nur falsch sind, sondern auch ermöglichend wirken können – nicht ohne die realen theoretischen und politischen Konsequenzen der Stereotypisierung zu betonen (Chow 2015, S. 87).

der Kolonisator*innen mitartikuliert (Chow 1993, S. 35, vgl. auch Bergermann 2012, S. 270). Dass Chows Schriften immer auch eine medienwissenschaftliche Perspektive mit einbringen bzw. Medialität reflektieren, wird etwa deutlich, wenn sie den Subalternen den gleichen Status wie dem Kunstwerk in Walter Benjamins berühmten Aufsatz „Das Kunstwerk im Zeitalter seiner technischen Reproduzierbarkeit" zuschreibt und argumentiert, dass die Betonung bzw. die Trauer über den Verlust der Authentizität der Subalternen an die Modi der technischen Reproduzierbarkeit gebunden sei (Chow 1993, S. 44 ff.). Hier zeigt sich auch der zentrale Stellenwert, der der Frage des Sehens und der Sichtbarkeit in ihren theoretischen, interdisziplinären und textuellen Analysen der diskursiven Begegnungen von Moderne, Postkolonialität und Ethnizität zukommt, auf die ich im dritten und vierten Teil des Beitrags näher eingehe.

Neben Benjamin ist es immer wieder Michel Foucault, auf den sich Rey Chow bezieht, ob im Aufgreifen der Repressionshypothese (insbesondere Chow 2002) oder im Weiterdenken von dessen Kritik in *Die Ordnung der Dinge* (Foucault 1966; auf Deutsch: Foucault 2009): Die zunehmende Objektivierung der Welt versteht Chow einerseits als Teil der anhaltenden imperialistischen Agenda, die die Welt in beobachtbare und auf diese Weise kontrollierbare Einheiten verwandelt und andererseits als Intensivierung abstrakter theoretischer Prozesse, die ebenfalls als untrennbar von den historischen Bedingungen gedacht werden müssen. Diese hätten dazu geführt, dass die materiellen Nutznießer*innen dieser Prozesse in Europa verortet sind; während also einige Menschen zu Objekten gemacht würden, erhielten andere das Privileg, Subjekte zu werden. Chow argumentiert, dass erst vor diesem Hintergrund Foucaults These der Erfindung des Menschen in der Moderne eine anderes Gewichtung erhalte und zwar deshalb, weil das Verhältnis von Theoretisierung und Objektivierung, das konstitutiv für disziplinäres Wissen ist, sich am besten an der kolonialen Erfahrung veranschaulichen lasse, in der der ‚Mensch' epistemologisch wie praktisch auf Basis der Einführung ethnischer bzw. rassisierter Differenz in Subjekte und Objekte eingeteilt wird. Die historische Erfindung des Menschen durch den Westen – „its ‚originality' so to speak" – basiere daher auf der Entwertung und Exklusion von anderen (Chow 2010a, S. 27 f.).

Die Kritik an den Mechanismen der Objektivierung von Menschen durchzieht Chows Werk; sie schlägt sich auch – wie Chow selbst feststellt – in ihrer Art des Lesens nieder: in einem Fliehen der Objekte, das sich aus unerwarteten Konstellierungen der Objekte ergibt, in denen Chows Lektürebewegungen zu

Fluchtlinien der Objekte werden über die Grenzen von Disziplinen, Feldern, Gegenden und Welten hinweg:

> It is as though what matters is not the actual object to which she attends, be it literature, film, music, visuality, or theory, but the ways her work may be seen to partake of an intellectual environment in which the object has increasingly become an alibi of itself – an intellectual environment, in other words, that has made it imperative to reject the naturalization of objects and to question how objects are constituted in the first place (Chow 2010b, S. 303).

Die Fluchtlinie ihrer Arbeit ist also eine Ent-Objektivierung, die sie in verschiedenen medialen Praktiken durchdekliniert: neben Lesen und Schreiben auch Sehen, Übersetzen, Vergleichen und Hören. Damit geht einher, dass die Untersuchungsobjekte entweichen, sich verschieben und politisiert werden – allerdings nicht einfach, wie in poststrukturalistischen, postkolonialen Ansätzen üblich, „into the particular, the situated, and the creolized" (S. 304), sondern konsequent anti-essenzialistisch scheint ihre Vorgehensweise durch Fragen geleitet, mit denen sie auch diesen Pfaden zu entkommen versucht:

> [M]ight there be other ways for the object to flee, other than along the by-now well-trodden trajectory from the universal to the particular? Is it conceivable for the object's deterritorialization to happen in some other dimension, beyond the by-now predictable turn to local knowledges? What dimension would and could that be? What alternatives are there to the deconstruction of the many pretensions to universalism, a deconstruction that, as Chow's readers observe, her work exemplifies? In the interdisciplinary interstices of postcoloniality, what other ways of thinking about objects remain possible and viable, indeed necessary? (S. 304)

2 Vergleichen, Verstricken: Chows Vorgehen

Diese Fragen lassen erkennen, dass es sich bei Chows Vorgehen um eines handelt, das von einer besonderen Weise des Fragens geleitet ist, die immer wieder versucht, den bekannten Antworten zu entkommen und zunächst als geschlossen, gegeben oder gesetzt erscheinende Dinge oder Thesen im Hinblick auf ihre Veränderbarkeit, ihre Öffnung, herauszufordern (Bennett und Marciniak 2016, S. 288). Um Chows Vorgehen zu skizzieren, bietet sich eine Betrachtung ihrer Auseinandersetzung mit dem Vergleichen vor allem in den Literaturwissenschaften – aber auch in *area studies* oder Studien zum Welt-, Globalen oder Transnationalen Kino – an, die an der Problematik ansetzt, dass der Eurozentrismus der Komparatistik und der Orientalismus der Regionalstudien zwei Seiten

derselben Medaille seien (Chow 1995b, S. 108). Gegen die einfache Gegen-
überstellung, die im *Und* von europäischer *und* außereuropäischer Literatur
(oder Filmen) impliziert ist, wendet sie ein, dass damit nicht nur eine räumliche, sondern auch eine zeitliche Differenz eingeführt wird, die es aufzuheben
gilt. Es braucht also eine Neuausrichtung des Konzepts des Vergleichs, der die
Verbindungen von vergleichenden Literaturwissenschaften (ebenso Kultur- und
Medienwissenschaften) und postkolonialen Studien stärkt, etwa wenn statt verschiedener Nationalliteraturen „imperialist designs, narratives, and print cultures"
miteinander verglichen würden (S. 113). Zudem schlägt sie vor, die Gegenstandsbereiche um eine Untersuchung der Idee des Mediums (wie von Friedrich Kittler
verstanden als Mittel der Aufbewahrung, der Zurückgewinnung und der Übertragung kultureller Information) zu erweitern. Durch das Aufgreifen des Konzepts
des Mediums könnte das Wort zu einer Offenheit zurückkehren, das es durch
jahrhundertlange Disziplinierung im Westen verloren habe:

> To bring literature into crisis through the concept of „media" does not mean,
> necessarily, literature's demise. Perhaps […] a new discipline would emerge in
> which the study of literature is relativized not along the lines of nations and national
> languages but, […] along lines of aesthetic media, sign systems, and discourse net-
> works? Perhaps that name itself would eventually transform into an other, such as
> *comparative media*? (S. 115 f., Herv. M. F.)

Ulrike Bergermann hat mit Bezug auf diesen Vorschlag Überlegungen dazu
angestellt, wie „Comparative Media Studies" aussehen könnten, die das Vergleichen als mediale Praxis ernst nehmen und jedes Medium aufgrund seiner Intermedialität (oder Remediatisierung) als ein komparatives verstehen (Bergermann
2014a, S. 360 ff.).

Wie Chow ein solches „komparatistisches Denken […] nicht durch ein Ver-
gleichsraster auf einer einheitlichen und darin vereinheitlichenden Grundlage
praktiziert, sondern inmitten von Inkommensurablem – wozu auch das Miteinander von Realpolitik und Sprache/Theorie zählt" (Bergermann 2014b,
S. 173), lässt sich insbesondere an *The Age of the World Target* (2006) nachvollziehen. Darin stellt Chow Regionalstudien, Poststrukturalismus und vergleichende
Literaturwissenschaft nebeneinander – Bereiche die zunächst getrennt erscheinen,
deren Herausbildung aber eng mit der Situation nach dem Zweiten Weltkrieg
vor allem in den USA verknüpft sind. Um dies auszuführen, unternimmt Chow
im titelgebenden Aufsatz, der in einer ersten Fassung anlässlich des 50. Jahres-
tages des Abwurfs von Atombomben von Hiroshima und Nagasaki erschienen ist
(Chow 1997), eine Lektüre von Martin Heideggers Aufsatz „Die Zeit des Weltbildes" (1938/2003) und schließt aus dessen These, dass die Welt in der Moderne

nur noch als Bild wahrgenommen und verstanden werden könne, auf die philosophische Untermauerung der US-Hegemonie als militärische Weltmacht. Diese bringt sie angesichts des Abwurfs von zwei Atombomben auf Japan auf Paul Virilios Engführung von „Sehen als Zerstören" im Luftkrieg und folgert daraus, dass „in the wake of the atomic bombs the world has come to be grasped and conceived as a target to be destroyed as soon as it can be made visible" (Chow 2006, S. 12). Die Transformation von der „Welt als Bild" zur „Welt als Ziel", der semiotische Transfer, kulminiere im Bild des Atompilzes.

Das Abwerfen der Atombomben bewirkte, so Chows starke These, „a major shift in epistemes, a fundamental change in the organization, production, and circulation of knowledge" (Chow 2006, S. 33). Dieser Veränderung geht sie in doppelter Hinsicht nach: Zum einen stellt sie eine Verbindung zu der in den US-Geisteswissenschaften verbreiteten poststrukturalistischen Selbstreferenzialität her[7], die sie angesichts realpolitischer Ereignisse zumindest fordert zu überdenken – oder anders formuliert, Worte und Dinge wieder an deren konstitutives Außen zurückzubinden (Chow 2006, S. 23). Zum anderen rückt sie die Regionalstudien in den Bereich US-amerikanischer Außenpolitik: „Area studies capitalize on the intertwined logics of knowing other cultures to the point of origin, the ‚eye'/‚I' that is the American state and society" (S. 23). Hier werde, so Chow, das Wissen über die Anderen zum Teil der Erzwingung von Selbstreferenzialität – in einem direkten, das heißt militärischen, Sinn verstanden, denn Krieg existiere nach dem Atombombenabwurf als eine grenzenlos selbstreferenzielle Agenda. Somit seien Krieg und Frieden nicht länger Gegensätze, sondern zusammenwirkende Funktionen im Kontinuum einer virtualisierten Welt (S. 38). Der Motor, die „Wahrheit" wie Chow schreibt, dieser Konstellation, dieses kontinuierlichen Angreifens der Welt als grundlegende Form der Wissensproduktion – ob nun militärisch oder in den *area studies* – ist Xenophobie, Rassismus, der den Platz des „other-as-target" stets besetzt halten muss (S. 42).

Während hier deutlich wird, dass Chow ein, wie es Bergermann nennt, „illegitimes" (2014b, S. 366) Vergleichen praktiziert, das Heidegger neben den Atompilz legt, das heißt, dass sie darauf beharrt „Ungleiches ins Verhältnis zu setzen (und dabei radikal deren Singularität, Historizität, Medialität zu beachten)" (S. 369), führt sie ihre Überlegungen zu einer Neuausrichtung der vergleichenden Literaturwissenschaft im dritten Kapitel „The Old/New Question of Comparison

---

[7]Hierzu siehe das zweite Kapitel „The Interruption of Referentiality" (Chow 2006, S. 45–69).

in Literary Studies. A Post-European Perspective" von *The Age of the World Target* weiter. Hier geht es Chow nicht um einen Vergleich, in dem Unterschiede einfach als chronologisch kürzer zurückliegende Varianten in einen bereits bestehenden Bezugsrahmen eingefügt werden. Stattdessen schlägt sie einen Ansatz vor, der einem archäologischen Aufspüren historischer Überreste ähnelt:

> To do its job properly, this kind of comparative practice must be willing to abandon inclusionary taxonomizing habits and ready to interpret cultural narratives symptomatically, as fragments that bear clues – often indirect, perverse, and prejudiced – to a history of ideological coercions and exclusions (Chow 2006, S. 85).

Damit verknüpft ist wiederum das Anliegen die zeitliche Begrenzung aufzuheben:

> In its stead, other possibilities of supplementarity, other semiotic conjunctions mediated by different temporal dynamics can come to the fore. The conventions of ‚Europe and Its Others' and ‚Post-European Culture and the West' would, then, hopefully, give way to other, as-yet-unrealized comparative perspectives, the potential range and contents of which we have only just begun to imagine (S. 89 f.).

In ihrer eigenen Arbeit ist das Aufgreifen des Begriffs der *entanglements,* den sie in ihrem Buch *Entanglements, Or Transmedial Thinking About Capture* (2012) eingeführt hat, für ein solch anderes Vergleichen exemplarisch. Chow bestimmt den Begriff anders als etwa die postkoloniale Soziologie oder Geschichtswissenschaft (‚entangled modernity' oder ‚entangled histories'), in direktem Bezug zu Foucault, machttheoretisch als Verstrickung oder auch Verwicklung (franz. *empêtrer,* verheddern, verstricken, verwickeln, verfangen) und zwar zunächst, um ein topologisches Zusammenschnüren das zugleich ein Verstricken von Themen ist, vorzuschlagen. Dabei geht es nicht nur um die Ähnlichkeit von Dingen, die zusammengehalten werden, sondern sie fragt gleichermaßen danach, wie *entanglements* als ein Aufeinandertreffen bestimmt werden könnten, das sich *nicht* durch Nähe oder Affinität auszeichnet, sondern statt durch Konjunktion und Überschneidung durch Teilung und Partialität/Parteilichkeit *(partiality),* und durch Disparität statt durch Äquivalenz (Chow 2012, S. 2 f.).

Die von ihr entworfene Perspektive ist teilweise durch die Quantenphysik inspiriert, in der der Begriff *entanglement* die Verbindungen von Partikeln zueinander beschreibt, die aus von diesen produzierten simultanen Reaktionen entstehen und *nicht* das Resultat von Nähe sind (S. 3). Diese ebenfalls relationale und inter- bzw. nach Karen Barad, intraaktive Dimension, auf die Chow hier verweist, ermögliche es, bisher ungesehene oder auch potenzielle Verbindungen zu konstellieren: In den Blick geraten, betont Chow, die Beziehungen zwischen Dingen, zwischen Dingen und Menschen, und zwischen verschiedenen Medien – und: *agency* erfahre so eine Relativierung (S. 10).

Um dies zu begründen, erinnert sie an Bruno Latours Beobachtung, dass viele Ideen nur Sinn ergeben, solange sie als spezifische, spezialisierte Bereiche getrennt von anderen gehalten werden; sobald sie aber nebeneinander gestellt werden, verfliegt die Bedeutung, die sie isoliert voneinander haben konnten. Daraus schließt Chow, dass *entangled relationships* konventionelle klassifikatorische Kategorien selbst aufweichen oder unklar werden, da ordentlich aufrecht erhaltene epistemische Grenzen kollabieren. Weiter erinnert sie daran, dass diese Vermischung eine Neuberechnung und Neuverteilung der normativ gewordenen Intelligibilität der Welt bedarf, inklusive einer Neuausrichtung der Raster und Anordnungen, die diese Intelligibilität zuallererst hervorbringt. Im epistemischen Sinn möchte sie *entanglements* daher als ein Durcheinander der Organisation des Wissens verstehen, das durch eine neue Nähe, Gleichheit oder auch Vergleichbarkeit hervorgerufen werde (S. 11): „Entanglements: the linkages and enmeshments that keep things apart; the voidings and uncoverings that hold things together" (S. 12).

Praktisch wird dies in den im Buch versammelten Aufsätzen, die Chow als „scenes of entanglements" in einem multiplen Sinn versteht: als Situation, Dramatisierung, Aufführung/Inszenierung, Bild, Rahmen, Fenster, und vor allem als Assemblage oder Installation einer kritischen Öffnung, „a supplemental time-space in which perhaps even the roughest crossings can be approached with a sense of innovation and creativity, and the most painful entanglements understood, if somewhat counter-intuitively, as evolving states of freedom" (S. 12). Ich komme im letzten Abschnitt darauf zurück.

3 (China) Sehen: Fragen der Visualität

Dieses Konstellieren von Ungleichem dient nicht nur der Erneuerung des Vergleichs, sondern ist vor allem Teil eines immer wieder von Chow betonten und praktizierten symptomatischen Lesens. Bereits in ihren frühen Arbeiten wendet sie sich dem Film zu; allerdings geht es in ihren Lektüren einzelner Filme nie ausschließlich um diese, vielmehr dient ihr Film als „screen event" (Bennett und Marciniak 2016, S. 289), um literarische und theoretischen Fragen in Relation zu diesem zu diskutieren – und zugleich fortwährend geisteswissenschaftliche Wissensproduktion (in der US-amerikanischen Universität) zu problematisieren.

Chows Arbeiten aus der ersten Hälfte der 1990er Jahren lassen sich – situiert in der damals breit geführten feministischen filmwissenschaftlichen und post-kolonialen Diskussion – als Auseinandersetzungen mit Blickverhältnissen verstehen, die danach fragen: Wer sieht wen, wie und unter welchen Voraussetzungen? Durch welche Machtbeziehungen ist dieses (technische) Sehen bedingt? Aber auch: Was bedeutet es, wenn die ehemals Kolonisierten, bzw. (ethnografisch) Angeblickten, selbst blicken – zuschauen oder filmen – und welche Konsequenzen ergeben sich daraus für die Literaturwissenschaften oder die Ethnologie? Gebunden sind diese Fragen oftmals an das Verhältnis oder die „epistemische Bürde" (Chow 2014b) von ‚China und der Westen', in dem die chinesischen Filme das sind, was China zur Erscheinung bringt – mit allem kolonialen und orientalistischen Ballast, den dies enthält.

In „Seeing Modern China. Towards a Theory of Ethnic Spectatorship", dem ersten Kapitel von *Women and Chinese Modernity* (1991) entwirft sie in Anlehnung an feministische Arbeiten zu weiblicher Zuschauerschaft eine Theorie der ethnisierten Zuschauerschaft. Dabei stellt sie Julia Kristevas Untersuchung der Rolle der chinesischen Frauen nach der Kulturrevolution, *Die Chinesin* (1976), und Bernardo Bertoluccis Historienfilm THE LAST EMPEROR (1987) nebeneinander, um die Feminisierung Chinas in diesen Werken zu problematisieren. Dies bildet aber nur den Auftakt, um zu fragen, warum Bertoluccis Film auch von chinesischen Zuschauer*innen mit Gewinn gesehen wurde. Davon ausgehend entfaltet Chow eine Auseinandersetzung mit Fragen der filmischen Erinnerung an die Zeit vor der Kulturrevolution, die wiederum nur über den Umweg des westlichen Blicks auf China möglich sei. Mit der ethnisierten Zuschauer*in problematisiert sie aber auch die prekäre Position der ethnisierten Intellektuellen in der Sinologie bzw. den Regionalstudien, die dort mit den gleichen Vorannahmen wie bei Kristeva und Bertolucci konfrontiert sind, nämlich mit dem Einziehen einer zeitlichen Differenz bzw. dem Vorenthalten von Gleichzeitigkeit.

Johannes Fabians Buch *Time and the Other* (1983/2014) und seine Kritik an der ethnologischen Praxis, die er in den Begriffen des ‚Visualismus' und damit verbunden dem Einziehen von ‚Allochronie', bzw. dem Aufgeben von ‚geteilter Zeit' *(coevalness)* im Schreiben über die Ethnografisierten gefasst hat, sind eine wiederkehrende zentrale Referenz in Chows Arbeiten. Auch in ihrem Buch *Primitive Passions* (1995a) ist die Forderung, das moderne China als der gleichen Zeit zugehörig zu verstehen von grundlegender Bedeutung für ihre Argumentation. Ihre Untersuchung chinesischer Filme der 1980er Jahre setzt damit ein, dass sie begleitend zur Einführung des Mediums Film Anfang des 20. Jahrhunderts eine Hinwendung zum Primitiven in der chinesischen Literatur ausmacht. Dieser Primitivismus taucht unter anderen Vorzeichen auch in Filmen nach der Kulturrevolution auf und, wiederum in Abgrenzung zu bzw. als Kritik an diesen, in den Filmen der 1980er Jahre.

Die Filme von Chen Kaige, Zhang Yimou und anderen sind hier aber deshalb von Bedeutung, weil sie bei den internationalen Festivals, auf denen sie mit Preisen überhäuft wurden, als Aushängeschilder fungieren, die China gleichermaßen repräsentieren wie musealisieren. Diese Konstellation bildet den Ausgangspunkt für Chows Anliegen, dem sie im dritten Teil des Buches, „Film as Ethnography; or, Translation between Cultures in the Postcolonial World", nachgeht, das nämlich darin liegt, diese Filme als Beispiele einer neuen Ethnologie zu verstehen, die die Gleichzeitigkeit von Westen und China, ebenso wie die gewaltvollen Konsequenzen der kolonialen wie ethnografischen Situation, die sie als „deadlock of the anthropological siuation" (Chow 2010a, S. 150) fasst, zum Ausgangspunkt ihrer Denkbewegung macht. Diese beginnt nicht beim Sehen, sondern beim Angeblickt-werden, in Anlehnung an Laura Mulveys „to-be-looked-at-ness" (Mulvey 1975/2016). Das Angeblickt-werden organisiert nicht nur, wie Mulvey betont hat, das Sehen, sondern Chow begreift es sowohl als „active manner", in der sich Kulturen selbst ethnografisieren, als auch als ‚Ur-Ereignis' transkultureller Repräsentation (Chow 2010a, S. 152 f.).

Mit Bezug auf Zhangs Filme, denen von chinesischen Kritiker*innen der Vorwurf der Selbst-Orientalisierung bzw. des Verrats gemacht wurde, versteht Chow dessen Filme im Folgenden unter der Prämisse des Angeblickt-werdens als Übersetzungen, die es ermöglichen, zu sehen, wie eine Kultur ‚original' zusammengesetzt wurde, „in all its *cruelty*" (S. 167).[8] Zentraler Bezugspunkt ihrer Lektüre, die darauf abzielt, die Auffassung vom *Westen* als Original und dem *Rest* als Kopie aufzuheben, ist neben Thomas Elsaessers Überlegungen zur medialen Übersetzung im *Neuen Deutschen Film* (1994), Walter Benjamins „Die Aufgabe des Übersetzers" (1921/1991). Ausgehend von Benjamins Engführung von der für ihn zentralen „Wörtlichkeit" mit der „Arkade" (Benjamin 1972, S. 18), betont Chow neben der (Licht-)Durchlässigkeit den kommerziellen Aspekt der (Einkaufs)Passagen – wie auch die Filme auf den Festivals:

> [...] this arcade is furnished with exhibits of modernity's ‚primitives' such as the women in contemporary Chinese film, who stand like mannequins between cultures. The fabulous, brilliant forms of these primitives are what we must go through in

---

[8]Zur Nähe von Übersetzung und Verrat vgl. auch „Translator, Traitor; Translator, Mourner (Or, Dreaming of Intercultural Equivalence)" in *Not like a Native Speaker* (Chow 2014, S. 61–78).

order to arrive – not at the new destination of the truth of an ‚other‘ culture but at the weakened foundations of Western metaphysics as well as the disintegrated bases of Eastern traditions. In the display windows of the world market, such ‚primitives‘ are the toys, the fabricated play forms with which the less powerful (cultures) negotiate the imposition of the agenda of the powerful. They are the ‚fables‘ that cast light on the ‚original‘ that is our world's violence, and they mark the passages that head not toward the ‚original‘ that is the West or the East but toward survival in the postcolonial world (Chow 2010a, S. 170).

Vor diesem Hintergrund fasst Chow die chinesischen Filme als kulturelle Übersetzungen und die Regisseur*innen als Übersetzer*innen der Gewalt, mit der die chinesische Kultur ‚original‘ zusammengesetzt wurde. Die brillanten Farben ebenso wie die Frauenfiguren enthüllten einerseits die Korruption der chinesischen Kultur, andererseits parodierten sie den Orientalismus des Westens. Dabei werde das ‚Original‘, das kanonisch westliche Medium Film, dauerhaft von diesen Filmen ‚infiziert‘ und so destabilisiert. Die ‚neue‘ Ethnologie bestehe nun darin, wie Chow mit Bezug auf Michael Taussig argumentiert, dass „the ‚object‘ recorded is no longer simply the ‚third world‘ but ‚the West itself as mirrored in the eyes and handiwork of its others‘“ (S. 170).

Auch in aktuellen chinesischen Filmen, macht Chow eine Auseinandersetzung mit der Geschichte der Ethnografisierung (im dokumentarischen Film) aus, wenn sie etwa anhand der Filme Jia Zhankes zeigt, dass in seinen dokumentarisch anmutenden (fiktionalen) Filmen, Chinas Geschichte nicht einfach als vergangene Realität gezeigt werde, sondern eher als „(re)collection“ verstanden werden sollte, die verschiedene fragmentierte und medialisierte Materialien *kuratiert*: Die Vergangenheit sei buchstäblich „found footage“ und könne daher als Readymade verstanden werden, als „an ordinary object that has been discovered and is now repurposed for a new kind of exhibition: global exhibition“ (Chow 2014b, S. 27). Angesichts digitaler Synchronizität machten Zhankes Filme das hypermediale Ausstellen *(display)* zu ihrer zentralen Attraktion; Chow versteht dies als ein neues Projekt, das das moderne China nicht als Land, Nation, oder Volk imaginiert, sondern als mediale Information – „China as Documentary“, wie der Titel des Aufsatzes lautet. Dieses Projekt macht also das Wissen um die Geschichte der Ausstellung und Spektakularisierung (des modernen) Chinas zu seinem Ausgangspunkt. ‚Neu‘ ist hier jedoch weniger der diskursive Zusammenhang, als die technischen und ästhetischen Möglichkeiten des Digitalen.

4   Globale/Postkoloniale Sichtbarkeiten

Ab den 2000er Jahren verschiebt sich Chows Auseinandersetzung hin zu Fragen der Sichtbarkeit – mit Bezug auf Foucaults Arbeiten verstanden in einem epistemischen Sinn. Diese theoretische Bewegung geht einher mit einer Reflexion des digitalen Wandels, der, wie schon in *Primitive Passions* für den analogen Film, historisiert wird. Auch in *Sentimental Fabulations* (2007) interessiert sich Chow für affektive Dimensionen des Films, hier den Rückgriff auf das Sentimentale in chinesischen Filmen seit den 1980er Jahren. Dieses Buch verknüpft vielfältige filmwissenschaftliche Debatten, wie den *affective turn* und Fragen der Ontologie des Films angesichts der Digitalisierung, aber auch die zunehmende Beschäftigung mit globalem und/oder transnationalem Kino, in der jedoch weiterhin nationale und ethnische Labels verwendet werden,[9] die sich, wie Linda Williams und Christine Gledhill beobachtet haben, auch in einer Transnationalisierung der Theoretisierung niederschlägt (Gledhill und Williams 2000, S. 1). Diese Aussage dient Chow als Ausgangspunkt ihrer theoretischen Befragung von Sichtbarkeit – allerdings nicht ohne daran zu erinnern, dass es bereits in der Anfangszeit des Kinos eine transnationale Theoretisierung dieser Frage gab (Chow 2007, S. 2).

Chows Fokus liegt auf der Frage des „becoming visible" angesichts „globaler Sichtbarkeit", der sie mit einem Rekurs auf die Theoriegeschichte der Filmwissenschaft nachgeht, in der sie Mulveys bahnbrechende Intervention, die auf die Zerstörung der Lust am Betrachten vergeschlechtlichter, sexualisierter Schönheit abzielte, als produktive Zäsur markiert. Diese bestehe darin, wie Chow in Anlehnung an Foucaults Kritik der Repressionshypothese argumentiert, dass der Moment der Negativität in Mulveys Aufsatz „Visuelle Lust und narratives Kino" (1975/2016) die Vorstellung, dass etwas im Film unterdrückt *(repressed)* werde, verbreitet habe: „what was unique […] in this instance was the articulation of the repressive hypothesis to the visual field, an articulation wherein the visually full […] cinematic image has become itself the very evidence/sign of repression and lack" (Chow 2007, S. 8). Mit der Verbreitung der Annahme der Repression ging, so Chow, eine Hinwendung zu Fragen der Narrativität und Ideologie einher, um die „repressive effects of dominant modes of visuality and identification" bloßzustellen (S. 9). Gleichzeitig ist die „to-be-looked-at-ness"

---

[9]Im Editorial der *Montage av* zum „Transnationalen Kino" (Fuhrmann et al. 2019) scheint dieser Eindruck erneut bestätigt.

zum zentralen Moment feministischer und anderer identitätspolitischer Interventionen geworden, die zu immer neuen, besseren Bildern im Feld globaler
Sichtbarkeit führen und in denen die Forderung nach „becoming visible" nicht
mehr nur im visuellen Sinn zu verstehen ist, sondern vor allem im diskursiven,
weshalb es darum geht, in den Auseinandersetzungen um ‚Zentrum und Rand'
wahrgenommen zu werden (S. 11).

Um den immer gleichen Fragestellungen und Forderungen von Marginalisierten
in den Kämpfen um „becoming visible" zu entkommen, schlägt Chow eine Neuausrichtung vor, die Sichtbarkeit mit Bezug zu Gilles Deleuzes Foucault-Lektüre
als eine Strukturierung des Wissbaren (Deleuze 1992) versteht. Zugleich betont
sie, dass damit auch eine Verschiebung der Betrachtung einhergehe – weg von
eher positivistischen Untersuchungen der Präsenz, hin zu weniger unmittelbar
wahrnehmbaren Elementen, die eine Sichtbarkeit konstituieren, das heißt hin zu
Fragen der Materialität des Bildes, des Affekts und der Fantasie einerseits und der
komplexen globalisierten Sichtbarkeit andererseits (Chow 2007, S. 12). Ihr Ziel ist,
zu zeigen, dass das chinesische Kino seit den 1980er Jahren Teil dieser globalen
Problematik des Sichtbarwerdens und gleichermaßen in der Geschichte chinesischer
Kultur wie auch in der Geschichte der westlichen Filmwissenschaften verankert
ist (S. 13). Dies begründet Chow damit, dass China seit den 1980er Jahren auf der
globalen Bildfläche erschienen ist – in Form von Filmen, Regisseur*innen, Schauspieler*innen, filmischen Techniken und Spezialeffekten, was nicht nur das westliche Medium Film destabilisiert (Chow 1995b), sondern aus ihrer Sicht auch dazu
beigetragen hat, den filmischen Diskurs im Westen zu revitalisieren. Die Filme
erfüllten aber gleichzeitig nicht dessen Erwartungen an eine Engführung von
ästhetischer Avantgarde und politischer Bewusstseinsbildung. Stattdessen sei in
ihnen ein sentimentaler Modus[10] zu beobachten, der, so Chows These, die Grund-
pfeiler westlicher fortschrittsgläubiger Theoretisierung herausfordere.

---

[10]Das Sentimentale will Chow als bewegliche diskursive Konstellation verstanden wissen,
die Affekt, Zeit, Identität und soziale Sitten durchquert. Allerdings sei das Sentimentale in
den chinesischen Filmen anders als in der westlichen Filmtheorie weniger im Exzess aufgehoben, denn als in einer moderaten Haltung – einem „mode of endurance" (Chow 2007,
S. 19). In den Filmen äußere sich dieser Modus als Symptom emotionaler Anforderungen
zwischen Duldsamkeit und Xenophobie, die besonders dann auftauchen, wenn das Zuhause
oder das Innerliche sich auch als unterdrückerisch, unerträglich und unbewohnbar entpuppt
– wie etwa in BLIND SHAFT (2003) von Li Yang, den Chow im Kapitel „‚Human' in the Age
of Disposable People", das auch in deutscher Übersetzung vorliegt (Chow 2009), diskutiert.

Die Fluchtlinie von Chows Überlegungen ist die globale Sichtbarkeit und damit verbunden die Frage, ob bzw. inwiefern der von ihr beobachtete sentimentale Modus in diese interveniert. Mit globaler Sichtbarkeit fasst sie die anhaltenden spätkapitalistischen Phänomene mediatisierter Spekularisierung, in deren unaufhörlicher Produktion und Konsumtion von sich selbst und seiner Gruppe ‚on display' Subjektivität zu Objektivität geworden sei. Sie fragt danach, wie vor diesem Hintergrund diese älteren Formen der Interpellation zu verstehen sind, die sich im Sentimentalen artikulieren und die gerade darin bestehen, nicht unbedingt sichtbar zu werden. Spuren dessen tauchten häufig in anachronistisch anmutenden Affekten auf. Ihre Existenz verweise auf eine andere Modalität des Attachments und der Identifikation – Verwandtschaft –, die im Kontrast zur globalen Sichtbarkeit stehe; aber – das ist Chows leitende These – der Frage des „becoming visible" inhärent seien.

An der theoretischen Konstellation von *Sentimental Fabulations* lässt sich nachvollziehen, was Chow in der Einleitung zu *Entaglements, or Transmedial Thinking about Capture* als Szenen von *entanglement* versteht. Thematisch ähnlich lässt sich auch das Kapitel „Postcolonial Visibilites. Questions inspired by Deleuze's Method" (Chow 2012; auf Deutsch: Chow 2013a) als Anordnung einer Assemblage, die auf eine kritische Öffnung abzielt, begreifen. Auch in diesem Text dient Chow die Frage des „becoming visible" und Deleuzes Foucault-Lektüre als Ausgangspunkt, um eine Verschiebung vorzuschlagen, die wiederum der repressiven Logik zu entkommen sucht. Gegenstand ist die Frage der Gefangenschaft – in der Erfassung bzw. Aufnahme, im Nexus von Sichtbarkeit und Wissen, im „kommodifizierten Medienrahmen" (Chow 2013a, S. 137) – in postkolonialen Studien. Anlass ist Deleuzes Schlussfolgerung aus seiner Auseinandersetzung mit Foucaults Schriften zur Einsperrung, dass „es sich bei Foucault nicht um eine wirkliche Schließung handelt" (Deleuze 1992, S. 65). Dieses „methodische Aufbrechen" (Chow 2013a, S. 136) dient Chow als Anlass, anzuregen, „weniger ängstlich um die Mechanismen und Dispositive der europäischen Exklusion" zu kreisen, sondern stattdessen das „transformative Potenzial der anhaltenden Bewegungen zwischen Europa und dem Rest der Welt" in den Blick zu nehmen (S. 127).

Mit Bezug auf Jacques Rancières Kritik an Deleuze chronologisch begründeter Einteilung in klassischen und modernen Film richtet Chow den Blick auf das unauflösliche Verhältnis von Erfassung und Erlösung (Rancière 2006, S. 116), das sie wiederum neben die mit der digitalen Synchronizität auftauchende Frage, welcher dieser Akte – Erfassung oder Erlösung – vorgängig oder nachgängig ist, legt und damit die Diskussion erneut verschiebt – auf „post-filmische Verwobenheiten [...] von Zeit und Bild" (Chow 2013a, S. 142). Am Ende fragt sie:

> Sind die NutzerInnen dieser winzigen Bildschirme als Subjekte der Einschließung im Foucault'schen Sinn zu beschreiben (in dem Sinne, dass die atomisierten Bildschirme durch ihren Gebrauch de facto verkörperte Überwachung sind, verkörpert durch niemanden anderen als die Person, die sie als „coole" gadgets benutzt)? Wie verkompliziert und transformiert die Existenz von Kommunikationskanälen wie YouTube, zusammen mit den Zugangs- und Ausstiegsmöglichkeiten, die sie in den Alltag injizieren (vom Einstellen privater Überwachungsvideos zu Filmpremieren und amateurhaften Performances), die Vorstellung von Freiheit? Oder hat die Allgegenwärtigkeit dieser kommodifizierten Sichtbarkeiten die Bedeutung von Freiheit in einer Zeit, in der menschliche Existenz ohne virale Medienabhängigkeit undenkbar zu sein scheint, vollständig ersetzt und muss deshalb als nichts weniger als eine vitale Kraft anerkannt werden – buchstäblich eine Lebensader? Um schließlich zu dem anderen Begriff zurückzukehren, den wir mit Erfassung aufgerufen haben: Ist Erlösung und Entschädigung nun einfach eine Frage technischer Wiederverwertbarkeit? (S. 144)

Einige Antworten auf diese Fragen findet Chow in dem gemeinsam mit Ani Maitra verfassten Artikel „What's ‚In'? Disaggregating ‚Asia' through New Media Actants" (2016), der in seiner Analyse verschiedener digitaler Medienpraktiken nicht nur eine methodische Alternative zu nationalstaatlichen Lokalisierungen, die immer dem Schema von Westen *und* (in diesem Fall Asien) folgen, aufzeigt und die Frage der Zugangsmöglichkeiten problematisiert, sondern vor allem die Aktant*innen in postfilmischen *entanglements* in den Blick nimmt und die ephemeren Öffentlichkeiten, die diese kreieren. Der Fokus auf Medienpraktiken bringt für Chow mit sich, dass alles und alle, jede Handlung zumindest mehr oder weniger vergleichbar wird und durch das Zusammenspiel von menschlichen und nichtmenschlichen Akteur*innen die Frage der Macht komplexer gestellt werden kann, wenn nicht muss (Bergermann 2019) und die den Verstrickungen, als die sie *entanglements* versteht, Rechnung trägt, ohne ihr transformatives Potenzial aus dem Blick zu verlieren.

Literatur

Bennett, Bruce, und Katarzyna Marciniak. 2016. Coda. „Teaching films as things to think with": A Conversation with Rey Chow. In *Teaching transnational cinema. Politics and pedagogy*, Hrsg. B. Bennett und K. Marciniak, 284–290. London: Routledge.

Benjamin, Walter. 1972. Die Aufgabe des Übersetzers. In *Gesammelte Schriften*. Bd. 4.1, Hrsg. T. Rexroth, 9–21. Frankfurt a. M.: Suhrkamp.

Bergermann, Ulrike. 2012. Postkoloniale Medienwissenschaft. Mobilität und Alterität von Ab/Bildung. In *Schlüsselwerke der Postcolonial Studies*, Hrsg. J. Reuter und A. Karentzos, 267–281. Wiesbaden: Springer VS.

Bergermann, Ulrike. 2014a. Entangled Epistemologies. Arbeiten von Rey Chow. *Zeitschrift für Medienwissenschaft* 10 (1): 172–176.

Bergermann, Ulrike. 2014b. Programmatische Un-Orte: Comparative Media Studies. In *Programm(e). Erstes medienwissenschaftliches Symposium der DFG*, Hrsg. D. Mersch und J. Paech, 351–378. Zürich: Diaphanes.

Bergermann, Ulrike. 2019. Practice is a screen. Minor assemblages of gender, race, and global media. Interview with Rey Chow. In *Connect and divide. The practice turn in media studies*, Hrsg. U. Bergermann et al. Zürich: Diaphanes (im Druck).

Bhabha, Homi K. 1994. *The location of culture*. New York: Routledge.

Chow, Rey. 1991. *Woman and Chinese modernity: The politics of reading between West and East*. Minneapolis: University of Minnesota Press.

Chow, Rey. 1993. *Writing Diaspora. Tactics of intervention in contemporary cultural studies*. Bloomington: Indiana University Press.

Chow. Rey. 1995a. *Primitive passions: Visuality, sexuality, ethnography and contemporary Chinese cinema. Film and culture*. New York: Columbia University Press.

Chow, Rey. 1995b. In the name of comparative literature. In *Comparative literature in the age of multiculturalism*, Hrsg. C. Bernheimer, 107–116. Baltimore: Johns Hopkins University Press.

Chow, Rey. 1997. The age of the world target: On the 50th anniversary of the dropping of the atomic bomb. In *Mass culture and everyday life: A Tabloid reader*, Hrsg. P. Gibian, 91–107. New York: Routledge.

Chow, Rey. 1998. *Ethics after idealism: Theory, culture, ethnicity, reading*. Bloomington: Indiana University Press.

Chow, Rey. 2002. *The protestant ethnic and the spirit of capitalism*. New York: Columbia University Press.

Chow, Rey. 2006. *The age of the world target: Self-referentiality in war, theory, and comparative work*. Durham: Duke University Press.

Chow, Rey. 2007. *Sentimental fabulations, contemporary chinese films: Attachment in the age of global visibility*. New York: Columbia University Press.

Chow, Rey. 2009. ‚Menschlich' im Zeitalter der Wegwerfmenschen. Der ambivalente Import von Verwandtschaft und Erziehung in Li Yangs Blind Shaft. In *Kritik des Okzidentalismus. Transdisziplinäre Beiträge zu (Neo-)Orientalismus und Geschlecht*, Hrsg. G. Dietze, C. Brunner, und E. Wenzel, 295–308. Bielefeld: Transcript.

Chow, Rey. 2010a. *The Rey Chow reader*, Hrsg. P. Bowman. New York: Columbia University Press.

Chow, Rey. 2010b. Response: Fleeing objects. *Postcolonial Studies* 13 (3): 303–304.

Chow, Rey. 2012. *Entanglements, or transmedial thinking about capture*. Durham: Duke University Press.

Chow, Rey. 2013a. Postkoloniale Sichtbarkeiten. Durch Deleuzes Methode inspirierte Fragen. *Zeitschrift für Medienwissenschaft* 9 (2): 132–145.

Chow, Rey. 2013b. After the passage of the beast: „False documentary" aspirations, acousmatic complications. In *Rancière and Film*, Hrsg. P. Bowman, 34–52. Edinburgh: Edinburgh University Press.

Chow, Rey. 2013c. Die erkaltete Spur aufnehmen: Anti-dokumentarische Bestrebungen, akusmatische Komplikationen. In *Ton. Texte zur Akustik im Dokumentarfilm,* Hrsg. V. Kamensky und J. Rohrhuber, 194–211. Berlin: Vorwerk 8.

Chow, Rey. 2014a. *Not like a native speaker. On languaging as a postcolonial experience.* New York: Columbia University Press.

Chow, Rey. 2014b. China as documentary: Some basic questions (inspired by Michelangelo Antonioni and Jia Zhangke). *European Journal of Cultural Studies* 17 (1): 16–30.

Chow, Rey. 2015. Ideo-Grafien. Ethnische Stereotype und stereotyper Logozentrismus. In *total. Universalismus und Partikularismus in post_kolonialer Medientheorie*, Hrsg. U. Bergermann und N. Heidenreich, 71–90. Bielefeld: Transcript.

Chow, Rey. 2019. Listening after „Acousmaticity“: Notes on a Transdisciplinary Problematic. In *Sound Objects,* Hrsg. R. Chow und J. Steintrager, 113–129. Durham: Duke University Press.

Chow, Rey, und James A. Steintrager. Hrsg. 2011. The Sense of Sound. *Differences: a Journal of Feminist Cultural Studies*, 22 (2&3).

Chow, Rey und Ani Maitra. 2016. What's „In“? Disaggregating Asia through new media actants. In *Routledge Handbook of New Media in Asia*, Hrsg. L. Hjorth und O. Khoo, 17–27. New York: Routledge.

Chow, Rey, und James A. Steintrager, Hrsg. 2019. *Sound objects.* Durham, London: Duke University Press.

Deleuze, Gilles. 1992. *Foucault.* Frankfurt a. M.: Suhrkamp.

Fabian, Johannes. 2014. *Time and the other. How anthropology makes its object.* New York: Columbia University Press.

Foucault, Michel. 2009. *Die Ordnung der Dinge.* Frankfurt a. M.: Suhrkamp. (Original: 1966. *Les Mots et les Choses.* Paris: Éditions Gallimard).

Fuhrmann, Wolfgang et al. 2019. Transnationale Perspektiven. Editorial. montage AV 28 (1). http://www.montage-av.de/aktuell.html. Zugegriffen: 18. Sep. 2019.

Gledhill, Christine und Linda Williams. 2000. Introduction. In *Reinventing Film Studies,* Hrsg. C. Gledhill und L. Williams, 1–4. London: Arnold.

Heidegger, Martin. 2003. Die Zeit des Weltbildes. In *Gesamtausgabe. 1. Abteilung. Band 5: Holzwege*, Hrsg. F.-W. von Herrmann, 75–96. Frankfurt a. M.: Vittorio Klostermann.

Kristeva, Julia. 1976. *Die Chinesin. Die Rolle der Frau in China.* München: Nymphenburger Verlagsanstalt.

Mulvey, Laura. 2016. Visuelle Lust und narratives Kino. In *Gender & Medien Reader*, Hrsg. K. Peters und A. Seier, 45–60. Zürich: Diaphanes.

Rancière, Jacques. 2006. *Film fables (Talking images).* Oxford: Berg.

Spivak, Gayatri Chakravorty. 2007. *Can the Subaltern Speak?: Postkolonialität und subalterne Artikulation.* Wien: Turia + Kant. (Original: dies. 1988. Can the Subaltern Speak? In *Marxism and the interpretation of culture,* Hrsg. C. Nelson und L. Grossberg, 271–313. Champaign: University of Illinois Press).

Transpolitische Schlüsselwerke

Theoriefiktion – Fiktionstheorie (Roland Barthes, Jean Baudrillard, Walter Hill)

Ivo Ritzer

In diesem Beitrag werden drei Interventionen vorgestellt, die jeweils das Projekt eines Denkens der Materialität von signifikativen Prozessen fokussieren: Roland Barthes' *Das Reich der Zeichen* (1970), Jean Baudrillards *Amerika* (1984) sowie Walter Hills LAST MAN STANDING (1996). Während Barthes und Baudrillard dabei das Medium der – mal mehr, mal weniger akademischen – Textproduktion als Theoriefiktion wählen, arbeitet Hill im und mit dem Material des Films: als Fiktionstheorie der Bilder und Töne, die selbst denken und handeln. Theoriefiktion wie Fiktionstheorie gilt es dabei zu konturieren als narrative Entwürfe, die sich nicht in ein empirisches, sondern vielmehr allegorisches Referenzverhältnis zu ihrem Gegenstand setzten, d. h. sie operieren genuin ästhetisch als Spiel der Erscheinungen sinnlicher Vielheit. Nachdem Barthes' *Reich der Zeichen* und Baudrillards *Amerika* in ihrem jeweiligen Kontext als Schlüsselwerke der Theoriefiktion vorgestellt worden sind, schließt der Beitrag mit einem Blick auf Hills LAST MAN STANDING, um dort die von Barthes wie Baudrillard theoretisierte Fiktion einer Epistemologie des Ästhetischen am Schauplatz in ihrem poetischen Vollzug einer Fiktionstheorie selbst nachzuzeichnen: Es werden nicht theoretische Konzepte appliziert als vielmehr genuin immanent in der ihnen eigenen Medialität fiktionaler Bild-Ton-Assemblagen etabliert, erörtert und erweitert.

I. Ritzer (✉)
Universität Bayreuth, Bayreuth, Deutschland
E-Mail: ivo.ritzer@uni-bayreuth.de

© Springer Fachmedien Wiesbaden GmbH, ein Teil von Springer Nature 2020   159
I. Ritzer (Hrsg.), *Schlüsselwerke der Medienwissenschaft*,
https://doi.org/10.1007/978-3-658-29325-3_10

1   Roland Barthes' *Das Reich der Zeichen* (1970)

Roland Barthes' *Das Reich der Zeichen* (1970/dt. 1981) markiert ein Schlüsselwerk im Reflektieren der komplexen Trias zwischen Kultur, Text und Subjekt.
Angeregt durch eine Reise nach Japan versucht Barthes die Bedingungen der
Konstruktion von Bedeutung neu zu denken und dabei im Fokus auf die Materialität der Zeichen einem militant anti-anthropozentrischen Impetus zu folgen. Zuvor
hatte Barthes mit seinen Ausführungen zum „Tod des Autors" sich bereits radikal
von traditionellen Formen positivistischer Wissensproduktion und deren Glauben
an die Rekonstruierbarkeit vermeintlich stabiler Bedeutungsstrukturen abgewandt,
stattdessen kulturelle Artefakte als stets so plurale wie infinite Referenzsysteme
von Zeichen proklamiert und damit schließlich *in extenso* demonstriert, wie ein
Text sich stets aus vielfältigen, einander wechselseitig infrage stellenden Fragmenten figuriert und jener „Ort, an dem diese Vielfalt [zusammenträfe], [...]
nicht der Autor, sondern vielmehr [der] Leser" (2000, S. 192) sei. Das – bei
Barthes auch im franz. Original im generischen Maskulinum adressierte, der
„faschistischen" Logik der Sprache folgende – Autorsubjekt schreibe nicht, es
werde geschrieben. Ursprung und Zielpunkt der klassischen Hermeneutik seien
umzukehren, weil die Subjektivität eines Autors als Effekt des Textes zu verstehen
ist. Jedoch: Barthes konstatiert mitnichten etwa einen generellen Tod des Autors,
vielmehr geht es ihm um das Ende einer spezifischen historischen Konzeption des
Autorsubjekts: Das Konzept eines romantischen Genies, dessen Kunst vermeintlich *ex nihilo* schöpft und deshalb biographisch erklärt werden muss. Gegen das
Originalgenie bringt Barthes den Begriff des modernen *scripteur* in Stellung, der
unhintergehbar im Intertext generischer Strukturen situiert ist. In diesem Sinn
des Autorsubjekts bleibt dessen Agentialität neu zu bestimmen: „Seine einzige
Macht besteht darin, die Schriften zu vermischen" (Barthes 2000, S. 190). Barthes
geht es um eine *écriture,* d. h. die Einschreibung einer Signatur in den Intertext
generischer Konventionen. Diese *écriture* bringt jenseits von Sprache und Stil, der
synchronischen und diachronischen Struktur, eine Emphase performativer Qualität
mit sich: „Während eine ideale freie Ausdrucksform niemals meine Person, meine
eigene Vergangenheit und meine Freiheit erkennen ließe, ist die Schreibweise, der
ich mich anvertraue, bereits ganz Institution, [...] sie gibt mir eine Geschichte,
[...] sie engagiert mich, ohne daß ich es zu sagen brauche" (Barthes 2006, S. 27).
Der *scripteur* wird somit nicht als Ursprung von Bedeutung, sondern als Instanz
der Einschreibung verstanden, die deren Analyse öffnet statt abschließt. Aus dieser
Perspektive ist die generische Form als ein Außen des *scripteur* zu kennzeichnen,
die Schreibweise hingegen, so Barthes, „bezeichnet genau den Kompromiß
zwischen Freiheit und Erinnerung, sie ist die sich erinnernde Freiheit, die nur Freiheit ist in der Geste der Wahl, aber schon nicht mehr in der Dauer" (2006, S. 20).

Einen Text nun auf seine besondere Schreibweise hin zu untersuchen, muss daher bedeuten, sich mit der immer schon generisch implementierten Geschichte seines Mediums zu beschäftigen, die keine Geschichte der Sprache (des Zeitprodukts), auch keine des Stils (des biologischen Produkts), sondern der Zeichen ist; nicht der Objekte, sondern der Funktion. Semiotisch gewendet: Die *écriture* fungiert somit folglich als Bezeichnendes, ihr Genre hingegen als Bezeichnetes. Dergestalt entsteht die Schreibweise stets als historisches Konstrukt, denn sie „bedeutet die Beziehung zwischen dem Geschaffenen und der Gesellschaft" (Barthes 2006, S. 18). Jeder *scripteur* ist mithin zugleich Produkt als auch Gestalter der ihn umgebenden Texte, sowohl Effekt als auch Voraussetzung des Generischen.

Barthes' *Reich der Zeichen* projiziert diese basalen Thesen in einem selbst von Neologismen und Sprachspielen geprägten Stil auf das „japanische" Schreiben. „Japan" wird dort explizit als Fiktion des Autors apostrophiert. Erdachtes und Beobachtetes diffundieren unauflöslich ineinander: „Ich kann auch ohne jeden Anspruch, eine Realität darzustellen oder zu analysieren (gerade dies tut der westliche Diskurs mit Vorliebe), irgendwo in der Welt (*dort*) eine gewisse Anzahl von Zügen (ein Wort mit graphischem und sprachlichem Bezug) aufnehmen und aus diesen Zügen ganz nach Belieben ein System bilden. Und dieses System werde ich *Japan* nennen" (Barthes 1981, S. 13). Es geht Barthes dabei mit seiner Theoriefiktion zwischen Gefundenem und Erfundenem um das radikale Denken von einem „Echoraum" (1978, S. 81), der als Einschreibung evident, der als Erschütterung von Sinnhaftigkeit selbst, zu lesen sein wird – als dezidierte Traumphantasie:

> [E]ine fremde Sprache kennen und sie dennoch nicht verstehen: in ihr die Differenz wahrnehmen, ohne daß diese Differenz freilich jemals durch die oberflächliche Sozialität der Sprache, durch Kommunikation oder Gewöhnlichkeit eingeholt und eingeebnet würde; in einer neuen Sprache positiv gebrochen, die Unmöglichkeiten der unsrigen erkennen; die Systematik des Unbegreifbaren erlernen; unsere ‚Wirklichkeit' unter dem Einfluss anderer Einteilungen, einer anderen Syntax auflösen; unerhörte Stellungen des Subjekts in der Äußerung entdecken, deren Topologie verschieben; mit einem Wort ins Unübersetzbare hinabsteigen und dessen Erschütterung empfinden (Barthes 1981, S. 11 ff.).

Das „japanische" Schreiben meint mithin in Kontrast zum okzidentalen Diskurs gerade nicht „eine Menge geschlossener, mit einem freizulegenden Sinn versehener Zeichen" als vielmehr dessen radikales Gegenteil: ein „Volumen sich verschiebender Spuren" (Barthes 1988, S. 11). Diese sich ständig neu verwischenden Spuren beziehen sich für Barthes also keineswegs auf ein Suchen nach „anderen Symbole[n]", nach einer „andere[n] Metaphysik", nach einer „andere[n] Weisheit", sondern vielmehr auf „die Möglichkeit einer Differenz, einer Mutation, einer Revolution im Charakter der Symbolsysteme" (Barthes 1981, S. 14). Barthes interessiert sich keinesfalls für ein reales, historisches „Japan", ihn motiviert nicht der Blick auf die „japanische" *écriture* – als vielmehr eine Perspektive, die „japanische" *écriture* in einer spezifischen Lektüre zu konturieren, die jeweils imaginativ Differenzen produziert.

In der *écriture* sieht Barthes eine Materialität der Physis in ihrer präsenten Erscheinung, des Körpers „eigene Erzählung, seinen eigenen Text" (Barthes 1981, S. 23). Dieser Körpertext wird, so Roland Barthes, frei in jenem Moment, „wo mein Körper seinen eigenen Ideen folgt – denn mein Körper hat nicht dieselben Ideen wie ich" (1974, S. 26). Barthes will so eine Theorie des Schreibens entwerfen, wie das Ästhetische ein Raum der „Lust am Text" sein kann: Ein Schreiben, „das knirscht, das knistert, das streichelt, das schabt, das schneidet", wenn sein Wert übergeht „in den prunkvollen Rang des Signifikanten" (Barthes 1974, S. 96 ff.). Durch ein Insistieren auf die Kraft des Körpers verfolgt Barthes das Programm einer somatischen Ästhetik, wo Formen und Farben sich ineinanderschieben, sich verdecken und den Blick schließlich wieder freigeben, um sich schon wieder aufs Neue zu überlagern. Es geht Barthes ausdrücklich um die Materialität der Objekte und die Kraft ihrer Erscheinungen. Eben daran wird für ihn die mediale Performanz evident: an Zeichen, die zeigen und immer primär auf das Zeigen verweisen und gerade dadurch die semiotische Ebene des Vollzugs stets transgredieren.

Die in diesem Projekt der Theoriefiktion immer wieder aufscheinende Apotheose des von aller Referenz befreiten Zeichens ist fokussiert auf das materielle Moment einer *écriture,* die sich eben jenen Aspekten der Signifikanz verschreibt, welche nicht im Begriff des Bezeichneten aufgehen. Barthes verfolgt hierbei einen genuin anti-orientalisierenden Impetus, wenn er dezidiert davon absehen will „einen Vor-Sinn wiederzufinden, einen Ursprung der Welt, des Lebens, der Tatsachen, der dem Sinn vorherginge, sondern vielmehr einen Nach-Sinn herzustellen: man muß, wie an einem Weg der Initiation entlang, den ganzen Sinn durchqueren, um ihn zur Erschöpfung zu bringen, freistellen zu können" (1978, S. 96). Barthes also geht es nicht um eine Einverleibung des putativ „Fremden" in einem (neo-)kolonialen Projekt. Stattdessen apostrophiert er konträr dazu gerade die Absenz traditioneller Referenzverhältnisse. Er substrahiert die Bedeutung aus den Zeichen um einen Sinn zu finden, der „sinnlich hervorgebracht wird" (1974, S. 90). Dessen Präsenz kann sowohl als Prädisposition von Signifikanz als auch als deren Dissemination gelten. Horizont dieser Zerstreuung von Bedeutung soll nicht weniger schaffen als ein „starkes Erdbeben, das die Erkenntnis, das Subjekt ins Wanken bringt" (Barthes 1981, S. 16). Die daraus entstehende Leere wird gefüllt mit dem Akt des Vollzuges einer *écriture.* Es öffnet sich mithin in der Tat ein „Reich der Zeichen", das aber nur in der Plötzlichkeit seiner Performanz existiert. So gibt es bei Roland Barthes ebenso wenig einen „Orient" wie einen „Okzident". Das Hier und Jetzt der *écriture* destruiert jede Konzeption von

Fremdem und Eigenem. Es kennt nur eine gemeinsame Welt. Anders gesagt: Das Reich der Zeichen liegt für Barthes am Nexus der Weltliteratur.

2 Jean Baudrillards *Amerika* (1984)

Was „Japan" für Roland Barthes ist, ist „Amerika" für Jean Baudrillard. Baudrillards *Amerika* (1984/dt. 2004) bringt dabei wie Barthes' *Das Reich der Zeichen* paradigmatisch das Denken des Autors auf den Punkt: als „Theorie-Fiktion" (Baudrillard 1983a, S. 35). „Amerika", schreibt Baudrillard, sei seit jeher „eine Kultur der Promiskuität, des Miteinander, der Völker- und Rassenmischung, der Rivalität und Heterogenität gewesen" (2004, S. 111). Er bezieht dies einerseits durchaus auf den geographischen Raum der USA. Dort verweist Baudrillard darauf, dass Amerika die verwirklichte Utopie sei: „Mit einer an Unverträglichkeit grenzenden Naivität hat sich diese Gesellschaft auf die Idee versteift, die Verwirklichung alldessen zu sein, wovon andere immer geträumt haben: von Gerechtigkeit, Überfluß, Recht, Reichtum und Freiheit; sie weiß es, sie glaubt es, und zuletzt glauben es alle anderen auch" (Baudrillard 2004, S. 107 f.). Andererseits aber, und das ist der eigentlich zentrale Punkt, meint „Amerika" ein durch und durch mythisches Konstrukt. Dies adressiert eine doppelte Windung: Indem der Mythos die Wirklichkeit ersetzt, wird die Wirklichkeit zum Mythos. Seine Faszination zeigt sich daran, wie durch die Zeichen des Kinos ein medialer Raum als Gegen-Ort des Alltags konstituiert wird, bis der Alltag selbst als kinematographische Konfiguration erscheint. In „Amerika", so Baudrillard nahezu neidisch, sei die Realität Fiktion und die Fiktion Realität, das Unwirkliche wirklich und das Wirkliche unwirklich. Die Differenz zwischen US-amerikanischer und europäischer Kultur beschreibt er anschaulich:

> Die Fiktion ist nicht das Imaginäre. Sie nimmt das Imaginäre vorweg, indem sie es realisiert. Sie ist unserer Bewegung genau entgegengesetzt, die darin besteht, die Realität in der Imagination vorwegzunehmen oder in der Idealisierung vor ihr zu flüchten. Deshalb werden wir [d.h. die Europäer] uns nie in der wirklichen Fiktion bewegen. Wir sind dem Imaginären und der Sehnsucht nach der Zukunft verfallen. Der amerikanische Lebensstil ist spontan fiktional, weil er die Übersteigerung des Imaginären in der Realität ist (2004, S. 131).

Deshalb kann Baudrillard auch sagen: „In Amerika ist das Kino wahr, […] das Leben ist Kino" (2004, S. 137). Nichtfiktionale Realität geht auf in fiktionaler Realität, je mehr, desto weniger erscheint Fiktion als Fiktion. Indem das US-Kino („Hollywood") so perfekt fiktionale Realität schafft und dadurch nichtfiktionale Realität immer stärker medial vermittelt, entspricht das Wirkliche dem Unwirklichen. Das Mittel dieses Vorgangs ist eine Verzauberung des Visuellen. Dabei apostrophiert Baudrillard, wie in den Basismedien von Bild und Ton der freie Fluss der Signifikanten das Lacan'sche Spiegelstadium als Moment der Subjekt-konstitution ablöst – wobei neben dem Kino nun auch die elektronischen und digitalen Dispositive zentral erscheinen: „Das Video dient überall nur als Bildschirm für ekstatische Brechungen, die mit einem Bild, einer Bühne oder traditioneller Theatralik nichts mehr zu tun haben, die nicht zum Spiegeln oder zur Betrachtung einladen, sondern dank derer man *an sich selbst angeschlossen ist*" (Baudrillard 2004, S. 55, Herv i. Orig.). Im Zirkulieren der Bilder und Töne entsteht ein rasender Strudel an Intensitäten, die nur sich selbst bedeuten wollen. Das Ekstatische der Refraktion, von der Baudrillard spricht, suspendiert die Kraft der Repräsentation, indem der Sinn der Bilder und Töne stets andere Bilder und Töne adressiert. Dieser Kurzschluss findet in der unauflösbaren Selbstreferenz seine Bestimmung.

Wo im textuellen Modell von Roland Barthes noch immer eine klare Differenz zwischen Macht und Opposition, zwischen okzidentalem Diskurs und orientaler Befreiung hypostasiert ist, geht Baudrillard von einer simulativen Fiktion per se aus. Seine Medienontologie stellt, explizit, wenn nicht gegen Barthes, so doch gegen Michel Foucault gerichtet, die Existenz oppressiver Machtstrukturen als disziplinierende wie auch pastorale Kraft auf radikale Weise infrage. Für Baudrillard manifestiert Macht sich nur dort, wo ihr eine imaginative Präsenz zukommt, d. h. wo an ihr Dasein geglaubt wird. Ansonsten sei sie abwesend und konstituiere gerade dadurch den perfekten Diskurs. Die bei Barthes noch hypostasierte Omnipräsenz der Macht, gegen die Widerstand zu leisten wäre, wird bei Baudrillard zum Simulakrum, das sich die virtualisierten Subjekte selbst generieren. Macht existiert nur noch, um ihr Verschwinden in den medialen Maschinen zu kaschieren: „Die Macht hat sich nicht immer für die Macht gehalten, und das Geheimnis der großen Politiker war zu wissen, daß es die Macht nicht gibt, daß sie nur ein Simulationsraum ist wie der perspektivische Raum in der Renaissancemalerei. Wenn die Macht verführt, dann geschieht das, weil sie ein Trugbild ist […], weil sie sich in Zeichen verwandelt und auf Zeichen hin entwirft" (1982, S. 72). An die Stelle einer Omnipräsenz der Macht tritt für Baudrillard eine radikale Immanenz der Zeichen, für die keine Referenten mehr existieren, die nach ihrer semiotischen Verdopplung nur noch auf sich selbst ver-weisen. Baudrillard konstatiert eine durch mediale Codes generierte Simulation, die in ihrer Totalität eine letztlich intransitorische Medienkultur evoziert. In der Simulation koaleszieren Aktuelles und Virtuelles miteinander, sodass es mit Baudrillard zu einer universalen *Agonie des Realen* (1978a) kommt. Denn das Simulakrum der Welt nimmt eine Liquidierung aller Referenten respektive ihre künstliche Reanimation in neuen Zeichensystemen vor: „In Wirklichkeit ist das große Medium das Modell. Das Mediatisierte ist nicht das, was durch die Presse, über das Fernsehen und das Radio läuft – sondern das, was von der Zeichen/ Form mit Beschlag belegt, als Modell artikuliert und vom Code reguliert wird" (Baudrillard 1978b, S. 99). Differenzen zwischen medialem Raum und extramedialem Raum können demnach nur noch simuliert werden. Baudrillard zitiert eine radikale „Referenzlosigkeit der Bilder" (1978a, S. 10), womit er auch eine Differenz zwischen ‚Wahrem' und ‚Falschem' als simulierte Scheindifferenz ausweist. Wirklichkeiten werden nach Baudrillard immer erst durch technologische Medien konstatiert und konstituiert.

Diese mediale Genese macht die Hypostasierung einer Separation der Medien von ihren Referenten sinnlos. Die Simulation umschließt mithin den gesamten Raum der Repräsentation: „Es geht nicht mehr um die Imitation, die Verdoppelung oder um die Parodie", erklärt Baudrillard: „Es geht um die Substituierung des Realen durch Zeichen des Realen" (1978a, S. 9). Baudrillard argumentiert damit aus einer Perspektive der *Posthistoire,* denn für ihn sind es audiovisuelle Massenmedien, die die Wirklichkeit nur noch als Inszenierung erscheinen lassen. Medien simulieren Realität über das Einziehen der Differenz zwischen Wirkung und Ursache:

> Vor allem die modernen Medien haben jedem Ereignis, jeder Erzählung und jedem Bild einen Simulationsraum mit grenzenloser Flugbahn eröffnet. Jedes Faktum, jedes politische, historische oder kulturelle Merkmal erhält bei seiner Verbreitung durch die Medien eine kinetische Energie, die es für immer einem eigenen Raum entreißt […]. Natürlich hat das Konsequenzen für die Geschichte. Damit ist der ‚Récit', die Erzählung, unmöglich geworden, bedeutet er doch definitionsgemäß (re-citatum), daß ein Sinn zurückverfolgt werden kann (Baudrillard 1990, S. 69).

Durch eine Beschleunigung der medialen Zirkulation wird einerseits schon die Möglichkeit zur Schreibung von Geschichte negiert. Andererseits offerieren die Massenmedien einen simulativen Zugang zur Historie, wenn sie ihr Publikum kontextuell zu einer Vergangenheit situieren, die längst nicht mehr direkt erfahren werden kann. Geschichte hat den Raum gewechselt und findet lediglich noch medial als ihr eigenes Double statt. Für Baudrillard resultiert daraus eine Form von Hyperrealität, die auch existenziellste Erfahrungen inkludiert. Hyperreal meint dabei keineswegs irreal: Zur Disposition steht nicht Historie, sondern deren Selbstzweck und Ziellosigkeit. Hyperrealität ist kein Ersatz für Realität, sie erscheint vielmehr realer als das Reale.

Baudrillard adressiert diesen Prozess der Substitution als strukturale Revolution, die in „Amerika" perfektioniert ist. Sie lässt also an die Stelle der ehemaligen Primärprozesse und marxistisch-psychoanalytisch diagnostizierbaren Antagonismen konfligierender Kräfte eine neue Form von Kommunikation treten. Ihr Code zeichnet sich dadurch aus, dass er sich von jedem Referenzverhältnis abgelöst hat und stattdessen im freien Flottieren nur noch zueinander differenzieller Zeichensysteme operiert. Dabei, so Baudrillard, haben sich „schwere" Zeichen aus den Feldern von „Politik, Moral, Ökonomie, Wissenschaft, Kultur und Sexualität" in „leichte" Zeichen transformiert: „[D]ie Beschleunigung des einzigartigen differentiellen Signifikanten-Spiels [wird] deutlich sichtbar und bis zur Zauberei gesteigert – diese Zauberei und dieser Rausch ergeben sich aus dem Verlust jeglicher Referenzpunkte" (2002, S. 133). In der absoluten Referenzlosigkeit und bloßen Differenzialität der Zeichen zeigen sich Arbeit, Produktion, Unbewusstsein, Begehren und Geschlechterdifferenz gleichsam aufgehoben und auf ihren strukturalen Zeichenwert reduziert. Baudrillard geht es also um eine soziale Formation, die nach dem Ende von Geschichte und bürgerlicher Gesellschaft stattfindet. Für sie existieren nur noch folgenlose Ereignisse, „die nichts mehr verändern und nichts mehr verkünden, die also auf diese Weise ihren Sinn und ihre Bedeutung nurmehr in sich selbst absorbieren. […] Wenn erst einmal der Sinn von Geschichte verlorengegangen und der Punkt der Trägheit überschritten ist, wird jedes Ereignis zur Katastrophe und somit zum reinen, folgenlosen Ereignis" (Baudrillard 1985, S. 19). Der Zufall löst Ursachen und Wirkungen ab, es bleiben einzelne, reversible Ereignisse, aleatorisch akkumuliert – fatale Bewegungen. Es gibt dann freilich keine verlässliche Perspektive mehr. Das Ende liegt im Anfang, die Wirkung in der Ursache, die Zukunft in der Vergangenheit.

In Baudrillards Medienontologie wird Macht mithin zu einem Signifikanten ohne Signifikat, sie implodiert und kehrt als Halluzination ihrer selbst wieder: als bloßer Machteffekt. So wie das Zeichen sich vom Objekt löst, driftet die Macht ab vom Realen. Für „Amerika" existiert keine Erfahrung mehr, die zu mobilisieren wäre. Stattdessen herrscht eine in ihrer Heterogenität völlig homogene Welt, die nur noch Ereignisse aneinanderreiht und das bereits Bekannte wiederholt: Proklamationen von Dissidenz ebenso wie ein Versprechen auf Veränderung. So wird noch einmal durchgespielt, was an großen Erzählungen seit der Romantik die Moderne bestimmt hat und somit ein Spiel der Differenzen reproduziert, das längst der Indifferenz gewichen ist. Zeichen zirkulieren distanzlos in sich selbst, schaffen ein profanes Universum absolut gewordener Nähe, das keine Orientierung mehr leistet, in dem Entfernungen aufgehoben sind und die Ursache der Wirkung nicht mehr vorangeht. Statt einer progressiven Logik der Finalität dominiert aus Baudrillard'scher Perspektive ein Prozess der Aufhebung von Antagonismen, Kontradiktorisches ist kurzgeschlossen in endloser Reduplikation: Establishment und Subkultur, Herrschaft und Pop. Die Rede von der Revolution produziert keine explosive Energie mehr, sie sorgt nur noch für permanente Implosion, utopische Potenziale kollabieren in sich selbst. Privates und Professionelles, Subjekt und Objekt fallen zusammen, Aktiv und Passiv verschränken sich inseparabel, werden vollständig reversibel. In einem solchen

System ist alles wahr und alles falsch zugleich, alles simultan progressiv und reaktionär. Der Unterschied spielt hier keine Rolle mehr, er hat ausgedient. Ein denkbar pessimistisches Fazit für alle ästhetische Produktion, inklusive kritischer Kunst: „Auch sie", so Baudrillard, „hat den Wunsch nach Illusion verloren, hat alle Dinge statt dessen [sic] einer ästhetisch banalen Erhöhung geopfert und ist folglich transästhetisch geworden" (1996, S. 41). Dennoch, auch wenn Baudrillard den sozialen Status quo auf den ersten Blick durch ein Ende der Möglichkeit von Kritik gekennzeichnet glaubt, so bringt seine apokalyptische, mitunter gar larmoyant durchsetzte Medienontologie auf den zweiten Blick doch interessante Perspektiven auf kritische Strategien. Baudrillard konstatiert nämlich – ohne Rekurs auf die Utopie einer transzendenten Kritik – in der Sprache des postindustriellen Medienkapitalismus eine zunehmende Tendenz zur Pathologie, eine Krankheit die eigentlich Mutation ist. Alles Verbale funktioniert hier nicht mehr symbolisch, sondern nur noch als Formel. Seine Viralität gehe dann aus der beschleunigten Zeichenzirkulation, der Molekularisierung sozialer Systeme, hervor. Je komplexer deren Struktur, je überprotektierter die sozialen Körper, desto höher ihre Anfälligkeit für Viren, die sie selbst mitproduzieren.

Es ist gerade das Feld der Massenmedien, die durch ihre rapide Diffusion von Informationen für eine Auflösung von Sinn und Bedeutung sorgen: Statt den entfremdeten Subjekten im Fordismus existieren nur noch fraktale, d. h. objektivierte, Subjekte – telematische Menschen, die über integrierte virtuelle Schaltkreise mit sich selbst kurzgeschlossen sind und so im Imaginären leben. Auf Basis dieser neuen soziokulturellen Formation konstituiert sich für Baudrillard jedoch das Potenzial für virale Strategien. Jedes Zeichen tendiert mithin prinzipiell zur Generierung von deterritorialen Fluchtlinien, da die Relation der Äquivalenz zwischen Zeichen und Realem suspendiert ist:

> Das Reale nimmt nicht mehr die Kraft eines Zeichens an, das Zeichen nicht mehr die Kraft eines Sinns. […] Jedes System erfindet sich ein Gleichgewichts-, Tausch-, Wert-, Kausalitäts- und Finalitätsprinzip, das auf geregelten Gegensätzen beruht: auf dem Gegensatz von Gut und Böse, Wahr und Falsch, dem Gegensatz zwischen dem Zeichen und seinem Referenten, zwischen Subjekt und Objekt – der ganze Raum der Differenz und der Regulierung durch die Referenz, die, solange sie funktioniert, die Stabilität und die dialektische Bewegung des Ganzen gewährleistet. […] Wenn diese bipolare Relation aber nicht mehr wirksam ist, wenn sich das System selbst kurzschließt, produziert es seine eigene kritische Masse und gibt den Weg frei zu einem exponentiellen Abdriften (Baudrillard 2002, S. 12).

Baudrillard fordert, Zeichen selbst viral werden zu lassen, d. h. sie fragmentarisch zu organisieren. Die Sprache nähme ohnehin, ob wir nun wollten oder nicht, die

Form dessen an, worüber sie referiere, bis Subjekt und Objekt der Kommunikation koinzidierten. So ließen sich dominante Systeme – jenseits von Transzendenz und Immanenz – infizieren. Ihre Metastasierung und Kontamination erfolge dualistisch, nicht dialektisch, d. h. ohne den Horizont einer Zukunftsorganisation, die gemäß einer hegelianischen Eschatologie durch soziale Gegensätze determiniert wäre. Stattdessen bleibe das Kommende zu antizipieren und jeweils operationell zu handeln. Ziel wäre es, einen leeren Raum zu erzeugen:

> Die Physiker sagen heute, daß es nur einen leeren Raum mit allerlei Virtualitäten gibt. So einen leeren Raum entstehen zu lassen, der aber schwer von Virtualität wie ein schwarzes Loch wäre, das ist mein Versuch. Die Sprache würde dann mit sich selbst in einen Kreislauf geraten, in dem sie sich erschöpft oder an ihre äußerste Grenze gerät. Daraus würde kein Sinn mehr entstehen, wohl aber die katastrophische Virtualität eines Übersinns oder Unsinns, woran jeder seine eigenen Obsessionen oder Phantasmen entzünden könnte (Baudrillard 1991, S. 91).

Wenn Kulturindustrie selbst den Gebrauchswert der Distinktion als Tauschwert aller Waren offeriert bzw. eine aleatorische Kombination von Zeichen politische Ökonomie nur noch simuliert und daher Sprache selbst weder historische noch negativierende Gewalt weiter transportieren kann, dann vermag Kritik für Baudrillard lediglich noch ungerichtet, ergo: ziellos, operieren. Sie wird selbst narrativ und ästhetisch, indem statt empirischer Bezüge ein genuin allegorisches Referenzverhältnis zwischen Sprache und Realem auf dem Spiel steht. Dabei entwickelt Kritik radikal immanent Aussagen, ohne länger zwischen den semantischen Ebenen von Theorie und Fiktion zu differenzieren. Ihr Medium ist die Theoriefiktion.

3   Walter Hills Last Man Standing (1996)

Walter Hills Last Man Standing (1996) ist für die audiovisuelle Fiktion nichts weniger als das, was Roland Barthes' *Das Reich der Zeichen* (1970) für die Literaturtheorie und Jean Baudrillards *Amerika* (1984) für die Philosophie der Massenmedien sind. Wo Baudrillards und Barthes' Schriften sich in ihrem schriftstellerischen, aphoristisch-assoziativen Stil und ihrer spekulativen, kontrainduktiven Haltung, der freien Hybridisierung von beobachteten und erdachten Phänomenen als Theoriefiktion beschreiben lassen, geht Walter Hill den umgekehrten Weg: Sein *opus magnum* von Last Man Standing ist eine theoretische Arbeit im Modus der Fiktion. Diese Fiktionstheorie steht in Analogie zur Theoriefiktion und deren Denken in sprachlich gefassten Begriffen, vollzieht sich jedoch im Bereich des Sinnlichen. Anstelle von Hypothesen und Negationen operiert sie mit Relationsstrukturen und schafft so im Zuge eines

Denkzusammenhanges von Bildern und Tönen eigene Agenturen. Es geht hier mithin um Fiktion nicht als Repräsentation und Transparenz von Kultur, auch nicht nur als Gegenstand materieller Organisation, sondern vielmehr als eigendynamische, d.h. keinen externen Gesetzen unterworfene Medialität audiovisueller und synästhetischer Bild-Ton-Verflechtungen, die in ihrem poetischen Vollzug irreduzible Interventionen bleiben. Dabei gibt sich LAST MAN STANDING nicht nur wie eine Anthologie von Hills Œuvre zu lesen (Ritzer 2009). Im Material der zu einem Narrativ geformten Bilder und Töne kommt auch eben jener Aufstand der Zeichen zum sinnlichen Erscheinen, von dem Baudrillard spricht. Hill interveniert direkt in eine Medienkultur des postsignifikativen Simulationsprinzips, indem seine Subjektivierung von Kommunikation ein Jenseits von Bedeutung schafft: nicht etwa als hypostasierte Rückkehr in eine Ära vor der strukturalen Revolution des Codes, wohl aber im Sinne einer medialen Arbeit an postsignifikativen Zeichen, die sich, im Zeitalter nach Baudrillards irreversibler Aufhebung von Gegensätzlichkeit, den flottierenden Signifikanten selbst aufsetzt.

LAST MAN STANDING ist ein offizielles Remake von Akira Kurosawas japanischem Klassiker YOJIMBO (1961), seinerseits eine freie Adaption von Motiven des Western-Genres (Ritzer 2009). Analog zu Toshiro Mifunes herrenlosem Schwertkämpfer Sanjuro – wie auch Clint Eastwoods Westerner aus Sergio Leones PER UN PUGNO DI DOLLARI (1964), dem nicht kreditierten Remake von YOJIMBO, das Walter Hill in LAST MAN STANDING gleichsam mitaufhebt – kommt Bruce Willis' Gangster „John Smith" dort zu Beginn in eine kleine Stadt namens Jericho, in der zwei verfeindete Banden um die Vormachtstellung kämpfen und ihn jeweils als Leibwächter verpflichten. Schon die als Schicksalsvotum von Smith anfangs im Wüstensand gedrehte Whiskey-Flasche ist ein direktes Zitat aus YOJIMBO, wo Sanjuro zu Beginn einen Ast wirft. Der tote Schimmel auf der Straße fungiert bereits als Vorbote des Todes, ebenso wie der Hund mit einer menschlichen Hand im Maul bei Kurosawa und das Pferd mit einer Leiche auf dem Rücken bei Leone. Hills Stadt aber scheint architektonisch aus den 1880er Jahren zu stammen, die Bauweise der Automobile hingegen datiert das Setting auf Ende der 1920er Jahre. In diesem „Jericho" existieren die Zeiten eklektisch nebeneinander. Syntaktische Regeln werden destruiert und durch Parataxen ersetzt; es herrscht eine Ordnung der hybriden Organisation. Nach deren Logik des Heterogenen funktioniert LAST MAN STANDING: Aus einem Schwertkampffilm (Kurosawa) und einem Western (Leone) macht Hill einen Gangsterfilm. Er verlagert das Geschehen vom post-feudalen Japan und dem *Old West* in die Prohibitionszeit. Damit spielt er auf die eigentliche literarische Quelle des Stoffs an: Dashiell Hammetts Roman *Red Harvest* (1929). Der transkulturelle Genre-Transfer führt so von den USA nach Japan, von Japan nach Italien, und von Italien wieder zurück in die USA. Er arbeitet sowohl intermedial als auch international (Abb. 1, 2, 3 und 4).

Abb. 1 Last Man Standing (DVD, Warner Home Video)

Abb. 2 Last Man Standing (DVD, Warner Home Video)

Abb. 3 Last Man Standing (DVD, Warner Home Video)

Abb. 4 Last Man Standing (DVD, Warner Home Video)

Last Man Standing ist ein Remake, das sein Referenzmaterial wie in einem Kaleidoskop anordnet (Ritzer 2009). Walter Hill ist ein *scripteur,* der in seiner *écriture* Schriften vermischt. Hill selbst unterscheidet zwischen Remakes und Adaptionen, seinen Film betrachtet er als Adaption: „Es gibt nichts Neues im Kino. […] Hätte ich ein buchstäbliches Remake […] gedreht, hätte ich nur Energie und Geld vergeudet. Wenn man aber eine Geschichte an einen anderen Ort und in eine andere Zeit verlagert […] dann kommt dabei eine andere Geschichte heraus. Keine neue, aber eine andere" (zit. n. Höbel und Hüetlin 1996, S. 260). Und weiter später:

> I don't want to sound like one of these old fuckers who's always saying everything was better before, because I don't believe that at all. […] I came down very hard on the idea of sticking with the traditional concerns – but there was certainly no question that you had to do things in a different way. You couldn't simply do what had already been done in the past and, many times, done very successfully. You had to find new ways to be traditional (zit. n. Vallan 2013, S. 56–59).

Die Simulation schreibt sich mithin in die Tradition ein, schafft dabei aber stets Nuancen einer Differenz, die das Fiktive wuchern lässt.

Yojimbo, Per un pugno di dollari und Red Harvest werden in Hills Last Man Standing synthetisiert, die Fiktionen spiegeln sich gegenseitig (Ritzer 2009). Der kaleidoskopische Blick sorgt für stets differente Konfigurationen des Sichtbaren. Das Alte wirkt im Neuen, das Andere im Gleichen; ein Spiel mit Variation und Modifikation, mit erinnernder Erwartung und erwartender Erinnerung. In diesem Sinne geht es Hill um Verlagerungen und Verschiebungen. Ihn interessiert die Abweichung in der Wiederholung. Formale und narrative, semiotische und ideelle Konstituenten von YOJIMBO wie PER UN PUGNO DI DOLLARI bleiben erhalten in LAST MAN STANDING. Beständig kehren bekannte Elemente der Diegese wieder, aber nur, um umso nachdrücklicher variiert zu werden. Man könnte das Verhältnis der Fiktionen daher auch kubistisch nennen: Hill öffnet seinen Stoff ins Polyphonische. Statt der Repetition eine Reposition im Sinne von Roland Barthes: Wo kein Sinn sich mehr fixieren lässt in der Bewegung zwischen den Fiktionen und durch das Fließen der Signifikanten verstärkt wird, entsteht jenseits des Sichtbaren ein mentales Bild. LAST MAN STANDING erscheint als die radikale Abstraktion einer, wie es in Barthes' *Das Reich der Zeichen* heißt, „Erschütterung des Sinns, der zerrissen und bis zur unersetzlichen Leere erschöpft wird" (1981, S. 15 f.). Alle Figuren der Fiktion sind Chiffren statt Charaktere, sie sind verdichtet zu Typen, haben keine Vergangenheit, existieren nur durch ihre Funktion. „John Smith" selbst lässt als namenloser Signifikant eine Aufhebung der generischen Differenz von Ursache und Wirkung entstehen, sodass Subjekt und Objekt in einer Absorption von Sinn aufgehoben sind, wie sie in *Das Reich der Zeichen* beschrieben wird: „[D]ie Spur des Zeichens, die gezogen schien, verlöscht" (Barthes 1981, S. 115). In der radikalen Reduktion ist alles zur bloßen Mechanik verdichtet. Eine synthetische Zeichenwelt der Gesten und Rituale wird entworfen, in der die Figuren allein Techniken des Selbst jenseits jeder Form von Individualität ausbilden. Jegliche Subjektivität erreicht in der Mechanisierung aller Aktion ein semantisches Schwanken, eine „Synkope des Sinns", eine Differenz im Geiste dessen, dass „der Sinn sich nicht in groben Zügen auf das Gesagte beschränkt, sondern immer darüber hinausgeht" (Barthes 1984, S. 67). Im Sichtbaren bleibt ein Enigma, das der Blick nicht fassen kann, denn die Mechanik der Aktion zerstört das Latente und feiert das Manifeste. Sie ist, wie es in Baudrillards *Amerika* heißt, der „Triumph der Wirkung über die Ursache, der Triumph des Augenblicks über die Zeit als Tiefe, der Triumph der Oberfläche und der reinen Gegenständlichkeit über die Tiefe des Begehrens" (2004, S. 16). Raum und Geschwindigkeit abstrahieren, sie machen alles Erscheinen kinematographisch.

Im Gegensatz zur trotzigen Melancholie von YOJIMBO – und auch zum fröhlichen Zynismus von PER UN PUGNO DI DOLLARI – ist LAST MAN STANDING durchweg medien- und selbstreferenzielle Simulation (Ritzer 2009). Hills Smith macht sich den Urkonflikt des amerikanischen Gangsterfilms zunutze, indem er Iren und Italiener, Einwanderer der ersten und zweiten Generation, gegeneinander aufhetzt. „It was all right out of some dime novel", kommentiert er die Situation und apostrophiert den autoreflexiven Charakter der Fiktion. Einerseits wird damit direkt auf die literarische Vorlage – Dashiell Hammetts Erzählung *Red Harvest* ist zwischen November 1927 und Februar 1928 tatsächlich zuerst in einem *pulp magazine* erschienen – angespielt. „Ich weiß, dass Ihr wisst, dass Ihr eine

Adaption von Hammett seht", sagt Walter Hill so, „und nun wisst Ihr auch, dass ich weiß, dass Ihr es wisst". Hill lässt die medialen Simulationen ontologisch selbst thematisieren, weil dasjenige mit Spuren der Fiktionalisierung versehen ist, was an Fiktion stattfindet. Mithin wird die simulative Qualität der Fiktion hervorgehoben. Alle Figuren bewegen sich an der Grenze zur karikatureleken Selbstparodie, sie sind mediale Stereotypen, die handeln und immer zugleich ausweisen, dass ihre Handlungen mediale Klischees sind. Die italienischen Gangster geben sich betont glamourös wie in Coppolas THE GODFATHER (1972), die Iren agieren betont psychopathisch wie in Budd Boettichers THE RISE AND FALL OF LEGS DIAMOND (1960). Beide träumen von den mythischen Mobstern in Chicago und versuchen, sich nach deren Vorbild zu großen Gangstern zu stilisieren. LAST MAN STANDING inszeniert so eine Inszenierung. Hill macht stets deutlich, dass in Jericho nur Schmierentheater gespielt wird. Eine tragikomische Dimension entwickelt dabei Christopher Walkens Killer Hickey, ein letztes „Scarface" wie einst bei Howard Hawks. „I don't want to die in Texas ... Chicago, maybe", hofft er. Vergeblich, freilich.

Alles Geschehen ist ostentativ *larger than life* in LAST MAN STANDING: im Baudrillard'schen Sinne hyperreal statt real, d. h. ohne funktionierende Referenten in der Ordnung des Realen (Ritzer 2009). Jede Kontradiktion von Realem und Imaginärem ist überbrückt, mit der Konsequenz, dass das Imaginäre in der Analogie zum Realen reflexiv wird: „The unreal is no longer that of dream or of fantasy or a beyond or a within, it is that of *hallucinatory resemblance of the real with itself*" (Baudrillard 1983b, S. 142, Herv. i. Orig.). Es geht nicht länger um Geschichte, sondern um Geschichten. Während YOJIMBO von der frühen Post-Samurai-Ära handelt und in PER UN PUGNO DI DOLLARI von der Geburt des Kapitalismus erzählt wird, stehen bei Hill mediale Formen im Vordergrund: extrem stilisiert in fahlbraunen Farbfiltern und einem brutalen Blues-Soundtrack. LAST MAN STANDING lässt sich mithin nur forciert als politische Parabel über den desolaten Status quo einer entwurzelten Gesellschaft zu Beginn der *Great Depression* lesen. Die Ahistorizität von LAST MAN STANDING wirkt allerdings weniger von einer nostalgischen Sehnsucht nach Rückkehr zur Geschichte und dem bestechenden Fetisch selbstgenügsamer Ähnlichkeit durchsetzt, wie es für spätmoderne Artefakte so typisch scheint. Geschichte wird nicht ersetzt, sie ist bereits mit den Geschichten fusioniert. Die Simulations-Welt fungiert nicht etwa als Tod des Realen, sondern vielmehr als sein ästhetisches Supplement. Sie intensiviert das produktive Potenzial physischer Erscheinungen. So verleiht Hill allem Sichtbaren die Aura einer unwirklich wirklichen Parallel- und Gegenwelt, die nur nach den Regeln von *pulp fiction* funktioniert. Das Simulative wird nicht kaschiert, sondern ausgestellt. Jedes Bild ist ein Zitat, jede Dramaturgie ein ironisches Spiel, jede Sequenz ein Konglomerat medialer Mythen. Der entlegene

Schauplatz ist dem Western nachempfunden, die geradlinige Handlung dem Gangsterfilm entlehnt, der düstere Ton sowie Smiths Voice-Over entsprechen dem *film noir*. Dazu durchgängig Intertexte zu Hills eigenen Lieblingsfilmen – neben YOJIMBO: Nicht nur zwei halbautomatische Pistolen trägt „Smith", sondern gleichfalls exakt auch noch dieselbe hoch rasierte Frisur wie Humphrey Bogart als Roy Earle in Raoul Walshs HIGH SIERRA (1941), und Hill lässt ihn entspannt auf einem Stuhl schaukeln, exakt so wie Henry Fonda als Wyatt Earp in John Fords MY DARLING CLEMENTINE (1946). Dabei aber, und das eleviert die Arbeiten von Walter Hill stets erst zu so wirklich radikalen Fiktionstheorien, bleiben jegliche Anführungszeichen suspendiert. Sie machen ihre Referenzen nicht zu Bildungsgütern. Anstatt zum Thema des Fiktiven zu werden, bleiben sie stets als zusätzliche Ebene als Lust an den Fiktionen hineingelegt (Abb. 5, 6, 7 und 8).

Abb. 5 LAST MAN STANDING (DVD, Warner Home Video)

Abb. 6 LAST MAN STANDING (DVD, Warner Home Video)

Abb. 7 LAST MAN STANDING (DVD, Warner Home Video)

Abb. 8 LAST MAN STANDING (DVD, Warner Home Video)

Wo Akira Kurosawa wehmütig eine Totendämmerung des feudalen Japan und Sergio Leone zynisch die Geburtsstunde des US-Finanzkapitalismus inszeniert, setzt Hill auf ein Flottieren der Signifikanten, dem alles zum Spiel wird: selbst und gerade auch die in noch gänzlich prä-digitaler Ästhetik, in Slow Motion von Projektilen zerfetzten Körper der Figuren (Ritzer 2009). Hill forciert mithin einen genuin postexistenzialistischen Blick auf Figuren, deren Leben kristallisiert ist, gleichsam gänzlich erstarrt wie langsam erlöschend. Die Nachahmung des Lebens wird ersetzt durch nachahmendes Leben. Anders gesagt: Es geht nicht um die Repräsentation etwas Eigentlichen, die Repräsentation selbst formt das Eigentliche. Ein besonderer Blick wird entscheidend, der eine Ordnung im Chaos des Möglichen bestimmt und so sichtbar werden lässt, was ansonsten verdeckt bliebe.

Bei Walter Hill ist das Reale fiktiv und die Fiktion real. Die Referenzebene verschiebt sich vom reproduzierenden hin zum artifiziellen Erscheinen. In eben diesem Sinne aber wird ein autoreflexiver Diskurs erst möglich: als Durchdringung des Simulierten im Material der Simulation selbst. Mit Roland Barthes lässt sich von einem „Zerstäuben" sprechen, d. h. einer Strategie „wie eine Verstreuung, ein Sichspiegeln; es geht nicht mehr darum, in der Lektüre der Welt und des Subjekts Entgegensetzungen zu finden, sondern Ausbrechen, Übertreten, Fluchten, Verschiebungen, Verlagerungen, Abgleiten" (Barthes 1978, S. 76). Was bleibt, das ist die dichte Materialität purer Präsenz, die sich in ihre eigene Referenz hüllt. Extremes Gegenlicht, entsättigende Kamera-Filter und starke Teleobjektive verleihen allem Sichtbaren in Last Man Standing eine hyperreale Qualität. Schauplatz ist die Simulation selbst.

Auch ist dieses Spiel zu beschreiben als ein „dritter Sinn", der hinausführt über Denotation und Konnotation, Information und Symbolik. Es ist kein entgegenkommender, sondern ein stumpfer Sinn, der von der Materialität der Bilder ausgeht und sich nicht fassen lässt „im dramatischen Sinn der Episode". Er bringt den Blick zum Abgleiten und erzeugt einen Überschuss an Sichtbarkeit, der das Bild durchdringt und auffüllt. Der stumpfe Sinn produziert verflüchtigende Sinnlichkeit, das heißt Signifikanten ohne Signifikate, etwas, das „überzählig ist, wie ein Zusatz, den meine intellektuelle Erkenntnis nicht aufzufassen vermag" (Barthes 1990, S. 49 f.). Während Yojimbo gerade den (entgegenkommenden) Sinn des Dramas betont, ist Last Man Standing als Ausdruck eines (stumpfen) Sinns der Zeichen zu sehen. Bei Kurosawa geht es um eine letzte große Erzählung, die Erkenntnis der Realität durch Erfahrung, bei Hill ist die Vorstellung einer Realität zugunsten des Spiels mit ostensiven Zitaten aufgegeben. Die Signifikanz liegt im sinnlichen Erleben der Bild-Ton-Effekte, das Diskursive ist abgelöst durch das Präsentische.

Am Ende verschwindet Hills Leibwächter „John Smith" zum bleischweren Rootsrock-Soundtrack von Ry Cooder dann wieder dort, wo er zu Beginn aufgetaucht ist (Ritzer 2009). Die Wüste abstrahiert Hill durch starke Kamera-Filter, er entzieht dem Sichtbaren seine Farbe und den Bildern ihr Licht. Matt getöntes Sepia bestimmt eine Fiktion des Zwielichts. Mit Teleobjektiv und langen Brennweiten stilisiert Hill das Entschwinden zur onirischen Phantasmagorie. Fiktion wird eben nicht ausgegeben als Fakt. Konträr zum Regime der Spätmoderne dominiert bei Hill das Imaginäre, ohne das ansonsten, von Roman Polanski über Bernardo Bertolucci, Peter Bogdanovich, Alan J. Pakula bis zu Stanley Kubrick, nur ein „Rétro-Szenario" bleibt, der Zauber den Bildern ausgetrieben ist, das Kino nicht Kino sein kann (Baudrillard 1978b, S. 49–56). Hill hingegen arbeitet gerade an jener „eigentümlichen Halluzination, die eben das Kino zum Kino macht"

(Baudrillard 1978b, S. 53). Nicht um eine putative Authentizität des Historischen, um vielmehr reine imaginative Fiktion ist es ihm zu tun. Im Staub der Wüste scheint Smith sich aufzulösen. „Die Wüste ist keine Landschaft mehr, sondern reine Form, die aus der Abstraktion aller anderen entspringt" (Baudrillard 2004, S. 172 f.), so heißt es in Baudrillards *Amerika,* und Last Man Standing stellt die Bewegung in einer finalen Kristallisation still. Hills Protagonist findet nicht mehr heim ins Nichts der Legenden, wie noch Kurosawas Sanjuro. Er kehrt direkt zurück in die Mediengeschichte. Mit Last Man Standing endet die Suche der Fiktion nach einem Jenseits der Bedeutung (Abb. 9, 10, 11 und 12).

Abb. 9 Last Man Standing (DVD, Warner Home Video)

Abb. 10 Last Man Standing (DVD, Warner Home Video)

Abb. 11 LAST MAN STANDING (DVD, Warner Home Video)

Abb. 12 LAST MAN STANDING (DVD, Warner Home Video)

Literatur

Barthes, Roland. 1974. *Die Lust am Text*. Frankfurt a. M.: Suhrkamp.
Barthes, Roland. 1978. *Über mich selbst*. München: Matthes & Seitz.
Barthes, Roland. 1981. *Das Reich der Zeichen*. Frankfurt a. M.: Suhrkamp.
Barthes, Roland. 1984. Wahrheit des Künstlers. In *Michelangelo Antonioni*, Hrsg. P. W. Jansen und W. Schütte, 65–70. München: Hanser.
Barthes, Roland. 1988. *Das semiologische Abenteuer*. Frankfurt a. M.: Suhrkamp.
Barthes, Roland. 1990. *Der entgegenkommende und der stumpfe Sinn*. Frankfurt a. M.: Suhrkamp.
Barthes, Roland. 2000. Der Tod des Autors. In *Texte zur Theorie der Autorschaft*, Hrsg. F. Jannidis et al., 184–193. Stuttgart: Reclam.

Barthes, Roland. 2006. *Am Nullpunkt der Literatur, Literatur oder Geschichte, Kritik und Wahrheit*. Frankfurt a. M.: Suhrkamp.

Baudrillard, Jean. 1978a. *Agonie des Realen*. Berlin: Merve.

Baudrillard, Jean. 1978b. *Kool Killer oder Der Aufstand der Zeichen*. Berlin: Merve.

Baudrillard, Jean. 1982. *Oublier Foucault*. München: Matthes & Seitz.

Baudrillard, Jean. 1983a. *Laßt euch nicht verführen!* Berlin: Merve

Baudrillard, Jean. 1983b. *Simulations*. New York: Semiotext.

Baudrillard, Jean. 1985. *Die fatalen Strategien*. München: Matthes & Seitz.

Baudrillard, Jean. 1990. *Das Jahr 2000 findet nicht statt*. Berlin: Merve.

Baudrillard, Jean. 1991. Viralität und Virulenz: Ein Gespräch. In *Digitaler Schein: Ästhetik der elektronischen Medien*, Hrsg. F. Rötzer, 81–92. Frankfurt a. M.: Suhrkamp.

Baudrillard, Jean. 1996. Die Diktatur der Bilder. *Spiegel Special* 12 (1996): 41–43.

Baudrillard, Jean. 2002. *Der unmögliche Tausch*. Berlin: Merve.

Baudrillard, Jean. 2004. *Amerika*. Berlin: Matthes & Seitz.

Höbel, Wolfgang, und Thomas Hüetlin. 1996. Den besten Gag nie am Anfang. *Der Spiegel* 44 (1996): 260–262.

Ritzer, Ivo. 2009. *Walter Hill: Welt in Flammen*. Berlin: Bertz + Fischer.

Vallan, Giulia D'Agnolo. 2013. Last neo-traditionalist standing. *Film Comment* 1: 54–60.

Filme

THE GODFATHER (USA 1972, Francis Ford Coppola)

HIGH SIERRA (USA 1941, Raoul Walsh)

LAST MAN STANDING (USA 1996, Walter Hill)

MY DARLING CLEMENTINE (USA 1946, John Ford)

PER UN PUGNO DI DOLLARI (IT 1964, Sergio Leone)

THE RISE AND FALL OF LEGS DIAMOND (USA 1960, Budd Boetticher)

YOJIMBO (JAP 1961, Akira Kurosawa)

Dromologie (Paul Virilio)

Kay Kirchmann

Im Alter von 86 Jahren ist Paul Virilio am 10. September 2018 gestorben. Weitestgehend zurückgezogen von der Öffentlichkeit verbrachte er die letzten Jahre überwiegend in La Rochelle an der Atlantikküste. Am Ende seines Lebens kehrte Virilio also wie in einem Kreisbogen noch einmal dorthin zurück, wo sein Schaffen mit der *Bunkerarchäologie* (1992a), die 1975/1976 im Musée des Arts Décoratifs in Paris ausgestellt wurde und die zugleich seine erste architekturtheoretische Arbeit darstellt, begonnen hatte. Die *Bunkerarchäologie* ist ein in vielen langen Wanderungen seit 1958 erschlossenes, fotografiertes und kartographiertes Inventar der Befestigungs- und Verteidigungswälle entlang der Atlantikküste, das zugleich den ersten konkreten Ertrag von Virilios Reflexionen über die Zusammenhänge von Kriegsführung und Architektur darstellt. Bezeichnenderweise lautete der letzte von ihm publizierte Text „Die Küste, letzte Grenze" (2015), sodass in dieser finalen Lebenskonstellation noch einmal viele der Leitmotive Virilios – Raum, Nähe und Distanz, Versteck und Grenze – biographisch gespiegelt erscheinen.

Paul Virilio wurde am 4. Januar 1932 in Paris geboren und seine Jugendzeit, die er überwiegend in Nantes verbrachte, wurde vom 2. Weltkrieg überschattet, sodass er noch heute seine obsessive Beschäftigung mit dem Krieg durch die Extremerfahrungen dieser Jahre determiniert sieht:

> Meine Grundlage, mein Hauptansatzpunkt ist immer der Krieg gewesen. Ich habe das in allen meinen Büchern geschrieben: Ich bin ein Kind des Krieges, ich habe ihn erlebt, er hat mich traumatisiert und meine ganze Arbeit hat im Krieg ihren

K. Kirchmann (✉)
Universität Erlangen-Nürnberg, Erlangen, Deutschland
E-Mail: kay.kirchmann@fau.de

© Springer Fachmedien Wiesbaden GmbH, ein Teil von Springer Nature 2020
I. Ritzer (Hrsg.), *Schlüsselwerke der Medienwissenschaft,*
https://doi.org/10.1007/978-3-658-29325-3_11

Ursprung. Der Krieg ist mein Vater und meine Mutter, meine Universität. [...]
Nicht ich bin gegen den Krieg, der Krieg ist gegen mich, ganz und gar gegen mich,
und meine Ideen sind auf gewisse Weise re-aktionär: sie sind eine Reaktion auf
eine bestimmte Biographie und eine bestimmte Kindheit (Virilio und Rötzer 1986,
S. 199).

In der Tat lässt sich das gesamte Schaffen dieses eigenwilligen Gegenwartsphilo-
sophen als eine Nachwirkung persönlicher Kriegserfahrungen begreifen, zu denen
auch seine Teilnahme als Wehrpflichtiger am Algerienkrieg zählte. Virilios Untersuchungsfeld ist dabei in jeder Hinsicht weit gefasst und auch der Begriff Krieg
bleibt bei ihm nicht auf sein herkömmliches Definitionsspektrum beschränkt.
Er sieht vielmehr die gesamte Menschheitsgeschichte bis in die Gegenwart all-
umfassend von kriegerischen Strukturen beherrscht. Diese Omnipräsenz einer
letztlich militärischen Strukturierung aller menschlichen Handlungsformen auch
und gerade auf scheinbar sachfremden Feldern wie Ästhetik, Medialität, Architektur oder Transportwesen nachzuweisen, hat Virilio sich als Lebensaufgabe
gestellt. Befund seiner Analysen ist daher die These von einer Mesalliance von
Militär- und Medien- bzw. Kommunikationstechnologie, die einer Organisierung
und Rationalisierung des menschlichen Sehens in Parametern der Logistik, der
Fragmentierung und der Beschleunigung diene:

Virilio versucht deutlich zu machen, daß es bei der Entwicklung der Kriegstechno-
logie um die Kontrolle der Wahrnehmungsfelder, von Bewegung und Geschwindigkeit geht. [...] Die Vernichtung von Raum und Zeit im Sinne von Dauer ist der
letztendlich destruktive Kern aller Medien (Kloock 1995, S. 121).

Analog beurteilt Virilio die Evolution der Reise- und Transportmedien vom Pferd
und der Erfindung des Rades bis hin zu den heutigen hochtechnisierten Verkehrs-
mitteln: Auch deren Funktion geht für ihn epochenübergreifend in der Zurüstung
der Materie und des Raumes für militärische Zwecke auf. Als die eigentliche
Substanz des so totalisierend verstandenen Krieges und seiner vielfältigen
Manifestationsformen aber begreift Virilio die Geschwindigkeit. Entsprechend
hat er sein Denken unter einer neu gegründeten Wissenschaftsdisziplin namens
Dromologie rubriziert: „Dromologie kommt von *dromos*, Lauf. Es handelt sich
also um die Logik des Laufs. Damit bin ich in jene Welt eingetreten, in der
Geschwindigkeit und nicht Reichtum zum Maßstab geworden ist" (Virilio und
Lotringer 1984, S. 45).
    Biographisch schlug Virilio erst einmal den Weg zur Architektur und Malerei
ein. Er eignete sich breites Wissen über Praxis und Theorie der Architektur an
und arbeitete zunächst als Glasermeister und Gehilfe von Georges Braque und

Henri Matisse bei der Herstellung von Kirchenfenstern. Handwerker und Auto-didakt gewesen zu sein, ist für Virilio heute noch ein zentrales Moment seiner Selbstdefinition: „Ich bin ein intellektueller Bastler; nicht rational. Und durchaus stolz darauf. Alles was ich tue, unternehme ich ohne Kompetenz" (zit. n. Altwegg 1996, S. 14). Den geeigneten Nährboden für diesen sich betont anti-akademisch gebenden Lebensweg bot ihm Mitte der sechziger Jahre die Mitgliedschaft in der Avantgarde-Gruppe *Architecture principe,* in der er dann auch seine erste architektonische Arbeit realisieren konnte: In Nevers baute Virilio nach eigener Aussage „eine Kirche, die einem Bunker gleicht" (zit. n. Altwegg 1996, S. 13). Treffender als in dieser zunächst merkwürdig anmutenden Formanalogie könnten die Eckpfeiler von Virilios Lebens- und Denkgebäude gar nicht ins Bild gesetzt werden: Kirche und Bunker; die Kirche als ein Bunker; Kriegsschauplatz, Schutz-raum und sakraler Bau in einem Haus vereint. Von großer Bedeutung für Virilios Biographie ist schließlich auch die Rückbindung an das Christentum, dessen Heilslehre wie auch dessen konkrete Sozialfürsorge:

> Ich hatte, als ich achtzehn war, ein mystisches Erlebnis. Es machte mich nicht zum Kirchgänger, aber zu einem Anarcho-Christen. Das primitive Christentum, das die Nächstenliebe an der Basis lebt, dem es um die Probleme und Bedürfnisse der am meisten Benachteiligten geht, ist für mich eine tägliche Herausforderung (Virilio zit. n. Altwegg 1996, S. 14).

Allerdings hätte es dieser *Confessiones* gar nicht bedurft, ist Virilios geistige Provenienz aus der christlichen Ideenlehre seinen Büchern im Grunde doch unverkennbar eingeschrieben. Dass nun jene Institution, der Virilio schließlich als Leiter vorstehen wird und in der zugleich seine Hinwendung von der Praxis zur Theorie und Lehre der Architektur und Urbanistik ihren angemessenen Ort findet, nämlich die Pariser *École Spéciale d'Architecture,* die im 19. Jahrhundert ausgerechnet von Saint-Simonisten gegründet wurde, wirkt da fast schon wie eine wundersame Fügung: Hierin vereinigen sich die Tradition religiös geprägten Sozialengagements einerseits und die moderne Funktion kritischer Architektur-analyse andererseits auf das Trefflichste.

Virilios weiterer Berufsweg führte seit den Siebzigern immer stärker hin zur Theorie, was sich auch in neuen Betätigungsfeldern, etwa als Redakteur und Mitarbeiter bei Zeitschriften wie *Esprit, Libération* und *Traverses,* aber auch in seiner Rolle als Gründungsmitglied eines „Interdisziplinären Zentrums für Friedensforschung und Strategie-Studien" (CIRPES) niederschlug. Schließlich nahmen seine theoretischen wie praktischen Arbeiten zur Architektur in dem Maße immer weniger Raum ein, wie Virilio sich der Dromologie zuwandte und dies auf ein entsprechendes Echo in der intellektuellen Öffentlichkeit stieß. Gerade in den achtziger und neunziger Jahren des 20. Jahrhunderts war Virilio einer der populärsten und produktivsten Autoren und sein kaum noch überschaubares Œuvre fand internationale Beachtung und avancierte zum festen Bestandteil des Diskurses über philosophische wie kultur- und medientheoretische Fragestellungen. Auch in Deutschland genoss Virilio vergleichsweise hohes Ansehen und hat einige der profiliertesten Medientheoretiker hierzulande wie etwa Jochen Hörisch (1990) oder Friedrich A. Kittler (1985) zweifellos stark beeinflusst. Virilio gehörte zudem zu den regelmäßigen Autoren und Kommentatoren renommierter deutschsprachiger Zeitschriften und Periodika wie *Die Zeit, Lettre International, taz, Kunstforum International* oder *Konkursbuch,* um nur einige zu nennen.

Alles in allem also eine wahrhaft erstaunliche Karriere für einen Denker, der von sich selbst sagt, er sei „arm an Diplomen" (zit. n. Altwegg 1996, S. 14), und der die Attitüde eines akademischen Außenseiters beharrlich pflegt. Allenfalls Maurice Merleau-Ponty lässt Virilio als intellektuellen Lehrer gelten, preist ansonsten demonstrativ französische Arbeiterpriester als seine geistigen Vorbilder (Altwegg 1996, S. 13 f.) und erklärt die gesamte Philosophie kurzerhand für „gestorben" (zit. n. Altwegg und Schmidt 1987, S. 178). Umso überraschender ist es, wie sehr seine individualistischen Meditationen über den Zustand unserer Kultur lange Zeit den Nerv des Zeitgeistes zu treffen schienen. Ungeachtet der apokalyptischen Düsternis seiner Prognosen avancierten seine Bücher zur „Kultlektüre für posthistorisch gestimmte Zivilisationskritiker" (Herzinger 1996, S. 20).

Sieht man einmal von der ihm gewidmeten Ausstellung am ZKM Karlsruhe in 2006 ab (Gente 2008), so lässt sich beobachten, dass nach der Jahrtausendwende die öffentliche und die akademische Faszination für Virilio merklich nachließen und sich Stimmen mehrten, denen seine Diagnosen nicht mehr zeitgemäß erschienen und die in seinem atemlos-assoziativen Schreibstil selbst jene Flüchtigkeit, Überwältigung und Beschleunigung erkannten, gegen die er inhaltlich ankämpfte (Plath 2007).

Man wird Virilios Œuvre fraglos nicht als ein in sich geschlossenes Gesamtwerk begreifen können. Nicht einmal ein dezidiertes Hauptwerk Virilios ließe sich zweifelsfrei bestimmen, zumal er selbst betont, dass alle seine Bücher „zusammengehören" (zit. n. Virilio und Lotringer 1984, S. 45), seiner Arbeit also eine eher zyklische denn eine lineare Konzeption zugrundeliegt. Wenn im Kontext dieses Sammelbandes *Krieg und Kino* (1986a) als Referenztext ausgewählt wurde, so ist dies in erster Linie darin begründet, dass es wohl nach wie vor das Buch Virilios ist, dem die größte medienwissenschaftliche

Aufmerksamkeit zuteilwurde. Dennoch wird sich die Rekonstruktion der zentralen Thesen Virilios nicht auf dieses Buch beschränken können, da sich die von ihm selbst angesprochene hohe Kompatibilität der textuellen Fragmente auf der Mikroebene in der wortwörtlichen Wiederholung ganzer Sätze oder gar Absätze in je verschiedenen Argumentationskontexten widerspiegelt. Zu den Spezifika des Virilioschen Œuvres zählt ferner, dass es wie kaum ein zweites philosophisches Werk einen eminent hohen Prozentsatz von publizierten Interviews, Gesprächen oder Tagebuchaufzeichnungen aufweist. Man wird daher bei einem derart lose strukturierten Œuvre, das ersichtlich zu den ‚kleinen' Gattungen tendiert, zunächst einmal keine allzu strengen Maßstäbe hinsichtlich Kontinuität oder Systematik anlegen wollen, wie sie etwa an ein geschlossenes philosophisches Modell zu stellen wären. Es handelt sich eher um ein zwar immer breitere Kreise um sich ziehendes, im Grunde aber konzentrisches System, das sich um einen unveränderten Nukleus einiger Grundgedanken und Themenkonstellationen auf- und ausbaut. Selbst Virilios größere Bücher entwickeln sich nicht entlang einer stringenten Argumentationsfolge, sondern über mehr oder minder lose verknüpfte Einzelkapitel. So wird man wohl dieses Œuvre am ehesten als eine immer weiter expandierende *Sammlung von Essays* über identische Sachverhalte bezeichnen müssen.

1   Die Stadt, der Krieg und das Schwinden der Distanzen

Wenn Virilio der Kriegsführung konstatiert, sie bestehe in der „Kunst, sich dem Blick des anderen zu entziehen, um selbst sehen zu können" (1986a, b, S. 89), und „daß aller Krieg zunächst ein Versteckspiel mit dem Gegner ist" (1986a, b, S. 155), so wird daran schon deutlich, wie eng für Virilio Sehen und Logistik miteinander verzahnt sind. Er selbst hat mehrfach seine Traumatisierung durch die frühen Kriegserlebnisse als konstitutiven Ausgangspunkt seiner Arbeit angeführt und dabei vor allem immer wieder *ein* einschneidendes Erlebnis genannt:

> Als ich knapp zehn Jahre alt war, wurde der Stadtkommandant von Nantes als Symbol der Kollaboration mit den Nazis von der Résistance ermordet. Als daraufhin die Gestapo die Häuser durchsuchte und zur Einschüchterung der Bewohner willkürlich eine große Anzahl von Franzosen erschoß, blieb meine Familie verschont. Es gibt dafür nur eine Erklärung: Der Eingang zu unserem Haus in der Rue Saint-Jacques war nicht als solcher erkennbar. Dieses Erlebnis, dann die völlige Zerstörung von Nantes durch die amerikanischen Luftangriffe, später, nach dem Krieg, die jahrelange Erkundung der Bunkerlandschaft an der Atlantikküste, haben mich die Bedeutung der Architektur gelehrt (zit. n. Altwegg 1996, S. 13).

Das hierbei ausschlaggebende Moment der Architektur des elterlichen Hauses
war ihr tiefergelegener Eingangsbereich, durch den sich der Eingang den Blicken
der mordwilligen Besatzer entzog. Es handelte sich hier also tatsächlich um eine
gewissermaßen „kryptische Architektur" (Altwegg und Schmidt 1987, S. 178),
als – wie bei einer Krypta – dieses Haus den Charakter eines „unterirdischen
(Kirchen-)Raumes", eines „verdeckten unterirdischen Gangs oder Gewölbes"
(Drosdowski 1989, S. 391) angenommen hatte und darüber zum Schutzraum,
zum Versteck, zum nicht erkenn- und *nicht einsehbaren* Bunker wurde. Dass über
dieses Erlebnis Architektur generell und die verwinkelteren, uneinsichtigeren
Bauformen speziell für Virilio zum Inbegriff lebenserhaltender Sicherheit
wurden, ist ebenso wenig verwunderlich wie die Tatsache, dass fortan die Angst
vor dem Panoptismus zentrale Bedeutung für ihn bekommen sollte. Bis zu seinem
Lebensende versuchte Virilio sich bei all seiner Medienpräsenz in vielerlei Hinsicht vor dem durchdringenden Blick des Außen zu schützen und abzuschirmen:
Seine Telefonnummer war geheim und Fax, Internet, Auto und Fernseher waren
aus Virilios Lebensbereich strikt verbannt worden, weil er nach eigener Aussage
„Angst vor der Kontrollfunktion dieser Geräte" (Altwegg und Schmidt 1987,
S. 178) hat. Entscheidender aber als solch leicht paranoid anmutende Gestaltung
seines Privatlebens ist die Allgegenwart dieser Konstellationen in Virilios
Arbeit. Wie ich an anderer Stelle aufzuzeigen versucht habe (Kirchmann 1998,
S. 40–66), kann Virilios oftmals widersprüchliche, assoziative, an etlichen Stellen
gar wirre Rhetorik als auktorialer Versuch gelesen werden, sich in den Gebäuden
seiner Texte zu verbergen und den Blicken zu entziehen. Der insofern im
doppelten Wortsinne *kryptische* Stil Virilios, seine argumentative Inkohärenz wie
seine Rhetorik der Überwältigung gestatten es ihm dabei, jene paradoxe Gleichzeitigkeit von Präsenz und Absenz im Text zu zelebrieren, die er selbst dann
wiederum den audiovisuellen Medien, vor allem dem Film, als eine Ästhetik des
Verschwindens anlastet: „Erscheinen, verschwinden – das ist ein Taschenspieler-
trick" (Virilio und Lotringer 1984, S. 86).

Nichts lag, von diesem biographischen Trauma abgesehen, näher als seine
frühe Hinwendung zur Architektur und es hätte nicht verwundern dürfen, hätte
Virilio sein Lebenswerk darin gesehen, fortan Krypten und Schutzräume – oder
eben: Kirchen, die wie Bunker aussehen – zu entwerfen und zu bauen. Doch
im Zuge seiner schon angesprochenen Bunker-Wanderungen muss ihm schock-
artig bewusst geworden sein, dass die Architektur de facto selbst teilhat an dem,
wogegen sie doch vorgeblich ein Residuum bot: Krieg, Zerstörung, Tod. Und so
ist Virilios *Bunkerarchäologie* denn auch geprägt von Spuren dieser massiven

Desillusionierung. Zwar bleibt auch für den Theoretiker Virilio die Architektur auf der einen Seite Vorbild und Inbegriff des Konstruktiven, wenigstens dort, wo sie ihr ‚kryptisches' Potenzial beibehalten konnte. („Architecture cryptique" (1965) ist denn auch einer der frühesten Texte Virilios betitelt). Auf der anderen Seite kreist Virilios Denken fortan um die vorgeblich negativ-destruktiven Seiten der Architektur und in der Folge auch der Urbanistik. So konstatiert er folgerichtig schließlich der Moderne, sie habe unter der Ägide des „Dynamismus" die „Denaturierung" des Wohngebäudes betrieben, wobei ihr „Passagierdampfer" und „Unterseeboot" als „Mobilitätsvorbilder" gedient hätten (1992b, S. 20).

Es zeigt sich bei näherer Lektüre, dass Virilios Technik-, Medien- und Kulturkritik nicht nur biographisch, sondern auch theoriegenetisch von seiner Beschäftigung mit Bauten und Stadtplanung ihren Ausgang nimmt. Insofern erweist sich auch Virilios Selbsteinschätzung, dass er kein Philosoph, geschweige denn ein Historiker oder Soziologe, sondern ausschließlich ein Urbanist sei, als durchaus gerechtfertigt (Kloock 1995, S. 216). Über die größere Popularität seiner Gedanken zu Krieg, Geschwindigkeit und Medien scheint insgesamt etwas aus dem Blick geraten zu sein, dass die Figuration des Urbanen der eigentliche Bezugspunkt, dass unvermindert die Stadt der eigentliche Topos und zugleich auch *tópos* (gr. Ort, Stelle) von Virilios Denken ist und bleibt. Von hier aus entwickelt er seine Überlegungen zur Rolle der Kinetik, der Logistik und schließlich auch der Medialität, die dann in seiner Geschwindigkeitstheorie kulminieren. Was den Architekten und Urbanisten Virilio an der Stadt als Untersuchungsobjekt hauptsächlich interessiert, kann mit seinen eigenen Worten als die „phänomenale Kinetik des Stadtbildes" (1989a, S. 111) beschrieben werden. Er geht den Spuren der Bewegungs- und Geschwindigkeitserzeugung und deren Logistik nach, wie er sie anhand von Topographie, Kataster und infrastrukturellem Profil der großen Städte dechiffrieren zu können glaubt.

Die Stadt ist für Virilio Ort, Medium, Folge und zugleich Akteur einer umfassenden Mobilmachung, sowohl im allgemeinen (kinetischen), als auch im spezifischen (kriegsstrategischen) Sinne dieses Begriffs: „Im Grunde war die städtische Konzentration nur eine Zusammenziehung, eine Episode der Massenaushebung der vereinigten Bevölkerung vor dem Angriff der Streuung" (Virilio 1989a, S. 118 f.). Zentraler Beleg hierfür ist Virilio immer wieder die Organisation des Wegenetzes, die logistische Effizienz der begradigten Strecken, wie er sie vor allem im sternförmigen System breiter Ausfallstraßen vom antiken Rom bis zu den Boulevards des Baron Haussmann in der Geschichte vorfindet. Das Urbane sieht Virilio schließlich durch „das Nicht-Territorium einer im wesentlichen vektoriellen Politik" (1989a, S. 114), also durch die „Vollendung

der Diktatur der Bewegung" (1980, S. 20) ausgelöscht und in den Herrschafts-
bereich der Zeit überführt:

> Die Geschwindigkeit – die sofortige Allgegenwärtigkeit – liquidiert die Stadt […],
> verlagert sie […] in die Zeit. […] Lange Zeit existierte die Stadt dort, wo sie war:
> Paris in Paris und Rom in Rom. Es bestand eine territoriale und geographische
> Trägheit, ein Beharrungsvermögen am Ort. […] Langsam geraten wir in eine Lage,
> wo alle Städte am selben Ort sein werden: in der Zeit (Virilio und Lotringer 1984,
> S. 61 ff.).

Sesshaftigkeit – Mobilität, Raum – Zeit, Ort/tópos – Nicht-Ort/ou tópos,
Bewegung – Beharrung, Eindeutigkeit der Raum- und Lebensbezüge –
Ubiquität bzw. Kosmospolitismus: Kraft dieser Dichotomien kommt es nach
Virilio zur Negation des Raumes, zum Verschwinden des Materiellen durch die
Schrumpfung der Entfernungen. Wo die Distanzen aber hinfällig werden, verschwinden auch die Differenzen jedweder Art und damit eigentlich die Dinge
und die Menschen selbst. Dies hat zwangsläufige Folgen auch für die Figuren
des Urbanen und so sieht Virilio eine Konsequenz dieses Prozesses in der
zunehmenden Identität des Stadtbildes (1989a, S. 118). Über diesen Prozess nun
wird die Stadt im klassischen Sinne völlig hinfällig. Topologie und Funktions-
raum treten auseinander zugunsten eines potenziell über den ganzen Globus
verstreuten Spektrums multipler Raum- und Funktionssegmente: Zwischen
Wohnort und Schlafraum, Arbeitsplatz und Freizeitterrain können im Extrem-
fall Länder oder gar Kontinente liegen (Virilio 1978, S. 35). „Die ganze Welt
wird zu einer Stadt, zu einer mittelbaren Stadt" (Virilio 1993, S. 41). Wobei die
Attribute „mittelbar" oder „vermittelt" durchaus mehrschichtig zu verstehen
sind, sieht Virilio doch neben der Überführung der Stadt in die Zeit eine parallele
Transformation ins Mediale am Werke. Für ihn löst die „Cinecitta" und in ihrer
Folge die „Telecitta" die Stadt (citta/cité) ab: virtuelle und damit raumlose
Städte in Gestalt rein medialer Bild-Entitäten, deren Einwohnerschaft sich aus
der amorphen und zerstreuten Masse abwesender Zuschauer*innen konstituiert
(Virilio 1989b, S. 148). Entsprechend ist die neue Wohnstätte des Menschen das
Vehikel, das ihn in hohem Tempo durch Transitlandschaften führt, denn am Raum
interessiert fortan nur noch die Geschwindigkeit, mit der er durchreist, über-
wunden, negiert werden kann. Auch der Mensch ist unter diesen Bedingungen
kein Einwohner mehr, sondern ein vehikulärer Obdachloser, ein rotierender
Passagier, ein überschallschneller Nomade, ein reiner „Bewohner von Zeitzonen"
(Virilio 1989a, S. 130). Der Kosmopolit ist für Virilio ein in fundamentalem
Sinne ortsloser Mensch.

In diesem Themenfeld ergeben sich nicht nur rein terminologisch begründete Affinitäten zu Herbert Marshall McLuhan. Auch dieser hatte bekanntlich den Beschleunigungseffekt der elektr(on)ischen Medien als einen Moment der Verschmelzung begriffen, dessen phänotypisches Merkmal der Wegfall räumlicher Distanzen sein werde. Diese neue Ganzheit einer elektronisch begründeten Weltkultur wurde dabei von McLuhan als Rückkehr zu einem organisch-holistischen Welt- und Naturverständnis begriffen, wodurch das historische Intermezzo des Mechanismus und seines mächtigsten Instruments, des Alphabets, abgelöst werden würde (McLuhan 1968, S. 13–49). Nicht zuletzt aufgrund ihres gemeinsamen teleologisch-eschatologischen Geschichtsverständnisses kommen Virilio und McLuhan zu verblüffend ähnlichen Geschichtsprognosen. Nicht zufällig geraten beiden die Beschleunigung wie die Implosion zu konstitutiven Kategorien ihres jeweiligen Modells, auch nicht zufällig ontologisieren beide die Medien zu geschichtsmächtigen Kräften – und erst recht nicht zufällig entstammen beide einem stark christlich geprägten Milieu. Die geheime Geistesverwandtschaft beider Denker findet nur an der Wertung der jeweils übereinstimmend konstatierten Phänomene ihre Grenze – während ein Sozial- und Geschichtsutopist wie McLuhan den zugrunde liegenden Zweck der Geschichte grundsätzlich positiv, ein apokalyptisch gestimmter Kulturpessimist wie Virilio denselben hingegen negativ antizipiert. Paradigmatisch lässt sich dies anhand des hier relevanten Aspekts der weltweiten Vernetzung und Homogenisierung der Handlungsfelder studieren. Der hieraus resultierende Zustand eines *global village* war schon von McLuhan euphorisch begrüßt und als revolutionäre Errungenschaft der Gesellschaft, als geschichtlicher Endzustand in Gestalt der Wiedervereinigung aller Menschen und Völker gefeiert worden. Virilio liest dies durchaus ähnlich, allerdings mit vertauschtem Vorzeichen: Der Wegfall aller Differenzen und Schranken löst bei ihm weniger paradiesische Bilder einer konflikt-, klassen- und sorglosen Symbiose aus, als vielmehr klaustrophobische bis apokalyptische Assoziationen:

> Es gibt keine Entfernungen mehr. Die zeitlichen Fristen schrumpfen. Die Geschwindigkeit frißt den Raum. Die Welt wird kleiner, und in zwei Generationen wird man ein Gefühl des Eingeschlossenseins verspüren. Die Welt wird so klein, daß sie wie ein Gefängnis wirken wird. Die Menschen der Zukunft werden Angst vor dem Ersticken haben. Nicht die Bevölkerungsexplosion wird diese grauenhafte Enge herbeiführen, sondern die Reduzierung der Distanzen und Fristen (Altwegg und Virilio 1996, S. 59).

Nähe ist in Virilios Privatmythologie ein nahezu panisch besetzter Begriff, jedenfalls aber ein Phänomen, das ihm überaus aggressive Formulierungen abzuringen imstande ist. So zieht er scharf gegen „die Ideologie, die Distanz für eine ‚Tyrannei' zu halten" (Virilio 1978, S. 35) zu Felde:

> Diese allgemeine Nähe, dieser Globus, auf dem alles „in Reichweite" ist, dieses Kontinuum, in dem alles brutal *zusammengeschoben* ist und dessen Sättigung […] von der Geschwindigkeit der verschiedenen Vektoren herrührt – all das ist uns vollkommen fremd…, ja, *fremd* (S. 45, Herv. K. K.).

Hier zeigt sich wieder Virilios verborgenes Begehren nach einer Lebensform, die begrenzt, immobil, hermetisch und insofern vertraut ist und damit eine immanente Überschaubarkeit der Raum- und Weltbezüge garantiert. Virilios Klage gilt ersichtlich dem Verlust eines gesicherten Rückzugsraums, der ihm gegen die Bedrohungen des Lebens ein unverbrüchliches Bollwerk des *Zeit- und Bewegungsresistenten* bieten könnte. Dies artikuliert sich denn auch in der Feier des Dorfes und vor allem anderen, der *Enklave* als vorgängigen Refugien, die aber durch den Siegeszug der Beschleunigung und der Nähe selbst mobilisiert und damit ein- für allemal verloren scheinen:

> Der Kontinent der Geschwindigkeit wäre demnach der brutale Einbruch eines Nicht-Ortes in die Geschichte, die Fahrzeugwelt hätte so schließlich *die letzte Enklave aufgelöst* […]. Mit dieser letzten Enklave aber löste sich zugleich der Boden der Erfahrung auf (Virilio 1978, S. 26, Herv. K. K.).

Unter dem Strich artikuliert sich in Virilios Thesen zu Architektur und Urbanität ein offenkundiges Unbehagen an einem fortlaufenden Prozess der „Desurbanisierung" (Virilio und Loringer 1984, S. 61) und Delokalisierung, der aus seiner Sicht zu einer gravierenden „Unsicherheit des Territoriums" führt. (*Essai sur L'insécurité du territoire* (1976) lautete im Originaltitel eines der frühesten Bücher Virilios, *Ville panique* (Virilio 2007) eines seiner letzten). Das *Unbe-Haust-Sein*, die *Heimatlosigkeit* – und zwar ganz dezidiert eben auch die transzendentale Heimatlosigkeit – des (modernen) Menschen scheint der geheime Fluchtpunkt eines Denkens zu sein, das so insistierend um Themen und Metaphern wie Deportation, Nomadentum, Deterritorialisierung und Disparation kreist. Haus und Stadt, Architektur und Urbanismus, Enklave und Tempel überlagern sich zu einem mehrschichtigen Bild, das aber letztlich immer wieder das Begehren nach einem Ort der physischen wie der metaphysischen Geborgenheit in je verschiedenen Variationen und Komplexitätsgraden artikuliert und durchspielt.

2   Die Ästhetik des Verschwindens und der Terror der Sichtbarkeit

Auch Virilios Überlegungen zu Photographie, Film, Fernsehen und ‚neuen‘ Medien bleiben unmittelbar an seine zentralen Themen Krieg, Geschwindigkeit und Deterritorialisierung rückgebunden und stellen nur weitere Motivvarianten dieses Themenkomplexes dar. Entsprechend kritisch ist Virilios Perspektive auf Medientechnologien insgesamt gestaltet:

> Die Geschichte der Optimierung von Kriegstechniken sieht Virilio uneingeschränkt vor dem Hintergrund einer Evolution von Kommunikations- und Speichermedien bis hin zur kompletten Industrialisierung der menschlichen Wahrnehmung (Kloock 1995, S. 121).

Selbst dort, wo Virilio nicht eine unmittelbare Verzahnung von militärischer und medialer Technologie thematisiert, versteht er Medien in erster Linie als technisch hergestellte Wahrnehmungszusammenhänge. Auch bleibt seine Auseinandersetzung mit dem Medialen im Kern auf den Kanon der visuellen Artefakte beschränkt. Dezidiert ausgespart ist bei Virilio jegliche Kritik an Schrift und Literatur (Kloock 1995, S. 218). Als Kontrastfolie seines Bild- und Medienskeptizismus dient Virilio die Propagierung einer vorgängigen, ‚natürlichen‘, also angeblich noch nicht kulturell überformten optischen Wahrnehmung. Der somit wieder einmal reklamierte Verlustprozess an Unmittelbarkeit artikuliert sich für ihn im „Übergang vom Sehen zur Visualisierung“, im Schritt „*von einem substantiellen zu einem akzidentellen Sehen*“ (Virilio 1989b, S. 41, Herv. i. Orig.). So entwickelt er eine Basisdichotomie von ‚natürlicher‘ versus ‚technischer‘ Bildproduktion, wobei erstere noch gleich zweifach an Körperlichkeit gebunden gewesen sei: an die eigene Materialität wie an den Körper des bildproduzierenden Künstlers. Dahingegen machen nach Virilio „die Seh-Instrumente […] den Körper des Künstlers in dem Maße überflüssig, wie das Licht das Bild hervorbringt“ (1989b, S. 49). Diese Differenz von Hervorbringen/Erscheinen und Verschwinden wird von ihm als konstitutiv für die angesprochene Zäsur begriffen. Das betrifft zum einen die rezeptionsästhetischen Parameter, die Virilio durch zunehmende physische Absenz geprägt sieht: Brauchten die Künste noch „Zeugen“ (1989b, S. 11), war das Theater noch durch die physische Kopräsenz von Akteur* und Zuschauer*innen definiert, so werden im Kino zuerst die Akteur*innen durch das eigene Abbild ersetzt und in der „Fernseh-Stadt“ setzt sich das Betrachterkollektiv nur noch virtuell zusammen (1989b, S. 148 ff.).

Diese Genealogie des medialen ‚Verschwindens' schreibt sich auch auf der Produktionsebene fort:

> Bis zur Erfindung der fotografischen Platte gab es für uns eine Ästhetik des Erscheinens. Die Dinge kamen aus dem Sein, sie kamen aus dem Stein der Skulptur, aus der Leinwand der Malerei, aus der architektonischen Konstruktion. Ihr Verschwinden bedeutet ihren Verfall. Bis zur Erfindung der Fotografie hat der Mensch seit Tausenden von Jahren, seit den Höhlenmalereien, sich darum bemüht, Formen erscheinen zu lassen, die Realität auftauchen zu lassen. Und plötzlich kehrt sich alles um: Die Dinge existieren durch ihre Eigenschaft des Verschwindens, […] durch ihr unmittelbares Verschwinden, durch ihr einfaches und reines Verschwinden (Virilio und Forest 1991, S. 339).

Hier waltet unverkennbar die traditionelle Metaphysik der Unmittelbarkeit und des Materiellen, gekoppelt mit einer emphatischen Aufladung der handwerklichen Künste. Diese werden durch die medialen Apparaturen als im Kern bedroht begriffen, weswegen deren vorgeblich anti-metaphysisches Profil in ihrer technischen Fundierung bereits unwiderruflich determiniert zu sein scheint. Alles in allem kommen Virilios diesbezügliche Ausführungen nicht über den Diskussionsstand der frühen Moderne hinaus, reartikuliert er nur noch einmal deren Kritik am historischen Gang in die Automation der Produktionsprozesse. Nicht zufällig kulminiert Virilios (physiologisch schlicht unhaltbare) These, die Bewegungsvielfalt des menschlichen Auges müsse vor dem technischen Bild „erstarren", auf einen „Zustand von strenger […] Unbeweglichkeit eingeschränkt" (1989b, S. 41) bleiben und werde somit gleichgeschaltet, immer wieder in dem Kafka-Zitat „Das Kino steckt das Auge in eine Uniform" (Virilio 1996, S. 128). Die Traditionslinie eines frühmodernen Unbehagens an der Medienkultur bildet indes selbst noch die Betrachtungsfolie, vor der sich Virilio in den letzten Jahren mit den elektronischen und digitalen Bild-Medien beschäftigt hat. Auch diese werden von ihm als Instrumente einer fortschreitenden Ent-Menschlichung des Sehens begriffen, die in der „Visionik", einem „Sehen ohne Blick" und in „synthetischen Bildern, die *von der Maschine für die Maschine* hergestellt werden", (Virilio 1989b, S. 135, Herv. i. Orig.) kulminiere. Bezeichnenderweise ist seine Kritik an den ‚neuen' Medien essenziell nicht unterscheidbar von derjenigen, die er schon an der Photographie geübt hat: Eliminierung des menschlichen Faktors, Auflösung der Differenz von Realität und Illusion, Automatisierung und Industrialisierung des Sehens, Verlust der auratischen Kunstdimension, De-Materialisierung der Produktions- und Rezeptionsebene, Nivellierung der individuellen Wahrnehmungsvielfalt – so lauten die nämlichen Vorwürfe. Dieser symptomatische Mangel an tatsächlicher

Differenzierung der einzelnen Medien und ihren je spezifischen Produktions-, Rezeptions- und Wahrnehmungsformen zeigt aber bereits, dass man Virilios Medienontologie nicht als ernsthaften Beitrag zu einer Medienhistoriographie lesen sollte. Sie bleibt ein primär metaphorisch überformter Diskurs, in dem ihm Medien- wie Wahrnehmungstheorie nur als weitere Projektionsflächen für seine immer gleichen Themen dienen. Erneut erweist sich der Zivilisationsprozess mit seiner strukturbedingten Zunahme an uneigentlichen Verkehrsformen als historische Angriffsfläche der Virilioschen Kulturkritik und entsprechend sieht er Gefahr überall dort im Verzuge, „wo die Realzeit der Direktübertragungen sich gegen den realen Raum einer Landschaft durchsetzt, […] da, wo sich konsequenterweise *das Bild gegen das physisch präsente Ding und Wesen durchsetzt*" (1992c, S. 66, Herv. i. Orig.). Bildlichkeit erscheint Virilio quasi als Inbegriff der Uneigentlichkeit, als Inkarnation des historischen Verlustprozesses an direktem, physischem Umgang mit der Welt. Sein Einspruch gilt somit der Repräsentation der Dinge im Bild. Da er dieses Veto aber dezidiert nicht auf die Schrift ausgedehnt sehen möchte, offenbart sich hierin eine durchaus signifikante Anlehnung an die Geistestraditionen der jüdisch-christlichen Kultur: Virilio sympathisiert offen mit dem „Sehverzicht bestimmter Religionen" (1996, S. 126) und hält es für geboten, eben „*nicht alles sichtbar zu machen*" (1994, S. 71, Herv. i. Orig.). Die Moderne ist für ihn gleichzusetzen mit dem „kulturellen Zwang zum Sehen, der scheinbar verbunden ist mit der Überbelichtung des Sichtbaren im Zeitalter des bewegten Bildes" (1996, S. 126). Daher fordert er im Gegenzug ein „*Recht auf Blindheit*" (1996, S. 135, Herv. i. Orig.) ein. Auch in Virilios notorischen Invektiven gegen „den Wunsch nach Helligkeit, der bis an seine äußerste Grenze getrieben wird", (1986b, S. 82) und in seinen Mahnungen vor der kollektiven Blendung durch den „Lichtexzeß" (Virilio und Lotringer 1984, S. 87) artikuliert sich immer wieder die Angst vor dem Erblickt-Werden. Hinzu kommt in den von Virilio diskreditierten Bildmedien noch das Moment der Mobilität. Und folgerichtig kritisiert Virilio gerade am Filmmedium „das Zusammenspiel von Auge und Motor, das in der Kamera stattfindet" (1986b, S. 64). Wo dieses sich aber ereignet, wird für ihn ‚echtes' Sehen unmöglich gemacht:

> Die vollendetste Kunst war zweifellos die arrangierte Landschaft des *Stillebens*. Deshalb vielleicht, weil seine bewegungslose Welt an die Ruhestellung eines aufgebahrten Toten erinnert, den man ganz nach Gutdünken so lange betrachten kann, wie man will, weil er sich nicht bewegt. […] Die Revolution des Motors, die die Bilder in Bewegung versetzte, hat diese ruhende Organisation zerstört, und mit ihr die Ruhe des Sehens, den Stillstand der klarsichtigen Betrachtung (Virilio 1986b, S. 80).

Der Vorwurf einer Zerstörung dieser (fragwürdigen) Ruhe, den Virilio an die technischen Medien richtet, umfasst auch die Mobilisierung der Aufnahme-apparatur durch Travellings, Schwenks oder durch ihre Installation auf Vehikeln, Schienen, bewegten Körpern. Durch die dergestalt aufgezeichneten Bilder näm-lich sieht er eine „*Mobilisierung* unseres Wahrnehmungsfeldes" und in der Folge dessen eine „*Motorisierung der Erscheinungen*" (1996, S. 134, Herv. i. Orig.) bewirkt. Auch die Mediengeschichte wird von Virilio reduktionistisch als Beschleunigungsprozess von Bildfolgen und Übertragungsraten gelesen, die mit den sogenannten „Echtzeit"-Medien zu einem „Null-Intervall" (1996, S. 74) geronnen seien. Parallel zu dieser zeitlichen Verringerung des Intervalls registriert Virilio die Etablierung einer durch die Medien auf Dorfformat geschrumpften Welt, also jenes (McLuhansche) ‚global village', in dem jegliche topographische Distanz durch die Ubiquität des medialen Zugriffs obsolet geworden zu sein scheint. Indem nun inzwischen vor allem die elektronischen Medien ihre Bilder und Töne von weit entfernten Territorien binnen Sekundenbruchteilen über den ganzen Globus streuen, kommt es nach Virilio zu einer Neudefinition des Bild-status, der sich nicht länger am kommunikativen Gehalt des Gezeigten orientiert, sondern sich in der abstrakten Information des Übertragungsvorgangs schon erschöpft hat:

> Die Bedeutung dieser Bilder liegt nur noch in ihrer Übertragungsgeschwindigkeit, in ihrer Unmittelbarkeit. Diese Bilder funktionieren nur noch wie Signale, d.h. was zählt, ist ihre Plötzlichkeit und die Reaktion der Zuschauer (Kloock 1995, S. 135).

In der Symbiose von Vehikel und Medien entsteht ein nicht weiter differenzier-bares „neues Zusammenspiel von Prothesen: jene neuen Mischformen, die Auge, Motor und Waffe miteinander verbinden" (Virilio 1986b, S. 63). Tertium comparationis ist das Moment des Fremd-Bewegtseins, ermöglicht durch „das Auftauchen des Motors, […] eines doppelten Projektors, der Geschwindig-keit erzeugt und zugleich (kinematische und kinematographische) Bilder ver-breitet" (1986b, S. 56). Als logischen Fluchtpunkt dieser Entwicklung sieht er deshalb die letztendliche Substitution der Transportmittel durch die Medien an, die er darum auch als „das letzte Vehikel" (1992c, S. 36) bezeichnet. Die beständige Steigerung von externer Mobilität und Geschwindigkeit schlägt an ihrem Kulminationspunkt zwangsläufig in eine neue Bewegungslosigkeit um. Denn wo es keine Distanzen mehr gibt, ist der Mensch wortwörtlich zum Auf-der-Stelle-treten verdammt:

> *Das Zeitalter der intensiven Zeit* ist nicht mehr das der physischen Transportmittel. Es ist […] ausschließlich dasjenige des Telekommunikationsmittels, anders gesagt: *dasjenige des Auf-der-Stelle und der häuslichen Bewegungslosigkeit* (1992c, S. 44, Herv. i. Orig.).

Unbestreitbares Telos der Geschichte ist für Virilio letztlich ein ‚rasender Stillstand‘, denn: „Im Zentrum der Geschwindigkeit ruht die Trägheit" (1993, S. 30). Diese Trägheit wird unter anderem als diejenige des zur Paralyse verdammten Subjekts antizipiert, das vor den Bildschirmen und Monitoren zu einer Art „Körperbehinderten-Voyeur" (Virilio 1992c, S. 50) degeneriert ist: ein in den eigenen vier Wänden Inhaftierter, der zur Realität nur noch über phantasmatische Bildwelten Pseudo-Kontakt hält, ein immobiler Höhlenbewohner, der die Schatten an der Wand für Realität hält. Und da Virilio keine andere Geschichtsmotorik außer Krieg gelten lässt, steht fest, dass all dies allein und ausschließlich einer weiteren Militarisierung zuarbeitet. *Alles dient dem Krieg und alles ist Krieg.* Und damit ist Mediengeschichte überschusslos eine (Teil-)Geschichte des Krieges – und Visualität nichts anderes als eine Waffe.

3   Blick- und Bilderkriege: Das Auge als Waffe

Die Tatsache, dass einige der modernen Medien (z. B. Teile der Fernsehtechnologie, Computernetzwerke, Infrarot-Photographie) aus militärischen Forschungszusammenhängen entwachsen oder zuerst im militärischen Anwendungsbereich eingesetzt worden sind, dient Virilio – wie auch seinem deutschen Pendant Friedrich Kittler – als unumstößlicher Beweis dafür, dass alle Medien „Abfallprodukte militärstrategischer Programme [sind]. Abfallprodukte, die in Zwischenkriegszeiten für Unterhaltung sorgten, letztlich aber nichts anders bewirkten als die Rüstung der menschlichen Sinne für ein neues Geschwindigkeitsniveau, was stets auch ein neues Gewaltniveau bedeute" (Kaufmann 1996, S. 12). Die möglichen – und im Übrigen weitaus zahlreicheren – Gegenbeispiele aus der Mediengeschichte (Film, Photographie, optische Telegraphie) werden hierbei geflissentlich übergangen, bzw. so umgedeutet, dass man doch noch Beweise für „die Verbindung der Errungenschaften der modernen Kriegsmaschinerie, den Flugzeugen, mit denen der Überwachungsapparatur, der Luftphotographie, dem kinematographischen Photogramm" (Virilio 1986a, S. 158) gefunden zu haben glaubt. Zweifellos ist die Spannbreite der Indizien für eine „Osmose" (1986a, S. 114) gerade von Film- und Militärtechnologie, die Virilio in seinem wohl berühmtesten *Krieg und Kino. Logistik der Wahrnehmung* (1986a) vorführt, auf den ersten Blick so verblüffend wie überzeugend. Erst bei näherer Betrachtung merkt man allerdings, dass etliche dieser Beispiele ihren Belegcharakter doch eher fragwürdigen Verkürzungen verdanken: Die Tatsache, dass berühmte Filmkünstler (Ford, Hawks, Fuller, Griffith, Vertov) ihre Talente für Kriegsdokumentationen zur Verfügung gestellt hatten, überhöht Virilio ebenso wie die politische Verstrickung namhafter Regisseure (Rosselini, Eisenstein, Riefenstahl) in Propaganda- und Agitationszwecke zum Beweis dafür, dass „der Krieg zur dritten Dimension des Kinos geworden" (1986a, S. 184) sei.

Von ähnlich strittiger Evidenz sind die von Virilio bemühten phänomenalen Analogien zwischen Waffen und optischen Arsenalen sowie zwischen deren Terminologien. Mareys sogenannte ‚photographische Flinte', ein auf einen Gewehrlauf aufmontierter Serien-Photograph, dessen Repetiermechanismus als (ein) Vorläufer des filmischen Transportsystems gelten muss, zählt zu Virilios Kardinalbelegen für eine unmittelbare Identität beider mechanischer Systeme und ihrer Anwendungsfelder (1993, S. 27). Virilio reiht als Beleg seiner These Fundstück an Fundstück aneinander, zeigt, wie Kameras auf Maschinengewehre montiert, Beobachtungskameras auf Flugzeugen installiert oder sogar der Auslösemechanismus von Bordwaffe und Kamera miteinander synchronisiert werden. Die Schlussfolgerung aus seiner Analyse der Form- und Verwendungsanalogien von Medien, Kameras und Waffensystemen lautet daher: „Für den Krieger geht die Funktion des Auges auf in der Funktion der Waffe" (Virilio 1986a, S. 35), wofür er vor allem das Zielfernrohr des Scharfschützen als emblematische Figuration anführt.

Das maschinell verstärkte Sehen ist Virilio damit immer ein im Grunde destruktiver Vorgang und die territoriale Zerstörung des Feindeslandes geht für ihn daher nur folgerichtig mit dessen visueller Okkupation in eins. So werden Medien von ihm also gleich in mehrfacher Hinsicht als unverzichtbare Instrumente (moderner) Kriegsführung dargelegt: Sie dienen zum einen der Steigerung von Geschwindigkeit, Effizienz und Reichweite von Kommunikation und Logistik im Kampfgeschehen selbst; sie bewerkstelligen in der paradigmatischen Koppelung von Geschütz und Kamera eine quasi doppelte Eroberung des feindlichen Territoriums durch Einschüsse und strategisch verwertbare Bildaufzeichnungen; und sie stellen die notwendige Anschaulichkeit und Aufklärung des Feindgebietes überhaupt erst her. Als dritte Komponente dieser technologischen Allianz der Destruktion macht Virilio die

Fortbewegungsmittel, und was die Kriege des 20. Jahrhunderts angeht, vor allem die Luftfahrzeuge aus.

> Film und Luftfahrt traten gegen Ende des neunzehnten Jahrhunderts gleichzeitig in Erscheinung. Seit 1914 ist die Luftfahrt eigentlich kein Mittel mehr zum Fliegen […], sie wird zu einer Sehweise oder vielmehr zum eigentlichen Mittel des Sehens überhaupt (Virilio 1986a, S. 30).

Das von Virilio propagierte Wechselspiel der genannten Entitäten ist dabei ein äußerst vielschichtiges: Durch den Einsatz vielfältiger *Fahrzeuge* wird die Zerstörungskraft der Waffen potenziert, bzw. werden neue Waffensysteme überhaupt erst möglich gemacht; die *Waffen* ihrerseits stiften optische Sensationen in Gestalt von zerbombten Landschaften, Atomblitzen, Leuchtgarben oder Flakfeuer; die *Vehikel* reißen die Limitierungen des unbewaffneten Auges nicht minder nieder als die optischen Instrumente, indem sie vollständig neue Perspektiven auf die Welt ermöglichen oder deren äußere Erscheinungsform durch das Tempo der Fahrt oder des Fluges zerstückeln; die *optischen Medien* wiederum werden zu Waffen in Form von Aufklärungssatelliten, Zielfernrohren, Radargeräten, Infrarot-Kameras und der ganzen Bandbreite extremer Makro- und Mikrophotographie etc. – und sie dokumentieren zugleich das ganze Ausmaß der Zerstörung oder liefern symbolische Munition für propagandistische Zwecke.

Krieg ist für Virilio somit die Kontrolle und gewaltsame Aneignung von Wahrnehmungsfeldern – und dies sowohl in der konkreten militärischen Auseinandersetzung selbst, als auch in Bezug auf jene Industrialisierung des Sehens, die Virilio als unmittelbare Vorbereitung auf den Krieg bzw. als dessen nahtlose Fortsetzung in vorgeblichen Friedenszeiten versteht. Daher lautet sein prägnantes Fazit: „*Krieg ist Kino und Kino ist Krieg*" (Virilio 1986a, S. 47, Herv. i. Orig.). Und weiter führt er aus:

> Da die modernen Kriegsparteien darauf abzielten, die Gesamtheit dieser [Wahrnehmungs-]Felder zu besetzen, liegt die Feststellung nahe, daß der ideale *Kriegsfilm* nicht unbedingt irgendein bestimmtes kriegerisches Geschehen wiedergeben müßte, da der Film, vom Moment an, da er in der Lage ist, Überraschungen – technische, psychologische – hervorzurufen, selbst in die Kategorie der Waffen gehört (Virilio 1986a, S. 14).

Das Moment der Überraschung bezieht sich ersichtlich auf Walter Benjamins berühmtes Diktum von der „physischen Chockwirkung" (1966, S. 39) der technischen Struktur des Filmes, worin Benjamin allerdings ein Äquivalent zur modernen Ereignisdichte und insofern ein notwendiges Anpassungsmoment

der Wahrnehmung an sich wandelnde Lebensumstände sah. Für Virilio aber
manifestiert sich darin eine „psychotrope Verrückung, [eine] Störung der Chrono-
logie" (1986a, S. 49).

Fazit: Kino ist eine reine Attacke auf die Sinne, und dies ist insofern
intendiert, als durch die Figuren der Blendung, Hypnotisierung, Mobilisierung
und Beschleunigung ebenjene Wahrnehmungsraster gesetzt und eingeübt werden,
die analog zu den Strukturen des Krieges sind. Unter diesem Blickwinkel
betrachtet Virilio auch die historisch nachfolgenden Bildmedien wie Fernsehen,
Video oder Computer. Die jeweils konstitutive Technik und ästhetische Spezi-
fik des Artefakts wird als ein Destruktionsmoment abgebildet und die Analogie
zur Kriegssituation auf dieses Moment hin konstruiert. Waren dies beim Film
die Aspekte der Montage, des Lichts und der mobilen Bilder, so sind es bei der
Photographie die Stillsetzung der Bewegung und das Ausschnitthafte, beim Fernsehen die Instantanität der Live-Übertragung, bei den digitalen Medien die Aufhebung der Distinktionen von Realität und Virtualität.

Dem Siegeszug der optischen Arsenale wird von Virilio eine identische Aus-
wirkung auf die Kriegsführung bescheinigt wie schon der Hegemonie des Zeit-
faktors: Das Territoriale verliert für die militärische Dimension an Relevanz
gegenüber dem Abstrakt-Immateriellen: „Optische und motorische Illusion ver-
schmolzen im kinematischen Rausch des Blitzkriegs. Was diesen kennzeichnete,
war die Geschwindigkeit, mit der Gegenstände, Bilder, Töne verbreitet wurden"
(1986a, S. 168). Auch für die visuelle Dimension konstatiert Virilio einen Über-
tritt in die vektorielle, also auf Distanz operierende Kriegsführung:

> Das Mann gegen Mann, der physische Zusammenprall verlor seine grundsätzliche
> Bedeutung; an seine Stelle trat das Abschlachten auf Distanz, bei dem der Gegner
> unsichtbar blieb. Damit wurde die optische Sicht unabdingbar, die teleskopische
> Vergrößerung, der Kriegsfilm, die photographische Erfassung des Schlachtfeldes
> (Virilio 1986a, S. 156).

Dem Auge werden immer neue Sichthindernisse, Camouflagen und Blendwerk-
zeuge in den Weg gestellt. Dienten die Verteidigungswälle noch dem Schutz der
Körper und Bauten, so markieren für Virilio die Schützengräben des 1. Weltkriegs
bereits den Übergang zu einer Defensivtaktik des Sich-Verbergens und -Versteckens
vor den gegnerischen ‚Augen', die nun aber schon zunehmend instrumenteller Art
sind, bis diese Tendenzen dann im weiteren Verlauf des 20. Jahrhunderts in der
Etablierung optischer Abwehrwälle und Angriffswaffen kulminieren sollten. Die
Entwicklung neuer Kriegstechnologien und -strategien konzentriert sich fortan
auf einen optischen Rüstungswettlauf zwischen Blick-Waffen und -Panzern, Aufklärung und Tarnung, Methoden der optischen Täuschung und Irreführung und

Instrumenten des Aufspürens und Entdeckens: Radar, Radarabwehrsysteme, Sonar, ‚intelligente‘ Raketensysteme, potemkinsche Dörfer, Beobachtungssatelliten, Tarnkappenbomber etc. Der Krieg wird zum „Versteckspiel mit dem Gegner" (1986a, S. 155) und kulminiert logischerweise in der Herstellung von „Waffen, die selbst unsichtbar, sichtbar machen" (1986a, S. 159). Kriegsstrategie besteht nunmehr zuvorderst in der Verfeinerung der „Kunst, sich dem Blick des anderen zu entziehen, um selbst sehen zu können" (1986a, S. 89).

Entsprechend kommt dem Licht eine besondere Bedeutung zu. Virilio fixiert das Jahr 1904, als im Russisch-Japanischen Krieg zum ersten Mal ein Scheinwerfer eingesetzt wurde, als Startpunkt des ersten „Lichtkriegs" (Virilio 1986a, S. 153). Von hier aus beginnt eine Linie, die Virilio über die Atombombenabwürfe auf Hiroshima und Nagasaki bis zu den lasergesteuerten Waffensystemen unserer Tage zieht – eine Linie in Gestalt von „Leuchtspurmunition, den Leuchtraketen, dem Feuerwerk zur Illumination des Niemandslandes, zum Erkennen nächtlicher Ziele, schließlich […] die vergrößerte Reichweite der Scheinwerfer […] und der Flugabwehr" (Virilio 1986a, S. 157). Da in Virilios Denken Licht und Geschwindigkeit unauflöslich verquickt sind, wird das destruktive Potenzial beider Entitäten für ihn im atomaren Lichtblitz besonders sinnfällig. Hiroshima ist ihm Symbol einer zweifachen Blendung, durch Geschwindigkeit wie Licht gleichermaßen, eine „Überbelichtung", wie sie sich in den Schattenumrissen niederschlägt, die die Opfer auf den umliegenden Wänden hinterließen (Virilio 1993, S. 35). Die endgültige Fusion von Licht und Waffe, Auge und Geschwindigkeit ist aus Virilios Perspektive dann mit den elektronischen, bildverarbeitenden und lasergestützten Systemen der heutigen Militärtechnologie erreicht:

> Die Projektile erwachen, allenthalben öffnen sie die Augen: Selbstsuchgeräte, Infrarot- oder Laser-Steuerungen, mit Videokameras ausgestattete Sprengköpfe, die das, was sie sehen, den Piloten und den Überwachern am Boden vor ihren Geräten übermitteln. […] Nichts unterscheidet mehr die Funktion der Waffe von der des Auges; das Bild des Projektils und das Projektil des Bildes werden eins: Aufspüren und Treffen, Verfolgen und Zerstören; das Projektil ist ein Bild, eine Signatur auf einem Schirm, und das ferngesehene Bild ein mit Lichtgeschwindigkeit sich bewegendes Überschallprojektil (Virilio 1986a, S. 180).

So ist für Virilio schließlich alles *eins*: Das Auge ist die Waffe, die Waffe ein Auge, Krieg ist Kino und Kino ist Krieg, ist Licht, ist Mobilisation, ist Beschleunigung, ist Stadtplanung ist ist ist… In dieses hermetische Denk-Gebäude kann – und soll ganz offenbar – nichts von außerhalb eindringen: keine Gegenrede, kein relativierendes Gegenbeispiel, nicht einmal ein einziger Blick.

Literatur

Altwegg, Jürg. 1996. Paul Virilio. Die Geburt der Technik aus dem Geist des Krieges. *Frankfurter Allgemeine Magazin* 859: 8–14.

Altwegg, Jürg, und Aurel Schmidt. 1987. Paul Virilio oder Geschwindigkeit und Ästhetik des Verschwindens. In *Französische Denker der Gegenwart. Zwanzig Porträts*, Hrsg. J. Altwegg und A. Schmidt, 178–182. München: Beck.

Altwegg, Jürg, und Paul Virilio. 1996. Warum fürchten Sie einen Cyber-Faschismus, Monsieur Virilio? Ein Interview von Jürg Altwegg mit Paul Virilio. *Frankfurter Allgemeine Magazin* 842: 58–59.

Benjamin, Walter. 1966. *Das Kunstwerk im Zeitalter seiner technischen Reproduzierbarkeit. Drei Studien zur Kunstsoziologie*. Frankfurt a. M.: Suhrkamp.

Drosdowski, Günther. 1989. *Der Duden, Band 7. Das Herkunftswörterbuch. Etymologie der deutschen Sprache*. Mannheim: Dudenverlag.

Gente, Peter. 2008. *Paul Virilio und die Künste*. Berlin: Merve.

Herzinger, Richard. 1996. Freier Fall nach oben. Paul Virilio entdeckt die Bewegungslosigkeit in der Fluchtgeschwindigkeit. *Die Zeit* v. 08. November 1996.

Hörisch, Jochen, und Michael Wetzel. 1990. *Armaturen der Sinne. Literarische und technische Medien 1870–1920*. München: Fink.

Kaufmann, Stefan. 1996. *Kommunikationstechnik und Kriegsführung 1815–1945. Stufen telemedialer Rüstung*. München: Fink.

Kirchmann, Kay. 1998. *Blicke aus dem Bunker. Paul Virilios Zeit- und Medientheorie aus der Sicht einer Philosophie des Unbewußten*. Stuttgart: VIP.

Kloock, Daniela. 1995. *Von der Schrift- zur Bild(schirm)kultur. Analyse aktueller Medientheorien*. Berlin: Volker Spiess.

McLuhan, Herbert Marshall. 1968. *Understanding Media. Die magischen Kanäle*. Düsseldorf: ECON.

Plath, Jörg. 2007. Überwältigung statt Argumentation. Deutschlandfunk Kultur, Beitrag vom 20.12.2007. https://www.deutschlandfunkkultur.de/ueberwaeltigung-statt-argumentation.950.de.html?dram:article_id=135729.

Virilio, Paul. 1965. Architecture Cryptique. Paris: Les Editions de Imprimeur (Reihe Architecture Principe, No. 7).

Virilio, Paul. 1978. *Fahren, Fahren, Fahren...*. Berlin: Merve.

Virilio, Paul. 1980. Die Vernichtungs-Maschine. *Theatro Machinarum* 1: 7–22.

Virilio, Paul. 1986a. *Krieg und Kino. Logistik der Wahrnehmung*. München: Fischer.

Virilio, Paul. 1986b. *Ästhetik des Verschwindens*. Berlin: Merve.

Virilio, Paul. 1989a. *Der negative Horizont. Bewegung, Geschwindigkeit, Beschleunigung*. München: Hanser.

Virilio, Paul. 1989b. *Die Sehmaschine*. Berlin: Merve.

Virilio, Paul. 1992a. *Bunkerarchäologie*. München: Hanser.

Virilio, Paul. 1992b. *Das irreale Monument. Der Einstein-Turm*. Berlin: Merve.

Virilio, Paul. 1992c. *Rasender Stillstand. Essay*. München: Hanser.

Virilio, Paul. 1993. *Revolutionen der Geschwindigkeit*. Berlin: Merve.

Virilio, Paul. 1994. *Die Eroberung des Körpers. Vom Übermenschen zum überreizten Menschen*. München: Hanser.

Virilio, Paul. 1996. *Fluchtgeschwindigkeit. Essay*. München: Hanser.

Virilio, Paul. 2007. *Panische Stadt*. Wien: Passagen.

Virilio, Paul, und Florian Rötzer. 1986. Die Ästhetik des Verschwindens. Fragen an Paul Virilio von Florian Rötzer. *Kunstforum International* 84: 198–201.

Virilio, Paul, und Fred Forest. 1991. Die Ästhetik des Verschwindens. Ein Gespräch zwischen Fred Forest und Paul Virilio. In *Digitaler Schein. Ästhetik der elektronischen Medien*, Hrsg. F. Rötzer, 334–345. Frankfurt a. M.: Suhrkamp.

Virilio, Paul, und Sylvère Lotringer. 1984. *Der reine Krieg*. Berlin: Merve.

Medientheorie des Computers (Friedrich Kittler)

Jochen Koubek

Aus heutiger Sicht ist es verhältnismäßig einfach, Friedrich Kittler zu vermeiden – nicht die Wirkungen seines Schaffens, aber das Geschaffene selbst.
Die Medienwissenschaft und -theorie ist durch Kittlers Wirken maßgeblich
geprägt – er hat neue Gegenstandsbereiche erschlossen und dabei grundlegende
Fragen aufgeworfen, die vor ihm nicht gestellt wurden. Aber seine Antworten
sind inzwischen ebenfalls deutlich herausgearbeitet: Kittler? Das war der, für
den alles auf Medientechnologie und jede Technologie auf Krieg zurückführbar
ist. Oder elaborierter: „Alles was beschreibbar ist, ist in den Termini technischer
Prozeduren darstellbar" (Krämer 2004, S. 205) und „Die ungeschriebene
Geschichte technischer Normen ist [...] eine Kriegsgeschichte" (Kittler
1992, S. 175). Dabei ist Kittler sicherlich nicht Komplexitätsreduktion vorzu-
werfen, höchstens Reduktion auf die Komplexität seines eigenen Denkens und
Schreibens, worin er fortwährend auf die medientechnischen und militärischen
Verschränkungen der von ihm betrachteten Diskurse hinweist. Und da er keine
Argumente entwickelt, sondern Aussagen apodiktisch setzt, kann man mit diesen
Texten keine Diskussion anzetteln, sondern muss sie bewundernd oder ver-
wundert zur Kenntnis nehmen. Oder eben auch nicht.

Denn nicht zuletzt aufgrund seines Schreibstils hat er es seinen Kritikern
leicht gemacht, sich von ihm zu distanzieren. Bereits seine Habilitationsschrift
Aufschreibesysteme 1800/1900 benötigte zwischen 1982 und 1983 elf statt der
üblichen drei Gutachten, um überhaupt als wissenschaftlich satisfaktionsfähig
anerkannt zu werden. „Die Frage ‚Stimmt das?' scheint nicht die zu sein, mit der
er rechnet", schrieb der Romanist Hans-Martin Gauger angesichts eines Textes,

J. Koubek (✉)
Universität Bayreuth, Bayreuth, Deutschland
E-Mail: jochen.koubek@uni-bayreuth.de

© Springer Fachmedien Wiesbaden GmbH, ein Teil von Springer Nature 2020   203
I. Ritzer (Hrsg.), *Schlüsselwerke der Medienwissenschaft*,
https://doi.org/10.1007/978-3-658-29325-3_12

der die wissenschaftliche Auseinandersetzung gar nicht zu suchen schien (2012, S. 139): „Fast unausgesetzt fühlt man sich gedrängt zu fragen: wieso? wieso soll das so sein, wie hier gesagt wird, dass es sei? […] Es findet sich in ihr kaum Auseinandersetzung mit anderen. […] Ich habe im übrigen den begründeten Verdacht, dass diese Arbeit Wahrheit nicht nur selten erreicht, sondern an ihr letztlich uninteressiert ist" (2012, S. 137 ff.). Geoffrey Winthrop-Young analysiert diesen Sprachduktus unter dem Stichwort „Kittlerdeutsch" als Mischung aus esoterischer Abschottung, assoziativer Logik und poststrukturalistischem „Jargon der Uneigentlichkeit" gepaart mit Leserbeschämungsrhetorik, wenn der humanistischen und hermeneutischen Innerlichkeits- und Reflexionsebene mathematische und technische Sachverhalte als *einfach, schlicht* oder *klar* zugrunde gelegt werden (2005, S. 62 ff.). Nach Frank Hartmann verbindet er dabei „geisteswissenschaftliche Gelehrtheit mit dem Imponiergestus eines Ingenieurs, der sich auf technische Details selbstverständlich einläßt und vor allem bei Geisteswissenschaftlern (die ja keine Formel nachrechnen!) damit punktet" (1998).

Der Stil war aber keineswegs nur Imponiergehabe zum Zweck der Diskursabschottung, sondern die konsequente Ausformulierung der Grundgedanken seines Arbeitens. Diese verläuft, grob zusammengefasst, in drei Schritten:

1. Technische Medien sind das Apriori des menschlichen Selbstverständnisses, Kulturtechniken als technische Ermöglichung von Kultur. Die Frage „Was ist der Mensch?" lässt sich nicht durch Psychologie oder Anthropologie beantworten, sondern durch Rekurs auf Medientechnologien, von der antiken Seele als Wachstafel über Bergsons Bewusstseinsstrom, der ohne den Film gar nicht hätte formuliert werden können, bis zum Gehirn als Informationen verarbeitender Maschine, die sich im Elektronengehirn des Computers zu erkennen glaubt: „Man weiß nichts über seine Sinne, bevor nicht Medien Modelle und Metaphern bereitstellen" (Kittler 2002a, S. 28). Diese Medien nennt er „Aufschreibesysteme", verstanden als „das Netzwerk von Techniken und Institutionen […], die einer gegebenen Kultur die Adressierung, Speicherung und Verarbeitung relevanter Daten erlauben" (Kittler 1985, S. 519). Die Untersuchung dieser Standards ist daher die grundlegende Aufgabe der Geisteswissenschaft: „Was Mensch heißt bestimmen keine Attribute, die Philosophen den Leuten zur Selbstverständigung bei- oder nahelegen, sondern technische Standards. Jede Psychologie oder Anthropologie buchstabiert vermutlich nur nach, welche Funktionen der allgemeinen Datenverarbeitung jeweils von Maschinen geschaltet, im Reellen also implementiert sind" (Kittler 1993a, b, c, S. 61). Medien sind damit nicht, wie u. a. McLuhan

vermutete (McLuhan 1964), eine Erweiterung des Menschen, sondern im Gegenteil gilt: „das Phantasma vom Mensch als Medienerfinder" (Kittler 1986, S. 5 f.) wird aufgehoben, weil „Menschen die Informationsmaschinen nicht erfunden haben können, sondern sehr umgekehrt ihre Subjekte sind" (Kittler 1993a, S. 77). Folgerichtig handeln Kittlers Texte auch nicht von Subjekten, sondern vielmehr von den Einschreibung der Technologien in diskursive und kulturelle Praktiken. Zusammen mit dem Subjekt werden durch dieses Vorgehen auch andere hermeneutische Konzepte wie *Verstehen, Bedeutung* oder *Geist* aus den Geisteswissenschaften ausgetrieben, so der programmatische Titel eines bereits (1980) von Kittler herausgegebenen Buchs.

2. Technische Medien sind Kriegstechnologien, ihr außermilitärischer Einsatz gar nicht vorgesehen, „Unterhaltungsindustrie ist in jedem Wortsinn Mißbrauch von Heeresgerät" (Kittler 1986, S. 149). Kittlers Technikgeschichte liest sich durchgängig als Kriegsgeschichte: Mit dem amerikanische Bürgerkrieg kamen Speichertechniken für Akustik, Optik und Schrift: Grammophon, Film und Typewriter; nach dem Ersten Weltkrieg elektronische Übertragungstechniken Radio und Fernsehen als Missbrauch von UKW-Panzerfunk, Sonar und Radar; im Anschluss an den Zweiten Weltkrieg die Technik von allgemeiner Berechenbarkeit im Computer als Anwendung der Dechiffriermaschinen von Alan Turing in Bletchley Park (Kittler 1986, S. 352). Frank Hartmann bemerkt dazu: „Das klingt ganz so, als hätte es ohne Turing und den Krieg nie eine Computerentwicklung gegeben und suggestiverweise auch so, als griffen sämtliche ‚zivilen' Lesarten von Technikgeschichte eben viel zu kurz" (1998).

3. Da in die Medientechniken die Logik und Dynamik des Krieges eingeschrieben ist, herrscht immer Krieg, sei es als militärische Auseinandersetzung oder in der „Zwischenkriegszeit" (Kittler 1993a, S. 80) als fortgesetzte Mobilisierung, als „ständig beschleunigter psychomotorischer Drill, also als fortschreitende Angleichung menschlicher Körper und Sinne an neue waffentechnische Gegebenheiten" (Winthrop-Young 2005, S. 123). Die in technischen Kategorien sich denkenden und beschreibenden Subjekte haben den Krieg längst inkorporiert, „durch die Medien vermittelt formt militärische Logik die Körper, auf diesem Weg wird die Bevölkerung den Erfordernissen des Krieges angepaßt" (Kloock und Spahr 2000, S. 194). Die Aufgabe der Medienwissenschaft ist es demnach, die Fundamente des Subjektbegriffs der Geistesgeschichte freizulegen, d. h. die konstitutiven Technologien aufzuspüren und den in ihnen inkorporierten Umgang mit Informationen zu entbergen. Das ist das Programm der Medienarchäologie (Ebeling 2012), in

die Kittler seine medientheoretischen Arbeiten im Anschluss an Foucaults Archäologie des Wissens einreiht, die in Schaltkreisen und Codezeilen von Assemblerprogrammen mehr Erkenntnis erwartet als im kulturellen oder kulturwissenschaftlichen Geschwätz (Kittler 2002a, S. 31), das immer nur folgen kann, nachdem sich das technische Apriori der Medien bereits eingeschrieben hat.

Dieser Dreisprung war nicht zuletzt durch zahllose historische Referenzen und brillante Analysen so überzeugend, dass er seinen Einfluss auf Proseminar-, Seminar- und Magisterarbeiten über Doktorarbeiten bis zu Habilitationen ausüben konnte und es dabei gerade dem geisteswissenschaftlichen Nachwuchs erlaubte, am revolutionären Gestus des Austreibens verstaubter Traditionen der etablierten Hermeneutik teilzuhaben, um diese mit etwas Neuem, Eigenen und gleichzeitig Fundamentalerem zu ersetzen. Hinzu kam die Faszination, militärhistorische Details mit technischem Spezialwissen zu kombinieren, entwickelt in der materiellen Auseinandersetzung mit Geräten, deren Arbeitsweisen zum Fundament der Geistesgeschichte erklärt wurden. Widerstand und Kritik konnte dabei gleichzeitig zum trotzigen Beharrungsvermögen eines bürgerlich-akademischen Establishments umgedeutet werden, das die technischen Grundlagen ohnehin nicht nachvollziehen, geschweige denn verstehen wollte oder konnte.

Dies waren hervorragende Zutaten für eine schulähnliche Bewegung. Die etwas despektierlich genannte „Kittler-Jugend" schickte sich in den 90er-Jahren an, eine im Entstehen begriffene und sich von der Filmwissenschaft lösende deutschsprachige Medienwissenschaft zu übernehmen, die sich mit dem ausbreitenden Internet und der globalen Vernetzung von Computern Gegenstandsbereiche erschloss, welche mit traditionellen Kategorien kaum fassbar waren. Stichwortgeber waren seit den 80er Jahren neben Marshall McLuhan, gerade auch dank Kittlers Rezeption, die Texte französischer Poststrukturalisten wie Jacques Lacan, Michel Foucault oder Jacques Derrida, deren assoziative, zentrumslose Begriffsgewebe der dezentralen Vernetzung des World Wide Webs angemessen erschienen. Kittlers Medienarchäologie, die von den Aufschreibesystemen Grammophon, Film und Typewriter des 19. Jahrhunderts zu dem Digitalcomputer des 20. und dem sich abzeichnenden Computernetz des 21. Jahrhunderts überging, schien als Lagebestimmung der neuen Medienverhältnisse geeignet zu sein, ohne dabei einem naiven Technikdeterminismus zu verfallen.

Dabei ist es beeindruckend, wie viel technisches Wissen Kittler als Literaturwissenschaftler für sein Ziel der „Verwandlung von Geisteswissenschaftlern in Ingenieure" (Kittler 2002a, S. 31) zusammen getragen hat – Boole, Turing, Shannon, von Neumann oder Nyquist u. a. werden wie selbstverständlich aufgerufen, als Herausgeber veröffentlicht er die zentralen Schriften von Turing (Dotzler und Kittler 1987) und Shannon (Kittler 2000). Wer in Kittlers Schriften nun aber so etwas wie eine einführende Medientheorie des Computers sucht, der oder dem können sie nur begrenzt empfohlen werden. Zu sehr setzen sie als bekannt voraus, was sie anschließend in erstaunliche und ungewohnte historische Zusammenhänge stellen. Wer die Turingmaschine, die Informationstheorie, die Architektur eines Mikroprozessors oder die Signaltheorie weder kennt noch versteht, kann Kittlers Ausführungen höchstens glaubend zur Kenntnis nehmen, nicht aber mit- oder nachvollziehen. Erkenntnis ist daraus wenig zu gewinnen, es sei denn, man bringt sie bereits mit. Das war allerdings auch nie Kittlers Absicht, der zeitlebens gegen die hermeneutischen Vorstellungen eines verstehenden Subjekts anschrieb und sicherlich nicht gewillt war, dabei sinnfällige Verstehensprozesse zu fördern, sondern im Gegenteil die Fundamente der hermeneutischen Sinnsucher in eben jenen Technologien freilegte, die sie zu erzeugen glaubten.

Um Kittler unter diesen Bedingungen ernst zu nehmen, sollte man also weniger Kittler lesen, sondern vielmehr die von ihm so geschätzten technischen Grundlagen studieren: George Booles mathematische Logik (1847), Alan Turings „On Computable Numbers" (1937), Claude Shannons „Theory of Communication" (1948), John von Neumanns Beschreibung einer Computerarchitektur (1945) oder das Abtasttheorem von Harry Nyquist (1928) und Claude Shannon (1949). Da die Lektüre der Originaldokumente erhebliche mathematische Grundkenntnisse voraussetzen und es unredlich ist, diese in einer geisteswissenschaftlichen Argumentation als einfach, selbstverständlich oder natürlich vorauszusetzen, sei an dieser Stelle ersatzweise auf zusammenfassende Darstellungen verwiesen, die in einführenden Büchern, in Skripten zu Grundvorlesungen technischer Wissenschaften oder in der Wikipedia zu finden sind. Für das Verständnis der technischen Aspekte der Texte von Kittler reicht dies allemal, der aus didaktischen Gründen selbst empfiehlt, „komplizierte technische Problemlösungen im Augenblick ihrer Entstehung zu präsentieren, also in einem Zustand, wo sie also noch überschaubar, begreifbar, sogenannte Prinzipschaltungen sind" (Kittler 2002a, S. 31). So erhellend dieser Blick auf die historischen Fundamente der Computertechnik auch sein mag, ist es nicht unproblematisch, dort zu verweilen, will man die medialen Bedingungen erfassen, die der Computer mit sich führt. Zwei verbreitete Missverständnisse, die im Zusammenhang mit einer Medientheorie des Computers auftauchen, seien an dieser Stelle aufgegriffen, die Kittler zwar nicht in der hier angesprochenen Form direkt geäußert, deren Verbreitung er aber zumindest mit zu verantworten hat. Dass nämlich erstens der Computer ein Medium ist, dessen Wesensmerkmale zweitens durch die binäre Struktur seiner Schaltkreise bestimmt sind. Provokant könnte man sagen, der Computer ist kein digitales Medium, aber diese Aussage stiftet eher Verwirrung und bedarf der nun folgenden Erklärung.

1. Dass dem Computer jene Aufgaben überantwortet werden, die bislang von verschiedenen Medien ausgefüllt wurden, hat Kittler in seiner Radikalität erheblich
früher als die meisten seiner Kollegen gesehen, sei es in der Informatik oder in
der Literaturwissenschaft: „In der allgemeinen Digitalisierung von Nachrichten
und Kanälen verschwinden die Unterschiede zwischen einzelnen Medien [...].
Ein totaler Medienverbund auf Digitalbasis wird den Begriff Medium selber
kassieren" (Kittler 1986, S. 8). Zu beachten ist, dass Kittler hier von einem
Medienverbund spricht. Spätestens im Titel eines breit rezipierten Sammelbandes verschleift sich das zum Schlagwort vom „Computer als Medium"
(Bolz et al. 1994). Einzelmedium und Medienverbund fallen dabei im Begriff
Computer zusammen. Erschwert wird die notwendige Differenzierung durch
den Umstand, dass der Computer, wie vor ihm Grammophon, Film und Schreibmaschine, als *Aufschreibesystem* zum Zweck der Adressierung, Speicherung
und Verarbeitung von Daten betrachtet und im Sinne einer Medienarchäologie
auch als Medium bezeichnet werden kann. In anderen Medientheorien, z. B.
denen, die auch auf soziale oder kulturelle Kontexte schauen und die weiterhin
den Menschen als Subjekt der Mediengeschichte sehen, Hartmut Winkler nennt
sie „anthropologisch" (1999, S. 225), sind Computer keineswegs auf eine Ebene
zu stellen mit Radio, Kino oder Buch, denn Computer sind als Hardware keine
konkreten, sondern abstrakte oder universale Maschinen. Der entscheidende
Unterschied liegt in ihrer Wandelbarkeit: „Universale Turingmaschinen
brauchen nur mit der Beschreibung (dem Programm) einer beliebigen anderen
Maschine gefüttert zu werden, um diese Maschine effektiv zu imitieren" (Kittler 1993c, S. 226 f.). Oder mit anderen Worten: „Software is a description of a
machine. We build the machine by describing it and presenting our description
to a general-purpose computer that then takes on the attributes and behaviour of
the machine we have described" (Jackson 1995, S. 283). Ein Computer ist eine
abstrakte Maschine, die durch Programmierung zu einer konkreten Maschine
wird, eine Maschine, „die alle anderen Maschinen, deren Beschreibung sie
eingelesen hat, selbst sein kann" (Kittler 2002b, S. 260). Beim Multitasking
wird sogar der Eindruck erweckt, es mit mehreren Maschinen gleichzeitig zu
tun zu haben. Aber nicht die Universalmaschine Computer übernimmt die
medialen Funktionen der Analogmedien, sondern die vielen Programme, die
konkrete Medien-Maschinen implementieren. Was also für die analogen und
elektronischen Medientechniken belegbar plausibel erscheint, dass sie als
konkrete technische Apparaturen Stichwortgeber für die menschliche Selbstbeschreibung sind, lässt sich nicht vollständig auf die abstrakte Maschine
Computer übertragen. Der tritt weniger als universelle, sondern vielmehr, vermittelt über Software, als zahlreiche konkrete Maschinen in Erscheinung. Der

Computer kassiert also, nur weil er ihre Inhalte intern als Datenstrom verarbeitet, die anderen Medien genauso wenig ein wie die analoge Elektrotechnik,
die ehemals mechanische Medientechnologien in elektrische Signale überführt hat. Als Datenverarbeitungsmaschine kann er zwar als Metapher für den
menschlichen Geist herhalten, was bis zur Kognitionspsychologie ja auch üblich
ist bzw. war (Searle 1990). Das ersetzt aber nicht die anderen Metaphern aus
der Mediengeschichte, mit der Menschen sich bislang zu beschreiben pflegten,
sondern bereichert die Sammlung um neue.

2. Nietzsches Diktum „unser Schreibzeug arbeitet mit an unseren Gedanken"
(Kittler 1986, S. 304), laut Christoph Weinberger „die zentrale Botschaft Kittlers" (2010, S. 16), kann in Bezug auf Computer so gedeutet werden, dass
die binäre Struktur des Computers das menschlichen Ausdrucksvermögens
derart formatiert, dass ein nur mehr im *medialen Apriori* des Computers
sich artikulierendes Denken selber binär wird. Bei Kittler heißen die binären
Unterscheidungen z. B. „Tag und Nacht, Himmel und Erde, Sonne und
Mond um von Gut und Böse gar nicht zu reden" (Kittler 1989, S. 189). Das
klingt zwar prägnant, ist aber sachlich falsch, weil das binäre Gegenteil von
„Tag" nicht „Nacht", sondern „Nicht-Tag" ist und damit auch den Grau-
bereich der Dämmerung umfasst, das Gegenteil von „Himmel" den gesamten
„Nicht-Himmel" umfasst und das Gegenteil von „Sonne" ganz bestimmt
nicht nur der „Mond" ist, um von „Gut und Böse" gar nicht erst zu reden.
Die zitierte Liste ist freilich kein zentrales Element des Textes, sondern eher
ein Beispiel für den assoziativen Stil seines Verfassers und sollte daher, wie
so vieles, nicht als präzise gemeinte Aussage gelesen werden. Dennoch ist sie
symptomatisch für Kittlers häufig mehr poetischen Umgang mit technischen
Fachbegriffen, was nur schwerlich zusammenpasst, wenn jeder Vorwurf
mangelnder begrifflicher Schärfe im Umgang mit eigentlich präzise definierbaren Begriffen mit einem augenzwinkernden Hinweis auf das Gesamtbild
gerechtfertigt wird. Insofern bleibt die Bedeutung des Binären in Kittlers Darstellungen unklar. Trotzdem betont er es als historische Fluchtpunkte der Vergangenheit und Zukunft: „seit der Genesis prozediert die Sprache der oberen
Führung nur mit Ja und Nein" (Kittler 1989, S. 190) und „Wenn alles, was
Leute auf diesem Planeten reden, in Bits aufgegangen sein wird, ist Alan
Turings Universale Diskrete Maschine vollbracht" (Kittler 1989, S. 202). Es
findet sich bei ihm aber kein Kurzschluss einer unmittelbaren Wirkannahme.
Und natürlich ist die Aussage technisch korrekt, Computer arbeiten binär,
d. h. sie erfassen, speichern und verarbeiten Daten in Form von Spannung und
Nicht-Spannung, 1 und 0. Dies gilt aber nur für die untere Hardware-Schicht
der Transistoren. Darüber liegen verschiedene Software-Schichten, die zwar

in diskreten Zahlenräumen operieren, dabei aber bereits deutlich mehr Unterscheidungen vornehmen können – mehr zumindest, als die menschliche Wahrnehmung zu differenzieren vermag, von der Sinnesphysiologie bis zu ihrer
neuronalen Verarbeitung. Am Außenrand der Ein- und Ausgabeschnittstellen,
an dem „die Umwandlung von Stetigkeiten in Bits stattfindet" (Kittler 1986,
S. 353), werden in umgekehrter Richtung die diskreten Werte in analoge,
stetige Signale zurückgewandelt, die nun für Menschen keinerlei erkennbare
Binärstruktur mehr aufweisen. Zwar ist es das Ziel einer Medienarchäologie,
die unteren Hardware-Schichten freizulegen und genauer zu untersuchen,
nur kann daraus nicht ohne Weiteres auf eine durchschlagende Wirkung zu
den höheren Schichten geschlossen werden, mit denen die meisten User in
Kontakt kommen. Für eine überzeugende Argumentation reicht es nicht, diese
als „Oberflächeneffekt" abzutun, in dessen „Blendwerk […] die Sinne und der
Sinn" gleichsam als „Glamour […] für eine Zwischenzeit als Abfallprodukt
strategischer Programme" entstehen (Kittler 1986, S. 7 f.). Zumindest stellt
es Sinne und Sinn nicht infrage, dass Signale im Prozessor binär verarbeitet
werden. Und die Interfaces der Computer sind nicht rein binär, nicht einmal
rein digital, weder in die eine noch in die andere Richtung.

Dies war Kittler natürlich bekannt, wenn er schreibt: „Nach dem Abtasttheorem von Nyquist und Shannon können nämlich beliebige Signalformen,
wenn sie nur von Haus aus oder durch Filterung frequenzbandbegrenzt sind,
aus Abtastwerten der mindestens doppelten Frequenz wieder eindeutig
konstruiert werden" (Kittler 1993b, S. 77). Die notwendige Begrenzung
des Frequenzbandes ergibt sich schon aus den physiologischen Grenzen
der menschlichen Sinne. Das Ohr beispielsweise kann nicht mehr als
20.000 Schwingungen pro Sekunde (gemessen in Hertz) verarbeiten, daher
kann aus einer Abtastung mit der doppelten Frequenz jede hörbare Schall-
welle rekonstruiert werden. Bei der Compact Disc wird aus historischen
Gründen sogar mit 44,1 kHz gearbeitet und der binäre Code des im Computer
simulierten Phonographen ist spätestens nach der Digital-Analog-Wandlung
im akustischen Signal, das aus den Lautsprechern kommt, nicht mehr
nachweis-, geschweige denn hörbar. Gleiches gilt für Bilder, nachrichten-
technisch zweidimensionale Signale, wobei die Sensoren in Kameras und
Scannern zusammen mit Displays und Druckern längst die Farb-, Helligkeits-
und Raumauflösung des menschlichen Auges übertreffen. Digitale Medien
imitieren inzwischen die Unzulänglichkeiten ihrer analogen Vorgänger,
simulieren charakteristische Verzerrungen von Röhrenverstärken oder verschiedene Filmkörnungen, was liebevoll als *Retro* oder *Vintage* bezeichnet
wird und keineswegs auf die typische Struktur des binären Codes verweist.

Dabei geht es nicht um das Lob der Oberfläche, hinter der die Algorithmen sich zurückgezogen haben. Es geht darum, dass es nicht die Binärstruktur des Computers ist, die zum medialen Apriori erklärt werden sollte, bzw. dass es gute Gründe gibt, dies anders zu sehen. Denn es bleibt weiterhin einzuwenden, „daß die technische Grundlage nicht zwingend die gesellschaftliche Bedeutung einer Technologie erschließt. So hat sich in jüngster Zeit das Internet als ein wesentlich soziales Phänomen entwickelt und nicht als ein rein technisches; seine Existenz verdankt es nicht ausschließlich den Besonderheiten der Hardware (der Computerarchitektur)" (Hartmann 1997). Die technische Welt der Computer ist aus verschiedenen Modulen der Hard- und Software gebaut, die jeweils mit ihren Nachbarn über definierte Schnittstellen in Kontakt stehen, ansonsten aber voneinander ferngehalten werden. Dieser Aufbau wird häufig als Schichten-Architektur realisiert (Buschmann et al. 1996, S. 31 ff.), was hervorragend zum Metaphernfeld der Archäologie passt. Und so wie archäologische Ausgrabungen verschiedene Kulturschichten freilegen, dringt die Medienarchäologie zu den medientechnischen Fundamenten der Geistesgeschichte vor. Dieses Vorgehen mag interessant und erkenntnisfördernd sein, es beantwortet jedoch nicht die Frage, wieso die unterste Schicht derart wichtig genommen werden sollte, denn wie Kittler selbst sagt: „Es passiert so schrecklich viel zwischen Silizium und seinen seelischen Outputs" (Kittler 1991/1992, S. 15). Kittler ist technischer Materialist aber kein Determinist. Bei ihm gibt es „kein Eins-zu-eins-Verhältnis zwischen Medien und Wirklichkeitskonstruktion" (Winthrop-Young 2005, S. 77). Dennoch oder gerade deshalb bleibt er bevorzugt auf der untersten Schicht, die bereits von Turings Papiermaschine erschöpfend beschrieben wurde: „[K]ein Computer, der je gebaut wurde oder werden wird, kann mehr. Genau das hat Turing 1936 mathematisch bewiesen" (Kittler 1989, S. 195). Die Schichten hat er natürlich gesehen aber auch verachtet (Kittler 1993c). Schon der *protected mode* im Intel 286 war für ihn nicht mehr als ein Machtinstrument, um nicht-vertrauenswürdige User und ihre Programme von der direkten Arbeit an der Maschine fernzuhalten. Die oberen Software-Schichten des Betriebssystems sah er als Herrschaftsmittel, unter denen der User zu arbeiten habe (Kittler 1991, S. 208–224). Aus diesem Grund sind die Gründungstexte der Computertechnik – Boole, Turing, Shannon, von Neumann – für eine Medienarchäologie relevanter als die späteren, stammen sie noch aus einer Zeit vor der Vermehrung der technischen Schichten, als Computer noch rein binär arbeitende Maschinen waren, die ihre inneren Zustände mit Relais oder Röhren ausstellen konnten. Sicherlich arbeiten Computer in ihren Kernen auch heute noch rein binär. Ihre Wirkung auf die User, sei es eine epistemische, epistemologische oder subjektkonstituierende, lässt sich aber weniger im Binärcode der Register, Prozessoren und Schaltungen als vielmehr im Programmcode der höheren Schichten und in der Gestaltung der User Interfaces ausmachen, an deren Schnittstellen sich der Kontakt herstellt und die gänzlich anders funktionieren als die darunterliegenden Schichten. Jürgen Kaubes Vorschlag, den Einwand von Hans-Martin Gauger – „wenn die Arbeit Recht hätte, müsste man an einem Text feststellen können, ob er per Hand oder per Maschine geschrieben ist" (zit. n. Kaube 2012) – als Prüfkriterium herzunehmen, „dass an einem Text abgelesen werden kann, ob er in der Ära des Kinos verfasst wurde, auch wenn er gar nicht davon handelt" (Kaube 2012), lässt sich auch auf das Aufschreibesystem Computer übertragen. So wie digital bearbeiteten Bildern lange Zeit die Versionsnummer der Algorithmen von Photoshop und weniger die Generation des Mikroprozessors anzusehen war, auf dem sie ausgeführt wurden, schreibt sich in Texte eher die Anwendungsschicht des Textverarbeitungsprogramms als die Hardwareschicht des Prozessors ein. Daraus ergeben sich eine Fülle interessanter Fragen, die in den – u. a. von Kittler inspirierten – Software Studies (vgl. z. B. Manovich 2002), den Einzelstudien zu Software-Werkzeugen (vgl. z. B. Tufte 2006) oder der Human Computer Interactions (vgl. z. B. Jackson 1995) gestellt werden. Denn nur weil Software nicht ohne Hardware sein kann – „Gute Gründe sprechen […] für die Unabdingbarkeit und folglich auch die Vorgängigkeit von Hardware" (Kittler 1993c, S. 237) – folgt nicht zwangsläufig, dass die Hardware – Mikroprozessoren, ROM, RAM, Busse, I/O-Ports (Kittler 1986, S. 353) – die wirkmächtigste Instanz im Diskurs ist, ebenso wenig wie die angeordneten Siliziumkristalle der Isolierschichtfeldeffekttransistoren, aus denen ihre Bausteine oder die Elementarteilchen, aus denen die Kristalle aufgebaut sind. Zumindest müsste es nachvollziehbar begründet werden und es sprechen gute Gründe dagegen. Eine solche Argumentation würde allerdings eine grundsätzliche Diskussionsbereitschaft voraussetzen. Das also ist mit dem Satz gemeint, der Computer sei kein digitales Medium: Der Computer ist keine konkrete Medienmaschine, sondern technische Grundlage für eine Vielzahl von Medienmaschinen, die ihrerseits nicht mehr als binär, über Digital-Analog-Wandler vielfach nicht einmal mehr als diskret bzw. digital, d. h. mit klar unterscheidbaren Zuständen, Farben, Tonhöhen oder Bildpunkten, wahrgenommen werden.

Mit der Wirkmacht steht das proklamierte Fundament der Technizität der Medien aber generell infrage. Dies muss ja keineswegs die Restaurierung des autonomen und selbstbestimmten bürgerlichen Subjekts zur Konsequenz haben. Allerdings ist seine völlige Auflösung in digitaler Medientechnik auch nicht die einzig vorstellbare Form einer kritischen Dezentrierung. Sicherlich kann die technische Tiefbohrung in die untersten Prozessorschichten interessante Erkenntnisse zutage fördern. In Transistoren, Halbaddierern und Bitregistern aber das medientechnische Apriori des digitalisierten Menschen zu sehen, der „nicht mehr Werkzeugbenutzer sondern Schaltmoment im Medienverbund" (Bolz et al. 1994, S. 13) ist, lässt sich weder theoretisch noch technisch überzeugend begründen, sondern muss axiomatisch gesetzt werden. Oder auch nicht.

Während vor 20 bis 30 Jahren die Medientheorie um eine Beschäftigung mit Kittlers Texten kaum umhinkam, können sie heute mit wenig mehr als einer Fußnote im Medientheorie-Seminar erwähnt werden. ‚Können', nicht ‚müssen' oder ‚sollten'. Aber wie bei Niklas Luhmann ist die Kompromisslosigkeit seiner Texte mit seinem Ableben gewichen und alle, die sich schon zu Lebzeiten unwohl mit seinen Thesen und dem sie vortragenden Duktus fühlten, können sich inzwischen auf das entspannte „Das sagtest *Du!*" zurückziehen. Zumal das Misstrauen nie gänzlich gewichen ist, wieso die Rede vom Tod des Autors, Subjekts und Menschen immer mit Verweis auf konkrete Autoren, Wissenschaftler und Personen erfolgte. Denn „wäre es tatsächlich allein die Technologie, so müßte der Abschied vom Menschen nicht derart propagandistisch zelebriert werden, und schon gar nicht in technischen Schriften" (Hartmann 1997). Aus Sicht einer hermeneutischen Wissenschaft haben poststrukturalistische Texte im Verhältnis zu den von ihnen gefüllten Regalmetern wenig Erhellendes, Konzeptuelles oder Argumentatives zu einer Medientheorie des Computers beigetragen. Diese Kritik trifft eine Textsorte freilich wenig, die die Erhellung ihrer Leser, verständliche Konzepte oder schlüssige Argumente nie als Ziel formulierte, weil sie die damit verbundene Zentrierungen auf Subjekt, Sinn oder Logik längst aufgegeben bzw. für überwunden erklärt hat. Damit erübrigt sich aber jede weitere Argumentation mit dem Ziel der Konsensfindung, *Contra principia negantem non est disputandum* – nicht zu diskutieren ist mit jemandem, der die Grundlagen verneint und dabei gar nicht an Diskussionen interessiert ist. Wer aber an den Grundlagen festzuhalten bereit ist, dass Wissenschaft auch unter den Bedingungen technischer Medien den Versuch intersubjektiver Verständigung durch möglichst klare Begriffe und differenzierte Argumente beibehalten oder zumindest weiterhin anstreben sollte, wird einen Einstieg in eine solche Wissenschaft weder bei Kittler noch in den Texten seines Umfelds finden, das von Geert Lovink und Hartmut Winkler als „Kasseler Schule" bezeichnet wurde, aufgrund der leitenden Position, die Kittler im DFG-Projekt „Literatur und Medienanalyse" von 1986 bis 1990 in Kassel innehatte (1996). Und wer die Auseinandersetzung dennoch versuchen und Subjekt, Sinn und Geist gegen sich selbst schreibende Texte verteidigen möchte, findet u. a. bei Jacques Bouveresse (1984), Manfred Frank (1984), Jürgen

Habermas (1985) oder bei Alan Sokal und Jean Bricmont (1999) genügend Argumente für behutsame Exegese, kritische Diskussionen oder direkte Konfrontation, um sich nicht einfach nur trotziges Klammern an logozentrische Glaubensgrundsätze vorhalten zu lassen, die spätestens mit den Aufschreibesystemen des 19. Jahrhundert als überholt zu gelten haben. Auch Friedrich Kittler wurde vielfach kritisch gewürdigt, von seinen Habilitations-Gutachtern, aber auch von Knut Ebeling, Frank Hartmann, Sybille Krämer, Daniela Kloock und Angela Spahr, Hartmut Winkler oder Geoffrey Winthrop-Young, um nur einige zu nennen. Sein großer Verdienst ist, dass es heutzutage möglich ist, „in der Literaturwissenschaft, in der Philosophie oder in der Geschichtswissenschaft mit Medien zu denken und auch eine Form von transdisziplinärer Herangehensweise zu haben, die sich an den technischen und nicht an den hermeneutischen Strukturen von kulturellen Artefakten orientiert" (Feigelfeld 2015, S. 3), und dass es inzwischen darum gehen kann, „selbst zu programmieren und Schaltpläne zu lesen und damit die Diskursanalyse auch auf jene Aussagen auszuweiten, die Programmiersprache und gebaute Hardware selbst sind" (Pias 2005, S. 240). Wichtig ist in beiden Zitaten das kleine Wörtchen „auch", das ein apodiktisches „nur" ersetzt hat. Damit aber werden Kittlers technische Schriften zur eigenen Botschaft, deren Wirkung anhält, selbst wenn die große Erzählung vom verschwundenen Menschen längst verblasst ist wie am Meeresufer ein Text im Sand.

Literatur

Bolz, Norbert, Friedrich Kittler, und Christoph Tholen. 1994. *Computer als Medium.* München: Fink.

Boole, George. 1847. *Mathematical analysis of logic. Being an essay towards a calculus of deductive reasoning.* Cambridge: Macmillan.

Bouveresse, Jacques. 1984. *Le Philosophe chez les autophages.* Paris: Éditions de Minuit.

Buschmann, Frank, et al. 1996. *Pattern-oriented software architecture. Volume 1, a system of patterns.* Chichester: Wiley.

Dotzler, Bernhard, und Friedrich Kittler, Hrsg. 1987. *Intelligence Service: Schriften/Alan M. Turing.* Berlin: Brinkmann & Bose.

Ebeling, Knut. 2012. Nekrolog Friedrich Kittler: Archäologie der Medien (1985/86). In *Wilde Archäologien 1. Theorien der materiellen Kultur von Kant bis Kittler,* Hrsg. K. Ebeling, 664–739. Berlin: Kadmos.

Feigelfeld, Paul. 2015. Kittler ist ein Lügner. Paul Feigelfeld im Interview. Interview vom 13.12.2013. *Metaphora. Journal for Literary Theory and Media. EV 1: Was waren Aufschreibesysteme?* 1–4. https://metaphora.univie.ac.at/volume1-feigelfeld.pdf. Zugegriffen: Februar 2019.

Frank, Manfred. 1984. *Was ist Neostrukturalismus?* Frankfurt a. M.: Edition Suhrkamp.

Gauger, Hans-Martin. 2012. Gutachten zur Arbeit „Aufschreibesysteme 1800/1900" von Herrn Dr. F. A. Kittler. *Zeitschrift für Medienwissenschaft* 4 (6): 137–144.

Habermas, Jürgen. 1985. *Der philosophische Diskurs der Moderne*. Frankfurt a. M.: Suhrkamp.

Hartmann, Frank. 1997. *Materialitäten der Kommunikation. Zur medientheoretischen Position Friedrich Kittlers*. https://homepage.univie.ac.at/frank.hartmann/Essays/Kittler. htm. Zugegriffen: Februar, 2019.

Hartmann, Frank. 1998. Vom Sündenfall der Software. Telepolis. https://www.heise.de/tp/features/Vom-Suendenfall-der-Software-3601396.html. Zugegriffen: Februar. 2019.

Jackson, Michael. 1995. The World and the Machine. In *Proceedings of the 17th international conference on Software engineering ICSE 1995*, 283–292. Seattle: ACM.

Kaube, Jürgen. 2012. Spucken hilft nicht, Herr Kollege! FAZ Online. https://www.faz. net/aktuell/feuilleton/friedrich-kittlers-habilitationsverfahren-spucken-hilft-nicht-herr-kollege-11727699.html. Zugegriffen: Februar. 2019.

Kittler, Friedrich. 1980. *Die Austreibung des Geistes aus den Geisteswissenschaften. Programme des Poststrukturalismus*. Paderborn: Schöningh.

Kittler, Friedrich. 1985. *Aufschreibesysteme 1800/1900*. München: Fink.

Kittler, Friedrich. 1986. *Grammophon, Film, Typewriter*. Berlin: Brinkmann & Bose.

Kittler, Friedrich. 1989. Die künstliche Intelligenz des Weltkriegs: Alan Turing. In *Arsenale der Seele*, Hrsg. F. Kittler und C. Tholen, 187–202. München: Fink.

Kittler, Friedrich. 1991/1992. Wenn die Freiheit wirklich existiert, dann soll sie doch ausbrechen. Goethes Geist, der Schwur und die Soße der Geisteswissenschaften. http://www.rudolf-maresch.de/interview/19.pdf. Zugegriffen: Februar 2019.

Kittler, Friedrich. 1992. Gleichschaltungen: Über Normen und Standards der elektronischen Kommunikation. In *Interface. Elektronische Medien und künstlerische Kreativität*, Hrsg. K. P. Dencker, 175–183. Hamburg: Hans-Bredow-Institut.

Kittler, Friedrich. 1993a. *Draculas Vermächtnis. Technische Schriften*. Leipzig: Reclam.

Kittler, Friedrich. 1993b. Geschichte der Kommunikationsmedien. In *On Line. Symposion*, Hrsg. H. Konrad, 66–81. Graz: Steirische Kulturinitiative.

Kittler, Friedrich. 1993c. Es gibt keine Software. In *Draculas Vermächtnis*, 225–242. Leipzig: Reclam.

Kittler, Friedrich, Hrsg. 2000. *Shannon, Claude: Ein/Aus: Schriften zur Kommunikations- und Nachrichtentheorie*. Berlin: Brinkmann & Bose.

Kittler, Friedrich. 2002a. *Optische Medien. Berliner Vorlesung 1999*. Berlin: Merve.

Kittler, Friedrich. 2002b. *Short cuts*. Frankfurt a. M.: Zweitausendeins.

Kloock, Daniele, und Angela Spahr. 2000. Die Technizität des Textes. Friedrich A. Kittler. In *Medientheorien. Eine Einführung*, 165–203. München: Fink.

Krämer, Sybille. 2004. Friedrich Kittler – Kulturtechniken der Zeitachsenmanipulation. In *Medientheorien. Eine philosophische Einführung*, Hrsg. L. Lagaay, 201–224. Frankfurt a. M.: Campus.

Lovink, Geert und Hartmut Winkler. 1996. Der Computer: Medium oder Rechner? Telepolis. https://www.heise.de/tp/features/Der-Computer-Medium-oder-Rechner-3412555.html. Zugegriffen: Februar. 2019.

Manovich, Lev. 2002. *The language of new media*. Cambridge: MIT Press.

McLuhan, Marshall. 1964. *Understanding media: The extensions of man*. New York: McGraw-Hill.

Nyquist, Harry. 1928. Certain topics in telegraph transmission theory. *Transactions of the American Institute of Electrical Engineers* 47 (2): 617–644.

Pias, Claus. 2005. „Children of the Revolution." Video-Spiel-Computer als Kreuzungen der Informationsgesellschaft. In *Zukünfte des Computers*, Hrsg. C. Pias, 217–241. Zürich: Diaphanes.

Searle, John. 1990. Cognitive science and the computer metaphor. In *Artificial intelligence, culture and language: On education and work*, Hrsg. B. Goranzon und M. Florin, 23–34. London: Springer.

Shannon, Claude E. 1948. A mathematical theory of communication. *Bell System Technical Journal* 27 (3): 379–423.

Shannon, Claude E. 1949. Communication in the presence of noise. *Proceedings of the Institute of Radio Engineers* 37 (1): 10–21.

Sokal, Alan, und Jean Bricmont. 1999. *Eleganter Unsinn. Wie die Denker der Postmoderne die Wissenschaften mißbrauchen*. München: Beck.

Tufte, Edward. 2006. *The cognitive style of powerpoint. Pitching out corrupts within.* Cheshire: Graphics Press.

Turing, Alan. 1937. On Computable Numbers, with an Application to the Entscheidungs-problem. *Proceedings of the London Mathematical Society* 2/42 (1): 230–265.

Neumann, John. 1945. First draft of a report on the EDVAC. *IEEE Annals of the History of Computing* 15 (4): 27–75.

Weinberger, Christoph. 2010. *Rausch, Rausch, Halluzination und Wahnsinn. Mediale Phantasmen in den Aufschreibesystemen Friedrich Kittlers*. Universität Wien.

Winkler, Hartmut. 1999. Die prekäre Rolle der Technik Technikzentrierte versus ‚anthropo-logische' Mediengeschichtsschreibung. In *[me'diən] Dreizehn Vortraege zur Medien-kultur*, Hrsg. C. Pias, 221–238. Weimar: VDG.

Winthrop-Young, Geoffrey. 2005. *Friedrich Kittler zur Einführung*. Hamburg: Junius.

Kommunikationstheoretische
Schlüsselwerke

Medienphänomenologie (Vilém Flusser)

Katerina Krtilova

Vilém Flussers Essay „Lob der Oberflächlichkeit. Für eine Phänomenologie der Medien", ca. 1983 verfasst und erst posthum im gleichnamigen Band 1995 von Stefan Bollmann und Edith Flusser veröffentlicht, wurde von Flusser selbst als „Einführung in das Universum der technischen Bilder" konzipiert. Diese Rolle übernahm dann die 1985 publizierte Monografie *Ins Universum der technischen Bilder,* in der sich fast alle Motive aus „Lob der Oberflächlichkeit" wiederfinden. Der Essay bleibt im Schatten dieses Buchs, des noch bekannteren *Für eine Philosophie der Fotografie* von 1983 und *Die Schrift. Hat Schreiben Zukunft?* von 1987. Es bietet aber einen Leitfaden, der alle diese Texte, ebenso wie z. B. die später veröffentlichten *Gesten,* die, auch dank der englischen Übersetzung (Flusser 2014), heute international rezipiert werden, verbindet und gleichzeitig wichtige Verschiebungen in der Argumentation nachvollziehen lässt.

1 Der Zerfall des Leitfadens

Flusser greift in seinem Werk immer wieder gleiche Motive – Themen, Metaphern, Argumentationsstränge – auf, bringt sie aber stets in neue Zusammenhänge und verändert die Thesen, sodass sie sich zuweilen widersprechen. Seine Vorgehensweise ist nicht systematisch. Sie kann vielmehr als essayistisch (Ernst 2005, S. 323–362) oder experimentell charakterisiert werden, immer wieder neu ansetzend. Flusser hat seine Texte (Vorträge, Interviews, Videos) nicht in einem

K. Krtilova (✉)
Zürcher Hochschule der Künste, Zurich, Schweiz
E-Mail: katerina.krtilova@zhdk.ch

© Springer Fachmedien Wiesbaden GmbH, ein Teil von Springer Nature 2020   219
I. Ritzer (Hrsg.), *Schlüsselwerke der Medienwissenschaft,*
https://doi.org/10.1007/978-3-658-29325-3_13

akademischen Kontext verfasst und passt ihm seine Schreibweise nie an – die erste Herausforderung für akademische Leser*innen.

Es geht Flusser um nicht weniger als eine umfassende Zeitdiagnose, die das „gerade emportauchende Universum der Punkte" (oder auch Universum der Komputation) in einer grob skizzierten westlichen Kulturgeschichte verankert, mit Anleihen aus anthropologischen, phänomenologischen (Max Schelers, Helmut Plessners, Ernst Cassirers, Edmund Husserls) und frühen medientheoretischen (v. a. Marshall McLuhans) „Geschichten" – bei Flusser immer im Doppelsinn von Erzählung und Geschichte – die allerdings an keiner Stelle explizit thematisiert werden. Flusser beschreibt vier „Schritte der Abstraktion", mit denen sich der Mensch immer weiter von der konkreten Wirklichkeit entfernt: Indem er aus der Umwelt, in die er eingebettet ist, Gegenstände herausreißt (abstrahiert), erschafft er das „Universum der Skulptur" (1995, S. 9). Der Schritt aus dieser dreidimensionalen Wirklichkeit durch die Abstraktion von Tiefe (Oberflächen von Körpern werden damit zu Flächen) führt in das zweidimensionale Universum der Bilder, die sich zwischen Mensch und Umwelt stellen. In einem weiteren Schritt wird aus der Fläche die Linie abstrahiert: Es entsteht das eindimensionale, „lineare" Universum der Texte, dessen Linien dann in die Punkte des nulldimensionalen Universums der Komputation zerfallen.

Dieser letzte Schritt, genauer „Sprung" (1995, S. 16), erweist sich als der Angelpunkt von Flussers Geschichte: Alle vorangegangenen Schritte erklären Flussers Beschreibung des neuen Universums, das er „im Licht der übrigen Universen einzusehen" (S. 11) versucht. Ein vollkommen abstraktes Universum, das technische Bilder als neue Art von Oberflächen wieder konkretisieren, die Leere „überdecken" (S. 37) und das abstrakte Universum wieder erlebbar machen soll. Flusser geht es dabei um einen radikaleren Umbruch als Jean Baudrillard, seinem Zeitgenossen, gegen dessen These der Herrschaft der Simulation – dem Verschwinden des Realen hinter Zeichen des Realen, Repräsentationen, die verdecken, dass sie auf nichts mehr verweisen (Baudrillard 1978) – sich Flusser explizit abgrenzt (Flusser 2003, S. 12). Baudrillards Simulation setzt für ihn eine Art der Abstraktion voraus, die er – mit dem Verweis auf Descartes' *adaequatio intellectus et rei* – als Anpassung des Abstrahierten (von Bildern, Texten) an die nach der Abstraktion „verbliebene[n] Sache" (Flusser 1995, S. 36) beschreibt. Doch diese Abstraktion entspricht nicht dem neuen Universum. Beim Zerfall der Linie in Punkte sind „keine ‚Sachen' übriggeblieben, an welche man das Modell anpassen könnte". Das Anpassen des Modells an „eine verbliebene ‚Sache' (an ein Phänomen) verliert jeden Sinn, wo es keine Phänomene mehr gibt, an welche man anpassen könnte" (S. 36 f.). Beim Zerfall der Texte bleiben nur im Nichts schwirrende Punkte übrig – die keine ausgedehnten Sachen (*res extensae*) sind. Es sind nulldimensionale Punkte, „unmessbar, ein Nichts, und zugleich unermesslich, ein Alles. [...] Im neuen Universum [...] ist nichts mehr fassbar. Die Punkte sind strikt nichts, und es ist ein Irrtum, sich an sie wie an ein etwas halten zu wollen". Sie sind nichts, aber „virtuell alles. Sie sind Möglichkeiten" (S. 17). In dieser, sagen wir, Allegorie des Computers zerfällt Flussers Geschichte der Abstraktion: Die Punkte sind nicht als „ausgedehnte Sachen", als sinnlich-materiell *denkbar* – also nicht nur ein neues Phänomen, das im Rahmen des *adaequatio intellectus et rei*-Modells erfasst wird. Das Modell selbst erweist sich hierbei als inadäquat. In der Formulierung „das gerade emportauchende Universum der Punkte, dieses Gewirr von Atomen und Bits, von Partikeln und Intervallen" (S. 11) fällt auf, dass Punkte, Partikel und Bits in unterschiedliche Kategorien gehören – Punkte entsprechen der ästhetisch-semiologischen Perspektive, mit der Flusser die Universen der Bilder, Texte und Komputation als Flächen-, Linien- und Punkte-Universum beschreibt, Partikel ist ein physikalischer Begriff[1], Bits ein Begriff aus der Informatik. Die in Bits ‚codierte' Welt gehört weder der Ordnung der konkreten Wirklichkeit noch der Symbole (Flächen, Linien, Punkte) an. Flussers Geschichte zerfällt in ihre Metaphern, die im Universum der Bits haltlos werden, in Begriffe, die mit der Sache selbst verschmelzen.

Kommen wir nochmal zum Zerfall der Linie zurück: „Gegenwärtig ist die Linie im Begriff, in ihre Punkte zu zerbröckeln. Das heißt, der Leitfaden, der die Punkte ordnet, ist dabei, abstrahiert zu werden" (S. 16). Was ist Flussers These? Aus seiner Geschichte heraus ist nicht ersichtlich, wieso die Linie in Punkte zerfällt, außer im *performativen* Sinne des Zerfalls des Leitfadens seiner Geschichte, als Metapher des eben skizzierten Zerfalls eines bestimmten Denkmodells (das dem Universum der Texte angehört). „In der geschichtlichen Welt können wir uns an die Leitfäden als an etwas Schlüpfriges, aber doch Fassliches halten. Im neuen Universum aber ist nichts mehr fassbar" (S. 17). Nicht nur das neue Universum ist „als Ganzes in Anführungszeichen" (S. 36) – auch Flussers Geschichte. Es gibt in ihr keine „direkte Rede" (im Unterschied zur indirekten), keine „eigentliche Bedeutung" gegenüber der (bloß) metaphorischen Rede, sondern nur verschachtelte Metaphern, Metonymien, Allegorien und andere Figuren, die jedoch keineswegs als *bloß* rhetorisch verstanden werden können: Flusser verwendet

---

[1]An anderer Stelle von Flusser explizit thematisiert: „Man kann zwar versuchen, sich den Kopf zu zerbrechen, ob ‚Quark' etwas Bedachtes ist (ein Partikel) oder etwas Bedenkendes (ein Symbol), aber dieses Kopfzerbrechen ist selbst nicht wissenschaftlich" (1998, S. 35).

philosophische Begriffe und Methoden ebenso figurativ[2] wie die von ihm erfundenen (Denk-)Bilder, die Flächen, Linien, Punkte, Fäden, Lücken,…. (Abb. 1).

2   Modelle

Der Sprung in das neue Universum, so ließe sich vielleicht Flussers These auf den Punkt bringen, zwingt nicht nur neuen Phänomenen – ‚neuen Medien' – Aufmerksamkeit zu schenken, sondern anders zu denken: „Eine Philosophie der neuen Zeit entsteht von selbst. Nicht nur, weil sich die Themen ändern, sondern weil sich die Methode des Denkens verändert" (Flusser 2003, S. 10). Die etwas überraschende Wendung, die neue Philosophie entstehe „von selbst" findet sich auch in „Lob der Oberflächlichkeit": „Der Leitfaden wird aus den Punkten abstrahiert, nicht etwa, weil sich jemand entschlossen hätte, diesen weiteren Schritt aus der uns angehenden Welt in die Abstraktion zu leisten. Vielmehr zerfällt dieser Leitfaden eher ‚von selbst', und wir sind gezwungen, aus dem Universum der Prozesse ins Universum der Partikel zu springen" (Flusser 1995, S. 16).

Dieses passive Moment unterscheidet Flussers (Nicht-)Methode von der kartesianischen, die er mit dem *adaequatio intellectus et rei*-Prinzip aufruft: Er schlägt keine neue Philosophie vor – wir sind *gezwungen,* anders zu denken, weil sich die Modelle als *Techniken* und *Praktiken* verändern; nicht nur bestimmte Begriffe, sondern das begriffliche Denken, d. h. das Denken in Texten, in Zeilen, ein „schriftliches" Denken, das sich selbstredend verändert, wenn wir immer weniger schreiben und immer mehr rechnen. Dies impliziert eine Verschiebung im Denken des Denkens: Denken ist nicht getrennt von den „ausgedehnten Sachen", denen sich das denkende Subjekt – methodisch von allen Äußerlichkeiten „bereinigt" (und damit klar und deutlich[3]) – zuwendet, sondern ein untrennbar nicht nur mit der Wahrnehmung, sondern auch mit Techniken und Praktiken verbundener Prozess. „Modelle" in diesem Sinne sind weder auf der Seite der „denkenden" noch der „ausgedehnten" Sache(n), sie werden mitgedacht und denken mit. Ohne den Begriff „Medien" oder „(Kultur-)Techniken" in den

---

[2]Im Sinn von Paul de Mans Unterscheidung der figurativen und referentiellen Sprache, vgl. de Man (1997, S. 80–106).

[3]Vgl. Flussers Auseinandersetzung mit René Descartes' Methode in *Vom Zweifel* (2006).

Mittelpunkt zu stellen (sie werden nur beiläufig erwähnt), gilt Flussers Interesse dem *Denken* der Medien oder vielleicht genauer dem medialen Denken und einer *medialen* Reflexion, die mit Dieter Mersch als ein „Blick von der Seite" (Mersch 2008, S. 309) charakterisiert werden könnte: Werden Medien immer mitgedacht, können sie nicht von außen, „objektiv"[4], als Gegenstand betrachtet werden, sondern vielmehr als Spuren, Bahnungen oder Risse *im* Denken. Von der Medialität „können immer nur neue Skizzen gemacht werden", so formuliert es Mersch, „deren Zeichnungen und Aufrisse vor allem querlaufenden Performanzen oder Unterbrechungen entspringen, die von der Seite kommen und in die Strukturen eingreifen, Sprünge und Widersprüche erfinden" (2008, S. 309). Flussers Geschichte ist eine solche Skizze und der Zerfall des Leitfadens eine Art Riss, der sich durch seinen Text zieht ebenso wie durch das Universum der Texte: ein Riss im linearen, geschichtlichen, logischen, wissenschaftlichen Denken, das Flusser nicht „objektiv" beschreibt, sondern als eine Praxis des Abstrahierens von Linien oder „Fädeln", zu dem wir noch zurückkommen werden, also stets in „indirekter Rede" denkt.

Das „Modell" rückt überhaupt erst in den Vordergrund, wenn das Denken in den Modellen des Universums der Texte fragwürdig wird – „die uralten Modelle sind zwar weiterhin wirksam, aber nicht mehr ‚kategorisch'" (Flusser 1995, S. 39). Die alten Modelle des Universums der Texte sind Theorien, Philosophien, Diskurse – „das jüdisch-christliche, das heraklitische oder das Hegelsche Zeitmodell, das ptolemäische, Newtonsche und Einstein'sche Raummodell" (S. 36). Als Modelle identifiziert Flusser sie, indem er den Blick auf den „linearen" Diskurs selbst richtet – die Zeilen, die Schrift –, also einen Perspektivwechsel vornimmt und nicht mehr (nur) Texte liest, sondern das Lesen und Schreiben selbst als mediale Praktik und Technik bedenkt. Schlägt Friedrich Kittler ungefähr zeitgleich mit „Lob der Oberflächlichkeit" in *Aufschreibesysteme 1800/1900* (1985) auch vor, die Aufmerksamkeit auf die Medien(-Techniken) zu lenken, interessiert sich Flusser vor allem für den Perspektivwechsel selbst. Die technischen Aspekte erlauben, das neue „Bewusstsein" (Flusser 1995, S. 17) als

---

[4]Flusser grenzt den phänomenologischen Zugang vom objektiven Modell ab als „the point of view of subject standing above the phenomenon, which is then seen as an object. Objective models show phenomena to be understandable and manipulable objects." Beim phänomenologischen Standpunkt meint er dagegen „[the subject] does not stand above, but within, the phenomenon to be understood and manipulated" (Flusser 2005a, S. 76); zu Flussers (nicht-)phänomenologischem „Einstellungswechsel" vgl. Krtilova (2015, S. 95–118).

solches zu reflektieren. „Das Schreiben der alphabetischen Schrift verwandelt das Denken in einen logischen Prozess und den Sachverhalt in Geschichte" (S. 34). Die Geschichte ist für Flusser nicht *faktisch* zu Ende, weil sich Techniken der Speicherung verändern, sondern weil Geschichte als abhängig von der Kulturtechnik des Schreibens und Lesens erkannt und behandelt werden kann – und die Schrift in die neue Technik des Komputierens eingeht[5]. Geschichte ist nicht mehr das, was wirklich geschehen ist, sondern das *Modell* des Geschichtenerzählens, mit dem Flusser spielt, frei erzählt.

Wissenschaftliche Modelle (wie das heraklitische oder Newtonsche Modell) funktionieren gemäß dem *adaequatio intellectus et rei*-Prinzip: Es werden immer bessere Modelle gesucht, „fortschreitend wahrere Modelle" (Flusser 1995, S. 37), die einen immer größeren Teil der Wirklichkeit erfassen können, ein immer dichter gewebtes Netz über die Wirklichkeit legen. Wenn das Modell aber nicht mehr den verbleibenden Sachen angepasst ist, das (theoretische) Netz nicht mehr die Wirklichkeit einfängt, sondern künstliche Oberflächen (technische Bilder) über den Abgrund des Nichts gespannt werden, sind Modelle nicht mehr Vermittlungen im Sinn von Repräsentationen. Das *Modellieren* ist sozusagen die Sache selbst – die Weise, wie wir die Welt in der ästhetischen und technischen Praxis des „Komputierens" (S. 17 f.) erkennen und erleben.

3 Ins Universum der technischen Bilder

Flusser versucht dieses Modellieren mit dem Übergang von den traditionellen zu den technischen Bildern zu beschreiben – wobei auch in seinen späteren Texten deutlich wird, dass es ihm selbst schwerfällt, es konsequent gegen das Prinzip des Anpassens des Modells an die Wirklichkeit abzugrenzen: Anders als traditionelle Bilder verweisen technische nicht auf eine durch das Bild vermittelte Wirklichkeit, sondern projizieren eine Wirklichkeit, die allein dem Programm des Apparates entspricht. Damit können auch „unmögliche" Bilder entstehen, „zum Beispiel in die vierte Dimension gekrümmte Sphären oder Möbiusbänder" (Flusser 1995, S. 56). Sie sind „nicht etwa Verzerrungen von konkreten Gegenständen, sondern [sie] sind objektiv ‚treue' Projektionen von in Bits zerlegte Gleichungen, welche in ein Computergedächtnis gefüttert wurden" (S. 56). In der Konsequenz könnten Computer selbst, und vielleicht mehr noch Quantencomputer, als in der konkreten Welt „unmögliche Gegenstände" verstanden werden.

---

[5]Zur Verbindung von Schrift und Zahl bei Flusser vgl. Weigel (2006).

Eine computergenerierte Landkarte der USA, folgen wir Flussers Beispiel, zeigt nicht ein „Bild der Vereinigten Staaten, sondern ein Bild von Begriffen hinsichtlich der Vereinigten Staaten". Sie ist „dem Computerprogramm treu und nicht dem Phänomen ‚Vereinigte Staaten'" (1995, S. 51 f.). Flussers Beobachtung ließe sich auch auf aktuelle technische Bilder anwenden: „Meine Landkarte der Vereinigten Staaten ist ein ‚gültiges Modell', sie ist ‚treu' und objektiv, nicht weil sie sich irgendwie mit der Oberfläche der Vereinigten Staaten deckt, sondern weil in ihr die verfügbaren Daten konsistent koordiniert sind" (S. 53). Flusser geht es dabei nicht, um es noch einmal zu betonen, primär um eine revolutionäre Technologie, die „objektiv" betrachtet neue Tatsachen schafft, sondern vielmehr um einen radikalen Perspektivwechsel – nach dem Sprung ins neue Universum gilt: „The map is the territory" (Siegert 2011).

Dieser Sprung wirft damit auch die Frage der kritischen Perspektive auf das neue Universum auf: Wir kritisieren heute „Modelle, welche das Phänomen entworfen haben, das wir untersuchen wollen, und wir kritisieren sie nach informatorischen Kriterien" (Flusser 1995, S. 42). Heute wird deutlicher als in den frühen 1980ern, wieso wir damit an einen kritischen Punkt in Flussers Geschichte gelangen:

Folgt das Kritisieren nach informatorischen Kriterien nicht im Gegenteil unkritisch-affirmativ der Logik digitaler Technologie und der „technologischen Innovation" als einer Ideologie des Fortschritts, des Wachstums, der Produktion? Verlieren wir nicht mit dem begrifflichen Denken des Universums der Texte die Fähigkeit zur Kritik? Flussers Beschreibung des Universums der Komputation bleibt in „Lob der Oberflächlichkeit", und mehr noch im Kontext seiner späteren Texte zur „neuen Einbildungskraft" (Flusser 1989, S. 32), ambivalent: Einerseits scheint das neue Universum ein emanzipatorisches Projekt zu sein, das von Setzungen der Tradition befreit, neue Erkenntnisse und eine neue Art von Kreativität ermöglicht. Andererseits beschreibt Flusser das neue Universum als Abgrund, auf den nur *Oberflächen* aufgesetzt werden, nur als das oberflächliche Zusammensetzen von Punkten, das nicht den Abgrund, ja gar keine Tiefe zulässt, sondern nur einen Zirkel aus Programmierung (1995, S. 55 ff.).

Die Vision der Komputation ist ohne Zweifel der Kybernetik verpflichtet:[6] der Computer als „modellierende" Technologie und *das* Erkenntnismodell, das die

---

[6]Flusser trat 1959 in die brasilianische Kybernetische Gesellschaft ein und befasste sich bereits in seinem 1963 erschienenen Text *Lingua et realidade* mit der Möglichkeit künstlicher Intelligenz auf Grundlage mathematisch-logischen Denkens, vgl. Hanke (2006).

Lesbarkeit der Welt durch ihre Berechenbarkeit ersetzt; Komputation als Techno-
logie, die eine vollkommene Modellierbarkeit und Manipulierbarkeit ermöglicht –
nicht den Sachen angepasst wird, sondern umgekehrt, (Tat-)Sachen schafft.
Flussers Computer-Universum hat dabei eine dezidiert ästhetische Dimension:
Modellieren bedeutet das Gestalten der Welt, das Schaffen neuer (technischer)
Bilder, die ein neues Erleben ermöglichen (1995, S. 41 f.). „Wir sind nicht mehr
Forscher, sondern Erfinder, nicht mehr Wissenschaftler, sondern Künstler" (1995,
S. 46). Während Forschung theoretische Modelle liefert (im Abstand von den
Phänomenen, sie „überblickend", siehe Fußnote 4), ist das Modellieren im Uni-
versum der technischen Bilder eine *ästhetische Praxis.* Diese Praxis fügt sich
in die Geschichte des Fortschritts. Die vorangegangenen Schritte werden mit
dem letzten auf einer höheren Stufe des (wissenschaftlichen) Erkennens und
(technischen) Erfassens der Wirklichkeit aufgehoben. Performativ erreicht damit
Flussers Geschichte eine neue Reflexionsstufe (Ernst 2005, S. 354 f.): die nach-
geschichtliche Perspektive, die das alte Modell historischer Zusammenhänge
durch „informatorische Kriterien" ersetzt. Die Geschichte zerfällt in Punkte, Bits,
die zu neuartigen Bildern „gerafft" werden, Bildern, die aufgrund von wissenschaftlichen Texten entstehen.

Die kryptische Formulierung am Ende von „Lob der Oberflächlichkeit", die
Leere des komputierten Universums wird mit „Oberflächen von Begriffen"
(Flusser 1995, S. 58) gefüllt, korrespondiert mit Flussers Bestimmung der
technischen Bilder als „Bilder von Begriffen" (1983, S. 34), die er in *Für eine
Philosophie der Fotografie* ausführt. Die Beschreibung von Bildern als Flächen,
abstrahiert von Oberflächen, wird hier mit der Metonymie des Begriffs, der im
Universum der Texte für wissenschaftliche Begriffe und wissenschaftliche Texte
steht, verschränkt. In der *Philosophie der Fotografie* heißt es: Für den naiven
Betrachter von Fotografien stellen sie die Welt selbst vor, gelten als „objektiv".
Doch eigentlich bedeuten sie nicht die Welt dort draußen, sondern Texte (1983,
S. 14) oder anders wissenschaftliche Begriffe, „zum Beispiel theoretische
Begriffe der Optik" (1983, S. 38 f.). Doch um zu „Lob der Oberflächlichkeit"
zurückzukommen: Die neuen Bilder sind keine Bilder: „Wie die traditionellen
scheinen auch die technischen Bilder konkrete Phänomene zu bedeuten. Tatsächlich bedeuten sie Punkt für Punkt jene Bit-Elemente, aus denen ihre Programme
zusammengesetzt sind. Sie bedeuten die Kalkül-Elemente" (1995, S. 58). Diese
neue Verwendung wissenschaftlicher Begriffe (Texte) ist problematisch: Anstatt
das magische Bilder-Universum wissenschaftlich zu erklären und kraft „begrifflichen Denkens" (S. 14) in das Universum der Texte zu verwandeln, trans-
formieren technische Bilder wissenschaftliche Begriffe in eine „Magie zweiten
Grades" (Flusser 1983, S. 14). Damit ist keine wissenschaftliche, „textuelle"

Kritik der Bilder mehr möglich. „Es gibt für uns nichts mehr zu zählen, zu erzählen oder zu erklären. Wir können uns nicht mehr gegen das bildverhaftete, magische Dasein und Denken zugunsten eines wissenschaftlichen Denkens und historischen Daseins engagieren" (1983, S. 45 f.).

Flussers Beschreibung des neuen Universums balanciert damit immer am Abgrund: Würden wir in das neue Universum springen und das alte Universum, also die Texte, die Wissenschaft, Logik, Geschichte hinter uns lassen, verlören wir die Fähigkeit kritisch zu denken. Die neue Philosophie ginge *jenseits* des Sprungs im Modellieren-Komputieren – wie es Flussers „neue Einbildungs-kraft" nahelegt – in einer, heute würden wir sagen, posthumanistischen Vision der immer schon künstlichen (menschlich-maschinellen) Intelligenz[7] – auf. Flussers Medienphilosophie ist allerdings *diesseits* des Sprungs zu verorten: Er denkt aus dem Sprung heraus, immer noch schreibend, wie er in seiner *Schrift* betont (2002, S. 13). Das neue Bewusstsein und Erleben kann nur, im *Unterschied* zu den anderen Arten des Bewusstseins und Erlebens an der *Schwelle* des Universums der Texte, in den Brüchen oder Rissen des zerfallenden schriftlichen-geschicht-lichen-logischen-linearen Denkens, reflektiert werden. Wenn oder solange das Modellieren von Wirklichkeiten noch nicht die einzige Wirklichkeit ist.

4 Die Geste des Fädelns

Das neue Universum können wir nur aus dem Universum der Texte heraus ver-stehen. Diese Einsicht wird in Flussers Beschreibung der Geste des Fädelns deut-lich, die die verschiedenen Ebenen seiner Geschichte verbindet: die Geschichte des technisch-wissenschaftlichen Fortschritts, die ins vollkommen modellier-bare Universum führt, die „Geschichte" oder eher die Skizze der Abstraktion, die von Oberflächen zu Linien zu Punkten zu neuen Oberflächen bzw. technischen Bildern führt, und den performativen Zerfall des Leitfadens von Flussers Geschichte.

Diese performative Dimension kommt gleich anfangs in der Beschreibung der Geste des Fädelns zum Ausdruck, die „beabsichtigt, hinterrücks die Geste der

---

[7]Flusser spannt auch in „Lob der Oberflächlichkeit" den Bogen vom Willendorfer – „Die aus dem Hirschgeweih herausgeschnitzte Venus ist ein künstlicher Eingriff in einen vor-gestellten Umstand. Der Mensch ist ‚Künstler' geworden" (Flusser 1995, S. 12 f.) – zum Computerprogrammierer.

Wissenschaft zu schildern, diese[r] wichtigste[n] Geste allen Fädelns" (Flusser 1995, S. 24):

> Um fädeln zu können, muss man über dreierlei verfügen: über lose, durchlöcherbare Elemente – zum Beispiel Muscheln, Perlen oder Erbsen –, über Schnüre und über eine Nadel. Das Fädeln geht folgendermaßen vor sich: Man erblickt eine Szene, in welcher sich verschiedene Elemente zueinander verhalten, zum Beispiel eine Strandszene, in der verschiedene Muscheln irgendwie im Sand gruppiert sind. [...] [A]n den erblickten Sachverhalten interessieren nur die fädelbaren Elemente – alle übrigen, und auch die zwischen ihnen bestehenden Verhältnisse, bleiben unbeachtet. [...] An diesen Ketten wird man nun so lange herumfingern, bis sie irgendeinem vorgefassten Kriterium entsprechen: bis sich die Elemente darin nach Größe oder Farbe oder Form ordnen. Ist nun die hypothetische Kette so, wie sie sein soll, dann wird man mit einer Nadel kleine, möglichst unsichtbare, Löcher in die Elemente stoßen. [...] Daraufhin wird man, mit Nadel und Faden versehen, die Elemente miteinander verketten (Flusser 1995, S. 24).

Aus der nachgeschichtlichen Perspektive bedeutet das: „Ketten sind nicht einfach hinzunehmen, so wie man Sachverhalte hinnimmt. Es verstecken sich hinter ihnen unsichtbare Fäden und abgelegte Nadeln" (1995, S. 25). Das Anpassen der Modelle an die Wirklichkeit stellt sich aus dieser Sicht als eine Manipulation, eine Bearbeitung der Wirklichkeit heraus: Es muss zunächst eine Wirklichkeit *hergestellt* werden, die sich auf entsprechende Weise – mit wissenschaftlichen Methoden – behandeln lässt. Das freie Modellieren im Universum der Komputation steht damit in der Tradition nicht nur eines wissenschaftlichen, sondern auch *technischen* Denkens. Schon in einem Text von 1964, „Thought and Reflection", hat Flusser das neuzeitliche westliche, kartesianische Denken als „mysterious double purpose of understanding and modifying the world" charakterisiert, die Wissenschaft als Methode des Verstehens und die Technik als Methode der Manipulation von Objekten (Flusser 2005b, S. 1). Technik und Wissenschaft fallen in eins, wenn „our thoughts can be reduced to mathematical and formally logical structures". Damit läuft Denken – im Sinne von „Lob der Oberflächlichkeit" als Anpassen von Modellen – ins Leere, „because it will mean perfect planning reducible to zero" (2005b, S. 6). Flusser nimmt damit sein nulldimensionales Universum der Punkte vorweg: Das mathematisch-logische Denken wird zur (digitalen) Technologie und bestimmt, was Denken (oder „Intelligenz") heißt. Das Komputieren der Punkte, Partikel, Bits ist zugleich symbolisch und real. Der wissenschaftliche Diskurs zerfällt in nicht-diskursive, technische Operationen des Komputierens. Das Anpassen des Modells an die Sache verliert seinen Sinn, Modell und Sache fallen in eins.

Technische Bilder sind nicht nur keine Flächen, weil sie Zahlen „bedeuten", d. h. nicht betrachtet, sondern dekodiert werden und völlig ‚un-sinnlich' prozessiert werden. Als Bilder von Begriffen verändern sie die Funktionsweise von wissenschaftlichen Begriffen und Texten radikal: Sie werden nicht an die Wirklichkeit angepasst, sondern stellen sie her. An diesem Punkt ist es in Flussers Geschichte nur ein kleiner Schritt (oder eher Sprung) zu Martin Heideggers Beschreibung des wissenschaftlichen Weltbildes: „Weltbild, wesentlich verstanden, meint daher nicht ein Bild von der Welt, sondern die Welt als Bild begriffen. Das Seiende im Ganzen wird jetzt so genommen, dass es erst und nur seiend ist, sofern es durch den vorstellend-herstellenden Menschen gestellt ist" (Heidegger 2003, S. 89). Die Gefahr der modernen Technik, so formuliert es Heidegger, ist die Konsequenz des „vorstellenden Herstellens" (2003, S. 94), das technisch realisiert werden kann – als vollkommen berechenbare, verfügbar gemachte Wirklichkeit. Wie unsichtbar die Löcher, Nadel und Faden auch werden – das „freie" Modellieren erfordert ebenso einen Eingriff, die das Komputierbare erst herstellt. Der Sprung ins Universum der Komputation führt nicht in die Freiheit, sondern in den Zwang der Modellierbarkeit – alles muss komputierbar werden.

Flussers Beschreibung des neuen Universums lässt die Konsequenzen offen. Sie plädiert sowohl für die Möglichkeit, neue Modelle zu schaffen und warnt vor dem Verlust des kritischen Denkens. Flusser wagt den Sprung aus seiner eigenen Geschichte – den Sprung in ein anderes Denken, das mit dem wissenschaftlichen (logischen, geschichtlichen) bricht und Begriffe und Methoden aus der Philosophie(geschichte) re-kombiniert, um aus ihnen Figuren zu modellieren, deren ironischer Unterton heute vielleicht wirksamer zur Kritik der allumfassenden Komputation auffordert als ein apokalyptisches Ende der Geschichte.

Literatur

Baudrillard, Jean. 1978. Präzession der Simulakra. In *Agonie des Realen*, Hrsg. J. Baudrillard, 7–70. Berlin: Merve.

de Man, Paul. 1997. Der Widerstand gegen die Theorie. In *Romantik. Literatur und Philosophie*, Hrsg. V. Bohn, 80–106. Frankfurt a. M.: Suhrkamp.

Ernst, Christoph. 2005. *Essayistische Medienreflexion. Die Idee des Essayismus und die Frage nach den Medien.* Bielefeld: Transcript.

Flusser, Vilém. 1983. *Für eine Philosophie der Fotografie (Edition Flusser)*. Göttingen: European Photography.

Flusser, Vilém. 1989. *Ins Universum der technischen Bilder.* Göttingen: European Photography.

Flusser, Vilém. 1995. Lob der Oberflächlichkeit. In *Lob der Oberflächlichkeit. Für eine Phänomenologie der Medien, Schriften,* Bd. 9, Hrsg. S. Bollmann und E. Flusser. Mannheim: Bollmann.

Flusser, Vilém. 1998. *Vom Subjekt zum Projekt. Menschwerdung.* Frankfurt a. M.: Fischer.

Flusser, Vilém. 2002. *Die Schrift. Hat Schreiben Zukunft?* Göttingen: European Photography.

Flusser, Vilém. 2003. Gespräch mit Florian Rötzer. In *Absolute Vilém Flusser,* Hrsg. S. Wagnermaier und N. Röller. Freiburg: Orange press.

Flusser, Vilém. 2005a. On the crisis of our models. In *Writings,* Hrsg. A. Ströhl, 75–84. Minneapolis: University of Minnesota Press.

Flusser, Vilém. 2005b. Thought and reflection. Flusser Studies 1/2005. http://www.flusser-studies.net/sites/www.flusserstudies.net/files/media/attachments/thought-reflection01.pdf. Zugegriffen: 4. Juni 2019.

Flusser, Vilém. 2006. *Vom Zweifel.* Berlin: European Photography.

Flusser, Vilém. 2014. *Gestures.* Minneapolis: University of Minnesota Press.

Hanke, Michael. 2006. Vilém Flussers Sprache und Wirklichkeit von 1963 im Kontext seiner Medienphilosophie. Flusser Studies 2, 2006. http://www.flusserstudies.net/sites/www.flusserstudies.net/files/media/attachments/sprache-wirklichkeit02.pdf. Zugegriffen: 5. Juni 2019.

Heidegger, Martin. 2003. Die Zeit des Weltbildes. In *Holzwege,* Hrsg. F.-W. von Herrmann, 75–113. Frankfurt a. M.: Vittorio Klostermann.

Kittler, Friedrich. 1985. *Aufschreibesysteme 1800/1900.* München: Fink.

Krtilova, Katerina. 2015. Medienreflexiv. Zur Genese eines Verfahrens zwischen Martin Heidegger und Vilém Flusser. In *Internationales Jahrbuch für Medienphilosophie* 1/2015, Hrsg. D. Mersch und M. Mayer, 95–118. Berlin: De Gruyter.

Mersch, Dieter. 2008. Tertium datur. Einleitung in eine negative Medientheorie. In *Was ist ein Medium?* Hrsg. S. Münker und A. Roesler, 304–321. Frankfurt a. M.: Suhrkamp.

Siegert, Bernhard. 2011. The map is the territory. *Radical Philosophy* 169. https://www.radicalphilosophy.com/article/the-map-is-the-territory. Zugegriffen: 4. Juni 2019.

Weigel, Sigrid. 2006. *Die „innere Spannung im alpha-numerischen Code" (Flusser). Buchstabe und Zahl in grammatologischer und wissenschaftsgeschichtlicher Perspektive. International Flusser Lecture.* Köln: Walther König.

Mediologie (Régis Debray)

Thomas Weber

Der Begriff *Mediologie* ist keine alternative Benennung für Medienwissenschaft, sondern bezeichnet ein eigenständiges, transdisziplinäres Projekt, das ursprünglich in Frankreich entwickelt wurde, international zahlreiche Anhänger fand, sich gleichwohl aber nie institutionalisierte: Die Mediologie blieb eine Disziplin in Gründung oder eine Methode (im Sinne einer besonderen Perspektive). Sie weist viele Parallelen zur deutschen Medienwissenschaft auf, ist aber im Vergleich dazu stärker fokussiert auf mediale Übermittlungsprozesse. Im Folgenden soll zunächst die Genealogie der Mediologie aufgezeigt werden, aus denen auch ihre Rezeption bzw. auch ihre Nicht-Rezeption hervorgeht, um dann die Besonderheiten der Mediologie im Vergleich zur deutschen Medienwissenschaft zu skizzieren.

1 Genealogie

Die Mediologie entwickelte sich in den 1990er Jahren – angestoßen von Régis Debray – in Frankreich nach eigenem Selbstverständnis als Wissenschaftsdisziplin in Gründung. Obwohl nicht als Fach an den Universitäten verankert, fand das Projekt rasch eine große Anzahl von Unterstützern, die die Mediologie zu einem transdisziplinären Ansatz ausgebaut haben. Die Mediologie definiert sich nicht durch den Gegenstand ‚Medien‘, sondern durch ihre Methode. Der Wortteil ‚Medio‘ steht nicht für Medium, sondern bezeichnet ein Ensemble von technisch und sozial bestimmten Mitteln der symbolischen Übermittlung.

T. Weber (✉)
Universität Hamburg, Berlin, Deutschland
E-Mail: thomas.weber@uni-hamburg.de

Als Analysemethode schlägt die Mediologie die Untersuchung der komplexen Korrelation zwischen einem symbolischen Körper (z. B. einer Doktrin, einem künstlerischen Genre, einer Religion, einer ästhetischen Form), einer Form der kollektiven Organisation (z. B. einer Partei, einer Schule, einem Industriezweig, einem Wirtschaftssystem) und einem technischen System der Kommunikation (technisches Medium, Speicher- oder Archivierungssystem etc.) vor. Damit konzentriert sich die Mediologie nicht auf einzelne Aspekte von Medien, sondern auf den Zusammenhang von Medientechnik, Medienorganisation und Medien- ästhetik und somit auch auf deren Wirkungskraft oder Macht. Sie befasst sich also nicht primär mit Massenmedien, sondern mit der Medialität von Kultur.

Die Mediologie ist streng genommen keine Medientheorie und erhebt auch nicht diesen Anspruch; sie wurde zudem nicht von einem einzelnen Autor ent- wickelt, sondern von einer Vielzahl von Vertreter*innen der unterschiedlichsten Disziplinen, kurzum: einem ausdifferenzierten wissenschaftlichen Diskursfeld.

Erstmals taucht der Begriff Mediologie, wenn auch noch nicht programmatisch aufgeladen, in der von Régis Debray vorgelegten Studie *Le pouvoir intellectuel en France* (Debray 1979) auf, die damals als Provokation empfunden wurde. Debray verstand es, den französischen Intellektuellen ihre materielle Basis wie einen Spiegel vorzuhalten: Anstatt von Esprit sprach er von Jahresgehältern; anstatt individueller Verdienste zählte er Einkommens- klassen und Berufsstände auf, die überhaupt materiell zu einer intellektuellen Beschäftigung in der Lage waren. Die französische Öffentlichkeit war damals empört, da Debray das geliebte Selbstbild antastete, was zu entsprechenden polemischen Gegenreaktionen führte. Die Arbeit wurde 1982 unter dem Titel *Voltaire verhaftet man nicht* ins Deutsche übersetzt (Debray 1981), fand aber hierzulande keine Anknüpfungspunkte.

Ende der 1980er Jahre besann sich Debray, der lange Jahre in der Regierung von François Mitterrand tätig gewesen war und sich nun gerade aus der aktiven Politik zurückgezogen hatte, auf seinen mediologischen Ansatz zurück und baute ihn konzeptionell aus. Auf Einladung des in Frankreich renommierten Kommunikationswissenschaftlers Daniel Bougnoux entstand eine Serie von Vor- trägen an der Universität Grenoble, die 1991 unter dem Titel *Cours de médiologie générale* herausgegeben wurde und die den Charakter einer programmatischen Initiationsschrift hatte. Es folgte 1992 die Publikation *Vie et mort de l'image. Une histoire du regard en Occident,* einem der mediologischen Hauptwerke von Debray (1992), in dem er die Wirkungskraft von Bildern erkundete und das 1999 unter dem deutschen Titel *Jenseits der Bilder. Eine Geschichte der Bildbetrachtung im Abendland* herauskam (Debray 1999a); es folgten die *Manifestes médiologiques,* die von Debray als verspätete Habilitationsschrift eingereicht wurden (Debray

1994), welche später dann auch zu seinem Ruf als Professor für Philosophie nach Lyon führte; 1997 *Transmettre* (Debray 1997a) und (2000) die *Introduction à la Médiologie,* die 2004 *als Einführung in die Mediologie* gleichfalls auf Deutsch herauskam, um hier nur einige der zentralen Publikationen von Debray zu nennen.

Auch wenn das Bild der Mediologie in starkem Maße von Régis Debray als charismatischem Initiator geprägt wurde, war für den Erfolg dieses Ansatzes entscheidend, dass er zahlreiche andere Wissenschaftsautor*innen inspirierte und zur Gründung einer neuen Community anregte: 1996 wurde die französische Gesellschaft für Mediologie, AD REM (Association pour le Développement de la Recherche en Médiologie) genannt, mit ca. 400 Mitgliedern gegründet. Eine eigene Buch-Reihe zur Mediologie, genannt *Le champ médiologique,* wurde 1997 bei den angesehenen Éditions Odile Jacob eröffnet. Von 1996 bis 2004 erschienen die aufwendig gestalteten *Cahiers de médiologie* regelmäßig zweimal im Jahr in einer Auflage von rund 7000 Exemplaren, die sich ein deutlich breiteres Publikum erschlossen als für wissenschaftliche Fachzeitschriften üblich und schließlich auch zu einer eigenen, regelmäßig ausgestrahlten Radiosendung führten. In den *Cahiers de médiologie* wurden sehr heterogene Themen verhandelt wie z. B. die Straße, das Papier, das Fahrrad, der Unterschied zwischen Kommunizieren und Übermitteln oder der Kosovo-Krieg.

2005 wurden die *Cahiers de médiologie* von der etwas schlichter gestalteten Zeitschrift *Médium* abgelöst, die aber eine ähnlich breite Themenpalette beibehielt. Die Autor*innen im Feld der Mediologie stammen aus den unterschiedlichsten Disziplinen. Neben Régis Debray seien hier nur die Kommunikationswissenschaftler Daniel Bougnoux und Jacques Perriault, die Kulturhistorikerin Catherine Bertho-Lavenir, die Philosophen François Dagonet und Pierre Lévy oder die Kommunikationswissenschaftlerin und Fotografin Louise Merzeau als Beispiele genannt. Nimmt man die zahllosen Kolloquien, Veranstaltungen, Tagungen und Sonderprogramme hinzu, dann partizipierte am Projekt Mediologie eine breite Palette von Wissenschaftler*innen und Intellektuellen: Ein Jacques Derrida fand sich ebenso ein wie ein Bernard Stiegler, der bekannte Filmkritiker Jean-Michel Frodon ebenso wie der französische Ex-Premierminister Laurent Fabius, der schon mal zu einer mediologischen Sondersitzung ins Parlament einlud (Travail médiologique 1998).

Die Mediologie blieb als Projekt nicht unumstritten. Zu nennen sind etwa Reaktionen von angrenzenden Disziplinen, die der Mediologie das Recht auf Autonomie rundweg absprachen, wie etwa der in Frankreich bekannte Soziologe Bernard Miège (1998, S. 288 f.). Pierre Bourdieu verstieg sich in seinem kleinen Band *Sur la télévision* (1996) sogar zu einer Polemik gegen die Mediologie, die allerdings auch wiederum Reaktionen gegen Bourdieu selbst hervorrief (siehe hierzu insbesondere die Reaktion von Debray 1997b und Bougnoux 1997).

Zwar gibt es bis heute keinen Lehrstuhl für Mediologie, doch ist es ihr letzt-hin gelungen, einem z. T. festgefahrenen wissenschaftlichen Diskurs nicht nur neue Impulse zu geben, sondern auch Wissenschaftsdebatten zu einer gewissen Popularität zu verhelfen.

Einer der Gründe für den Erfolg war, dass es in Frankreich eine, im Ver-gleich zu Deutschland, andere disziplinäre Aufteilung von Film-, Medien-, Kommunikations- und Informationswissenschaft gab (siehe dazu Averbeck 2000; Averbeck-Lietz 2010; Weber 2008, S. 123 ff.). Es bestand vor allem ein Nach-holbedarf an einer kulturwissenschaftlichen Auseinandersetzung mit Medien, die insbesondere auch die technisch-materiale Dimension mit einbezieht.

Die Auseinandersetzung mit der kulturprägenden Kraft der Materialität und der Medialität von symbolischen Übertragungs- und Übermittlungsprozessen betraf dabei nicht nur die medienwissenschaftlich orientierten Disziplinen, sondern affizierte auch angrenzende Wissenschaften wie die Philologien, die Soziologie, die Ethnographie oder die Geschichtswissenschaften, die mit der Analyse der Eigendynamik des Medialen die Erklärungsmacht ihrer Methoden stärken konnten. Die Mediologie lieferte hierfür zwar kein ausgearbeitetes Methodeninstrumentarium, wohl aber eine Perspektive und einen Fragenkatalog, der auf die blinden Flecken der bisherigen Ansätze zielte.

Auch im Ausland blieb die Mediologie nicht unbeachtet: In Kanada etwa griff Derrick de Kerckhove, Direktor des renommierten *McLuhan Centre for Culture and Technology* in Toronto, die Mediologie auf. Er sah in ihr eine Wissenschaft, die die Grammatik der medialen Effekte untersucht (Kerckhove 1998, S. 286) und dafür auch einen eigenständigen disziplinären Platz braucht. In anderen Ländern hing es immer wieder von einzelnen, aufgrund der Über-setzungssituation meist frankophilen Autor*innen ab, inwieweit eine Rezeption und damit auch eine Wirkung erfolgte. Dies gilt auch für Deutschland, wo bis-lang nur vier mediologische Schriften von Régis Debray übersetzt wurden: 1999 eines der Hauptwerke der Mediologie: *Jenseits der Bilder. Eine Geschichte der Bildbetrachtung im Abendland* (1999a) (Originaltitel *Vie et mort de l'image. Une histoire du regard en Occident*) und im gleichen Jahr der programmatische Auf-satz „Für eine Mediologie" (1999b), danach 2003 die *Einführung in die Medio-logie* (Originaltitel *Introduction à la médiologie*) und schließlich 2008 der Aufsatz „Die Geschichte der vier ‚M'".

Diese wenigen Texte genügten jedoch, um in Deutschland eine Auseinander-setzung mit Debray – etwa durch Hans Küng, Constantin von Barloewen oder Peter Sloterdijk – anzuregen, oder aber sich in den eigenen Arbeiten intensiver mit der Mediologie zu befassen wie etwa Hans Belting, Lorenz Engell, Joseph Vogl, Walter Seitter, Sybille Krämer (2008), Frank Hartmann (2003) oder Thomas Weber. Eine erste mediologische Tagung mit deutschen und französischen Wissenschaftlern fand 1998 in Paris statt, dokumentiert in dem Band *Mémoire et Médias* (Merzeau und Weber 2001), die nächste Tagung dann 2007 in Berlin, dokumentiert in dem Band *Mediologie als Methode* (Mersmann und Weber 2008), bei der die Mediologie als transdisziplinäres Projekt auch fachpolitisch konturiert wurde. Dabei wurde auch deutlich, dass sowohl innerhalb der französischen Debatte wie auch in der internationalen Auseinandersetzung die Mediologie nicht als einheitliches Projekt existiert, sondern abhängig von den jeweiligen Interessenkonstellationen je eigene Adaptionen entwickelt wurden, die zugleich auch die Mediologie als transdisziplinäres Projekt weiterentwickelt haben. Ein Indiz für den Bedarf nach einem derartigen Diskurs ist die von der französischen Mediologie unabhängig entwickelte Buchreihe „Mediologie", die ohne Kenntnis der französischen Vorbilder ganz ähnliche Ansätze entwickelte (z. B. Jäger und Stanitzek 2002; Jäger 2004, 2013).

2   Mediologie als Diskursfeld

Das Bild der Mediologie in der Öffentlichkeit wurde nicht nur von Régis Debray bestimmt, sondern auch von einem ausdifferenzierten Diskurs, der in den verschiedenen Publikationslinien zum Ausdruck kommt und eine große Bandbreite an Positionen widerspiegelt. Gleichwohl spielen seine Schriften eine entscheidende Rolle, da sie vor allem in der Anfangsphase eine zentrale Referenz bildeten und damit zu einem Grundverständnis der Mediologie beitrugen. Dieses prägte auch die Vorstellung nachfolgender Autor*innen im Feld der Mediologie, auch wenn diese sich von einigen Details bewusst abgrenzten oder neue Aspekte des mediologischen Projekts entwickelten. Die folgenden Ausführungen stellen daher zunächst einige kanonische Überlegungen zur Mediologie vor, die vor allem von Régis Debray geprägt wurden.

2.1   „Transmettre" oder „transmission culturelle"

Eine der zentralen Begriffe der Mediologie ist ‚transmettre‘, was man im Deutschen mit ‚übertragen‘, ‚übermitteln‘ oder ‚vermitteln‘ übersetzen könnte. Da ‚transmettre‘ im Gegensatz zu ‚kommunizieren‘ nicht an sprachliche Codes gebunden ist, kann damit ebenso die Übermittlung von Ideen wie auch von materiellen Gütern bezeichnet werden. So lässt sich Geld oder Grundeigentum genauso übermitteln oder übertragen wie politische Macht oder ein Fußballspiel. Kommunikation ist prinzipiell ein räumlicher Transport, der ein Netz knüpft (wie z. B. das Internet), bei dem es immer einen Sender und einen Empfänger gibt, die zwar an unterschiedlichen Orten, nicht aber in verschiedenen Zeitaltern sein können. Demgegenüber tritt die Übermittlung als ein Transport in der Zeit auf, der zeitlich voneinander entfernte Subjekte miteinander verbinden und sogar zwischen Toten und Lebenden vermitteln kann. Sie erfordert nicht die physische Präsenz eines Senders und kann sich über Jahrhunderte hinweg vollziehen. Die kulturelle Übermittlung ist immer geknüpft an materielle Bedingungen, und zwar in doppelter Weise: zum einen durch die konkrete Organisation des Materials, also z. B. von Farbe und Leinwand zu einem Gemälde, zum anderen durch die materielle Organisation, das heißt die gesellschaftlichen Rahmenbedingungen. Diese Materialität wurde bisher in den ideenorientierten Diskursen des Abendlandes meist ignoriert oder sogar negiert, wie Debray kritisiert. Für sie mache es keinen Unterschied, ob eine philosophische Idee mit Tinte und Feder, Schreibmaschine oder PC zu Papier gebracht, ob ein Manuskript handschriftlich kopiert oder mittels Rotationspresse vervielfältigt und verbreitet wurde, da sie die Ideen losgelöst von ihren materialen und materiellen Produktions- und Rezeptionsbedingungen betrachten.

Mit Blick auf diese ideenorientierten Diskurse postuliert Debray, dass die Mediologie gerade jene unscheinbaren, von der Philosophie häufig verachteten Mittel und Techniken genauer untersuchen müsse, um auch die Wirkung von Symbolen verstehen zu können, also die Art und Weise, wie eine immaterielle Idee zu einer materiellen Macht wird. Dies ist nun nicht nur ein Plädoyer für die stärkere Berücksichtigung von Technikgeschichte, sondern es geht um die Korrelation ganz unterschiedlicher technologischer, soziologischer, religiöser, politischer oder künstlerischer Faktoren. Dabei gibt es auch zwischen verschiedenen Vertretern der Mediologie durchaus unterschiedliche Ansätze, die nicht zuletzt zugespitzt in der Frage gipfeln, ob die Mediologie sich überhaupt mit Medien beschäftigen soll. Während Debray davon tendenziell eher abrät (siehe dazu Debray 1991, S. 14; Debray 2006), da Medien und vor allem Massenmedien nur den flüchtigen Endpunkt einer viel längeren Geschichte bilden, plädiert etwa Daniel Bougnoux durchaus für eine Analyse auch aktueller Mediendispositive (Bougnoux 1998a, b).

Kurzum: Kein monokausales Modell zu einer allgemeinen Medien- und Zivilisationskritik wird hier entworfen, sondern eine komplexe Vorgehensweise, die auf die Untersuchung der vielschichtigen Veränderungen von Denkweisen zielt, die in zunehmendem Maße auch durch technische Medien vermittelt werden. Im Kern – und dies macht vielleicht auch die Anziehungskraft der Mediologie für unterschiedliche Disziplinen von der Archäologie zur Philosophie, von der Religions- zur Kommunikationswissenschaft aus – geht es der Mediologie um die Materialität oder genauer um die Medialität kultureller Übermittlungsprozesse. Oder anders gesagt geht es um die Frage, auf welche Weise sich Wissen in einer Kultur oder Gesellschaft konstituiert und die Maßstäbe, die es plausibilisieren soll.

Ausgangspunkt für die Mediologie ist daher die Frage nach der symbolischen Wirkungskraft von Zeichen, deren Übermittlung nicht nur von der gesellschaftlichen Organisation, sondern in zunehmendem Maße auch von technischen Medien bestimmt wird. Es geht dabei nicht um die Bedeutung oder um den Sinn der Zeichen (was in anderen Disziplinen wie z. B. der Semiologie verhandelt wird), sondern um ihre Effizienz oder ihre Macht.

Das wird vielleicht an einem Beispiel deutlicher: Während eine kulturwissenschaftlich orientierte Medienwissenschaft sich vor allem mit der Medienentwicklung beschäftigt, geht es der Mediologie eher um die Veränderung von Dispositiven, die von ganz unterschiedlichen Faktoren geprägt werden und um die Auswirkungen auf die kulturelle Denkweise. Wo sich eine Medienwissenschaft beispielsweise mit der Feststellung begnügt, dass die Einführung des Buchdrucks eine Medienrevolution einleitete, wird die Mediologie eine differenziertere Analyse einfordern: Nicht der Buchdruck selbst, den die Chinesen schon einige Zeit zuvor erfunden hatten und der auch im Abendland nicht völlig unbekannt war, wird dabei als Motor eines Umbruchs identifiziert werden, sondern die Erfindung des Buchsatzes mit beweglichen Lettern, die Herausbildung eines Verlagswesens und nicht zuletzt auch die sich ausweitende Lesekompetenz der Bevölkerung.

Dabei wird keineswegs nur auf vordergründige mediale Dispositive gezielt, sondern auch auf andere Formen von kulturellen Übermittlungsprozessen, wie z. B. die Rolle von Verkehrsnetzen – von denen, um im Beispiel zu bleiben, auch die Entwicklung der großen Buchmessen in Leipzig und Frankfurt abhing.

2.2   Die vier M

Um die Komplexität kultureller Übermittlungsprozesse zu fassen, unterscheidet Debray vier Dimensionen der mediologischen Analyse, die er verkürzt die vier „M"s nennt: Message, Medium, Milieu und Mediation. Erst die Untersuchung ihres Zusammenhangs gibt Aufschluss über die Wirkung oder den Effekt von kulturellen Übermittlungen. Mit der Message und dem Medium wird von Debray die bereits von McLuhan her bekannte Unterscheidung zwischen Botschaft und Medium aufgenommen: Der Medienbegriff kann dabei kontextsensibel eine andere Bedeutung annehmen, changierend z. B. zwischen technischen und organisatorischen Dispositiven oder für Mitteln zur Zeichenzirkulation. Auch der Begriff des Milieus orientiert sich zunächst an dem Sphärenmodell von McLuhan und d. h. an einer in großen historischen Zusammenhängen anzusetzenden, mehr logischen als chronologischen Abfolge von Mediensphären wie der Logosphäre, der Graphosphäre und der Videosphäre. Allerdings geht Debray nicht von einer sich selbst einstellenden historischen Abfolge dieser Sphären aus, sondern er nutzt den Milieubegriff (im Gegensatz zum Sphärenbegriff, den er z. T. auch verwendet), um eine „kulturelle Ökologie" (Debray 2008, S. 30) zu bezeichnen, die den Sphärenbegriff neu strukturiert: Im Sinne einer Medien-ökologie werden nunmehr verschiedene Akteure in einem Milieu zusammen-gedacht, um deren wechselseitige Korrelationen zu erfassen. „Das Milieu hat eine dezentralisierende, pluralisierende und relativierende Wirkung. An die Stelle der Einheit tritt die Relation. […] Wir denken in den Begriffen ‚Gruppe‘, ‚Nische‘, ‚Ökosystem‘" (Debray 2008, S. 32). Mit diesen Bestimmungen radikalisiert er die Vorstellung von Mediensphären und bindet jede Realisierung von Idee an die jeweiligen „Vermittlungsmilieu[s]" (Debray 2008, S. 33). Die Mediation nun ist ein von ihm neu eingeführter Begriff, da es zwischen den verschiedenen Milieus eine Mediation im Sinne einer Vermittlung geben muss. Für Sybille Krämer spielt hier z. B. die Figur des Boten eine zentrale Rolle als Mittler, der diese Mediation organisiert.

Mit diesen vier Ms werden nun neue Koordinatensysteme möglich, an denen sich eine mediologische Analyse orientiert. Die Analyse fokussiert nunmehr vor allem die Prozessualität der Übermittlung im Hinblick auf ihre Wirkungen und Auswirkungen auf kulturelle Denkweisen. Diese werden nicht mehr monokausal erklärt, sondern als Folge einer komplexen Korrelation verschiedener Faktoren analysiert.

2.3   Eine andere Mediengeschichtsschreibung

Mit der differenzierten Analyse von Übermittlungsprozessen wird auch eine andere Mediengeschichtsschreibung möglich. Gerade so genannte technik-zentrierte medienwissenschaftliche Ansätze haben in den letzten Jahren die Vor-stellung einer klaren Abfolge von Medien generiert, die auf dem Begriff des Leitmediums basierte. Dabei verschwinden nun mit dem Aufkommen eines neuen Mediums die älteren nicht einfach, werden aber wohl von einem neuen Medium dominiert und konvergieren in diesem. Das beginnt mit Einteilungen wie etwa von Peter Ludes, der je nach Grad der technischen Hilfsmittel in primäre, sekundäre und tertiäre Medien unterscheidet und endet nicht zuletzt bei den Ver-tretern der so genannten ‚Berliner Schule‘, die im Computer ein digitales Super-medium erblicken, in dem alle anderen Medien konvergieren. Bei Norbert Bolz, der den Menschen als Subjekt von Mediengeschichte ausschließt, ihn nur noch als Schaltmoment des Medienverbundes betrachtet, heißt es gar zugespitzt: „Die Erde ist nicht der Mittelpunkt der Welt; der Mensch ist auch nur ein Tier; das Ich ist nicht der Herr im eigenen Haus – es ist uns einigermaßen gelungen mit diesen narzisstischen Kränkungen umzugehen. Nun schicken sich künstliche Intelligenzen an, uns auch noch die letzte stolze Domäne streitig zu machen: Das Denken" (Bolz 1994, S. 9).

Die Mediologie argumentiert bei der Theorie der Medienabfolge wesentlich vorsichtiger, auch differenzierter. Nicht die absolute Bestimmung der Mediensphären ist dabei nun von Interesse, sondern vor allem die Übergänge, ihre unscharfen Ränder sozusagen.

Die Trennung der einzelnen Zeitalter ist nicht apodiktisch und strikt chronologisch aufzufassen, auch wenn Debray sie historisch situiert. Die Kirchenikone oder das Kunstwerk verschwinden ja nicht, nur weil es seit ein paar Jahrzehnten das Farbfernsehen gibt. Lediglich der hegemoniale Anspruch hat sich verschoben. Nach wie vor durchdringen sich Medien verschiedener Zeitalter gegenseitig. Dabei erlaubt der mediologische Ansatz, eine Art Theorie der Gleichzeitigkeit des Ungleichzeitigen verschiedener Medien, bei denen sowohl konvergierende als auch konkurrenzielle Tendenzen festgestellt werden können.

So widerlegt Debray den geläufigen Mythos, ein neues technisches Medium habe automatisch auch eine Veränderung der Wahrnehmung zur Folge. Die Fotografie hat beispielsweise Mitte des letzten Jahrhunderts die Malerei keineswegs ausgelöscht, sondern sie lediglich von ihrer Abbildfunktion befreit, die sie zur realistischen Nachahmung und zur Ähnlichkeit als ästhetischem Maßstab verpflichtete. Umgekehrt hat die Fotografie in ihren Anfängen gerade jenes Repertoire an ästhetischen Formen wiederholt, das die Malerei dieser Zeit abzulegen begann, genannt sei hier nur das Genre-Bild oder die Porträtfotografie in steifen Posen.

Ähnliche Muster einer zeitweilig auftretenden Gleichzeitigkeit, bei der ein neues Medium die Funktionen des jeweils älteren Mediums in einer vollkommeneren Form übernimmt und damit die bestehende Wirklichkeitswahrnehmung verstärkt, lassen sich im 20. Jahrhundert häufiger entdecken, z. B. im frühen Kino, das zunächst die Ästhetik von älteren Medien, wie etwa der Laterna Magica, imitierte oder im frühen Fernsehen, das sich zu Beginn an das Vorbild des Theaters und des Radios anlehnte. Mit einem mediologischen Ansatz lässt sich nun die Gleichzeitigkeit der Ungleichzeitigkeit von verschiedenen Medien und ihre wechselseitigen Remediatisierungen erklären (siehe dazu auch Weber 2013).

2.4   Der Doppelkörper des Mediums

Der von Debray vor allem auf lange Zeiträume ausgerichtete Ansatz, der Jahr-
zehnte, meist Jahrhunderte, in einigen Fällen auch Jahrtausende umfassen kann,
fokussiert die von kulturellen Dispositiven organisierten Übermittlungsprozesse.
Debray führt dabei die Redeweise vom sogenannten Doppelkörper des Mediums
ein, die als eine doppelte Bestimmung von Analysedimensionen einer mediologischen Untersuchung aufzufassen ist: Auf der einen Seite steht die organisierte
Materie (OM), auf der anderen die materialisierte Organisation (MO). Nicht
das Medium wird damit definiert, sondern die verschiedenen Aspekte des Über-
mittlungsprozesses. Dementsprechend sollten sich Mediolog*innen, so Debray,
vor allem auf zwei analytische Zugänge konzentrieren:

> Der eine führt über die symbolischen Auswirkungen der Techniken (bottom-up),
> der andere über die technischen Bedingungen des Symbolischen (top-down). Ent-
> weder verfolgt man die mit einem neuen Verfahren – der Schrift, dem Buchdruck,
> dem Fernsehen oder heute der Digitalisierung – verknüpften Auswirkungen. Zahl-
> lose Anthropologen und Historiker haben sich an solchen Studien versucht und ver-
> fuhren derart von ‚unten' nach ‚oben'. Oder aber man fördert die soziotechnischen
> Bedingtheiten einer kulturellen oder geistigen Neuerung ans Licht. Dann wird von
> ‚oben' nach ‚unten' verfahren (Debray 2003, S. 91).

Debrays eigene Arbeiten kombinieren beide Zugänge, wobei die Beobachtung
von großen, epochalen Zeiträumen eine bevorzugte Rolle spielt: Debray geht es
um ein ‚Gegen-den-Strich-Bürsten' der bisherigen Kulturgeschichtsschreibung
aus der Perspektive von Technik und Organisation, um das Einklagen von
materiellen und materialen Kräften gegenüber den sogenannten ‚großen Ideen'.
Die Mediologie, so wie sie von Régis Debray vertreten wird, konzentriert sich
auf die großen Linien der Menschheitsgeschichte, auf eine – durchaus auch im
Sinne von Hans Belting zu verstehende – Anthropologie von Kulturtechniken,
die den Menschen als Benutzer und nicht nur als Erfinder neuer Techniken
begreift (Belting 2002, S. 14). Medien gelten ihm dabei als Kulturtechniken
unter anderen. Vor dem Hintergrund der Menschheitsgeschichte sollte ihre
Rolle nicht überbewertet werden. Nicht zufällig gilt sein Interesse in den letzten
Jahren stärker den großen Religionen. In einem seiner jüngsten Bücher *Dieu,
un itinéraire* (zu Deutsch etwa „Gott, ein Reiseweg") spürt er den materiellen
Grundlagen der Verbreitung des Monotheismus nach.

2.5   Kritik an den großen Linien von Debray

Durch die Konzentration auf großgestaffelte Zeiträume geraten aber – wie Kritiker*innen geltend machen – aktuelle Medien nur am Rande in den Blick und dies auch nur aus der Perspektive epochaler Wandlungen. Würde man als Beispiel für neuere Medienprodukte Computerspiele nennen, dann würden diese von Debray als solche gar nicht wahrgenommen werden oder nur als Unterpunkt einer untergeordneten, sehr jungen Entwicklung, deren Konsequenzen im Vergleich zu anderen epochalen Umwälzungen kaum abzusehen wären. Sie gerieten allenfalls als Indiz einer solchen Entwicklung in den Blick, aber nicht selbst als Gegenstandsbereich.

Gerade jüngere Mediolog*innen wie Louise Merzeau und Pierre Lévy fordern nun zu Recht eine differenziertere Beschreibung auch von zeitgenössischen medialen Veränderungen, insbesondere durch das Internet, mithin eine stärkere Beschäftigung mit den Medien überhaupt, da diesen als Kulturtechniken in der Gegenwart immer größere Bedeutung zukommt. Und Daniel Bougnoux spricht sich dafür aus, dass konkrete Medienkritik von der Mediologie nicht ausgeschlossen werden sollte mit dem Argument, es handele sich eher um das Aufgabenfeld einer Massenmediensoziologie. Bougnoux wirft Debray vor, dass dessen Vorstellung von Medien allzu weit gefasst sei (1998b, S. 293), soweit, dass letzthin jedes technische Mittel als Medium aufgefasst werden könne, und dass sein Ansatz vor allem darauf ausgerichtet sei, große Erzählungen der Übermittlungsprozesse über lange Distanzen zu analysieren, wie eben dargelegt. Kürzere Zeitabschnitte treten aber in dieser Perspektive ebenso wenig in den Blick wie konkrete Medienanalysen.

Dieses Problem ist bei näherer Betrachtung konzeptionell in Debrays Verständnis der Mediologie angelegt, der mit seiner Differenzierung in OM und MO den mediologischen Ansatz auf institutionelle und technische Aspekte von Übermittlungsprozessen fokussiert und konkrete symbolische Formationen etwas aus dem Blick geraten lässt. So ist – wie andere Mediolog*innen kritisieren – nicht einzusehen, warum ausgerechnet Medien, die die neuere kulturelle Entwicklung prägen, unberücksichtigt bleiben sollen oder insbesondere auch Aspekte der technischen und ästhetischen Gestaltung von Medienprodukten.

Die Mediologie hat sich in Frankreich daher als offenes Projekt entwickelt, das je nach den Interessen der jeweiligen Autor*innen andere Schwerpunkte hervorgebracht hat, was sich auch in der Vielfalt der Publikationen spiegelt.

3   Parallelen zur deutschen Medienwissenschaft

Die Entwicklung einer kulturwissenschaftlich orientierten Medienwissenschaft in Deutschland weist nun seit den 1980er Jahren eine Reihe von interessanten Parallelen auf, auch wenn die deutschen und die französischen Diskurse erst Ende der 1990er Jahre begannen, überhaupt Notiz voneinander zu nehmen. Die Gründe für die Parallelen liegen vor allem in der Einsicht, dass es notwendig wurde, auch die kulturprägende Kraft von Technologien in medienwissenschaftliche Analysen mit einzubeziehen. Auf deutscher Seite gab es über die Arbeiten von Walter Benjamin und die deutsche Marshall McLuhan-Rezeption erste Diskurse, an die man anknüpfen konnte, und die im Laufe der 1980er Jahre durch eine Reihe von Medientheoretiker*innen vertieft wurden. Nicht zuletzt lenkte auch Friedrich Kittler durch seine, im Vergleich zu den herkömmlichen geisteswissenschaftlichen Betrachtungsweisen provokativen, Arbeiten die Aufmerksamkeit vor allem auf die technische Dimension von Medien. In der Folge entwickelte sich eine Medienwissenschaft, die eben nicht nur den Gegenstandsbereich der Massenmedien auf Unterhaltungsangebote ausweitete, sondern die die (medien-)technologischen Grundlagen kulturellen Denkens in ihre Analysen mit einbezog (siehe dazu auch Wissenschaftsrat 2007, S. 7).

Die Parallelität von nationalen Diskursentwicklungen führte z. T. auch zu Missverständnissen, die erst später aufgelöst werden konnten. Diese sind – so ist einzuräumen – überwiegend von Unkenntnis der Diskussionen des jeweils anderen Landes geprägt. So hat die deutsche Nicht-Rezeption der französischen Mediologie ihr Pendant in der französischen Nicht-Rezeption zentraler deutscher oder in Deutschland weit verbreiteter Ansätze, wie etwa dem von Niklas Luhmann oder dem der Cultural Studies, die erst seit den 2000er Jahren ins Französische übersetzt wurden. Insofern wären die Differenzen von Diskurskulturen selbst wiederum ein mediologisches Problem par excellence, das nicht nur auf mangelnde Übersetzungen, sondern auch einfach auf differente Selektionsmechanismen der universitären Hierarchien verweisen müsste.

Nicht zuletzt haben die Parallelen noch eine andere gemeinsame Basis, die weniger auf manifesten Sachverhalten und Ideen beruht als vielmehr auf Lücken und Leerstellen, also einem Wünschen, das die französische Mediologie und eine Vielzahl von deutschen Ansätzen verband. Hier seien nur einige Aspekte erwähnt:

So wäre etwa die Suche nach integrativen Ansätzen zu nennen, die technische, ökonomische, institutionelle, soziale und ästhetische Aspekte von Medien zusammenführen. Während es in Deutschland immerhin einige Ansätze für eine medienkulturwissenschaftliche Auseinandersetzung mit Medientechnik gab, fehlte dieser Aspekt in Frankreich lange Zeit und wurde erst von der Mediologie vehement als Desiderat eingeklagt. Auch medienökologische Ansätze, wie sie seit wenigen Jahren auch im englischen Sprachraum verstärkt eingefordert werden (siehe dazu Nash et al. 2014), haben sich in der deutschen Medienkulturwissenschaft wie auch in der Mediologie schon früh zur Diskussion gestellt (Debray 2003, S. 59): Gerade die Interdependenz verschiedener Medien, ihr systemisches Zusammenspiel wie auch ihre wechselseitigen Remediatisierungen wurden ins Zentrum einer auf Übermittlungsprozesse ausgerichteten Analyse gerückt, die Aufschluss gab über die Entwicklungsdynamik von Medien und ihre Wirkungen auf Kultur und Gesellschaft. Mithin hat die Mediologie mit ihrer Konzentration auf Übermittlungsprozesse auch prozessorientierte Analysen angestoßen, die auch die medialen Praktiken der Transformation stärker in den Blick nehmen. Parallelen finden sich auf deutscher Seite etwa in praxeologischen Ansätzen (siehe Becker 2017; Weber 2017, 2018) oder in der Applikation der Akteur-Netzwerk-Theorie auf kulturelle Entwicklungsprozesse (siehe dazu Holas 2010). Und selbst noch in einem internationalen Ansatz, der seit den 2000er Jahren stärker auf filmwissenschaftliche Fragestellungen fokussiert ist, wie dem der New Cinema History, finden sich Gemeinsamkeiten hinsichtlich der transdisziplinären Betrachtungsweise der wechselseitigen Bedingtheit heterogener Faktoren (siehe Maltby 2011, S. 3).

Nicht zuletzt sei noch eine weitere Parallele zwischen Medienkulturwissenschaft und Mediologie erwähnt, die gerade in Zeiten einer Digitalisierungsdebatte immer wichtiger wird: Beide befassen sich – zumindest in ihrer akademisch universitären Ausprägung – nicht direkt mit Medien, sondern – streng genommen – mit einem Wissen über, durch und mit Medien. Es geht bei beiden um die in diesem Feld entstandenen Wissensordnungen und um die Bedingtheit dieses Wissens über Medien, das selbst wiederum von Medien geprägt wird und auch das wissenschaftliche Erkenntnisinteresse bestimmt. Mithin sind beim Übergang von einer analogen in eine digitale oder postdigitale Kultur (also einer Kultur, in der die Digitalisierung abgeschlossen ist) gerade wieder Übersetzungs- und Transformationsprozesse zu beachten, die die Übermittlung von Wissen und d. h. auch dessen konkreten medialen Formen gestalten. Die Mediologie, die nicht zuletzt auch die Medialität und die Materialität des Wissenschaftsbetriebs selbst mit im Blick hat, könnte bei der Debatte über die Emergenz neuer, digitaler Wissenskulturen einen wichtigen Beitrag leisten. Mediologie ist und bleibt letzthin ein unabgeschlossenes und vielleicht auch unabschließbares Projekt, das der Medienkulturwissenschaft wichtige Impulse geben könnte.

244   T. Weber

Literatur

Averbeck, Stefanie. 2000. Die französische Kommunikationswissenschaft, semiotische Perspektiven und die Sphären der Postmoderne. *Medien & Kommunikation* 48: 396–404.

Averbeck-Lietz, Stefanie. 2010. *Kommunikationstheorien in Frankreich. Der epistemologische Diskurs der Sciences de l'information et de la communication (SIC) 1975–2005*. Berlin: Avinus.

Becker, Howard Saul. 2017. *Kunstwelten*. Hamburg: Avinus.

Belting, Hans. 2002. *Bild-Anthropologie. Entwürfe für eine Bildwissenschaft*. München: Wilhelm Fink.

Bolz, Norbert. 1994. Computer als Medium – Einleitung. In *Computer als Medium*, Hrsg. N. Bolz, F. Kittler, und C. Tholen, 9–18. München: Wilhelm Fink.

Bougnoux, Daniel. 1997. Pierre Bourdieu, la science et les médias. *Libération*, 13. März: 5.

Bougnoux, Daniel. 1998a. Si j'étais médiologue…. *Les Cahiers de médiologie* 6: 61–70.

Bougnoux, Daniel. 1998b. Correspondance, Cher Régis. *Les Cahiers de médiologie* 6: 293.

Bourdieu, Pierre. 1996. *Sur la télévision*. Paris: Liber-Raisons d'agir.

Debray, Régis. 1979. *Le pouvoir intellectuel en France*. Paris: Ramsay.

Debray, Régis. 1981. *Voltaire verhaftet man nicht! Die Intellektuellen und die Macht in Frankreich*. Köln: Hohenheim.

Debray, Régis. 1991. *Cours de médiologie générale*. Paris: Gallimard.

Debray, Régis. 1992. *Vie et mort de l'image. Une histoire du regard en Occident*. Paris: Gallimard.

Debray, Régis. 1994. *Manifestes médiologiques*. Paris: Gallimard. (Deutsche Teilübersetzung in Debray 2000).

Debray, Régis. 1997a. *Transmettre*. Paris: Odile Jacob.

Debray, Regis. 1997b. Savants contre docteurs. *Le monde,* 18. März: 1, 7.

Debray, Régis. 1998. Histoire des quatre M. *Les Cahiers de médiologie* 6: 7–24.

Debray, Régis. 1999a. *Jenseits der Bilder. Eine Geschichte der Bildbetrachtung im Abendland*. Rodenbach: Avinus.

Debray, Régis. 1999b. Für eine Mediologie. In *Kursbuch Medienkultur. Die maßgeblichen Theorien von Brecht bis Baudrillard*, Hrsg. C. Pias et al., 67–75. Stuttgart: DVA.

Debray, Régis. 2000. *Introduction à la médiologie*. Paris: Press Universitaires de France.

Debray, Régis. 2001. *Dieu, un itinéraire*. Paris: Odile Jacob.

Debray, Régis. 2003. *Einführung in die Mediologie. Facetten der Medienkultur*. Bern: Haupt.

Debray, Régis. 2006. Le médiologue et les médias. *Médium* 8: 3–15.

Debray, Régis. 2008. Die Geschichte der 4 „M". In *Mediologie als Methode*, Hrsg. B. Mersmann und T. Weber, 17–40. Berlin: Avinus.

Hartmann, Frank. 2003. *Mediologie. Ansätze einer Medientheorie der Kulturwissenschaften*. Wien: Facultas WUV.

Holas, Katharina. 2010. *Transmissionen zwischen Technik und Kultur. Der mediologische Ansatz Régis Debrays im Verhältnis zu Actor-Network-Theorien*. Berlin: Avinus.

Jäger, Ludwig. 2004. Die Verfahren der Medien: Transkribieren – Adressieren – Lokalisieren. In *Die Kommunikation der Medien*, Hrsg. J. Fohrmann und E. Schüttpelz, 69–79. Tübingen: Niemeyer.

Jäger, Ludwig. 2013. Rahmenbrüche und ihre transkriptive Bearbeitung. In *Rahmenbrüche – Rahmenwechsel*, Hrsg. U. Wirth, 77–94. Berlin: Kadmos.

Jäger, Ludwig, und Georg Stanitzek, Hrsg. 2002. *Transkribieren – Medien/Lektüre*. München: Wilhelm Fink.

Kerckhove, Derrick de. 1998. Les chances de la médiologie. *Les Cahiers de médiologie* 6: 286.

Krämer, Sybille. 2008. *Medium, Bote, Übertragung. Kleine Metaphysik der Medialität*. Frankfurt a. M.: Suhrkamp.

Maltby, Richard. 2011. New cinema history. In *Explorations in new cinema history: Approaches and case studies*, Hrsg. R. Maltby, D. Biltereyst, und P. Meers, 5–40. West Sussex: Wiley-Blackwell.

Mersmann, Birgit, und Thomas Weber, Hrsg. 2008. *Mediologie als Methode*. Berlin: Avinus.

Merzeau, Louis, und Thomas Weber, Hrsg. 2001. *Mémoire et Médias*. Paris: Éditions Avinus.

Miège, Bernard. 1998. Quatre bonnes raisons de ne pas suivre le courant médiologique. *Les Cahiers de médiologie* 6: 288–289.

Nash, Kate, Craig Hight, und Catherine Summerhayes. 2014. *New documentary ecologies: Emerging platforms, practices and discourses*. Basingstoke: Palgrave Macmillan.

Travail médiologique. 1998. Ancienne nation, nouveaux réseaux, n°3, printemps 1998.

Weber, Thomas. 2008. Mediologie und Medienwissenschaft. In *Mediologie als Methode*, Hrsg. B. Mersmann und T. Weber, 123–148. Berlin: Avinus.

Weber, Thomas. 2013. Erinnerungskulturen in medialer Transformation. Zum fortgesetzten Wandel der Medialität des Holocaust-Diskurses. In *Mediale Transformationen des Holocausts*, Hrsg. U. von Keitz und T. Weber, 23–54. Berlin: Avinus.

Weber, Thomas. 2017. Kinoerfahrungen als epistemologische Konstruktion einer gemeinsamen Erfahrungswelt. Mediale Milieus und ihre Praktiken. In *Kinoerfahrungen. Theorien, Geschichte, Perspektiven*, Hrsg. F. Mundhenke und T. Weber, 91–122. Hamburg: Avinus.

Weber, Thomas. 2018. Filmsoziologie und Medienwissenschaft. Vier Momentaufnahmen. In *Handbuch Filmsoziologie*, Hrsg. A. Geimer, C. Heinze, und R. Winter, 1–17. Wiesbaden: Springer VS.

Wissenschaftsrat. 2007. Empfehlungen zur Weiterentwicklung der Kommunikations- und Medienwissenschaften in Deutschland. Wissenschaftsrat. https://www.wissenschaftsrat. de/download/archiv/7901-07.pdf. Zugegriffen: 6. Dez. 2018.

Systemtheorie (Niklas Luhmann)

Niels Werber

1 (K)ein Schlüsselwerk

Am 13. Juli 1994 hält Niklas Luhmann, 1968 bis 1993 Professor für Soziologie
(ohne Bindestrich, also ohne jede Einschränkung auf einen Bereich der Gesellschaft wie etwa Wirtschaft, Kunst oder Religion) an der Universität Bielefeld,
einen Vortrag an der Nordrhein-Westfälischen Akademie der Wissenschaften,
der den Titel „Die Realität der Massenmedien" trägt (Luhmann 1996, S. 7).
Luhmann ist kein „Medien-Soziologe". Jeder seiner Texte leistet vielmehr einen
Beitrag zu einer „Theorie der Gesellschaft" (Luhmann 1997, S. 11). Anders als
spezielle Soziologien muss sich diese allgemeine Theorie als Teil ihres Gegen-
standsbereiches konzipieren. Sie muss also einerseits eine Gesellschaft sozio-
logisch beschreiben, die eine Soziologie hervorbringt, die eine Theorie dieser
Gesellschaft vorzulegen imstande ist; und sie muss sich andererseits darauf einstellen, dass die Soziologie mit ihrer Beschreibung der Gesellschaft den „diese
Beschreibung aufnehmenden Gegenstand" verändert (Luhmann 1997, S. 15).
„Das Verhältnis ist zirkulär zu denken" (Luhmann 1997, S. 13). Der Buch-
titel von Luhmanns letztem großen Werk, *Die Gesellschaft der Gesellschaft,*
stellt diese Zirkularität ganz bewusst aus, aber der Sache nach steht bereits im
ersten Hauptwerk *Soziale Systeme. Grundriß einer allgemeinen Theorie* nichts
anderes: „Theorien mit Universalitätsanspruch sind leicht daran zu erkennen, daß
sie selbst als ihr eigener Gegenstand vorkommen. [...] *Universalität* der Gegenstandsbereiche in dem Sinne, daß sie als soziologische Theorie *alles* Soziale
behandelt und nicht nur Ausschnitte (wie zum Beispiel Schichtung und Mobilität,

N. Werber (✉)
Universität Siegen, Siegen, Deutschland
E-Mail: werber@germanistik.uni-siegen.de

© Springer Fachmedien Wiesbaden GmbH, ein Teil von Springer Nature 2020
I. Ritzer (Hrsg.), *Schlüsselwerke der Medienwissenschaft,*
https://doi.org/10.1007/978-3-658-29325-3_15

Besonderheiten der modernen Gesellschaft, Interaktionsmuster etc.)" (Luhmann 1987, S. 9, Herv. i. Orig.). Und auch in dem großartigen, jüngst aus dem Nachlass publizierten, umfangreichen Werk *Die Systemtheorie der Gesellschaft* weist Luhmann darauf hin, dass der Anspruch an eine „allgemeine Theorie sozialer Systeme" gerade impliziert, dass auch „die Soziologie sich selbst als Teilsystem der Gesellschaft begreifen kann" (Luhmann 2017, S. 12 f.). Dies ist folgenreich für eine systemtheoretische Konzeption der Medien, die Massenmedien als „Bedingung der Möglichkeit der modernen Gesellschaft" (Luhmann 1997, S. 883 f.) fasst und damit zugleich zu den Möglichkeitsbedingungen der Systemtheorie der Gesellschaft zählt.

Alle diese drei Werke sind sicher keine „Schlüsselwerke der Medienwissenschaften", aber für das Thema *Medien* ergibt sich aus der theoretischen Grundanlage zweierlei: 1) Medien, soweit sie zum *Sozialen* zu zählen sind, müssen von der Systemtheorie behandelt werden. 2) Insoweit Medien (Sprache, Schrift, Buchdruck, Massenmedien, vgl. Luhmann 2017, S. 883) zu den Voraussetzungen der Gesellschaft gehören, die die Soziologie beschreibt, sind auch in diesem Fall die Verhältnisse ‚zirkulär zu denken'.

So viel zur Systemsoziologie Luhmanns vorausgeschickt, lässt sich erwarten, dass auch *Die Realität der Massenmedien* der Theorieanlage der Hauptwerke folgt und *Massenmedien* als einen Gegenstand abhandelt, der erstens ‚zum Sozialen' zählt und der zweitens mit seiner soziologischen Beschreibung in einem zirkulären Verhältnis steht. Man wird nicht enttäuscht: „Unausweichlich muß jede Beschreibung unserer Gesellschaft diese Mittel (und insofern: ihre eigenen Mittel) und deren Verhältnis zu sich selbst miterhalten", fordert Luhmann (1997, S. 1097). Massenmedien werden also nur insoweit überhaupt zum Gegenstand der Soziologie, als sie als etwas Soziales zum Gegenstandsbereich gehören – im Falle Luhmanns also als „Einrichtung der Gesellschaft", die „sich zur Verbreitung von Kommunikation technischer Mittel der Vervielfältigung bedien[t]" (Luhmann 1996, S. 10), sodass „keine Interaktion unter Anwesenden zwischen Sender und Empfänger stattfinden kann" und aufgrund dieser technisch bedingten „Unterbrechung des unmittelbaren Kontaktes" von den Massenmedien die „Sendebereitschaft und das Einschaltinteresse [...] nicht zentral koordiniert werden können" (Luhmann 1997, S. 11 f.). Die Massenmedien teilen Informationen mit, die wie auch immer von dem verstanden werden, der „sieht, hört, liest" (Luhmann 1997, S. 14). Sie bieten – ohne „im Unterschied zu einer Interaktion unter Anwesenden" den „aktuell mitwirkenden Adressatenkreis" (Luhmann 1997, S. 14) genau bestimmen zu können – Selektionsofferten an, von denen sie nur annehmen können, dass sie auch angenommen werden. Die Massenmedien behelfen sich daher mit „Vermutungen über Zumutbarkeit und

Akzeptanz" (1997, S. 12), aber auch die Lesenden, Hörenden und Zuschauenden bilden Erwartungen darüber aus, mit welchem Angebot sie wann und bei welchem Medium zu rechnen haben. „Dementsprechend gleitet das durch die Massenmedien vermittelte Wissen über die Köpfe hinweg, ohne in sie hineinzuschauen. Es schafft keine Sicherheit darüber, was einzelne nun wirklich meinen oder vorziehen" (Luhmann 2017, S. 893). Die technische Trennung von Sendern und Empfängern ermöglicht gleichwohl auf beiden Seiten einen Aufbau von Erwartungen und von Erwartungen von Erwartungen (also egos Erwartung von dem, was alter erwartet, dass ego es erwarte). Luhmann hat dafür das schöne Bild eines Spiegels gefunden, bei dem auch die Rückseite verspiegelt ist:

> Der Informationsgeber sieht im Medium der kurrenten Informationen sich selbst und andere Sender. Der Informationsnehmer sieht sich selbst und andere Informationsnehmer und lernt nach und nach, was man hochselektiv zur Kenntnis zu nehmen hat, um im jeweiligen Sozialkontext (sei es Politik, sei es Schule, seien es Freundschaftsgruppen, seien es soziale Bewegungen) mitwirken zu können. Der Spiegel selbst ist intransparent (Luhmann 1997, S. 1102).

Von wo auch immer man in diesen Spiegel schaut: Man sieht sich selbst und andere. Und auch ein Beobachter, der dazukäme, sähe in diesem Spiegel auch sich selbst, wie er andere dabei beobachtet, sich im Spiegel zu beobachten. Auch hier sind die Verhältnisse ‚zirkulär zu denken'. Und so ähnlich wie die Gesellschaft eine Soziologie hervorbringt, die eine Gesellschaft beschreibt, die eine Soziologie der Gesellschaft konzipiert, die dann *Die Gesellschaft der Gesellschaft* heißen kann, so lässt sich der Titel *Die Realität der Massenmedien* als Hinweis darauf verstehen, dass die Realität der Massenmedien eine in unserer Gesellschaft hervorgebrachte Realität darstellt, eine in der Gesellschaft und durch die sozialen Operationen der Gesellschaft selbst erzeugte Realität – eine Realität, die nicht mehr und nicht weniger ist als ein „internes Korrelat der Systemoperationen (Luhmann 1996, S. 19). Grundsätzlich gilt dies für jedes System, das Selbstreferenz und Fremdreferenz zu unterscheiden vermag und Annahmen über sich selbst und seine Umwelt ausbildet. Insofern Massenmedien zur „Bedingung der Möglichkeit der modernen Gesellschaft" zählen (Luhmann 2017, S. 883 f.), stellt sich hier aber die besondere Frage, inwiefern die *Realität* der Gesellschaft als Realität *der Massenmedien* in dem Sinne verstanden werden muss, „was *für sie* oder *durch sie für andere* als Realität *erscheint*" (Luhmann 1996, S. 14, Herv. i. Orig.).

Diese Implikationen sind bereits im ersten Satz des ersten Kapitels von *Realität der Massenmedien* angelegt, der zu den am häufigsten angeführten Zitaten

Luhmanns zählt und laut *google scholar* bislang 3801-mal wortwörtlich zitiert worden ist. Es handelt sich, wenn man so will, um einen *Schlüsselsatz* der wissenschaftlichen Reflexion der Medien:

> Was wir über unsere Gesellschaft, ja über die Welt, in der wir leben, wissen, wissen wir durch die Massenmedien (Luhmann 1996, S. 9).

Okay, woher auch sonst, mag man heute denken, aber 1994 wäre eine andere Lehrmeinung üblich gewesen: Dass nämlich die Massenmedien das Wissen über Welt und Gesellschaft „schief darstellen", „verzerren" oder „verfremden", wie Richard David Precht in seiner Rezension des Büchleins für *DIE ZEIT* (22. November 1996) den *common sense* resümiert, mit dem Luhmann „provokant" gebrochen habe. Precht hat recht, was dies angeht. Die etwa, um das prominenteste Beispiel anzuführen, von Jürgen Habermas befürchtete und kritisierte massenmediale „Verzerrung der Kommunikation" (1971b, S. 121; vgl. Habermas 1990, S. 28) sei, so Luhmann, gar kein Problem, denn es habe nur „wenig Sinn zu fragen, ob und wie die Massenmedien eine vorhandene Realität *verzerrt* wiedergeben; sie *erzeugen* eine Beschreibung der Realität, eine Weltkonstruktion, und das *ist* die Realität, an der die Gesellschaft sich orientiert" (Luhmann 1997, S. 1102). „Verzerrung der Kommunikation"? *Spare me.* Die gute Frage „lautet *nicht*: Wie *verzerren* die Massenmedien die Realität durch die Art und Weise ihrer Darstellung?" (Luhmann 1996, S. 20). Cooler kann man einen der berühmtesten und renommiertesten Kollegen gar nicht abservieren; Luhmanns Kursivierungen stellen die Spitze noch eigens aus.

Die Realität der Massenmedien fährt nach diesem ersten Satz mit zwei weiteren Zumutungen fort. Die eine ist fürs Fach gedacht. Luhmann stellt klar: „Dies gilt auch für Soziologen, die ihr Wissen nicht mehr im Herumschlendern und auch nicht mit bloßen Augen und Ohren gewinnen können. Gerade wenn sie die sogenannten empirischen Methoden anwenden, wissen sie immer schon, was sie wissen und was sie nicht wissen – aus den Massenmedien" (Luhmann 1996, S. 9, Fußnote 1).

Soziologen beobachten also die Gesellschaft (und ihre Medien) nicht ‚von außen', ‚unvermittelt' oder sonst wie privilegiert, sondern als Personen, deren Realität ebenfalls (oder auch) eine Realität ist, die durch die Massenmedien für sie als Realität erscheint. Wenn man sich nun damit zu beruhigen versuchte, dies gelte ja wohl „nur" für die Gesellschaft, die ja seit eh und je immer „subjektiv" so oder auch anders beschrieben werde, nicht aber für die Natur, deren Realität nicht konstruiert werde, sondern eben wirklich so sei, wie sie ist, dann wird man sogleich enttäuscht; eine Zumutung für alle, die glauben, „zwischen der reinen gesellschaftlichen Kraft und dem reinen Naturmechanismus […] trennen" zu müssen (Latour 1998, S. 44): „Dies gilt nicht nur für unsere Kenntnis der Gesellschaft und der Geschichte, sondern auch für unsere Kenntnis der Natur. Was wir über die Stratosphäre wissen, gleicht dem, was Platon über Atlantis weiß: Man hat davon gehört" (Luhmann 1996, S. 9).

Das war zu Beginn der 1990er Jahre so provokativ und zugleich so anregend, dass es in den einschlägigen Theoriekreisen „sofort die Runde" machte (Weischenberg 2014, S. 343). Und auch dies setzt wiederum Massenmedien und deren „Popularisierung" (Luhmann 1996, S. 20) voraus, was wiederum impliziert, dass Luhmanns Beitrag auch als massenmediales Thema taugt, was weniger von wissenschaftlichen Kriterien abhängt, die man an eine systemsoziologische Arbeit herantragen mag, um ihre Plausibilität zu beurteilen und ihren Wert für das Fachgebiet abzuschätzen, sondern vor allem davon, ob die Agenturen der Massenmedien im Falle dieses kleinen, aber doch recht komplizierten und eigenwillig formulierten Büchleins – eines von hunderttausenden Büchern, die im Jahr 1996 erscheinen, und eine von unabsehbar vielen soziologischen Publikationen – mit „Einschaltinteresse" rechnen und daher „Sendebereitschaft" zeigen (Luhmann 1996, S. 12). Dies ist der Fall gewesen. Die Medien berichteten. Nikolaus von Festenberg beginnt seine Besprechung (*Der Spiegel*, 7.10.1996) so: „Schlicht, apodiktisch und hammerhart steht er da, der erste Satz von Niklas Luhmanns neuem Buch, das die Diskussion über den Einfluß von Presse und Fernsehen revolutionieren wird: ‚Was wir über unsere Gesellschaft, ja über die Welt, in der wir leben, wissen, wissen wir durch die Massenmedien'". Auch was man über Luhmann wissen muss, weiß man aus den Massenmedien. Und auch der Soziologe muss in den intransparenten Spiegel schauen und beachten, wer da neben einem noch in den Blick kommt und womöglich gerade selbst beobachtet, wie er beobachtet wird. Auf „aktuelles Informiertsein" kommt es an (Luhmann 1996, S. 120): „wer als Forscher mit seiner Sensibilität für Problemstellungen anderen nicht vorweg ist, wird dauernd im zweiten Rang bleiben und hinteranalysieren, was andere gedacht und geschrieben haben" (Luhmann 2017, S. 890).

Gewiss, der Westdeutsche Verlag konnte auf Resonanz im Fach rechnen – dafür garantierte der renommierte Autor, dessen Schriften rezipiert werden mussten. Doch scheint der Verlag mit einem Interesse der Massenmedien an ihrer soziologischen Beobachtung und einer erfolgreichen Popularisierung der Schrift nicht gerechnet zu haben. Precht konstatiert (*Die Zeit*, 22.11.1996): „Das neue Werk *Die Realität der Massenmedien* ist ein Verkaufserfolg; so ungewöhnlich,

für ein kompliziertes Theoriebuch, daß der Verlag darauf zunächst gar nicht ein-
gestellt war". Der Verkaufserfolg könnte darauf basieren, dass bereits der erste
Satz erstens zitabel ist (soweit liest fast jeder) und für viele wissenschaftliche
Texte (bislang, wie gesagt, sind es immerhin einige Tausend), die die Kenntnis
des Forschungsstandes oder auch Belesenheit dokumentieren müssen, dieses
Zitat bereits genügt, und zweitens auch für den Nicht-Soziologen ein brauchbares
party piece darstellt, dessen Clou dann darin liegt, Thesen zur Manipulation der
Wirklichkeit durch die Medien souverän mit der Behauptung zurückzuweisen,
Medien *erzeugten* diese Realität. Beim Spiel Bielefelder Oberschule gegen
Frankfurter Schule kann so jeder, der mag, mitmachen.

Inzwischen wird das Buch (seit der 4. Auflage aus dem Jahr 2009) auf Ver-
kaufsplattformen (Thalia, ZVAB, Amazon…) mit dem besagten ersten Satz
beworben, der zu einem Topos geworden ist und (Zählung nach Google Books)
häufiger bemüht wird als das Böckenförde-Diktum: „Das Buch mit seinem
berühmt gewordenen Diktum ‚Was wir über unsere Gesellschaft, ja über die Welt,
in der wir leben, wissen, wissen wir durch die Massenmedien‘ analysiert aus
systemtheoretischer Sicht die heutige Mediengesellschaft."

Ob das Buch dem Aktualitätsanspruch („heutige Mediengesellschaft") – mit
Blick auf die digitalen und sozialen Medien – heute noch genügt, sei dahin-
gestellt. Das besagte populäre „Diktum" jedenfalls bezeichnet das massenmediale
Kondensat einer soziologischen Abhandlung und damit das, was man als Hintergrundrealität, „von der man ausgehen kann", auch bei anderen voraussetzen kann
(Luhmann 1996, S. 120). Auch für Luhmanns Systemtheorie gilt jedoch das Bon-
mot des Autors über Platon und Atlantis: „Man hat davon gehört" (Luhmann
1997, S. 9). Und dies gilt, wie Luhmann selbst betont (1997, S. 9), auch für die
Wissenschaften. Zu den Funktionen dieser Hintergrundrealität zählt ferner, dass
man sich selbst, wenn es „zuträglich" erscheint, „davon abheben" kann, um sich
mit abweichenden Meinungen zu profilieren (Luhmann 1997, S. 120) – heute
etwa mit der pseudokonstruktivistischen Behauptung, *fake news* seien im Grunde
erwartbar, da Medien ja ohnehin Realität niemals widerspiegelten, sondern
konstruierten, die Erwartung einer medialen Wiedergabe von *facts* also eine naive
Illusion darstelle. Dass die für uns sozial relevante Realität konstruiert ist und
nahezu alles, was wir über diese Realität wissen, massenmedial kommuniziert
wird und daher auch den Regeln massenmedialer Kommunikation folgt, bedeutet
aber auch für Luhmann nicht, dass Aussagen über die Realität beliebig wären,
fakes und *facts* also beliebige Zuschreibungen für beliebige Nachrichten dar-
stellten.

2   Konstruktion ist nicht *fake*

Wenn man über die ersten Sätze des Buches weiterliest (aber wer vermag das schon, wenn man bedenkt, wie viele Nachrichten aus den Wissenschaften täglich auf das Publikum einprasseln), dann stößt man freilich auf Passagen zu den systeminternen Anforderungen an das, was in den Massenmedien als Information mitgeteilt wird. Zwar gilt: „In der Kontrolle ihrer eigenen Selektivität sind die Massenmedien autonom" (Luhmann 1996, S. 50), doch ist Autonomie keineswegs mit Willkür zu verwechseln. „Es muß mit allen Mitteln einer eigens dafür ausgebildeten journalistischen Schreibweise der Eindruck erzeugt werden, als ob das gerade Vergangene noch Gegenwart sei, noch interessiere, noch informiere" (Luhmann 1996, S. 55). Dies führt auf der organisatorischen Ebene zur Professionalisierung mit eigenen Ausbildungen, Berufsbezeichnungen und „Kriterien guter Arbeit" (Luhmann 1996, S. 55). Selbstverständlich ist nicht alles, was wahr ist oder sich ereignet hat, auch neu, interessant oder auch nur informativ. Es wird also spezifisch selektiert: Um mit Einschaltinteresse rechnen zu können, sollte die Nachricht eine Überraschung enthalten und die mitgeteilte Information neu sein, mit „bestehenden Erwartungen brechen" oder „einen offen gehaltenen Raum begrenzter Möglichkeiten (Beispiel Sportereignisse) determinieren" (Luhmann 1996, S. 58). Auch über aktuelle Börsenkurse, Wettervorhersagen oder das Fernsehprogramm kann man sich täglich in den Zeitungen unterrichten. Luhmann nennt – außer Neuheit – eine ganze Reihe weiterer „Selektoren", die bei der „Auswahl von Nachrichten" eine Rolle spielen: Serialität, Konflikte, Quantitäten, Normverstöße, Skandale, Personen, Lokalität, Aktualität, Meinung, Prominenz etc. (Luhmann 1997, S. 1100). Diese Selektoren und die generelle Präferenz der Massenmedien für Neuigkeiten zeitigen Folgen für die „Realität ihrer Realitätskonstruktion" (Luhmann 1996, S. 20), denn sie führt unvermeidlich zu einem „Verschweigen der unaufgeregten Normalität" (Luhmann 1996, S. 143) – und übrigens auch des wissenschaftlichen Alltags, der ja nicht jeden Tag *ground breaking* ist und ein *neues Paradigma* (Schwanitz 1990) hervorbringt, sondern aus Routinen besteht. Die Teilnahme an den Massenmedien verspricht dagegen, „dem Gleichmaß des Alltags […] zu entfliehen" (Luhmann 1990, S. 168), denn, dass jeden Tag das Gleiche berichtet wird, steht nicht zu erwarten. Stattdessen kann man sich darauf verlassen, dass es jeden Morgen und jeden Abend neue Neuigkeiten gibt (Luhmann 1997, S. 1097), was bereits im 17. Jahrhundert mit Blick auf die ersten Zeitungen den Verdacht geschürt hat, diese „serielle Produktion von Neuigkeiten" komme nur durch „Betrug" zustande (Luhmann 1996, S. 54), denn woher solle in einer insgesamt unspektakulären Alltagswelt der stete Strom „des Überraschenden, Neuen, Interessanten, Mitteilungswürdigen" (Luhmann 1996, S. 53) stammen? *Fake news?*

Zur autonomen „Kontrolle ihrer eigenen Selektivität" gehören aber für Luhmann 1996, von sozialen Medien ahnt er nichts, auch gut institutionalisierte Ansprüche an jene „Informationen, die im Modus der Nachrichten und Bericht-erstattung angeboten werden". Neu oder sensationell, skandalös oder aktuell zu sein, genügt nicht. Hier wird vielmehr

> vorausgesetzt und geglaubt, daß sie zutreffen, daß sie wahr sind. Es mag zu Irrtümern kommen und gelegentlich auch zu gezielten Falschmeldungen, die sich später aber aufklären lassen. Die Betroffenen haben das Recht, eine Korrektur zu verlangen. Das Ansehen von Journalisten, Zeitungen, Redakteuren etc. hängt davon ab, daß sie gut oder doch ausreichend recherchieren. Falschmeldungen werden daher eher von außen lanciert. Oft schützt man sich durch Quellenangaben, in anderen Fällen kommt es bei Irrtümern zu externalisierenden Erklärungen. Selbst-verständlich muß, wie überall, mit Fehlerquoten gerechnet werden. Wichtig ist, daß sie nicht hochgerechnet werden zu einem mehr oder minder typischen Normal-fall. Es bleiben Einzelereignisse; denn andernfalls würde die Besonderheit dieses Programmbereichs Nachrichten und Berichte zusammenbrechen. Mit Wahrheiten dient die Profession der Gesellschaft (sich selbst eingeschlossen). Für Unwahrheiten braucht man besondere Interessen, die sich nicht generalisieren lassen (Luhmann 1996, S. 56).

Wer würde auf den Gedanken verfallen, ein Redakteur oder ein Korrespondent recherchierten nicht ausreichend oder teilten trotz besseren Wissens Unzutreffendes mit? Und wenn dies doch bekanntermaßen die Regel wäre, wer würde das ent-sprechende Blatt noch lesen oder den Sender noch einschalten? Falsches oder Erfundenes zu berichten, lässt sich nicht generalisieren. Gerade *fake news* bestätigen diese These Luhmanns, denn *fake news* setzen den Normalfall zutreffender Berichterstattung voraus, da ja gerade jene *news,* die auf ‚alternativen Fakten' beruhen, durchaus selbst für wahr gehalten werden wollen und daher das Format einer Nachricht oder eines Berichts imitieren. „That is also what fake news stories do. They fake journalism and news coverage and may be coined ‚feigned news'" (Hendricks und Vestergaard 2019, S. 63).

3 Was man bei anderen voraussetzen kann. Realität der Medien statt Lebenswelt

Luhmanns erster Satz in *Die Realität der Massenmedien* hat aber nicht nur das Zeug, für eine kurze Zeitspanne die Aufmerksamkeit der Massenmedien zu fesseln, sondern fordert auch theoretische Überzeugungen heraus und profitiert davon, dass in der wissenschaftlichen Kommunikation zwar zuerst Wahrheit, Plausibilität und Erkenntnisgewinn erwartet, aber darüber hinaus von der Community Erwartungsbrüche („ground breaking"), Paradigmenwechsel oder auch besonders innovative oder risikobehaftete Projekte goutiert werden, um es in der Sprache der Forschungsförderung zu formulieren. Der Satz hat das Zeug dazu, weil Luhmann mit ihm radikal die sehr verbreitete Überzeugung abräumt, dass das, was wir „über die Welt, in der wir leben, wissen", aus jenem Raum unserer Erfahrungen stammt, den Husserl „Lebenswelt" genannt hat (1982, S. 32). „Die Welt", in Husserls Phänomenologie, „ist vorwissenschaftlich in der alltäglichen sinnlichen Erfahrung subjektiv-relativ gegeben. Jeder von uns hat seine Erscheinungen, und jedem gelten sie als das wirklich Seiende" (1982, S. 22). Diese Erfahrungen seien „subjektiv-relativ gegeben", und daraus folgert Husserl, man könne überzeugt sein, dass es „das wirklich Seiende" tatsächlich auch objektiv-absolut gebe, wenn auch jeder dieses Sein eben anders (subjektiv) erfahre: „Notwendig glauben wir an *die* Welt mit denselben uns nur verschieden erscheinenden Dingen" (Husserl 1982, S. 22). Jürgen Habermas hat den Lebenswelt-Begriff ins Zentrum seiner Theorie des kommunikativen Handelns gestellt und u. a. mit Blick auf die modernen Massenmedien die Sorge geäußert, diese Lebenswelt werde bürokratisiert, zerstört, aufgelöst, entfremdet (Habermas 1981, S. 480 ff.). Auf den „Husserlschen […] Begriff der Lebenswelt" werde man, so Habermas in einer Kritik an Luhmann, „schwerlich verzichten können, wenn man der Grundtatsache der *sprachlichen* Vergesellschaftung Rechnung tragen wolle. Interaktionsteilnehmer könnten koordinationswirksame Sprechakte nicht ausführen, ohne allen Beteiligten eine intersubjektiv geteilte, auf die Sprechsituation zulaufende und leibzentrisch verankerte Lebenswelt zu unterstellen. Jede Lebenswelt bilde für diejenigen, die in der ersten Person Singular oder Plural verständigungsorientiert handeln, eine Totalität von Sinn- und Vereisungszusammenhängen" (Habermas 1985, S. 416). Sie ist für Habermas die primordiale „Ressource" kultureller Reproduktion, sozialer Integration und Sozialisation (1985, S. 399 f.). Was *wir* überhaupt für ein *wir* halten, dass etwas über unsere Gesellschaft und die Welt, in der wir leben, weiß, wird demnach lebensweltlich produziert und reproduziert. „Die Lebenswelt ist für den Bestand einer Gesellschaft, für ihre Identität, von zentraler Bedeutung, da sich in ihr die Deutungsmuster reproduzieren, die menschlichem Leben Sinn geben" (Stark 2009, S. 175). Carsten Stark weist darauf hin, dass Habermas diese lebensweltliche Ressource durch „mediengesteuerte systemische Kommunikation" (2009, S. 175), die sich zu einer „Kolonialisierung der Lebenswelt" entwickelt (Habermas 1981, S. 471 f.) für bedroht hält. Und Habermas hält Luhmanns Systemtheorie für einen Teil des Problems, weil sie „Kultur, Gesellschaft und Person nicht mehr in den Strukturen der Lebenswelt *intern* verklammert" (Habermas 1985, S. 441, Herv. i. Orig.) und die „intersubjektiv geteilte Lebenswelt zwischen Systemtypen hindurchrutschen lässt, die, wie das psychische und soziale System, füreinander Umwelten bilden" (Habermas 1985, S. 436).

Niklas Luhmann bezieht sich 1993 genau auf diesen Theoriezusammenhang, der ihm unplausibel und überholt erscheint. Zunächst allerdings konzediert er: „Im Alltag setzt man normalerweise voraus, daß die Welt so ist, wie sie ist, und daß Meinungsverschiedenheiten ein Resultat verschiedener ‚subjektiver' Perspektiven, Erfahrungen, Erinnerungen seien." Erstaunlicherweise, so Luhmann, „scheinen die Sozialwissenschaften […] methodologisch immer noch auf der Suche nach ‚der' Realität zu sein und nur einen historischen, ethnischen oder kulturell bedingten Relativismus zuzulassen" – statt der Frage der „Konstruktion der Realität der modernen Welt und ihres Gesellschaftssystems" nachzugehen; eine Frage, die Luhmann zu den Massenmedien führt, da das „Wissenschaftssystem" keineswegs exklusiv und verbindlich „für die Gesellschaft das Zustandekommen von Realität garantiert" und weil „Weltkenntnis" mit großer Resonanz im „System der Massenmedien produziert und reproduziert" wird (Luhmann 1996, S. 138 f.). Die entscheidende soziologische Frage laute daher *nicht*, „ob das, was die Medien berichten, stimmt oder nicht stimmt", oder „ob es halb stimmt oder halb nicht stimmt, weil es ‚manipuliert' wird" (Luhmann 1996, S. 15). Sie lautet: Durch welche Operationen wird die Realität der Massenmedien als das konstruiert, „was *für sie* und *durch sie für andere* als Realität *erscheint*" (Luhmann 1996, S. 14). Dies kann auch heute noch eine Zumutung darstellen. Das erscheint auch verständlich, wenn es etwa um eine Kritik an der medialen Verbreitung jener ‚alternative facts' geht, für die die Sprecher*innen und Kommunikationsdirektoren der Trump Administration schnell berühmt und berüchtigt geworden sind. Ob es geregnet hat bei der Inauguration oder die Sonne schien, lasse sich eindeutig feststellen, und eine Tatsache lasse keine Alternative zu, sondern entspreche der Realität oder scheitere „an der Realität" (Habermas 1971a, S. 219 f.). Die dänischen Philosophen Vincent F. Hendricks und Mads Vestergaard sind sich da so sicher wie Habermas: „Be that as it may, facts are facts. Statements regarding factual matters are either true or false" (Hendricks und Vestergaard 2019, S. 52).

Aus dieser These von Hendricks und Vestergaard folgt nun nicht, dass Tatsachen nicht unterschiedlich interpretiert würden beziehungsweise, mit Husserl, uns unterschiedlich erscheinen. Aber sie sind, was sie sind, und werden nicht fabriziert, sondern sind gegeben. Sie werden aber schlimmstenfalls manipuliert – vor allem in jenen „Massenmedien", die zumal in ihrer elektronischen Gestalt von der „Kulturindustrie" zur Verbreitung und zum Vertrieb ihrer Produkte oder die im Dienste des „politischen Machtvollzugs" zu „manipulativen Zwecken" missbraucht werden (Habermas 1990, S. 249 und 342). Die kurrenten Bemühungen der Massenmedien um sogenannte Faktenchecks teilt diese Sichtweise. Unter der Annahme, dass Öffentlichkeit ohne Manipulation möglich ist, wirbt Habermas für eine „kritische Publizität", die Massenmedien nicht zum „Vehikel einer gesteuerten publizistischen Einflußnahme" degradiert (Habermas 1990, S. 356 f.).

In diesem Jahrhundert finden sich kaum noch medienwissenschaftliche Publikationen, die Massenmedien unter Manipulationsverdacht stellen und als Antidot Aufklärung und Kritik empfehlen (für einen Rückblick vgl. Bussemer 2005). Die Frage, ob Social Media ihre Endnutzer manipulieren, scheint dagegen für die Forschung eine rein rhetorische zu sein (Balkin 2018). Aber auch in diesen, um die manipulativen Effekte von Social Media besorgten Abhandlungen gilt offenbar, dass eine wirkliche Wirklichkeit vorausgesetzt wird, „[to] tell truth from falsehoods and the factual from the fabricated" (Hendricks und Vestergaard 2019, S. 69). *The factual,* die Welt, wie sie ist!

> The world is what it is. But our interpretations may vary severely as a function of political stances, ideological underpinnings, cultural imprimatur, religious convictions, and so forth. This is not tantamount to saying that there are no such things as facts and truth out there, but we may not have always found them yet. That's the reason why we keep asking questions in journalism and science (Hendricks und Vestergaard 2019, S. 54).

Luhmanns Volte gegen Habermas und Husserl ist also noch immer aktuell und provokant. Sein Argument gegen die ewige Wiederholung der Frage, wie „die Massenmedien die Realität durch die Art und Weise ihrer Darstellung verzerren", lautet, diese Frage würde eine „ontologische, vorhandene, objektiv zugängliche, konstruktionsfrei erkennbare Realität" nach Vorbild des „alten Essenzenkosmos" voraussetzen, statt davon auszugehen, dass jede Realität immer die Realität eines Beobachters ist und die erkenntnistheoretisch angemessene und heuristisch lohnende Frage eben vielmehr heiße: „Wie konstruieren Massenmedien Realität?" (Luhmann 1996, S. 20) – eine Frage, die übrigens auch erhellend für die Verbreitung ‚alternativer Fakten' wäre, denn auch so wird Realität konstruiert und Wissen geschaffen, das bei anderen unterstellt werden kann. Anzunehmen, es gäbe einen medialen Zugang zur Welt wie sie faktisch ist, wäre für einen solchen Ansatz aber gar nicht nötig. Luhmann, der die Beobachtungen seiner Beobachtungen immer mitbeobachtet, ist sich im Klaren darüber: Wer „an Vorstellungen wie ,objektive Wahrheit' oder psychisch ,bindenden' Konsens hängt, wird diese Analyse nicht akzeptieren können und den Medien Oberflächlichkeit, wenn nicht Manipulation vorwerfen. Wenn man andererseits die [...] operative Geschlossenheit autopoietischer Systeme ernst nimmt, sieht man: Es geht gar nicht anders" (Luhmann 1996, S. 198).

4   Alltäglicher Sinn: Werbung, Nachrichten, Unterhaltung

Sind Massenmedien Verbreitungsmedien, weil sie die Interaktionsgrenzen sprengen und ihre Sendungen überall zu empfangen sind? Oder Erfolgsmedien, weil ihre Reduktionsleistungen, Schematisierungen und Generalisierungen bei jedermann vorauszusetzen sind? Handelt es sich zumal im Fall der elektronischen Massenmedien um ein „Wahrnehmungsmedium", weil man ihre Audiovisionen hört und sieht? Oder um ein „Darstellungsmedium", da Sprache benutzt wird, um Welt zu erschließen? Oder sind Massenmedien „Handlungsmedien", weil sie die Massen an die Wahlurnen oder in die Kaufhäuser treiben (zu diesen drei Medientypen, vgl. Seel 1998, S. 356)? Oder etwa alles zusammen – audiovisuelle *Unterhaltung,* sprachlich formulierte *Nachrichten* und *Werbung,* die zumindest verspricht, ihre Adressaten zum Handeln zu motivieren (Luhmann 1996, S. 51)? Oder bekennt sich auch Luhmann zu der von Seel reklamierten Medialität der „Welterschließung" (Seel 2003, S. 12), wenn er in seinem „Diktum", das hier nun noch einmal, ein letztes Mal in eine andere Richtung hin gelesen wird, feststellt: „Was wir über unsere Gesellschaft, ja über die Welt, in der wir leben, wissen, wissen wir durch die Massenmedien" (Luhmann 1996, S. 9).

Dieses „wir" führt die Leser ein wenig aufs Glatteis, denn „wir" sind zwar an den Kommunikationen der Massenmedien insofern beteiligt, als „wir" sie beobachten und sie zu psychischen Operationen Anlass geben. Die Massenmedien selbst reproduzieren ihre Operationen dagegen in der Umwelt von Bewusstseinssystemen. Ihre Eigengesetzlichkeit lässt sich also nicht verstehen, wenn man Individuen untersucht. Man muss das Kommunikationssystem beobachten, um die Realität der Massenmedien zu beschreiben, nicht aber die Millionen oder Milliarden von Subjekten. Es geht Luhmann also – dem „wir" der ersten Sätze zum Trotz – nicht um „uns", denn „wir" kommunizieren nicht, und der berühmte erste Satz seiner Abhandlung könnte präziser lauten: „Was die Gesellschaft über die Gesellschaft, ja über die Welt, die sie konstruiert, weiß, weiß sie durch die Massenmedien" (Luhmann 1997, S. 1106). „Die Gesellschaft beobachtet sich in den Massenmedien selbst und erzeugt so ihre Realität, die Realität der Gesellschaft" (Luhmann 1997, S. 1096 ff.). Dies schließt nicht aus, dass Massenmedien psychische Systeme mit Informationen, Schemata und Skripten versorgen (Luhmann 1997, S. 1106), im Gegenteil. Man weiß aus der Werbung, dass nur ein BMW ein BMW ist und stellt sich „schematisch" darauf ein, dass der Fahrer hinter einem gleich die Lichthupe betätigt oder rechts überholt (Luhmann 1996, S. 94). Man erinnert sich vielleicht an Adornos und Horkheimers These: „Daß der Unterschied der Chrysler- von der General-Motors-Serie im Grunde illusionär ist, weiß schon jedes Kind, das sich für den Unterschied begeistert" (Horkheimer und Adorno 1986, S. 131). Diese Ansicht der Kritiker der Massen- und Kulturindustrie könnte Luhmann insoweit aufgreifen, als auch er überzeugt davon ist, dass die Massenmedien in Kooperation mit der Wirtschaft Unterschiede produzieren, standardisieren, bekannt machen und durchsetzen (Luhmann 1996, S. 94). Doch glaubt Luhmann anders als die Autoren der *Dialektik der Aufklärung* nicht an eine „Psychotechnik" der Medien, die mit „behavioristischen" Mitteln aus Rezipienten eine durch „Signale" fernsteuerbare Masse macht (Horkheimer und Adorno 1986, S. 173 ff.). Luhmann kann diese Annahmen schon aus epistemologischen Gründen nicht teilen, denn was die „Adressaten" der Massenmedien „denken, fühlen, begehren", kann auf Senderseite nicht bestimmt oder auch nur beobachtet werden (Luhmann 1996, S. 92). Sender und Empfänger, um diese altmodischen Begriffe des Übertragungsmodells der Kommunikation zu verwenden, sind „durch Zwischenschaltung von Technik" getrennt. Aufgrund dieser „Kontaktunterbrechung" (Luhmann 1996, S. 11) bleibt den beiden Seiten nur eins übrig: sich selbst zu beobachten. Die Realität der Massenmedien ist daher zuallererst auch ihre eigene Realität, die von ihr und mit ihren eigenen Mitteln erzeugte Selbstkonstruktion.

Luhmanns Soziologie beobachtet Kommunikationen – nicht Menschen. Immer wieder versucht er darzulegen, es gehe gar nicht anders: Wer sich „realistisch klar macht, was es bedeuten würde, wollte man dazu ansetzen, die konkreten Bewußtseinszustände bestimmter (vieler, aller) Individuen zu einem bestimmten Zeitpunkt zu ermitteln, wird die Unmöglichkeit eines solchen Unterfangens" sofort einleuchten. Der Verzicht darauf, Menschen als Elemente der Gesellschaft zu beschreiben, tue den Menschen aber nichts Schlimmes an, sondern nehme gerade so „Individuen als Einzelmenschen mit Körper und Bewußtsein, mit Gedächtnis und momentaner Sensibilität empirisch

ernst" (Luhmann 2000, S. 283). Wenn Medienphilosophen in dezidierter Ausrichtung gegen „systemtheoretische Ansätze" dagegen „Interaktionen zwischen
individuellen menschlichen Wesen untersuchen" wollen (Vogel 2003, S. 114 f.),
dann müssten sie eine Antwort darauf haben, was ihnen Individualität eigentlich wert ist, denn tatsächlich spielt sie nur als generalisiertes Abstraktum eine
Rolle, nicht jedoch als milliardenfach vorkommendes, aber je singuläres, psycho-
physisches System.

Weil die Systemtheorie Kommunikationen statt Individuen beobachtet, bricht sie
in vieler Hinsicht mit dem Traditionsgut eingeführter Medienbegriffe. Das Modell
der Intersubjektivität lässt sie fallen, weil sie ausschließlich das „Inter-" beschreibt,
nämlich als Kommunikation und die empirischen Subjekte in der Umwelt der
Gesellschaft verortet. Weil Kommunikationssysteme ebenfalls ernst genommen
werden, nämlich als autopoietische, sich selbst steuernde und reproduzierende
Systeme, statt den „individuellen menschlichen Wesen" als Werkzeuge, Prothesen,
Instrumente, Übertragungskanäle oder Mittel in dienender Stellung an die Hand
gegeben zu werden oder, umgekehrt, sich die Menschen zu Subjekten *(sensu
subiectum)* herzurichten und zu beherrschen, kann die Systemtheorie all jene
Befürchtungen nicht teilen, die davon ausgehen, Medien hätten einen kausal
zu kontrollierenden, manipulativen Einfluss auf Subjekte, aber auch nicht jene
Hoffnungen, Medien errichteten eine neue, virtuelle, globale Agora, auf der die
Bürger einen deliberativen Diskurs führen. Ein Gespräch, ein Diskurs, eine Interaktion oder auch eine Manipulation, Steuerung, Konditionierung – all dies findet in
den Massenmedien nicht statt. Die Massenmedien der Systemtheorie reproduzieren
ihre „eigenen Strukturen und Operationen nur mit eigenen Produkten" (Luhmann
1996, S. 208). Und dies sind Kommunikationen, keine Individuen.

Das Buch *Die Realität der Massenmedien* handelt allein von derjenigen Reali-
tät, die in den Massenmedien erzeugt wird. Diese Realität ist nichts anderes als
ein „internes Korrelat der Systemoperationen" der Massenmedien – und nicht die
Realität der Wirtschaft, der Politik oder der Wissenschaft (Luhmann 1996, S. 19).
Was ein Beobachter erster Ordnung für Auswahl und Transport von gegebenen
Daten hält, erscheint auf der Ebene der Beobachtung zweiter Ordnung als nach
internen Regeln erzeugtes Konstrukt. Diese These ist immer auch gegen die
Frankfurter Schule und ihre Schüler formuliert, die Kritik an den Manipulationen
der Massenmedien immer unter der Annahme vortragen, sie selbst seien ihnen
immer schon entgangen (vgl. zu dieser Selbstexemption in der Massenmedienkritik Bartz 2007).

Auch wenn der „Spiegel" zwischen Informationsgeber und Informationsnehmer intransparent ist und „Sendebereitschaft und Einschaltinteresse" nirgends

zentral koordiniert werden können (Luhmann 1996, S. 12), lassen sich doch die Kommunikationen auf beiden Seiten beobachten. Die Sender generieren Wirklichkeitskonstruktionen, die umso stabilere Züge annehmen, desto mehr sich die Sender gegenseitig beobachten und ihre Skripte, Formate und Themen aufeinander abstellen. Und die Rezipienten? Sie lernen an der Beobachtung anderer Informationsnehmer, was man „hochselektiv" zur Kenntnis zu nehmen hat. Dass *SpongeBob* in Berliner Kindergärten ein *must* ist, lernen Neuzugänge nicht im Fernsehen, sondern daran, dass sie ‚in der Lebenswelt' geschnitten werden. Dies kann man als Macht des Fernsehens bedauern; oder man sieht darin einen Beleg für die großen Freiheitsgrade der Mediennutzer, die eine bestimmte Sendung als Referenz für ihre Alltagskommunikation wählen – und alle anderen Angebote ausschlagen.

Ob Werbung, Nachrichten oder Unterhaltung – in jedem Fall geht es um die Erzeugung von selektivem Sinn, der dann als Hintergrund anderen unterstellt werden kann. Eine Gemeinsamkeit aller drei Sparten liegt in der Erzeugung von Kommunikationsvoraussetzungen, die nicht mehr mitkommuniziert werden müssen, da sie als bekannt vorausgesetzt werden dürfen (Luhmann 1996, S. 120). Jedes Kind kann wissen, wer *SpongeBob* ist, und wird sich womöglich hüten zuzugeben, es wüsste es nicht. Im Ergebnis entsteht ein Gedächtnis der Gesellschaft, dessen Leistung darin liegt, „daß man bei jeder Kommunikation bestimmte Realitätsannahmen als bekannt voraussetzen darf, ohne sie eigens in der Kommunikation einführen und begründen zu müssen" (Luhmann 1996, S. 121). Die Medien stellen so eine „Hintergrundrealität" bereit (Luhmann 1996, S. 173), die Husserls und Habermas' Lebensweltkonzept ersetzt. Nicht die Lebenswelt, sondern die Medien erzeugen eine Realität von Objekten, die dann erwartbar „in der weiteren Kommunikation vorausgesetzt werden können. Es wäre viel zu riskant, sich primär auf Verträge oder auf normativ einforderbare Konsense zu stützen" (Luhmann 1996, S. 178). Selektionsofferten können mithin von der Erwartung ausgehen, dass eine Kommunikation gelingt, die auf massenmedial erzeugtes und verbreitetes Wissen zurückgreift (Luhmann 1997, S. 1104). Luhmanns Medien kassieren nicht nur die Lebenswelt ein, sondern auch die normativ oder vertragstheoretisch gebauten Sozialtheorien. Die Frage der alltäglichen Sinnkonstitution, für die bei Jürgen Habermas und auch bei Andreas Reckwitz, dessen Buch *Zum Strukturwandel der Moderne* schon im Titel die Habermas-Nachfolge anzeigt, die von Medien immer stärker formierte *Lebenswelt* zuständig ist (Reckwitz 2017, S. 238), wird von Luhmann übernommen, doch völlig anders beantwortet: Es sind die Massenmedien, die genau das leisten, was bei Habermas die lebensweltlich verankerten Geltungsansprüche tun: Sie machen es wahrscheinlich, dass wechselseitige Unterstellungen zu anschlussfähiger Kommunikation führen. Die Situation der doppelten Kontingenz wird von den Massenmedien zwar nicht mit einem Konsens aufgelöst, aber daran ist Luhmann ja auch nie interessiert gewesen. Um zu kommunizieren genügt es, zu einer Offerte anzumerken: „So have I heard, and do in part believe it" (Luhmann 1996, S. 9).

Literatur

Balkin, Jack M. 2018. Free speech is a triangle. *Columbia Law Review* 118 (7): 2011–2056.

Bartz, Christina. 2007. *Massenmedium Fernsehen. Die Semantik der Masse in der Medienbeschreibung.* Bielefeld: Transcript.

Bussemer, Thymian. 2005. *Propaganda: Konzepte und Theorien.* Wiesbaden: Springer VS.

Habermas, Jürgen. 1971a. Theorie der Gesellschaft oder Sozialtechnologie. Eine Auseinandersetzung mit Niklas Luhmann. In *Theorie der Gesellschaft oder Sozialtechnologie – Was leistet die Systemforschung?* Hrsg. J. Habermas und N. Luhmann, 142–290. Frankfurt a. M.: Suhrkamp.

Habermas, Jürgen. 1971b. Vorbereitende Bemerkungen zu einer Theorie der kommunikativen Kompetenz. In *Theorie der Gesellschaft oder Sozialtechnologie – Was leistet die Systemforschung?* Hrsg. J. Habermas und N. Luhmann, 101–141. Frankfurt a. M.: Suhrkamp.

Habermas, Jürgen. 1981. *Theorie des kommunikativen Handelns.* Frankfurt a. M.: Suhrkamp.

Habermas, Jürgen. 1985. *Der philosophische Diskurs der Moderne. Zwölf Vorlesungen.* Frankfurt a. M.: Suhrkamp.

Habermas, Jürgen. 1990. *Strukturwandel der Öffentlichkeit. Untersuchungen zu einer Kategorie der bürgerlichen Gesellschaft.* Frankfurt a. M.: Suhrkamp.

Hendricks, Vincent F. und Mads Vestergaard. 2019. Alternative facts, misinformation, and fake news. In *Reality lost: Markets of attention, misinformation and manipulation,* Hrsg. V. F. Hendricks und M. Vestergaard, 49–77. Cham: Springer International Publishing.

Horkheimer, Max, und Theodor W. Adorno. 1986. *Dialektik der Aufklärung.* Frankfurt a. M.: Suhrkamp.

Husserl, Edmund. 1982. *Die Krisis der europäischen Wissenschaften und die transzendentale Phänomenologie.* Hamburg: Meiner.

Latour, Bruno. 1998. *Wir sind nie modern gewesen. Versuch einer symmetrischen Anthropologie.* Frankfurt a. M.: Fischer.

Luhmann, Niklas. 1987. *Soziale Systeme. Grundriß einer allgemeinen Theorie.* Frankfurt a. M.: Suhrkamp.

Luhmann, Niklas. 1990. Gesellschaftliche Komplexität und öffentliche Meinung. In *Soziologische Aufklärung,* Bd. 5, Hrsg. N. Luhmann, 170–182. Opladen: Westdeutscher Verlag.

Luhmann, Niklas. 1996. *Die Realität der Massenmedien*. Opladen: Westdeutscher Verlag.

Luhmann, Niklas. 1997. *Die Gesellschaft der Gesellschaft*. Frankfurt a. M.: Suhrkamp.

Luhmann, Niklas. 2000. *Die Politik der Gesellschaft*. Frankfurt a. M.: Suhrkamp.

Luhmann, Niklas. 2017. *Systemtheorie der Gesellschaft*. Berlin: Suhrkamp.

Reckwitz, Andreas. 2017. *Die Gesellschaft der Singularitäten. Zum Strukturwandel der Moderne*. Berlin: Suhrkamp.

Schwanitz, Dietrich. 1990. *Systemtheorie und Literatur. Ein neues Paradigma*. Opladen: Westdeutscher Verlag.

Seel, Martin. 1998. Bestimmen und Bestimmenlassen. Anfänge einer medialen Erkenntnistheorie. *Deutsche Zeitschrift für Philosophie* 46 (3): 351–365.

Seel, Maritin. 2003. Eine vorübergehende Sache. In *Medienphilosophie: Beiträge zur Klärung eines Begriffs*, Hrsg. S. Münker, A. Roesler, und M. Sandbothe, 10–15. Frankfurt a. M.: Fischer.

Stark, Carsten. 2009. Funktionalismus. In *Handbuch Soziologische Theorien*, Hrsg. G. Kneer und M. Schroer, 161–177. Wiesbaden: VS Verlag für Sozialwissenschaften.

Vogel, Matthias. 2003. Medien als Voraussetzungen für Gedanken. In *Medienphilosophie: Beiträge zur Klärung eines Begriffs*, Hrsg. S. Münker, A. Roesler, und M. Sandbothe, 106–134. Frankfurt a. M.: Fischer.

Weischenberg, Siegried. 2014. *Max Weber und die Vermessung der Medienwelt: Empirie und Ethik des Journalismus – Eine Spurenlese*. Wiesbaden: Springer VS.